시의 황금시대

석주 평론집

충남대학교출판부

시의 황금시대
- 장석주 평론집
발행일 2010년 11월 25일 발행인 송용호 지은이 장석주
펴낸곳 충남대학교출판부 주소 대전광역시 유성구 대학로 79
전화 042-821-6045 E-mail cnupress@cnu.ac.kr

ISBN 978-89-7599-375-6 03810
정가 18,000원

개에게 꽁지를 뜯긴 수탉이
지붕 위에 올라가 우렁차게 울음을 뽑아낸다.
오늘의 문학이라는 건
이 수탉들의 울음소리가 아닌가!

시의 황금시대
머 리 말

나의 크나큰 지복, 나의 사소한 불행이여,
너는 서른 해도 넘게 나를 놓아주지 않는다.
서른 몇 해 전 한 순진한 젊은이가 그토록 꿈꾸던
금빛 불꽃도 쏟아지는 별들도 아니다.
다만 혼돈 속에서 소용돌이치고 있는 하나의 정신,
언어 속에 나타나는 생생한 현존,
너는 어떤 열매도 보상도 약속하지 않는다.
오로지 끊임없는 투신, 나날의 피를 요구할 뿐.
이 대지 위에서 시적으로 거주하기를 바라지만
그게 가망없는 소망이란 걸 일찍이 알았다.
나는 너무 멀리 와 버렸고
날이 갈수록 처음의 그곳에서 점점 더 멀어진다.
지금 여기에서 존재함만으로 나의 존재가 되어버린
이 구역을 천천히 둘러보고 답사하며
나는 늙은 골상학자처럼 서재에서 삭막한 보고서를 쓴다.
내 수확은 젊거나 늙은 언어들을 매만지며
언어 자체가 본질적인의 의미에서 존재라는 걸,
그 존재가 표상과 서술 사이에서
말해진 것과 끝내 말해질 수 없는 것 사이에서
반짝이며 저를 드러낸다는 걸 깨달았다는 점이다.
이 세상의 모든 언어들은 존재가 내뱉는 숨,
그것은 비동시성의 동시성으로, 아울러 '차이'의 언어로 존재한다.

무엇인가가 나를 그 차이의 언어 속으로 호명한다.
나는 그 부름에 응답해 이쪽에서 저쪽으로 달려간다.
그 호명에 응답함으로써 나는 언어가
부재가 품은 현존임을 거듭 깨닫는다.
사물과 세계가 그 텅 빈 충만함 속에서
제 현존을 비춰보고 제 앞을 내다보는 걸 보라!
보이는 것은 보이지 않는 것,
거울은 현존재의 불가능성을 보여주는 가능성!
전면이 아니라 후면을 보려는 자들의 비극,
열려져 있는 듯 보이나 실은 닫힌 것이다.
제 후면을 수은으로 칠해버림으로써 닫힌 그것,
실재의 세계를 그림자의 환영들로 바꾼다는 것,
어떤 빛도 그 거울을 뚫고 지나가지 못한다.
오, 거울의 비극은 그림자들의 비극이다.
빛들이 우글거리는 그 앞에서
살려고 하지 마라, 죽으려고도 하지 마라!
오직 물음으로 젊어져라, 물음으로써만 생생해져라!

2010년 11월 15일 아침,
장 석 주

시의 황금시대

차　　례

제1부

제2부

제3부

제4부

제5부 한국인의 애송 동시읽기 / 373

제1부

문학: 쓴다는 것

보유 1. 한글 만세!

보유 2. 김현, 비평의 성자

문학 : 쓴다는 것

1. 당신들은 야만인이었다. 글을 씀으로써 비로소 문명인으로 다시 태어났다. 그게 당신들에게 닥친 불행의 시작이다. 쓴다는 것은 스스로 지핀 불에 자신의 살을 태우는 일이다. 당신들은 그 자해소동을 자기성찰, 혹은 자기구원이라고 주장한다. 그 주장의 허황됨은 당신도 잘 알고 있다. 그 자해소동에 가장 어리둥절해 하는 사람들은 당신의 친인척들이다. 특히 가족들은 당신들의 돌연한 변화를 이해할 수 없다. 이해할 수 없으므로 당신을 도우려고 하지도 않는다. 실은 돕고자 한다 해도 딱히 도울 방법이 있는 것도 아니다.

2. 야만인 : '있다'라는 것에 기대어 근근이 목숨을 이어가는 불가촉천민들.

3. 뭔가를 쓰는 사람은 "펜을 가지고 춤출 아는 이"(니체, 『우상의 황혼』)다. 하염없음에 감염된 자들이 추는 하염없는 춤이다. 아무도 보아주지 않는 황혼에 혼자 춤을 추고 있는 자들. 덧없고, 덧없어서 아름다운 춤이다.

4. 과학적 추론에 따르자면, 뭔가를 쓴다는 것은 기억의 부실함에 대한 보완이며, 모든 잊혀짐과 덧없음, 곧 사라지는 것들에 대한 처절한 항거다.

5. 최초의 글쓰기는 원시시대 동굴 벽에다 누군가 어제 숲에서 사냥한 사슴이 몇 마리인지, 사냥하다가 누군가 다친 사실을 이상한 기호들로 기록한 것에서 시작되었다. 그 사냥꾼은 왜 그것을 기록했을까? 다른 날과 뭔가 달랐기 때문이다. 그 다름을 잊지 않기 위해서다.

6. 글을 쓴 뒤에는 당신의 필적筆跡이 남는다. 문체란 내면의 필적이다. 똑같은 필적은 없다. 마찬가지다. 똑같은 문체란 있을 수 없다. 필적을 위조하듯이 남의 문체를 흉내 낼 수는 있다. 그 흉내는 위조에 지나지 않는다. 위조된 문체로 글을 쓰는 자들은 온몸에 돼지 피를 묻히고 자기 피라고 우기는 자들이다. 문체 : 그것은 당신이 바로 그 자리에 있었다는 알리바이, 당신이 살아서 뭔가를 했다는 물증, 당신의 존재를 증명하는 패스포트다.

7. 뭔가를 쓰는 천 명의 사람에게는 제각각 다른 천 가지의 동기가 있다. 각자 동기는 다르더라도 쓴다는 행위에 동반하는 고통의 강도는 비슷하다. 쓴다는 것은 힘든 일이다. 당신은 써야 한다는 강박증, 혹은 쓰지 않으면 죽을 것 같은 느낌과 맞서 싸워야 한다. 어떤 자는 자기 방문을 감옥의 철문으로 바꾼다. 스스로를 감금하고 자기 몸에 채찍질을 한다. "써라! 빨리 쓰란 말이다! 이 글쓰기의 노예야!"

8. 글쓰기는 운명이다. 사나우면서도 아름다운 운명. 아주 많은 우연들이 뭉쳐서 운명의 필연을 만든다. 당신들은 덧없는 그 운명에 호명을 받은 자들이다.

9. 당신의 정체성은 무엇인가? 당신은 쓰는 자다. 당신의 정체성은 쓰기 속에서 비로소 나타난다.

10. 뭔가를 쓴다는 것은 무엇일까. 우리는 모호한 열정에 사로잡

혀서 저마다 뭔가를 썼다. 그 열정이 자기 내부에서 자연스럽게 생겨난 것인지, 아니면 외부의 자극과 독려에 의한 것인지, 그것은 중요하지 않다. 다만 뭔가를 쓰는 사람은 쓴다는 것에서 의미를 찾으려는 사람이다. 사실을 말하자면 뭔가를 쓴다는 것의 본질을 해명하는 것은 단순하지가 않다. "글쓰기는 지각이 지각 자체에 나타나기도 전에 지각을 대신한다. '기억' 혹은 글쓰기는 이 나타남 자체의 개시이다. '지각된 것'은 지각의 저 밑에서, 그리고 지각 이후에, 과거로만 읽혀질 수 있다."(자크 데리다, 『글쓰기와 차이』, 남수인 옮김, 동문선, 2001.) 그 본질을 이해하면 우리가 왜 소설을 쓰려고 하는지, 그것을 통해 도달하려는 지점이 어디인지가 보다 분명해질 것이다.

11. 글을 쓰는 것은 언표행위다. 글쓰기는 우연히, 혹은 필연적으로 자기 안의 의식, 무의식, 지각, 기억들을 드러낸다. 숨은 것을 드러내 보인다는 점에서 일종의 노출증이다. 못 말리는 노출증이라는 질병. 그러므로 뭔가를 쓰고 있는 당신은 노출증 환자다. 글쓰기에 몰입하면 몰입할수록 노출증은 심해진다. 마침내 당신은 그 질병을 치료하기 위해 자기 발로 걸어서 병원에 입원한다. 그 자발성 때문에 사람들은 당신 보고 용기 있다고 말하는 것이다. 실은 세상 자체가 하나의 거대한 병동이다. 당신은 단지 큰 병동에서 작은 병동으로 이동했을 뿐이다. 그러나 세상 사람들은 자신들이 거대한 병동의 입원환자라는 사실조차 모른다. 모든 세상 사람이 병들었는데 아무도 자기가 환자라는 사실을 모른다. 그런 세계 속에서 당신은 자기가 환자라는 사실을 문득 깨달은 것이다. 콜린 윌슨이라는 사람은 일찍이 그런 사람들을 "아웃사이더"라고 불렀다.

12. 백지에 글을 쓰는 자들은 백지라는 바다에 투신하는 자살자다. 글은 피요, 정신이다. 그것을 백지에 내던짐으로써 당신은 순간마다 죽는 것이다.

13. 뭔가를 쓰는 것은 그것으로부터 도망가기다. 쓴다는 것은 제 안의 무엇인가를 밖으로 내보내는 행위다. 한 몸으로 존재했던 그것과 쓰는 순간 분리가 이루어진다. 자기 안의 것을 밀어낸다는 뜻에서 그것은 똥싸기다. 똥을 싼 자는 그 자리를 피함으로써 제 몸에서 나온 것을 기피하고 경원한다. 그렇게 함으로써 똥과 자기의 분리를 실현한다. 글은 제 몸에서 나온 똥이다. 글쓰기가 배설이라는 넓은 환유 속에서 설득력을 얻는 까닭은 그 때문이다.

14. 옛날에는 밀랍판, 진흙도판, 석판, 양피지, 파피루스, 얇게 자른 대나무 위에 문자를 새겼다. 글쓰기의 역사는 유구하다. 나중에 이 모든 것들은 종이로 대체되었다. 종이는 상징적으로 말하자면 당신의 살갗이다. 당신은 피부에 문신을 새기 듯 한 자 한 자 적어나간다. 마치 숭고한 의례를 치르듯이. 고통을 묵묵히 감내하며.

15. 글쓰기는 신체의 표면에 그림이나 문자를 쓰는 것과 다를 바 없는 행위다.

16. 제 몸에 문신하기. 무엇이 부족해서?

17. 펜은 남성 생식기의 표상이다. 펜—남성은 종이—여성 위에 포개져서 액체로 뭔가를 써나간다. 펜—남성의 분출은 곧 생식 행위다. 글은 펜—남성과 종이—여성 사이에 일어나는 성적교섭의 결과물이다. 프로이트는 말한다. "백지에 펜으로부터 액체를 흘려보내는 것으로 이루어지는 글쓰기가 교접의 상징적 의미를 띨 때, 혹은 어머니가 대지의 육체를 밟는 행위의 상징적 대리가 될 때, 글쓰기와 걷기는 둘 다 포기되고 만다. 금지된 성행위의 실행이나 마찬가지일 터라서."(프로이트, 『억지, 증상, 불안』, 여기서는 자크 데리다, 앞의책에서 재인용) 그러므로 모든 글을 그것을 쓴 자들의 분신, 아들, "타자가 되

어버린 나”다. 모든 씌어지는 것들은 글로 태어나는 자기 자신이다. 당신은 다시 태어난다. 신생의 존재로! 글을 쓴다는 것은 죽음과 부활의 변증법 속에서 삶을 이뤄간다는 뜻이다.

18. 모든 글들은 부재의 숲에서 싹을 틔우는 어린 나무다. 우리는 태어나기 전에 부재의 존재였고, 죽은 뒤에 다시 부재의 존재로 돌아간다. 문자들은 이 부재의 간극 사이를 불어가는 바람이다. 뭔가를 쓰는 자들은 이 부재의 권태를 견디지 못하는 자들이다. 그들은 채집망을 휘둘러 바람을 붙잡는다. 어리석은 몸짓, 아무 보상도 없는 몸짓들. 그러나 부재의 씨앗들은 여기저기에 흩뿌려져서 마침내 싹을 틔운다. 누구나 무의식에 그 어린 나무가 자란다. 그것은 삶의 다른 이름이다.

19. 부재의 씨앗이 자라나서 맺은 열매가 바로 소설이다.

20. 소설은 언표적 삶이다.

21. 소설을 써라 ; 이것은 두 겹의 삶, 즉 현존과 언표된 현존을 동시에 살라는 뜻이다.

22. 쓰는 행위 안에서 쓰기와 지우기는 반복된다. 글을 쓴다는 것은 쓰면서 동시에 뭔가를 지워가는 행위다. 쓴다는 행위는 쓰지 않는 것들, 끝내 억압되어 무의식의 저 밑바닥으로 가라앉는 것들 위에서 이루어지는 것이다. 그것은 씌어 지면서 표출되는 것들의 아래로 숨는다. 그 존재를 드러내지 않는다는 점에서 지워지는 것이다. 모든 씌어 지지 않은 것들은 공백으로 남는데, 실은 우리 욕망과 검열기체들에 의해 강제로 지워진 결과다.

23. 당신 안의 검열관은 관습이나 타자의 시선을 의식하는 자기다. 이 검열관의 강제하는 힘이 강해질 때 글을 더 이상 쓸 수 없게

된다. 검열관의 권력은 관습과 타자에 대한 두려움이라는 내부의 자양분을 빨아들이며 자라난다. 글쓰기의 자아가 취해야 할 자양분을 당신 내부에서 눈을 부릅뜨고 있는 검열관이 빼앗아가 버렸기 때문에 그것은 점점 메말라 간다.

24. 미친 시인들, 허영에 들린 자들, 자기에게 위대한 재능이 있다고 착각하는 자들, 그리고 수많은 공동[空洞]들을 머금은, 이 삶의 결핍들에 대해 보상받고자 나서는 사람만이 뭔가를 쓴다.

25. 글쓰기에 완성은 없다. 완성은 열반이기 때문이다. 글쓰기에는 완성은 없고 완성을 향해 가는 과정만 있다. 과정 : 치열한 자기 연소! 글쓰기는 살아 있을 때만 가능하다. 열반은 죽은 뒤에나 이루어지는 까닭이다. 하필이면 글쓰기는 살아서 열반에 들려는 불가능한 행위다.

26. 작가 : 그 불가능한 꿈에 몸을 던지는 우리보다 더 하염없는 자들!

보유 1.

한글 만세!

말은 의사소통의 도구를 넘어서서 그 말을 쓰는 이의 인격과 취향, 삶을 드러낸다. 한 유명한 철학자는 말을 가리켜 존재의 집이라고 했다. 삼麻에서 삼베布가 나오듯 마음에서 말이 나온다. 말은 제 감정과 생각을 남에게 전해 통하게 하니, 곧 제가 누구인가를 드러내는 수단이다. 많은 일들이 말로 인해 빚어진다. 그럼에도 말을 잘 알고 쓰는 일을 덜 중요하게 여긴다. 바른 말—살이는 바른 앎에 이르게 하고, 바른 앎에 기대 몸과 마음을 기르는 일은 인생을 반듯하게 살도록 돕는다. 뿐만 아니라 아름다운 것과 추한 것, 사악한 것과 순결한 것을 분별하고 마음을 바른 쪽으로 나아가도록 이끌고, 삶이 깊어지고 온전하도록 돕는다. 우리 선조 때부터 써온 한국어는 한글을 만나 더 풍요로워지고 섬세해졌다.

나는 한글을 써서 글을 짓고 그 글을 모아 책을 짓는다. 그것이 내 생업이다. 한글로 글을 쓰고 책을 짓는 일이니, 이 일로 내 자식들의 입에 들어갈 밥과 몸에 걸칠 옷을 벌고, 의료보험과 국민연금 들을 내는 돈을 번다. 내가 날마다 읽는 책들은 한글로 된 책이다. 이렇듯 나는 날마다 한글을 들숨과 날숨으로 내쉬고 들이마시며 살아가는 사람이다. 한글은 내가 숨쉬는 공기고, 내가 마시는 물이며, 내 몸에 흐르는 피다. 글을 쓸 때마다 내가 한글을 수족처럼 자유자재로 쓰는 사람이라는 게 자랑스럽고 뿌듯하다. 한글은 금생의 내 불운과 박복함의 총체와 견주어도 그 무게를 능히 감당하고도 남는다. 한글이 없었다면 금생이 크고 작은 보람과 기름진 음식을 먹고 비단을 두르는 지복으로 차고 넘치더라도 다 감당할 수 없을만큼 나는 크게 불행했을 것이다.

한글은 쓰기 쉽고 읽어서 그 뜻을 전달하는데 어지럽지 않다. 사실과 사물의 미묘한 뜻을 표현하는데 부족함이 없고, 사물에 작용하는 오묘한 이치에 한 치의 어긋난 바가 없다. 그 짜임의 치밀함으로 뜻의 분명함에 이르고, 그 쓰임의 막힌 데 없음으로 심오함에 이른다. 하늘은 푸르고 땅은 누런데, 이 푸르고 누런 세상에서 해와 달과 별이 떠서 밝히는 모든 빛을 다 보탠 것보다 한글은 더 밝은 문자다. 한글은 쓰는 이 모두에게 두루 이롭고 아무리 써도 닳지 않으며 그 향기가 만리까지 뻗어가는 향기로운 문자다. 나라에 외침이 잦고 비바람 치는 시련이 많았어도 이를 능히 이기고 늠름하게 바로 설 수 있는 것도 한글이라는 바른 문자를 쓰며 기른 민족의 숨은 힘이 있었기 때문이다.

내가 한글 사용자라는 게 자랑스럽다. 푸른 하늘 아래 누런 땅 위에서 가장 이치에 맞는 통사 체계와 어여쁨을 함께 지닌 이 문자의 사용자라는 건 벼락 같이 주어진 축복이다. 어린 백성을 어여삐 여겨 이토록 훌륭한 문자를 창제하신 세종임금께 감사드린다. 한글 만세!

보유 2.

김현, 비평의 성자聖者

"문학은 써먹을 수 없기 때문에 오히려 유용하다"라는 유명한 에피그램을 남긴 김현(1942~1990)은 4·19세대의 정신사적 궤적을 가장 잘 보여주는 비평가다. 그는 '순수'와 '참여'라는 가짜 대립을 넘어서서, 독자적으로 비평의 제국을 일군 한국문학이 낳은 최고의 비평가다. 김현에게 와서 비평은 비로소 창작에 업혀가는 비평이 아니라 제 스스로를 의미화하며 제 영토를 만들었다. 그 사유의 유연함과 역동성, 문학을 읽고 쓰며 종횡으로 가로지른 부지런함, 독자적인 스타일, 감각적 깊이 등으로 비평도 문학 장르의 황홀경에 도달할 수 있음을 보여주었다. 김현은 대체가 불가능한, 한국문학 안에서 유일한 비평가다.

김현 비평은 직물 짜기에 견줄 수 있다. 텍스트와 제 체험/상상력을 날줄과 씨줄로 엮어 비평이라는 아름다운 피륙을 짜내는 것이다. 김현 비평은 거칠게 자르고 찢어 재단하고 양을 계측하는 비평이 아니라 텍스트를 감싸고 그 안으로 스며 주—객이 함께 공감을 일구는 비평이다. 얼마나 많은 시들이 김현 비평의 따뜻한 감싸기를 통해 감각의 깊이를 얻고 풍요해졌던가! 그는 거친 문장과 거친 사유를 미워했다. 그 '거칢'이 대개는 폭력으로 변질되기 쉬운 속성임을 꿰뚫어 보았기 때문이다. 그는 통속과 폭력을 미워하고 문학을 유용한 도구로 바꾸려는 조급함을 미워하고, 대신에 작품의 결을 따라가는 섬세함을 사랑하고, "모호하고도 생생한 우글거림"을 있는 그대로 끌어안는 사유의 유연함을 사랑했다.

김현이 육체의 집을 허물고 돌아간 지 20년, 그는 이미 비평계의 전설이다. 그의 빈자리는 날이 갈수록 더욱 큰 공동空洞/恐動으로 느껴진다. 그토록 많은 시의 공방工房들에서 하루도 망치소리가 끊일 날이 없음에도 한국 시가 침체된 것처럼 보이는 것은 시를 보는 밝은 눈을 가진 김현 같은 비평가가 없기 때문이다. 시의 공방들은 늘지만 공방 작품들을 꼼꼼하게 따져보고 품평해줄 명장明匠이 없는 것이다. 그래서 한국 시와 비평은 활기를 잃고 마치 폐업한 상가 같이 적막해 보인다. 김현이 생전에 지은 집은 비평의 성전聖殿이 되었다. 그 성전은 바깥으로 열려 있고 속으로 깊어지는 문학의 내면內面으로 건재하다. 그 성전에 날마다 나가 "오늘도 내게 일용할 문학을 주소서"라고 기도하는 나는 확실히 김현 교도敎徒이다.

제2부

시의 황금시대

한 무리의 늑대가 나타났다

비평의 권력 혹은 비평의 소멸

시를 위한 에스키스

근대 문학가들로부터 호가 꽃피었다

삶은 편도여행

시의 황금시대

시는 뜻을 버려 뜻을 얻는다

시는 종족의 방언

시가 뭐냐. 이는 한국 현대시 백년 속에서 암묵적으로 제출된 공안公案이다.1) 이 공안은 무겁고 단단하다. 한마디로 절벽이다. 그렇다면 깨우침으로써 그 틈을 조금씩 열어가야 하지 않겠는가! 만해가 "연꽃 같은 발꿈치로 가이없는 바다를 밟고, 옥 같은 손으로 끝없는

1) 이 공안에 대하여 서양의 한 선각은 다음과 같은 말을 남겼다. "시는 앎이고 구원이며 힘이고 포기이다. 시의 기능은 세상을 변화시키는 것이며 시적 행위는 본래 혁명적인 것이지만 정신의 수련으로서 내면적 해방의 방법이기도 하다. 시는 이 세계를 드러내면서 다른 세계를 창조한다. 시는 선택받은 자들의 빵이자 저주받은 양식이다. 시는 격리시키면서 결합시킨다. 시는 여행에의 초대이자 귀향이다. 시는 들숨과 날숨이며 근육 운동이다. 시는 공空을 향한 기원이며 무無의 대화이다. 시의 양식은 권태와 고뇌와 절망이다. 시는 기도이며 탄원歎願이고 현현顯現이며 현존現存이다. 시는 악마를 쫓는 주문이고 맹세이며 마법이다. 시는 무의식의 승화이자 보상이고 응집이다. 시는 계급과 국가, 인종의 역사적 표현이면서 역사를 부정한다. 시 속에서 모든 객관적 갈등들이 해소되고 인간은 마침내 일시적으로 스쳐가는 것 이상의 어떤 것에 대한 의식을 얻게 된다. 시는 경험이며 느낌이고 감정이며 직관이고 방향성이 없는 사유이다. 시는 우연의 소산이자 계산된 결과물이다. 시는 세련된 형식을 사용하여 말하는 기술이자 원시적 언어이다. 시는 규칙에 복종하며 동시에 다른 규칙들을 창조한다. 시는 선대先代를 흉내내는 것이며 황홀경이고 로고스이다. 시는 어린 시절로 돌아가는 것이며 성교性交이고 낙원과 지옥 그리고 연옥에 대한 향수이다. 시는 놀이이고 노동이며 금욕적인 행위이다. 시는 고백이다. 시는 본래적 경험이다. 시는 비전이고 음악이고 상징이다. 시는 아날로지이다. 시편은 세상의 음악이 울리는 소라고둥이고, 시편의 운율과 각운은 전체적인 조화의 상응이지 울림이다. 시는 교육이자 도덕이고 계시이며 춤이고 대화이며 독백이다. 시는 민중의 목소리이자 선민選民의 언어이고 고독한 자의 말이다. 시는 순수하면서 순수하지 않고, 신성하면서도 저주받았고, 다수의 목소리이면서 소수의 목소리이고, 집단적이면서 개인적이고, 벌거벗고 치장하고, 말하여지고, 색칠되고, 씌어져서, 천의 얼굴로 나타나지만 결국 시편은 빔vacio—인간의 모든 작위作爲의 헛된 위대함에 대한 아름다운 증거! —을 숨기고 있는 가면일 뿐이다."(옥타비오 파스, 『활과 리라』, 솔, 1998)

하늘을 만지면서, 떨어지는 날을 곱게 단장하는 저녁놀은 누구의 시입니까"(한용운, 「알 수 없어요」)라고 노래할 때 조선 문인 이옥李鈺의 말이 얼른 떠오른다. "시는 만물이 사람에게 가탁하여 짓게 하는 것이다. 물 흐르듯 귀와 눈으로 들어와서 단전 위를 맴돌다가 끊임없이 입과 손을 따라 나오니, 시인과는 상관하지 않는다."[2] 공중에 수직의 파문을 일으키며 고요히 떨어지는 오동잎, 검은 구름의 터진 곳으로 언뜻 비치는 푸른 하늘, 옛탑 위의 고요한 하늘에 떠도는 방향芳香, 돌 틈 사이로 종일 지줄거리며 흐르는 시내에도 시는 있다. 시는 짓는 게 아니다. 시는 어디에나 그냥 있다. 밝은 눈이 그것을 찾아낼 뿐이다. 만물은 저마다 "제 스스로 성색정경聲色情境을 갖추고"(정민) 있으니 시가 만물에 있다는 말은 거짓이 아니다. 시는 만물 속에 있는 어여쁨의 계시啓示다. 봄밤, 다도해, 대숲 바람, 새들, 지는 달, 파도, 싹, 새잎, 애기, 입술, 손톱, 가냘픔, 메아리, 삼나무숲, 모란꽃, 매화, 저녁 때 우는 까마귀, 대숲에 모인 새떼, 일제히 날아오르는 새들, 보랏빛 구름, 가을 해질녘, 가야금 소리, 반딧불이, 초승달, 흰눈, 눈위에 점점이 박힌 어린 새의 발자국…… 시는 어디에나 있다. 천상병이 "요놈 요놈 요 이쁜 놈 !"이라고 할 때, 이쁜 놈은 곧 어여쁨을 가진 이를 가리킨다. 박목월이 "모란꽃 이우는 하얀 해으름 / 강을 건너는 청모시 옷고름"(「모란 여정」)이라고 할 때, 지는 모란꽃, 하얀 해으름, 청모시 옷고름에도 어여쁨은 스며 있다. 어여쁨은 생명의 생동 발랄함이고 조화이며 진경眞境이다. 우리가 그것을 바라볼 때 마음이 상쾌해지고 기분이 화창해지는 것이다. 좋은 시는 마음을 즐겁게 한다.

"열대여섯 살짜리 소년이 작약꽃을 한아름 자전거 뒤에다 실어 끌고 이조李朝의 낡은 먹기와 집 골목길을 지나가면서 연계軟鷄 같은 소리로 꽃 사라고 외치오. 세계에서 제일 잘 물들여진 옥색玉色의 공

2) 이옥, 「이언인俚言引」(여기서는 정민, 『한시미학산책』, 솔, 1996에서 재인용)

기 속에 그 소리의 맥脈이 담기오. 뒤에서 꽃을 찾는 아주머니가 백지의 창을 열고 꽃장수 꽃장수 일루 와요 불러도 통 못 알아듣고 꽃 사려 꽃 사려 소년은 그냥 열심히 외치고만 가오. 먹기와집들이 다 끝나는 언덕 위에 올라서선 작약꽃 앞자리에 냉큼 올라타서 방울을 울리며 내달아가오."(서정주, 「한양호일漢陽好日」)라고 할 때 시는 소년, 아주머니, 먹기와 집 골목길, 옥색의 공기, 꽃장수 부르는 소리, 꽃사려 라는 외침, 자전거 방울소리에 저마다 편재해 있다. 옥색으로 물든 공기 속에서 작약꽃 파는 소년이 북촌 기와집 골목을 꽃 사려 꽃 사려 외치며 자전거를 타고 씽씽 달려나갈 때, 서울의 어느 좋은 날 풍경은 그대로 한 편의 시다. 만물은 스스로 시성詩性을 품고 있지만 아무나 시를 보는 게 아니다. 밝은 눈으로 작은 기미에서 전체를 꿰뚫어보는 통찰력이 있어야 한다.

시인은 저 앞으로 가장 멀리 나가 있으면서 동시에 가장 뒤쪽에 버티고 있다. 이때 시인은 궁사弓師고, 시는 화살이다. 궁사는 여기에 발을 딛고 있고, 화살은 여기를 벗어나 여기 아닌 곳으로 멀리 나아간다. 화살은 멀리 나가 제 밖에 서 있는 과녁을 꿰뚫으며 피에 젖는다. 1970년대에 한 시인이 펍진한 현실주의의 상상력으로 "허공이 소리친다 / 허공 뚫고 / 온몸으로 가자 / 저 캄캄한 대낮 과녁이 달려온다 / 이윽고 과녁이 피 뿜으며 쓰러질 때 / 단 한 번 / 우리 모두 화살로 피를 흘리자"(고은, 「화살」)라고 노래할 때 시는 "캄캄한 대낮"이라는 형용모순의 현실을 꿰뚫고 나아가는 그 무엇이다. 김우창에 따르면 시란 "땅과 땅의 것들을 드러나게 하면서 동시에 이것을 하나의 통일된 공간으로 구성하는 일"이다. "창조와 변용, 그 아름다움과 경이, 무엇보다도 그 조화"의 세계를 탐구하는 일이다.(김우창, 「문학의 옹호 : 말 많은 세상의 언어와 시의 언어」) 무엇보다도 시가 땅과 땅의 것들을 언어의 명증성으로 드러나게 하는 예술이라는 점에 동의 한다. 이때 땅은 현세現世고, 잠과 노동, 아이를 낳고 키우는 나날의 삶의 바탕과 곡절들, 그것들이 쌓여 만드는 파란波瀾과 부침浮沈을 품은 역사를 표상한다. 땅의 것들은 개체의 체험과 그것을 감싸는 전체의 진실을 포괄하는 것이다. "시는 밖으로부터 부과되는 개념적·명제적 논리나 강권적 요구가 아니다. 그것은 안으로부터의 느낌을 밖으로 표현하려는 자연스런 충동 — 충동의 명징화 과정이다."(문광훈, 『아도르노와 김우창의 예술문화론』) 시는 자아 밖의 요구나 강제에 의한 것이 아니라 자아 안의 꽉 찬 느낌이 밖으로 밀려 나오는 것이다. 그것이 바깥의 풍물과 만나 빚어지는 느낌은 빛과 소리와 형상을 가진 하나의 이미지, 운율을 가진 소리로 스스로를 변용한다. 시는 기억의 파괴와 해체로 작동하는 시간, 그리하여 끝내 망각을 향하여 나아가는 시간에 대한 저항이다. 시는 푸르름이라고 뭉뚱그려 말할 수밖에 없는 것, 그 미지, 무한, 진리, 혹은 아름다움, 즉 "우리가 간신히 견디어 낸 무서움의 시작"(라이너 마리아 릴케, 『두이노의 비가』, 「제1가」)에 대한 언어적 증여다. 시는 세계 보편의 것이면서 아울러 지역 정서의 특수한 발현이다. 따라서 시는 한 지역 정서의 특수함, 정신주의적 세계에 대한 넓은 이해가 없이는 해독이 불가능할 수가 있다. 이를테면 서정주가 "내 마음속 우리 님의 고운 눈썹을 / 즈문밤의 꿈으로 맑게 씻어서 / 하늘에다 옮기서 심어놨더니 / 동지 섣달 매서운 새가 / 그걸 알고 시늉하며 비끼어가네"(「동천冬天」)이라고 노래할 때 시는 종족의 방언임을 드러낸다. 여기 드러난 감성과 이 안에 구비치는 생사관과 인연관은 한국어를 모국어로 쓰는 사람들의 특수한 정서다. 나와 님, 님의 고운 눈썹과 내 즈문밤의 꿈은 땅의 것들에 속한다. 아울러 시는 땅과 땅의 것들만을 드러나게 하는 게 아니라 더 멀고 높은 곳 하늘과 연관되는 것이란 사실을 암시한다. 이 땅의 것들을 선달 하늘과 그 옆을 나는 매서운 새로 저 높이로 가볍게 띄우는 부력浮力은 상상의 힘에서 나온다. 시인의 상상세계 안에서 땅의 일, 즉 나와 님의 인연, 님의 눈썹과 즈문밤의 꿈들은 섣달 한천寒天과 초승달 옆을 스치듯 나는 새라는 새로운 삼계三界의 인연으로 몸을 바꾸는 것이다.

시詩와 예禮는 동격

더 멀리 가보자. 공자孔子(기원전551~479년) 시대에는 아버지가 아들을 직접 가르치지 않았다. 이는 제 자식이라 너무 사사롭게 대하는 것을 피하기 위함이다. 그래서 제 아들을 남에게 보내 가르치게 하고, 대신에 남의 아들을 받아 가르쳤다. 공자의 아들 공리孔鯉도 마찬가지였다. "아버지의 특별한 가르침이 있었느냐?"는 물음에 공리가 대답했다. "아버지가 특별히 가르쳐준 게 없었습니다. 한 번은 홀로 뜰에 서 계시는데 제가 종종걸음으로 뜰을 지나갔습니다. 물으시기를 '『시경詩經』을 배웠느냐?' 하시기에 '아직 안 배웠습니다'라고 대답했지요. '시를 배우지 않으면 말할 거리가 없다'고 하셨지요. 그래서 물러나 시를 배웠습니다. 어느 날 또 한 번 홀로 뜰에 서 계시는데 제가 종종걸음으로 뜰을 지나갔습니다. 물으시기를 '예를 배웠느냐?'하시기에 '아직 안배웠습니다'했지요. '예를 배우지 않으면 설 수 없다'고 하시기에 저는 물러나 예를 배웠습니다."『논어』의 「계씨季氏」편에 나오는 일화다. 공자는 말했다. "시를 배우지 않으면 말을 할 수 없고, 예를 배우지 않으면 제대로 설 수 없다."(不學詩, 無似言, 不學禮, 無似立, 『논어』) 공자는 강물 보기를 즐겨했다. 때로는 강가에서 이렇게 감탄하기도 했다. "가는 세월이 이와 같구나! 밤낮을 가리지 않고 흘러가는구나." 자연은 움직이고 변화함을 그치지 않으며 물은 그 흐름을 쉬지 않고 만물은 생겨났다가 없어지고 다시 생겨나니 그

있음이 다하지 않는다. 밤낮이 바뀌고 계절은 늘 새로 돌아와 그 운행이 그친 적이 없고, 만물은 가고 돌아오는 일을 한시도 쉰 적이 없다. 군자는 그것을 본받아야 하고 스스로 힘써 배우는 일을 쉬지 않아야 한다. 공자는 시가 사람이 마땅히 배워야 할 중요한 덕목의 하나라고 가르쳤다. 공리는 공자의 말을 듣고 물러나 『시경詩經』을 읽고 시를 배웠다고 했다. 시가 배워서 익힐 수 있는 것이냐. 송나라 때의 엄우嚴羽는 시는 배워 익힐 수 없는 것이라고 말한다. 타고난 별다른 재능이 있어야 한다고 말한다.

무릇 시에는 별도의 재주가 있으니, 책과는 관계하지 않는다. 시에는 별도의 지취旨趣가 있어 이치와는 관계하지 않는다. 그러나 책을 많이 읽고 이치를 많이 궁구하지 않으면 지극한 경지에는 도달할 수가 없으니, 이른바 이치의 길에 빠지지 않고, 말의 통발에 떨어지지 않는 것이 윗길이 된다. 시라는 것은 성정을 읊조리는 것이다. 성당盛唐의 여러 시인들은 오직 홍취興趣에 주안을 두어, 영양이 뿔을 거는 것과 같아 자취를 찾을 수 없다. 그런 까닭에 그 묘한 곳은 투철하고 영롱하여 꼬집어 말할 수가 없으니, 마치 공중의 소리와 형상 속의 빛깔, 물 속의 달, 거울 속의 형상과 같아서, 말은 다함이 있어도 뜻은 다함이 없다.[3)]

시는 이론도, 사변도, 철학도 아니다. 서책을 두루 구해 읽고 세상의 이치를 꿰뚫는다고 해서 시인이 되는 것은 아니다. 엄우는 "이치의 길에 빠지지 않고, 말의 통발에 떨어지지 않아야 한다"고 말한다. 또 한편으로 "이치를 많이 궁구하지 않으면 지극한 경지에는 도달할 수가 없다"라고 말한다. 엄우는 시가 영양이 뿔을 거는 것과 같아 자취를 찾을 수 없다고 했는데, 이는 무슨 뜻일까? 정민은 이

3) 엄우嚴羽, 『창랑시화滄浪詩話』(여기서는 정민, 앞의책에서 재인용)

문장이 선가禪家에서 빌려온 비유라고 말하며 이렇게 설명한다. "영양은 잠을 잘 때 외적의 해를 피하기 위해 꼬부라진 뿔을 나뭇가지에 걸고 허공에 매달려 잠을 잔다고 한다. 따라서 영양의 발자취만 보고 따라가다가는 어느 순간 발자취는 끊어져버리고, 영양은 간 곳이 없다. 시인이 독자에게 보여주는 것은 단지 영양의 발자취뿐이다."[4] 시는 상징어법으로 말하자면 "공중의 소리와 형상 속의 빛깔, 물 속의 달, 거울 속의 형상 空中之音, 相中之色, 水中之月, 鏡中之象"이다.

시는 마음의 금琴을 울리는 예고, 또한 마음을 비춰내는 거울이다. 만물의 본성을 비쳐 보일 뿐만 아니라 제가 본성을 깨쳤는지 아닌지를 비쳐 보인다. 6대 조사 혜능慧能의 일화는 하나를 깨친 자는 곧 전부를 깨친 자임을 보여준다. 혜능은 638년에 광동의 영남에서 태어난다. 일찍이 아버지를 여의고 홀어머니를 모시고 살았다. 아주 어릴 때부터 땔감을 팔아 집안 살림을 도와야 했기 때문에 문자를 배울 기회를 놓쳤다. 어느 집에 땔감을 배달하러 갔다가 문간에서 경전 읽는 소리를 들었다. 그게 『금강경』이었는데, 그 소리만을 듣고도 뜻을 깨우쳤다. 그 길로 5대 조사 홍인弘忍을 찾아 길을 나섰다. 황매산黃梅山에서 설법을 하던 홍인이 법통을 전수할 때가 온 것을 알고 제자들을 한 곳에 모은 다음에 각자 마음에 숨겨진 지혜를 두루 살피고 이를 시로 써서 내도록 명하였다. 그 시를 두루 살펴 근본 지혜를 깨달은 자에게 옷과 밥그릇을 전해 6대 조사로 삼겠노라고 했던 것이다.

모두들 신수神秀 큰스님이 법통을 이을 것이 분명하다고 말했다. 그러니 애써 시를 짓는 수고를 할 필요가 없다고 입을 모았다. 신수는 고결한 사람이다. 법통을 잇겠다는 사사로운 욕심으로 시를 내고 싶지는 않았고, 그렇다고 시를 지어 바치라는 스승의 명을 거스르기

4) 정민, 앞의책

도 쉽지 않았다. "내가 시를 바치지 않는다면, 스승께서 어찌 내 공부의 깊이를 알 수 있겠는가? 시를 내놓는다고 하더라도 내가 불법을 구하는 한 그 동기는 순수한 것일진대 만약 조사 자리를 얻으려고 한다면 그 얼마나 비열한 짓인가. 이는 속된 야심으로 성스러운 지위를 낚아채려는 것과 같도다. 하지만 시를 바치지 않는다면 법을 잇지 못하게 되니 참으로 난처한 처지로다!" 신수는 탄식했다. 결국 신수는 시를 지어 스승 홍인이 볼 수 있도록 벽에 붙였다. 그 시는 다음과 같다.

몸은 지혜의 나무
마음은 맑은 거울의 틀
쉬지 않고 털고 닦아
티끌도 없게 하여라

홍인은 신수의 시를 읽고 실망했다. 홍인은 신수를 불러 이렇게 일렀다.

"네가 쓴 시로 보건대 너는 아직 본성을 깨치지 못했느니라. 문지방까지는 왔는데, 방으로 들어가지는 못했다. 나쁜 길로 접어들던 중생들은 네 시를 통해 구제받을 수 있을 것이다. 하지만 더 높은 지혜를 얻으려면 곧바로 자기 마음을 알아차려야 하고 나고 죽는 일을 넘어선 본성을 이해해야 하느니라. 자신을 아는 일만이 영원하며 모든 생각들을 지배하니, 세상 그 무엇도 이를 막아설 수 있는 것은 없도다. 하나를 깨치는 일이 곧 전부를 깨치는 일이다. 그때에 이르러서야 너는 한없이 덧없고 무상한 세상의 일들이 실은 한결 같은 상태에 머문다는 것을 알게 된다. 진실이란 한결 같은[如如] 마음 안에 들어 있는 것에 불과하노라. 이렇게 꿰뚫어보는 일이야말로 바로 최상의 지혜를 깨칠 수 있는 본성이니라."

홍인은 신수에게 다른 시를 써서 바치라고 했다. 그러나 신수는 다른 시를 쓸 수 없었다.

스승 홍인은 혜능의 사람됨을 알고 깊은 밤에 다른 제자들 몰래 혜능에게 옷과 밥그릇을 전수했다. 그때 혜능의 나이는 불과 스물세 살이었다. 혜능은 문맹이었으므로 벽에 붙은 신수의 시를 남이 읽어주는 것을 듣고, 남의 손을 빌어 이렇게 시를 썼다.

> 지혜에는 본래 나무가 없고
> 맑은 거울 또한 틀이 아니라네
> 처음 오기를 한 물건도 없었으니
> 어느 곳에 티끌이 낀단 말인가

이 시를 읽고 홍인은 혜능이 깨달은 것을 알았다. 홍인은 혜능에게 제 옷과 밥그릇을 전하며, "머지않아 너로 하여금 불법이 크게 융성할 것이니라."고 했다. 그 길로 홍인과 헤어진 혜능은 남쪽 지방으로 내려갔다. 홍인은 3년 뒤 세상을 뜨고 혜능은 나이 마흔 살이 될 때가지 제 신분을 속이고 살았다. 마침내 때가 된 것을 알고 혜능은 제가 홍인의 뒤를 잇는 6대 조사임을 세상에 알렸다. 677년에 혜능은 조계曹溪로 내려가 보림사寶林寺를 세웠다.[5]

파破의 동학動學

시인은 사악한 우연들과 싸우며 진리에게 청혼하는 가련한 연인이다. 그 청혼은 받아들여지지 않는다. 시인은 모든 진리로부터 추방

---

5) 존 C.H. 우, 『선禪의 황금시대』(김연수 옮김, 한문화, 2006) 참조.

당한다. 시인은 우연에게 먹히고 우연의 광기에 들리는 저주받은 운명을 받는다. 저주받은 운명으로 진리의 바깥을 영원히 떠돌 수밖에 없는 시인들! 니체는 단호한 어조로 이렇게 말한다. "거짓말을 해야만 하는, / 고의로 거짓말을 할 수밖에 없는 짐승에 불과하다. / 탐욕스럽게 사냥감을 찾아 헤매고, / 여러 가지 가면을 쓰고, / 자기 자신에 대해서도 가면을 쓰고, / 자기 자신의 사냥감이 되는 그런 자가 / 진리의 구혼자란 말인가? / 아니! 그대는 바보일 뿐이다! 그대는 시인일 뿐이다!"(니체, 『차라투스트라는 이렇게 말했다』) 니체는 스스로를 시인이라고 생각했다. 그래서 제가 창조한 차라투스트라의 입을 빌어 이렇게 말했던 것이다. "나는 오직 바보일 뿐! 오직 시인일 뿐!" 시인들은 가련하고 어리석고 파렴치하다. 여기 스스로 제 사냥감이 되어버린, 어리석은 진리의 구혼자가 있다. 오늘의 한국시는 다양하다. 가히 시의 황금시대라고 부를만큼 그 외연적 범주는 넓다. 나는 오늘의 한국시에 작동하는 심리적 원형을 셋으로 나눈다. 첫째는 깨고나감[破]의 동학이고, 둘째는 슬픔[哀]의 동학이고, 셋째는 고요[寂]의 동학이다. 투박하게 그 의미를 가름한다면 첫째는 오늘을 부정하고 내일로 나아가는 진취성이 있고, 둘째는 오늘에 머물며 지나간 어제들을 돌아보는 회고성이 두드러지며, 셋째는 오늘은 끌어안고 지나간 어제들과 다가올 내일들을 한데 아울러 찬찬히 들여다보는 성찰의 깊이가 오롯하다.

먼저 깨고나감[破]의 동학을 보여주는 김수영(1921~1968)의 시를 보자. 김수영의 「죄와 벌」은 어떻게 제 바보 됨과 파렴치함을 깨어버리는지, 그 깨고나감의 동학을 보여준다.

> 남에게 희생을 당할 만한
> 충분한 각오를 가진 사람만이
> 살인을 한다

그러나 우산대로
여편네를 때려눕혔을 때
우리들의 옆에서는
어린놈이 울었고
비 오는 거리에는
40명가량의 취객들이
모여들었고
집에 돌아와서
제일 마음에 꺼리는 것이
아는 사람이
이 캄캄한 범행의 현장을
보았는가 하는 일이었다
— 아니 그보다도 먼저
아까운 것이
지우산을 현장에 버리고 온 일이었다

— 김수영, 「죄와 벌」

이 시의 핵심은 길거리에서 제 여편네를 우산대로 후려패서 쓰러뜨린 가정 폭력사건이다. 무슨 일인지는 알 수 없지만, 시인은 화가 잔뜩 나서 제 아내를 우산대로 때려눕혔다. 그 현장에 있던 어린자식이 울고, 이내 구경꾼들이 몰려든다. 이 우스꽝스러운 활극의 당사자가 부랑배가 아니라 어엿한 시인이라는 사실이 우리를 어리둥절하게 한다. 물론 이 대담무쌍한 활극의 장본인은 김수영 자신이다. 사소하다면 사소하달 수 있는 이 폭력사건의 정황을 진술하면서 김수영이 "남에게 희생을 당할 만한 사람만이 살인을 한다" 운운 하며 시의 들머리를 연 것은 제 분노와 적대감이 얼마나 컸나를 드러내기 위함이겠지만, 그럼으로써 제 폭력 행위를 정당화하려는 것이겠지만 터무니

없는 과장임에 분명하다. 이 가정폭력의 당사자가 제 폭력 행위에 대해서는 한 점 반성도 없이 "이 캄캄한 범행의 현장을" 누가 보았는가 걱정하는 것, 백주대로 현장에다 지우산을 버리고 일만을 못내 아까워하는 것은 그 폭력 당사자가 얼마나 치졸하고 파렴치한가를 여지없이 드러내지 않는가! 이때 시인은 시정잡배나 다를 바 없다. 니체가 말한 바 "자기 자신에 대해서도 가면을 쓰고, / 자기 자신의 사냥감이 되는 그런 자"라는 말이 실감되는 대목이다. 사실 이 시는 제 악행을 만천하에 까발려 일러바침으로써 역설적으로 현실에서 한없이 좀스러워지고 한심스러워지는 제 속물 됨을 질타하고 반성한다. 이 까발림은 김수영의 어두운 내면에 웅크린 피학성[被虐性]이 터져나오는 대목이다. 김수영은 "내 안에 있는 적만 해도 너무나 힘에 겹다"고 했다. 여편네란 저와 가장 가까운 자리에 있는 적이다. 왜 여편네가 적일까? 자꾸 저를 속물로 만드니까. 자꾸 저를 현실의 무능력자로 만드니까. 사실은 속물이 되고, 무능력자가 된 것은 여편네 탓이 아니라 제 탓이다. 그런데 시인은 여편네 탓이라고 우기며 여편네를 길바닥에서 우산대로 때려눕히는 것이다. 김수영은 「생활」이란 시에서 제 삶을 조용히 들여다보며 제가 고절[孤絶] 속에서 조용히 미쳐간다고 고백한 바 있다. 시인은 바보, 현실부적응자, 서서히 미쳐가는 자다.

> 밤새워 긴 글 쓰다 지친 아침은
> 찬술로 목을 축여 겨우 이어가나니
> 한 수에 오만 원짜리 회갑시 써 달라던
> 그 부잣집 마누라 새삼스레 그리워라.
> 그런 마누라 한 열대여섯 명 줄지어 왔으면 싶어라.
>
> — 서정주, 「찬술」

이 시는 서정주(1915~2000)가 『신동아』 1973년 4월호에 발표한 시다. 돈을 탐하는 제 욕망을 벌거벗은 듯 드러내놓은 시다. 이 시 어디에도 돈오돈수頓悟頓修나 돈오점수頓悟漸修의 흔적은 없다. “밤새워 긴 글 쓰다 지친” 아침이다. 시인은 언젠가 오만 원을 주겠다고 회갑시를 써 달라고 부탁하던 어느 부잣집 마누라를 떠올린다. 아마도 이 시를 쓸 무렵이 “내가 삼백 원짜리 시간 강사에도 목이 쉬어 / 인제는 작파할까 망설이고 있는 날에 / 싸락눈 내리어 눈썹 때리니.....”(「싸락눈 때리어 눈썹 때리니」)와 비슷한 시기니, 그때 오만 원이라면 오늘에는 한 오백만원쯤 될 것이다. 시인은 부잣집 마누라들 한 열대여섯 명이 큰돈을 들고 와서 시를 써달라고 줄 선 것을 상상한다. 이는 가욋돈을 벌어들이는 일이니 횡재에 해당할 것이다. 시인은 횡재를 하는 즐거운 상상 끝에 낄낄낄 저 혼자 웃으며 찬술을 들이키고 있다. 이 벌거벗은 돈 욕심 앞에서 시인을 비웃기보다는 시인의 딱한 처지에 대한 연민이 먼저 솟아난다. 가난이 얼마나 지긋지긋했으면, 혹은 글 써서 돈 버는 일이 얼마나 고단했으면, 이런 시까지 썼을까! 시인은 도무지 제 부끄러운 데를 가릴 줄 모른다. 그 점에서 시인은 애기 같다. “애기는 어둔 밤 이불 속에서 / 자면서도 낄낄낄 혼자 웃는다. / 잠에도 꿈에도 애기만 하는 / 우스운 하늘 얘긴 꽃펴 있는가.”(「애기의 웃음」) 서정주는 뻔뻔스럽기보다는 천진무구 그 자체다. 그 천진무구에는 능청과 웃음, 아이러니가 숨어 있다. 그것 없이는 「찬술」같은 시는 나올 수 없다. 서정주가 능청과 웃음으로 깨고나감의 동학을 실현하고 있다면, 이육사는 곧음과 직선의 정신으로 주어진 현실의 강고强固함을 깨고 나감의 동학을 보여준다.

매운 계절季節의 채쭉에 갈겨
마츰내 북방北方으로 휩쓸려오다

하늘도 그만 지쳐 끝난 고원高原
서릿발 칼날진 그 우에 서다

어데다 무릎을 꿇어야 하나
한발 재겨 디딜 곳조차 없다

이러매 눈감아 생각해 볼밖에
겨울은 강철로 된 무지갠가보다

— 이육사, 「절정絶頂」

이육사(1904~1944)의 「절정絶頂」은 복잡한 사유를 품고 있지 않다. 단순하고 간결한 어조로 곧은 기운을 머금은 상들을 드러낸다. 고원高原은 높은 자리다. 게다가 겨울이다. 시린 하늘 아래 거친 땅에는 서릿발이 섰다. 북방이니 매운 추위다. 굳이 일제 강점기의 서슬 푸른 세월에 대한 은유라고 비약하지 않더라도, 이 시에서 제시한 이미지들은 청고淸高한 인격에 걸맞는 장소요, 날씨들이다. 이육사의 상상세계에서 이 고원은 "매화향기 홀로 아득"한 광야와 짝을 이룬다(「광야曠野」). 시인은 까마득한 날들과 천고千古의 시간을 품은 광야에서 "백마白馬 타고 오는 초인超人"을 목놓아 부르겠다고 다짐한다. 「절정絶頂」에서 현실을 보는 시인의 의식은 단순하고 명쾌하다. "어데다 무릎을 꿇어야 하나 / 한발 재겨 디딜 곳조차 없다"라는 시구에서 잠시 머뭇거리는 의식의 투영을 보여줄 뿐이다. 갈 데 없음, 이 막막함 속에서 할 일은 매운 추위가 몰아치는 겨울을 웅크려 견딜 일 뿐이다. 그 겨울을 견딤은 힘들고도 황홀한 일이다. 이 고원에 무지개가 걸린다. 무지개는 공중에 뜬 색색의 원호圓弧인데, 서유럽 사람들은 "땅의 활", 혹은 "섬광의 활", 혹은 "비가 만들어낸 활"(고종석, 『어루만지다』, 마음산책, 2009)이라고 부른다고 한다. 이 무지개에 여기 아닌 저기에서 일구는 영롱한 삶에의 희망을 엾어 보는 것은 자연스러운 연상법이다. 이 삭막한 고원에 떠오른 것은 그냥 무지개가 아니라 "강철로 된 무지개"다. 이것은 정신의 강철 같은 단련과 고양高揚에 대한 표상이자, 동시에 무지개가 거저 주어지는 것이 아니라 스스로 강철이 되어 만들어야 한다는 중의적 의미를 품고 있다. 땅은 거칠고 하늘은 누렇다. 여기에 홀연히 떠오른 "강철로 된 무지개"는 일체의 한계를 넘어선 무극無極을 세상을 암시한다. 이 "강철로 된 무지개"가 깨고나감의 동학이 끝 간 데에서 홀연히 펼쳐지는 것이다. 이렇듯 깨고나감의 동학을 떠받치는 것은 웃음과 아이러니, 추醜의 미학, 자기풍자와 해탈이다. 파의 동학은 일제 강점, 전쟁, 분단과 이산, 산업화, 군부독재라는 파행의 역사를 살며 그 억압을 깨고 나가기 위해 불가피한 바가 있다. 깨고나감의 동학은 우리 시의 어엿한 매락이다. 깨고나감의 동학은 서정주의 저 능청과 웃음, 이상의 위트와 패러독스, 유치환의 한자漢字가 많이 섞인 거칠고 투박한 저항시, 김수영의 아이러니와 도저한 자기부정, 김지하의 풍자와 추의 미학, 이성복의 요설, 황지우의 파괴와 해체의 양식화, 최승자의 섬뜩한 자기모독, 김영승의 슬픈 희화戲畵, 황병승의 시적—아비 부정하기, 달리 말하면 앞선 시적 가치를 부정하고 시의 후레자식 되기로 면면히 이어지고 있는 것이다.6)

6) 깨고나감의 동학에 속하는 시인들은 이제마의 사상 체질론에 비추어 보자면 태양인에 속한 사람이 많다. 태양인은 말이 분명하고 선과 악을 분명하게 가른다. 그러나 중용을 버리고 예를 버리면 품위를 잃는다. 지나치게 권력을 탐하면 의와 예를 다 잃는다. 의義를 따르고 취하는 바가 지나칠 수 있다. 의의 지나침이 파괴적 에너지로 바뀔 때 남과 자기에게 해를 입힐 수가 있다. 무례방종無禮放縱하게 됨을 늘 경계해야 한다. 의사소통을 잘하고, 사람 사귐에 능하고, 과단성이 있다. 태양인은 상체에 비해 하체가 빈약하다. 그래서 기대거나 누워있기를 좋아한다. 얼굴빛은 희고 살은 없다. 얼굴빛이 검거나 살이 많으면 몸에 이상이 있는 것이다. 태양인은 인자仁者이지만 예를 잃으면 비인鄙人이 될 수가 있으니 조심해야 한다.

슬픔의 동학動學

다시 시가 뭐냐. 번다하게 생각을 일으키면 시는 달아나고 시의 그림자만 남는다. 시는 온데간데 없고 백일몽만 넘쳐난다. 그러므로 생각을 움직이지 마라. 멈춰라, 시가 올 때까지! 선사 운문雲門은 목주睦州에게 가르침을 받았다. 목주는 가르치는 방법이 과격했다. 누가 문을 열고 들어오면 즉시 멱살을 틀어잡고, "말해 보라, 말해 보라!"고 호통을 쳤다. 대답을 못하면 즉시 문 밖으로 내팽개쳤다. "아무짝에도 쓸모없는 놈이군!" 운문이 문 안으로 들어섰을 때, 목주는 똑같이 운문의 멱살을 틀어잡았다. "말해 보라, 말해 보라!" 운문은 대답을 하지 못했다. 그러다가 문 밖으로 내팽개쳐졌는데, 마침 한 발이 문지방에 걸리고 말았다. 목주는 사정없이 문을 닫아버렸다. 그 바람에 운문의 발목이 부러지고 말았다. 그 순간 운문은 아파서 비명을 질렀다. 그러다가 문득 제 비명을 듣고 크게 깨달았다. 그 운문이 나무사자 아가리에 손을 넣고는 외쳤다. "이 놈이 나를 문다. 살려다오!" 대나무 그림자가 아무리 섬돌 아래 마당을 쓸어도 낙엽은 그대로이고, 달빛이 날카롭게 거울같이 잔잔한 연못을 뚫어도 연못엔 아무 흔적이 남지 않는다. 시는 운문의 손목을 물어뜯은 나무사자 아가리다.[7] 본디 시는 "지옥에서 온 물건"이다. 동아시아의 전통에서 시는 그 본질에서 연가戀歌이고, 만가輓歌이다. 시는 노래, 울음, 절창, 탄식에서 발견되는 참을 수 없는 아름다움에 대한 욕망이다.

김소월(1902~1934)이 "나 보기가 역겨워 가실 때는 말없이 보내드리우리다……(중략)…… 나 보기가 역겨워 가실 때에는 죽어도 아니 눈물 흘리우리다"라고 노래할 때, 사랑의 역설을 보여준다. 님이 지금 떠난다니 내 비록 붙잡지 않고 보내지만, 실은 님을 진짜로 보

---

7) 원오극근, 『벽암록碧巖錄 1』(석지현 옮김, 민족사, 2007) 참조

내는 것은 아니다. 언젠가 님이 돌아올 것을 믿는다. 그러므로 나는 죽어도 눈물은 흘리지 않는다. 눈물을 흘린다면 그것은 이별을 기정 사실화하는 것인 까닭이다. 눈물을 흘리지 않음으로 나는 이 이별의 상태가 항구화하는 것, 즉 님의 부재와 결여의 현실을 막무가내로 막는다.

> 무연한 벌 위에 들어다 놓은 듯한 이 집
> 또는 밤새에 어디서 어떻게 왔는지 알지 못한 이 빈
> 신개지新開地에도 봄은 와서, 가냘픈 빗줄은
> 둑가의 아슴프레한 갯버들 어린 엄도 축이고,
> 난벌에 파릇한 뉘 집 파밭에도 뿌린다.
> 뒷가시나무밭에 깃들인 까치떼 좋아 지껄이고
> 개울가에서 오리와 닭이 마주앉아 깃을 다듬는다.
> 무연한 이 벌, 심지어 자라는 꽃도 없고 메꽃도 없고
> 이 비에 장차 이름 모를 들꽃이나 필는지?
> 장쾌한 바닷물결, 또는 구릉의 미묘한 기복도 없이
> 다만 되는 대로 되고 있는 대로 있는 무연한 벌!
> 그러나 나는 내버리지 않는다, 이 땅이 지금 쓸쓸타고,
> 나는 생각한다, 다시금, 시원한 빗발이 얼굴을 칠 때,
> 예서뿐 있을 앞날의, 많은 변전變轉의 후에
> 이 땅이 우리의 손에서 아름다워질 것을! 아름다워질 것을!
>
> — 김소월, 「상쾌한 아침」

김소월은 님과 집과 길을 잃은 시대의 사람이다. 님과 집과 길을 잃은 사람은 삶의 보람 일체를 잃은 사람이고 그리하여 존재 기반 자체가 취약한 사람이다. 소월의 시에 내장된 정한은 님과 집과 길의 없음에서 비롯된다. 일제 강점기에 태어나 나라를 잃고 고향을

등지고 저 만주로 떠나는 많은 이웃들을 보았다. 서울 유학과 도쿄 유학 시절에 잠깐 고향을 떠난 뒤로 내내 고향 언저리를 벗어난 적이 없는 소월은 그 이웃의 경험에 비추어 님과 집과 길의 없음을 제 내면에 새겼던 것이다. 「상쾌한 아침」은 김소월 시로서는 드물게 집을 노래한다. 파릇한 갯버들이 있고, 파릇한 파가 자라는 파밭이 있고, 까치떼가 와서 울고, 개울가에서는 오리와 닭이 깃을 다듬는 세계 속에 집은 자리하고 있다. 그러나 삶에는 핵심적인 보람이 빠져 있다. 님이 없는 것이다. 그러므로 이 집은 황무지나 다름없는 무연한 벌 위에 서 있는 것이다. "심지어 자라는 꽃도 없고 메꽃도 없"어 쓸쓸하고 고적하다. 왜일까? 이 집은 본래부터 여기에 있던 것이 아니라 갑자기 어디서 "들어다 놓은 듯한" 집인 까닭이다. 시인이 "이 땅이 지금 쓸쓸타고" 여기를 버리고 떠나지는 않겠다고 다짐하는 것은 이 고적하고 황막한 가운데에서 "많은 변전變轉의 [날들] 후에" 더 아름다운 날들을 꿈꾸는 까닭이다. 더 아름다운 날은 변화와 변전 다음에 있을 앞날의 지금보다 더 좋은 날들 일 것이다.

김소월이 「진달래꽃」에서 보여준 억누름의 이별학은 우리 서정시의 한 원형질로 오롯하다. "심중心中에 남아 있는 말 한마디는 / 끝끝내 마저하지 못하였구나."(「초혼招魂」)를 보면 심혼에 새겨진 슬픔에도 불구하고 시의 화자는 속에 있는 한마디로 토해내지 못하고 억누른다. 이 참음과 억누름의 쌓임이 만든 것이 정한이다. 박재삼(1933~1997)이 "진주 남강 맑다 해도 / 신새벽이나 밤빛에 보는 것을, / 울엄매의 마음은 어떠했을꼬, / 달빛 받은 옹기전의 옹기들같이 / 말없이 글썽이고 반짝이던 것인가."(「추억에서」)라거나, "제삿날 큰집에 모이는 불빛도 불빛이지만 / 해질녘 울음이 타는 가을강을 보겠네"(「울음이 타는 가을강」)라고 노래할 때, 우리 안에 웅어리진 마음, 그 정한情恨은 그 달빛 받은 옹기전의 옹기들같이 글썽이고 반짝이던 것으로, 혹은 해질녘 타는 햇빛을 받아 반짝이는 찬란한 물결-울음으로 외화外化하는 것이다.

가난이야 한낱 남루襤褸에 지내지 않는다
저 눈부신 햇빛속에 갈매빛의 등성이를 드러내고 서 있는
여름 산山같은
우리들의 타고난 살결 타고난 마음씨까지야 다 가릴수 있으랴

청산青山이 그 무릎아래 지란芝蘭을 기르듯
우리는 우리 새끼들을 기를수밖엔 없다
목숨이 가다 가다 농울쳐 휘여드는
오후午後의 때가 오거든
내외內外들이여 그대들도
더러는 앉고
더러는 차라리 그 곁에 누어라
지어미는 지애비를 물끄럼히 우러러보고
지애비는 지어미의 이마라도 짚어라

어느 가시덤풀 쑥굴헝에 뇌일지라도
우리는 늘 옥玉돌같이 호젓이 무쳤다고 생각할일이요
청태青苔라도 자욱이 끼일일인 것이다.

— 서정주, 「무등無等을 보며」

깨고나감의 동학은 자주 슬픔의 동학에 겹쳐지는 바가 있다. 그 좋은 예가 서정주다. 이육사의 시가 곧고 직선적이라면 서정주의 시는 곡선이며 낭창낭창하다. 무등無等이 뭐냐. 무등은 곧 평등平等이다. 아울러 무등은 지어미와 같이 온갖 초목 생명을 품은 청산青山이다. 이 청산 아래에 내외들이 살고, 내외들은 엉덩짝에 푸른 몽고반점이 찍힌 제 새끼들을 기른다. "청산青山이 그 무릎아래 지란芝蘭을 기르듯

/ 우리는 우리 새끼들을 기를수밖엔 없다." 그 내외들은 "가시덤풀 쑥굴헝"에 옥돌 같이 묻혀 산다. 먼저 시인은 가난을 문제 삼는다. 가난은 남루라고 말한다. 가난에 무릎을 꿇지 않는 사람은 가난의 신하가 아니라 가난의 임금이 된다. 햇빛 속에 드러난 여름 산의 등성이는 온통 갈매빛이다. 이 늠름한 갈매빛은 울울창창한 초목의 신생으로 더욱 두터워진다. 비록 가난하나 신생하는 삶은 청산을 닮아 비루하지 않고 늠름하다. 가난은 남루하다 하더라도 이 남루가 본디의 살결과 마음씨를 아주 가릴 수 없는 까닭이다. 이 시의 절창은 "지어미는 지애비를 물끄럼히 우러러보고 / 지애비는 지어미의 이마라도 짚어라"라는 대목이다. 서로에 대한 지극함과 경외감이 있다면 가난의 남루 따위야 넉넉히 덮어버릴 수 있음을 말한다. "가시덤풀 쑥굴헝"은 형편의 고단함을 말해주지만, 그 고단함 속에서도 서늘한 기품과 긍지("우리는 늘 옥玉돌같이 호젓이 무쳤다고 생각할일이요")를 꿋꿋하게 유지하는 근거도 바로 거기서 비롯되는 것이리라.

그해 봄 결혼식 날 아침 네가 집을 떠나면서 나보고 찔레나무 숲에 가보라고 하였다

나는 거울 앞에 앉아 한쪽 눈썹을 밀면서 그 눈썹 자리에 초승달이 돋을 때쯤이면 너를 잊을 수 있겠다 장담하였던 것인데,

읍내 예식장이 떠들썩했겠다 신부도 기쁜 눈물 흘렸겠다 나는 기어이 찔레나무 숲으로 달려가 엎어놓은 하얀 사기 사발 속 너의 편지를 읽긴 읽었던 것인데 차마 다 읽지는 못하였다

세월은 흘렀다가 타관을 떠돌기 어언 이십수 년, 삶이 그렇데 징소리 한 번에 화들짝 놀라 엉겁결에 무대에 뛰어오르는 거, 어쩌다 고향 뒷산 그 옛 찔레나무 앞에 섰을 때 덤불 아래 그 흰빛 사기 희미한데

예나 지금이나 찔레꽃은 하얬어라 벙어리처럼 하얬어라 눈썹도 없는 것이 꼭 눈썹도 없는 것이 찔레나무 덤불 아래에서 오월의 뱀이 울고 있다

— 송찬호, 「찔레꽃」

「가시리」나 「정읍사」, "근래에 안부는 어떠신지요 / 사창에 달 떠오면 사무치는 그리움. / 꿈속 넋이 만약에 자취 있다면 / 문 앞 돌길이 모래로 변했으리."(이옥봉, 「증운강贈雲江」)와 같은 이옥봉류의 옛시들로 면면히 이어지는 어여쁨으로 빚은 슬픔이라는 우리 서정의 원형질이 송찬호(1959~)까지 이어져오는 것은 이상한 일이 아니다. 김소월 이후 거의 한 세기가 지난 뒤 나온 송찬호의 「찔레꽃」에서도 참음과 억누름의 이별학이 펼쳐진다. 한때 연인이었던 너는 나를 떠난다. "그 해 봄 결혼식 날 아침 네가 집을 떠나면서 나보고 찔레나무 숲에 가보라고 하였다". 너는 나를 떠나 남의 아내가 되는데, 떠나는 날 아침 내게 찔레나무 숲에 가보라고 이른다. 내 이별의 방식은 어떠한가? "나는 거울 앞에 앉아 한쪽 눈썹을 밀면서 그 눈썹 자리에 초승달이 돋을 때쯤이면 너를 잊을 수 있겠다 장담"하는 것이다. 찔레나무 숲에는 무엇이 있었던가? 하얀 사기 사발 속에 너의 편지가 놓여 있었다. 하얀 사기, 하얀 찔레꽃, 없는 눈썹, 찔레나무 덤불 아래에서 우는 오월의 뱀이라는 이미지들의 연쇄는 이별에 대응하는 법을 잘 암시한다. 시의 화자는 울며불며 애 낳아 키우는 여염의 살림을 한꺼번에 작파해 버리기보다는 참고 억누르며, 수십 년을 타관에서 떠돌다가 문득 고향에 돌아와 그 찔레나무 덤불 아래에 다시 선다. 거기 하얀 사기는 오랜 세월에 삭아 그 흰빛조차 희미한데, 이는 제게 닥쳤던 시련과 역경의 내역이 이미 희미해졌음을 말하는 것이다. 그러나 "예나 지금이나 찔레꽃은 하얬어라"라는 시구에서 우리는 시의 화자의

가슴에 여전한 슬픈 정한을 만나게 된다.

슬픔의 동학을 따르는 시인들은 대체로 밖에서 주어지는 힘이 억누르면 정면으로 맞서기보다는 억누름의 중압을 안으로 받아내며 굽은 길을 에돌아 나간다. 서정주의 「곡曲」이라는 시가 있다. "곧장 가자하면 갈수 없는 벼랑 길도 / 굽어서 돌아가기면 갈수 있는 이치를 / 겨울 굽은 난초잎에서 새삼스레 배우는 날 / 무력無力이여 무력이여 안으로 굽기만 하는 / 내 왼갖 무력이여 / 하기는 이 이무기 힘도 대견키사 하여라." 벼랑 길을 만나 굽어서 돌아가는 것, 이를 김우창은 "굽음의 이존책"이라고 명명한 바 있지만, 이는 주어진 상황을 넘어서기 어려운 제 처지를 수락함으로써 현실과 타협하는 태도와 관련이 있다. 보통의 사람들은 역사의 벼랑을 만나 대개는 굽어서 가는 길을 선택했다. 제 슬픔과 무력함을 입술을 깨물어 억누르고 애 낳고 키우는 여염의 삶을 이어갔던 것이다. 이 계열의 시인들은 굽음과 에돌음, 그리고 정한의 내면화를 특징으로 하는데, 이들의 시는 애닯음이 기본 정조로 밑바닥에 깔리고, 시적 운율이 뛰어나며 소리 울림이 맑다. 이 계열의 시인들로 김소월의 님·집·나라를 잃은 슬픔과 아픔을 고유의 가락에 싣는 노래들, 한용운의 님 없음에서 비롯된 슬픔의 형이상학적 승화, 백석의 서북 방언 속에 펼쳐지는 풍물시, 박재삼의 내재화한 토속 정서 속에 오롯하게 빛나는 천진한 슬픔, 신경림의 쇠퇴하는 농경문화에 드리워진 음울한 인류학적 보고서, 천상병의 천진무구한 어여쁨, 박정만의 난만한 서정성, 서정춘의 단시, 송수권의 남도 가락, 허수경의 순정한 사랑시 등이 있다.[8)]

---

8) 슬픔의 동학에 속하는 시인들은 체질적으로 소양인이 많다. 소양인은 남과 잘 어울리는 상냥한 성정을 타고 난다. 가끔은 지나치게 슬퍼하는 바가 없지 않다. 항상 몸을 일으키려 하고 많이 움직이는 편인데 지나치게 바빠지면 지혜를 잃는다. 마땅히 자기를 지키지 못하면 경박해진다. 소양인은 다정다감하고 인정이 많다. 겉으로나 강단이 있으나 안으로는 부드러운 전형적인 외강내유형의 사람들이 많다. 굳센 기세가 있고 민첩하고 날래다. 매우 솔직해서 무언가를 마음에 숨기지를 못한다. 그래서 다른 사람의 꾸밈, 내숭, 표리부동을 아주 싫어한다. 창의적이고 상상력도 풍부한 데다 사변적 논리와 서정성을

고요의 동학動學

시가 뭐냐. 시인은 이 세상의 관습과 타성을 비웃고 골방을 우주로 착각하며 그 안에서 "꿈을 비춰주는 등잔"을 들고, "휘파람이요, 가사 없는 노래"(베이다오)를 부른다. 때로는 비열한 밀고자, 때로는 사냥하는 매, 때로는 늪 위에 떠 있는 가시연꽃, 때로는 눈 먼 예언자, 때로는 귀머거리, 때로는 곡비哭婢, 대로는 종달새…… 시인은 그 모든 것이다. 시는 언어 놀이인가? 언어 놀음이다. 아니다. 놀이처럼 보일 뿐이다. "시는 일종의 놀이처럼 보이지만, 놀이가 아니다. 놀이는 인간들을 한곳에 모으기는 하지만, 바로 그 때문에 각각의 사람들은 스스로를 망각한다. 이에 비해 시에서 인간은 그 현존재의 근거에 모인다. 그는 그 속에서 고요에 이른다. 더구나 어떤 행위와 사상도 없는 거짓 고요가 아니라 모든 힘들과 관련들을 불러일으키는 그런 무한한 고요에 이르는 것은 물론이다."[9] 모든 시에는 그것이 태어나는 찰나의 고요가 있다. 고요의 원초原初야말로 현존재의 유일무이한 근거다. 시는 우리로 하여금 이 근거에 집중하게 한다. 우리가 좋은 시를 읽을 때 삶과 세계에 대한 투명성을 얻는 것도 그 때문이다. 마음이 그 안에 들 때 비로소 존재의 혼잡이 물러서고 스스로를 조화와 균형 속에 있게 하는 것이다.

고요의 동학을 따르는 시인들의 안과 밖을 넘나드는 바라보기는 명석하다. 그 명석함 위에서 내면 관조를 수행하며 해석의 투명성과 함께 찰나의 어여쁨을 놓치지 않고 잡아낸다. 윤동주의 곧고 바른 내면 도덕의 한결같음, 조지훈의 성리학의 바탕 위에서 펼쳐지는 의

함께 갖고 있다. 소양인은 앞날에 대한 의구심이 많고 걱정도 많은 편이다. 걱정이 지나치면 이게 건망증의 원인이 될 수도 있다. 소양인은 의인義人이지만 지혜를 잃으면 박인薄人이 될 수 있으니 조심해야 한다.

9) 하이데거, 『횔덜린의 시 해명』(여기서는 김동규, 『하이데거의 사이-예술론』, 그린비, 2009. 에서 재인용)

고적擬古的 지사주의, 김춘수의 저 집요한 무의미의 철학시, 김종삼의 일관된 음악적 투명성, 황동규의 시적 주체와 풍경 사이의 긴장을 팽팽하게 유지하는 놀라운 지적 통어력, 정현종의 우주적 울림, 오규원의 낯설게 하기, 기형도의 숙성된 절망, 최승호의 냉소적 세계 소묘, 황인숙의 발랄하고 명랑한 비관주의, 송찬호의 작은 것들을 감싸고 옹호하는 따뜻한 수사학, 나희덕의 모성적 끌어안음, 문태준의 느림 지향의 생태주의 등에서 고요의 동학은 빛을 발한다.[10)]

> 딱! 콩꼬투리에서 튀어 나간 콩알이 가슴을 스치자, 깜짝 놀란 장끼가 건너편 숲으로 날아가 껑, 껑, 우는 서러운 가을이었다
>
> 딱! 콩꼬투리에서 튀어 나간 콩알이 엉덩이를 때리자, 초경이 비친 계집애처럼 화들짝 놀란 노루가 찔끔 피 한 방울 흘리며 맞은편 골짜기로 정신없이 달아나는 가을이었다
>
> 멧돼지 무리는 어제 그제 달밤에 뒹굴던 삼밭이 생각나, 외딴 콩밭쯤은 거들떠보지도 않고 지나치는 산비알 가을이었다
>
> 내년이면 이 콩밭도 묵정밭이 된다고 하였다 허리 구부정한 콩밭 주인은 이제 산등성이 동그란 백도라지 무덤이 더 좋다 하였다 그리고 올 소출이 황두 말가웃은 된다고 빙그레 웃었다
>
> 그나저나 아직 볕이 좋아 여직 도리깨를 맞지 않은 꼬투리들이 따닥따닥 제 깎지를 열어 콩알 몇 낱을 있는 힘껏 멀리 쏘아 보내는

---

10) 고요의 동학에 속하는 시인들은 체질적으로 높고 고결한 성정을 타고난 태음인이 많다. 살이 두툼하여 살집이 있다. 땀이 많은 편이다. 땀이 없으면 몸에 이상이 있는 것이다. 말과 행동, 몸가짐이 단정해서 점잖고 고상하다는 평가를 받는다. 청력이 약하고 조용한 곳을 좋아한다. 매사에 지나치게 조심성이 많고 우유부단하다. 항상 안에서 이기려고 하고 밖에서 이기려고 하지 않는다. 그래서 태음인은 선불리 앞서 나서지 않으며 뒤에서 소리없이 움직이는 정중동靜中動의 자세를 보인다. 기가 약하고 겁이 많아 마땅히 나가 싸워야할 때에도 싸움을 피하고 뒤에 숨는다. 태음인은 지자智者이지만 인仁을 잃으면 탐인貪人이 될 수 있으니 조심해야 한다.

가을이었다

콩새야, 니 여태 거기서 머 하고 있노 어여 콩알 주워가지 않구, 다래 넝쿨 위에 앉아 있던 콩새는 자신을 들킨 것이 부끄러워 꼭 콩새만 한 가슴만 두근거리는 가을이었다

— 송찬호, 「가을」

슬픔의 동학은 자주 고요의 동학에 겹쳐지는 바가 있다. 그 좋은 예가 송찬호다. 이미 시의 기량이 절정에 오른 송찬호의 「가을」은 산비알에 온 가을이 무르익어 내는 소리의 향연 속에서 고요가 어떻게 제 자리를 차지하고 있는가를 보여준다. 고요란 무엇인가? 소리들은 역설적으로 고요를 일깨운다. 이때 고요는 텅 빈 마음의 심연이며, 고요의 순간은 신성함이 텅 빈 마음에 현현하는 순간이다. 고요는 마음과 진리 사이에서 촉매제로 작용한다. 사위가 고요한데, 콩꼬투리에서 튀어나가는 콩의 소리만이 그 고요를 깨는 유일한 소리다. 그 소리를 장끼와 노루와 멧돼지와 콩새가 듣고 있다. 이렇듯 고요는 소리들 속에서 오롯하다. 이것이 고요의 능동성이다. 고요는 단순한 소리의 부재나 움직임이 그칠 때 찾아오는 소리없음이 아니다. 밖의 고요는 마음 안에 고요를 불러일으키고, 밖의 소란은 마음 안에 소란을 불러일으킨다. 대개의 고요는 사람의 손길이 미치지 않는 자연의 온전함 속에서 찾아진다. 이를테면 고요는 깊은 숲속의 태고의 서늘함으로 존재한다.

다슬기 다슬다슬 물풀을 갉고 난 뒤
젖몽우리 생겨 젖앓이하듯 하얀 연蓮몽우리
두근두근 돋고 난 뒤
소금쟁이 한 쌍 가갸거겨 가갸거겨
순 초서草書로 물낯을 쓰고 난 뒤

아침날빛도 따라서 반짝반짝 물낯을 쓰고 난 뒤
검정물방게 뒷다리를 저어 화살촉같이 쏘고 난 뒤
그 옆에 짚오리 같은 게아재비가
아재비아재비 하며 부들 틈새에 서리고 난 뒤
물장군도 물자라도 지네들끼리
물비린내 자글자글 산란産卵하고 난 뒤
버들치도 올챙이도 요리조리 아가미
발딱이며 해찰하고 난 뒤
명주실잠자리 대롱대롱 교미交尾하고 난 뒤
해무리 환하게 걸고 해무리처럼 교미交尾하고 난 뒤
기슭어귀 물달개비 물빛 꽃잎들이
떼로 찌끌어지고 난 뒤
나전螺鈿 같은 풀이슬 한 방울 퐁당!
떨어져 맨하늘이 부르르르 소름끼치고 난 뒤
민숭달팽이 함초롬히 털며 긴 돌그늘, 얼핏
아주 쬐끄만, 고요가 어슴푸레 눈을 켜고 난 뒤

— 오태환, 「늪」

오태환(1960~)의 「늪」은 우리말의 순정한 깊이와 그 활달한 운용을 보여주는 김영랑 이후의 절창이다. 김영랑은 우리 사회의 안쪽에서 내생內生해서 번창한 모더니티와는 달리 우리말의 순정성에에 닻을 내린 시인이다. 오태환은 두 개의 젖줄을 물고 있다. 하나는 김영랑에게서 비롯되는 젖줄이요, 한시를 포괄한 동양 인문학이 키운 소양이 또 다른 젖줄이다. 오태환의 시들은 우리말의 음성학적 울림의 풍부함으로 빛난다. 자음과 모음의 연거푸 겹침에서 울려오는 소리의 파동은 상쾌하다. 이 시를 소리내어 읽어보라! 다슬다슬, 두근두근, 가갸거겨 가갸거겨, 자글자글, 대롱대롱…… 이 풍부한 의태어와 의성어들의 자유자재의 부림 속에서 말들은 서로 부딪치고 섞이고 비벼지면서 생명 화음을 빚어낸다. 이는 다슬기, 소금쟁이, 검정물방게, 게아재비, 물장군, 물자라, 버들치, 올챙이, 명주실잠자리, 민숭달팽이들이 저마다 생명의 약동과 활동운화活動運化함으로 상응하는 말들의 하모니인 것이다. 이 생명 개체들은 가만히 있는 법이 없다. 서로 다른 행동 궤적을 그리며 부지런히 움직임으로써 이 생명 개체들의 군집은 그야말로 우주적으로 융융하다. 여기에 연몽우리, 아침날빛, 물비린내, 해무리, 물달개비, 풀이슬, 돌그늘, 고요 들이 한데 어우러져 늪은 숫제 생명의 축제 한마당이다.

늦가을을 살아도 늦가을을 몰랐지
늦가을을 제일로
숨겨놓은 곳은
늦가을 빈 원두막
살아도 살아갈 곳은
늦가을 빈 원두막
과일을 다 가져가고
비로소 그다음
잎사귀 지는 것의 끝을
혼자서
다 바라보는
저곳이
영리가 사는 곳
살아도 못 살아본 곳은
늦가을 빈 원두막
늦가을을 살아도 늦가을을 못 살았지

— 문태준, 「늦가을을 살아도 늦가을을」

문태준(1970~)의 많은 시편들은 고요의 동학動學 속에서 탄생한다. 「늦가을을 살아도 늦가을을」은 늦가을의 빈 원두막과 그것을 감싼 적막을 소묘하는 시다. 과일을 다 수확하고, 잎사귀도 다 졌다. 사람도 떠난 빈 원두막에 늦가을이 당도한다. 외따로 서 있는 빈 원두막. 풀들은 쇠락하고 햇볕은 식는다. 천지간은 고요한데, 이 고요는 음의 기운으로 충만한 고요다. 실은 고요는 보이지 않고 만져지지도 않는다. 이 고요는 느낌으로만 감지할 수 있다. 어떤 풍경이 고요하다고 할 때 고요는 풍경의 고요가 아니라 그것을 바라보는 마음의 처연함에서 비롯되는 느낌이다. 마음의 처연함이 그 풍경에 고요를 채색하는 것이다. 빈 원두막은 가려지지 않는다. 가려지지 않는 것은 감출 수 없는 것이고, 감출 수 없는 것은 드러나기 마련이다. 그러므로 늦가을의 빈 원두막은 그 무엇으로도 감추어지지 않은 채 돌올하게 드러나 있다. 사람이 없으니 빈 원두막에는 적막이 주인 노릇을 한다. 늦가을 한동안 빈 원두막에 적막이 머물렀으나, 적막은 삶이 없으니 빈 원두막은 여전히 "살아도 못 살아본 곳"이다. 퇴락한 옛 절과 같은 빈 원두막에 늦가을이 머물 때 삶은 고즈넉하다. 살아도 못 살아본 이곳에 늦가을은 제일 늦게 왔다가 제일 늦게 떠난다. 시인은 보이지도 않고 만질 수도 없는 고요를 언어로 그린다. 마치 "어지러운 산, 옛 절을 감추었네. 亂山藏古寺"란 화제畵題에 절을 그리지 않고, 숲속 조그만 오솔길에 물을 길어 나르는 중을 그리는 솜씨와 비슷하다.[11)]

족제비가 뒤를 돌아가는 소리도 들릴 만하게 조용하고 무섭고
세상의 모든 검은 열매를 모아 즙을 내놓은 듯 캄캄하고
누군가 마당에 문득 들어선 듯 굵은 눈이 막 듣고

---

11) 정민, 앞의책, 참조

너는 누이의 몸에서 이불을 끌어내려 너의 곯은 배를 덮고
너의 아버지는 꺼져가는 새벽 아궁이에 긁은 산솔잎을 지피고
너의 아버지는 소의 등에 덕석을 올리고 낫에 기운 털옷을 입히고

옆이라도 이런 옆은 없었으면 싶게 옆이 어는 날에는

곯은 너의 배와
너의 아버지와
막막하게 추운 하늘을 소의 눈알처럼 끔벅끔벅 올려보던 굵은 눈

— 문태준, 「추운 옆 생각」

시는 말로 할 수 없는 것을 말로 불러와 앉히고, 붙잡을 수 없는 어떤 아득한 향수鄕愁를 붙잡아낸다. "추운 옆 생각"이란 형태도 자취도 없다. 날씨가 추워진 뒤에야 소나무와 잣나무의 푸름을 알듯, 낙목한천落木寒天의 세월이 닥친 뒤에야 어설픈 시골집에서 잘 때 옆구리가 시린 것을 안다. 살림이 궁핍하니 끼니를 거르기 일쑤다. 배곯은 겨울밤은 더 춥고 더 길다. 그래서 겨울밤은 아주 오래되고 널리 퍼져 있는 세계의 가난을 은유하는데 적당하다. 남동생은 자꾸 누이의 이불을 끌어당겨 제 곯은 배를 덮는다. 얼음이 어는 초겨울 새벽어둠 속 풍경을 그린 시다. 천지가 조용하다. 조심스럽게 뒤를 돌아가는 짐승의 발걸음 소리조차 이런 고요 속에서는 아주 크게 울린다. 아주 짙은 어둠이 내렸다. "세상의 모든 검은 열매를 모아 즙을 내놓은 듯" 천지는 어둡다. 이 어둠속에서 굵은 눈발이 내리친다. 배불리 먹지 못한 어린 남매는 깊은 잠에 빠져있는데, 아버지는 시린 새벽부터 깨어 일하고 있다. 어둑새벽이다. 먹물 같은 어둑새벽 하늘에 별들은 총총하겠다. 그 별들 아래 움직이는 아버지의 입에서 날숨이 나올 때마다 흰입김은 자욱하겠다. 아궁이에는 솔잎으로 불을 지피고, 소의 등에는 덕석을 덮는다. 물이란 물은 다 얼고, 옆자리의

온기는 일찍 온 추위에 식어버린 시린 새벽이다.

다시 시가 뭐냐

시가 뭐냐. 우리는 언제나 시의 모험 앞에 서 있기 때문에 이 공안은 여전히 유효하다. 님의 상실과 재귀로 이어지는 큰 궤적 속에 있는 한국시는 새로운 세기의 문지방을 넘어섰다. 그 문지방 이전과 이후는 다르다. 저 근대의 들머리에서 시인들은 내가 님을 떠나보낸 것은 아니지만, 님은 떠나고 없다고 노래한다. "아아 님은 갔지마는 나는 님을 보내지 아니하였습니다. / 제 곡조를 못 이기는 사랑의 노래는 님의 침묵을 휩싸고 돕니다."(한용운, 「님의 침묵」) 님을 잃은 것은 우리가 온몸으로 겪은 압축적 근대의 파행과 관련이 있다. 비록 우리 책임은 아니지만 님을 잃은 아픔은 크고 넓다. 그래서 해가 뜨고 저무는 것도, 땅이 꺼지고 하늘이 무너지는 것도 이미 내게서 떠나 없는 님 때문에 일어나는 사건이다. "해가 산마루에 저물어도 / 내게 두고는 당신 때문에 저뭅니다."(김소월, 「해가 산마루에 저물어도」) 우리에게 떠나고 없는 님이란 무엇인가? 님이 없다면 삶의 보람도, 신성神聖도, 심미적인 법열감도 있을 수 없다. 님의 없음은 삶의 근본적 결핍과 부재의 자리를 가리킨다. 님은 부재로써 스스로의 가치와 의미를 선명하게 드러내는 그 무엇이다.[12] 텅 빈 마음의 자리, 채워지기 위하여 비어 있는 자리. 이제 그 빈자리를 채워야 할 때다. 옛 시인은 "버들이 깊음은 비를 맞아서요 / 꽃이 떨어짐은 바람을 피하

12) 김우창은 한용운의 님에 대하여 다음과 같이 말한다. "그의 삶이 그리는 존재의 변증법에서 절대적인 요구로 또 부적응의 원리로서 나타나는 한 한계 원리"이며, "정적靜的으로 있는 민족이 아니라 억압된 미족에 대하여 자주적인 민족을, 사회적으로 억압된 민중에 대하여 자유로워진 민중을 실증적으로 파악하는 법에 대하여 보이지 않는 근원적 진리"를 말한다.(김우창, 『심미적 이성의 탐구』, 솔, 1992)

지 않아서 이네."(안석경, 「과룡율시평보過龍律示平甫」)라고 노래했다. 버들은 비를 맞아 푸르고, 꽃은 바람을 피하지 않아 떨어진다. 버들은 푸르러 무성해지고, 꽃은 떨어져 열매를 맺는다. 우리는 그 비바람 치는 세월을 아이를 낳고 키우며 건너온 것이다. 우리가 가려는 길과 님이 돌아오려는 길은 기어이 하나다. "너의 가려는 길은 너의 님의 오려는 길이다."(한용운, 「잠 없는 꿈」) 우리 곁을 떠났던 님들은 어느덧 우리가 가려는 그 길로 돌아온다. 떠난 님들이 돌아왔지만 사랑은 아직 꽃피지 않았다. 시인은 이렇게 예언한다. "복사씨와 살구씨가 / 한번은 이렇게 / 사랑에 미쳐 날뛸 날이 올 거다 !"(김수영, 「사랑의 변주곡」) 님들이 돌아왔다면, 기어코 사랑에 미쳐 날뛸 날은 돌아온다. 시의 황금시대는 시인이 많은 시대가 아니라 바로 복사씨와 살구씨가 사랑에 미쳐 날뛰는 날이 도래하는 것, 그래서 시인들이 진정한 사랑의 기쁨을 노래하는 시대다. 시의 황금시대가 지금 오고 있다!

한 무리의 늑대가 나타났다

2000년대 시의 한 일면

1

"넌 내가 바라보던 바다를 상상한 적이 없잖아?"(이장욱, 「인파이터」, 『정오의 희망곡』, 문학과지성사, 2006)

"너는 내가 이루지 못한 것을 이루었다."(심보선, 「너」, 『슬픔이 없는 십오초』, 문학과지성사, 2008)

2

한 무리의 늑대가 나타났다는 소문이 퍼졌다. 그 늑대들을 두고 많은 말들이 쏟아졌다. 그 말들의 일부는 논쟁으로 번졌다. 그 '늑대'들이 전에 있던 늑대들과 같은가, 혹은 전혀 다른 새로운 종의 늑대인가 하는 논쟁이었다. 어느 사이에 그 늑대들에 대한 사람들의 관심이 식어버렸다. 이미 씌어진 것과 앞으로 씌어질 것들 사이에서 규명되지 않은 늑대들은 여전히 서성거리고 있다. 그런데 사람들은 기이할 정도로 모두들 침묵을 지키고 있다. 일군의 젊은 시인들을 '미래파'라고 명명하고 그 뒤 벌어졌던 문단의 소동을 은유적으로 얘기해 본 것이다. 과연 '미래파'는 새로운 늑대였는가? '미래파'라는 이름의 늑대들은 포스트모더니즘에서 비롯된 분열생식의 결과들이다. 따라서 '미래파'는 포스트모더니즘이란 늑대의 변종이거나 그 후예들이다. '미래파' 논쟁의 불씨를 지폈던 사람들은 '미래파'란 이름을 선취한 뒤 그 현상을 포획하였다. 그 시작은 권혁웅의 「미래파 : 2005년, 젊은 시인들」(『문예중앙』 2005년 봄호)이라는 글이다. 시인이자 비평가인 권혁웅은 이 글에서 '미래파'란 이름으로 장석원, 황병승, 김민정, 유형진 들을 호명한다. 이 명단에 김행숙, 김경주, 조연호 들을 보탬으로써 '미래파'의 외연은 더 넓어진다. 권혁웅은 「상사의 놀이들」(『문예중앙』 2005년 가을호)과 「목소리는 어떻게 출현하는가?」(『문예중앙』 2007년 가을호)라는 글을 연속으로 내보내며 이 낯선 '미래파'의 존재들을 해명하고 각인시켰다. 그 뒤로 '미래파' 논쟁이 일어났으니 한국문단에 나타난 이종異種의 시인들에게 새로운 이름으로 호명하려던 권혁웅의 전략은 맞아 떨어진 셈이다. 권혁웅은 「상사의 놀이들」에서 "이 시들은 전재의 언어와 미의식의 압력에서 자유롭고 자재하다. 이 외계의 언어도 결국은 우리의 언어로 번역될 것이고, 그래서 유사한 일군의 방언들로 자리를 잡게 될 것이다. 그때까지 이 낯선 언어는 새로운 기표와 기의들을 생산해낼 것이다. 미학은 그렇게 이질과 혼종을 통해서만 발전해왔다."라고, 이미지들의 이질과 혼종이 '미래파'의 DNA라는 걸 분명하게 밝힌다.

3

"아무래도 나는 망가지고 있는 것 같다……".(류근, 「86학번, 황사학과」, 『상처적 체질』, 문학과지성사, 2010)

"얘야, 자기 이빨 부딪치는 소리에 잠이 깨는 짐승은 / 너뿐이 아니란다".(김경주, 「늑대는 눈알부터 자란다」, 『나는 이 세상에 없는 계절이다』, 랜덤하우스중앙, 2006)

4

'미래파'의 상상력이 미래에서 오지 않은 것은 분명하다. 미래란 살아보지 않은 오늘의 다른 이름이다. '미래파'는 미래에 그들의 주소를 갖고 있지 않았다. 그들은 제 발자국들이 어지럽게 찍힌 과거에 얽매인 소년들, 과거라는 자기 그림자와 노는 고독한 소년들이다. 그들의 꿈, 기억, 회한은 모두 과거에서 비롯된 것들이다. 과거는 이미 돌이킬 수 없는 오늘이고, 불충분한 망각이란 뜻에서 미래의 함수函數며, 모든 오늘의 발목을 붙들고 있는 나쁜 기억들의 총체다. '미래파'의 정체는 실은 과거를 연주하는 악사들이다. 과거의 지배자는 아버지다. 모든 아버지는 생이라는 지고至高의 풍경이 만든 경이이자 재앙이다. "너 갑자기 왜 이렇게 늙었느냐 저는 아버지처럼 될 자신이 없어요"(정재학, 「미분微分—아버지」). 너 갑자기 왜 이렇게 늙었느냐는 목소리의 주인은 누구인가. 그것은 아버지의 목소리다. 이 아버지는 과거, 즉 선조·문벌·역사·전통의 다른 이름이다. 우리는 언젠가 이 아버지를 흘낏 본 적이 있다. 바로 이상의 시이다. 이상의 시 「오감도 시 제14호」에서 "싸늘한손이내이마에닿는다. 내이마에는싸늘한손자국이낙인烙印되어언제까지지워지지않았다."라는 구절에 나오는 이마에 얹힌 그 싸늘한 손의 주인이다. 그 아버지의 실체는 "종합된 역사의 망령"이다. 유토피아와 현대성을 붙잡기 위해 이상 세대는 그 아버지와 싸운다. 전통과 도덕을 강요하는 그 아버지들의 상징적 살해라는 제의 없이 그들은 앞으로 나아갈 수 없었다. 이상 세대에서 거의 한 세기가 지난 지금도 이 아버지 권력은 기호의 상상계 안에서 여전히 살아 있다. 다만 얼굴을 바꿨을 뿐이다. 이상 세대에게 봉건과 전근대였다면, '미래파'에게 그것은 민족과 이념, 그리고 시장자본주의다. "뜨거운 세상이 소년을 달구었는지 / 소년이 세상을 뜨겁게 달구려 했던 건지 어쨌든 / 세상을 조금 알 것만 같던, 솜털 수염이 막 나기 시작하는 / 한 소년이 야구를 합니다 / 소년의 아버지의 머리통이 담장을 넘어가고 / 소년을 배트를 던지며 퍼스트 베이스를 향해 달려갑니다 / 땀이 비오듯 쏟아집니다 이러저리 둘러보지만 / 그러나 퍼스트 베이스는 어디에"(황병승, 「사성장군협주곡四星將軍協奏曲」)야구를 하는 소년은 "더이상 태어나기 싫어 집 밖으로 나가지 않았지만 / (……) / 나는 사방에서 자꾸만 태어났습니다"라는 말하는 소년과 동일인이다. 야구하는 소년은 아버지의 머리통을 배트로 쳐서 담장 밖으로 날려 보낸다. 이것은 현실이 아니다. 소년의 상상계에서나 가능한 일이다. 가부장적 부권의 폭력에 시달리는 소년은 더 이상 태어나기 싫다고 하지만 자신도 어쩔 수 없이 사방에서 태어난다. 이것은 아버지와의 동일성을 거부하는 소년의 무의식에서 진행되는 드라마다. 소년들은 아버지를 거부하면서도 아버지와 닮는다는 뜻이다. 다시말해 아버지의 동일성 안으로 흡인되는 것이다. 그들이 아버지를 부정하면서도 여전히 아버지를 선망하는 것은 아버지가 도달할 수 없는 불가능성의 영역에 있기 때문이다. 그들은 아버지를 뛰어넘어 가기보다는 아버지의 그늘에서 기생하기로 작정한다. "영원히 죽지 않는 아버지가 지갑을 열어 시간을 내어줬죠"(황병승, 「곰뱀매거진18호」).

5

"우리에게 어제는 있었을까? 여기는 어딘데?"(장석원, 「무서운 해체

의 순간 나는 낡은 사물」, 『태양의 연대기』, 문학과지성사, 2008)

"사납게도 나는 계속 컸다".(서효인, 「슬램, 성장기」, 『소년 파르티잔 행동 지침』, 민음사, 2010)

6

기성세대들이 알아들을 수 없는 외계어를 쓴다는 점에서 그들은 "괴기한 청년들"이다. 어느 시대에나 열혈 청년들이란 심리학적으로는 돌연변이, 사회학적으로는 위악僞惡의 가면을 쓴 후레자식들, 정치적으로 기성 질서를 부정하는 혁명아들이다. 어찌됐든 기성세대들에게 불유쾌한 존재들인 것은 분명하다. 기성세대들은 자기들이 모르는 언어들을 쓰는 '미래파'의 등장에 어리둥절했고, 나중에는 화를 냈다. 그게 화까지 낼 일이었겠는가, 라는 생각이 들긴 하지만 기성세대들은 소통이 안 되는 데서 비롯된 무력감을 분노로 해소하려는 듯 보였다. "나날이 새로워지는 괴기한 청년들이여"(김수영, 「절망」). 그들은 괴기하기는 했지만 나날이 새로워지지는 않았다. 태양 아래 새로운 것은 없다는 경구는 가장 많은 사람들이 읽는 경전에 나오는 경구다. 모든 것은 앞서 있던 것의 반복에 지나지 않는다는 뜻이다. 그것을 뒤집어 읽으면 새로운 것은 그 반복 속에서 옛것을 창조적으로 배반하는 양태로 출현한다는 뜻이다. 이 "괴기한 청년들"은 어디서 왔을까. 당연히, 그것은 아버지다. "아버지의 성기가 어머니의 매혹적인 육체 안에 아이의 자리를 마련해주는, 어머니는 그녀 자신의 아버지에게 매혹된 자이다."(파스칼 키냐르, 『은밀한 생』) 아버지는 어머니의 몸 안에 아들의 자리를 마련해주는 존재다. 그러나 아버지는 단순히 정자의 기증자가 아니다. 그 아버지를 김수영은 "거대한 뿌리"라고 말한다. 김수영은 "어째서 자유自由에는 / 피의 냄새가 섞여 있는가를 / 혁명革命은 / 왜 고독한 것인가를"(「푸른 하늘을」)이라고 묻는다. 물론 이 물음에는 자유와 혁명에 무게중심이 놓여 있다. 하지만 2000년대의 새로운 시인들은 자유와 혁명을 지우고, 그 자리에 피의 냄새와 고독을 놓고 그 질료성에 반응하는 감각의 상상력을 작동시킨다. '미래파' 시인들은 물론이고 외연을 조금 넓혀 2000년대 이후 나와 활동하는 시인들 대부분은 "거대한 뿌리"와 단절된 상상력을 공유한다. 그들은 상징적 의미에서 아버지 없는 후레자식들로 길러진 것으로 보인다. 그들이 아버지(기성시인들)와 소통이 안 되는 것도 아버지의 화법이나 통사법을 배우지 않았기 때문이다. 그들의 화법은 아버지의 권력이 미치지 않는 뒷골목의 음지에서 학습된 것들이다.

부성의 부재는 사회적 현상이다. 이미 오래 전부터 강한 힘과 완고함을 갖추고 가정을 지배하는 아버지들은 사라졌다. 아버지가 없는 가장에는 가짜-아버지, 즉 오빠들이나 장남들, 아니면 부성이 투사된 어머니들이 아버지를 대체한다. 하지만 그들은 '충분한 아버지'가 될 수 없다. 아버지란 보다 복잡한 사회문화적인 인자를 아이들에게 전수해주는 존재다. "모성과 달리 부성은 신체적인 행동 양식들과 관계된 것도 아니고 생물학적인 특징들을 실현하거나 연장함으로써 구성되는 것도 아니다. 부성은 사회적으로 받아들여지고 있는 형식들을 남자들에게 덧입힌 것이다. 이런 점에서 부성은 순수한 동물적인 삶의 규칙으로부터 근본적이고도 영구적으로 이탈한 것이라는 의미를 함축하고 있다."(루이지 조야, 『아버지란 무엇인가』) 부성은 아들에게 "순수한 동물적인 삶의 규칙"에서 영구적으로 벗어난 사회문화적 유전자를 학습시켜 그의 신체에 덧입혀야 한다. 부성은 타고난바 생명 본질이 아니라 자연-그것 위에 덧입혀진 것이다. 아버지들은 자연—본능으로 뭉쳐진 어린 자아들에게 사회화 학습을 시켜야 한다. 이것이 사회가 아버지에게 요구하는 의무이자 책임이다. 아버지가 부재하는 가정에선 때로 어머니가 이것을 대신하는데, 가짜—아버지들은 아들들을 아버지로 만드는데 항상 진짜—아버지들보다 그 훈련이 가혹하다.

아버지가 돌아가신 이래
이 집안에 더 이상 거창한 이야기는 없다
다만 푸른 형광등 아래
엄마의 초급영어가 하루하루 늘어가 뿐

엄마가 내게 묻는다, 네이션이 무슨 뜻이니?
민족이요, 아버지가 무척 좋아하던 단어였죠
그렇구나
또 뭐든 물어보세요
톰 앤드 제리는 고양이와 쥐란 뜻이니?
으하하, 엄마는 나이가 드실수록 농담이 느네요

나는 해석자이다
크게 웃는 장남이다
비극적인 일이 다시 일어난다 해도
어디에도 구원은 없다 해도
나는 정확히 해석하고
마지막에는 반드시 큰 소리로 웃어야 한다

장남으로서, 오직 장남으로서
애절함인지 애통함인지 애틋함인지 모를
이 집안에 만연한 모호한 정념들과
나는 끝까지 싸울 것이다.

— 심보선, 「웃는다, 웃어야 하기에」 부분
(『슬픔이 없는 십오 초』, 문학과지성사, 2008)

아버지가 없는 가정은 "거창한 이야기"가 없다. 아버지가 없는 집에는 서사가 없다. 이때 서사는 전前문명적인 것의 복합성과 싸워 초극하는 문명의 서사다. 아버지가 없는 집은 조용하다. 마치 아버지는 처음부터 없었던 듯 무성생식을 통해 생명을 얻은 듯 조용하다. 아버지가 없기 때문에 아버지에게서 아들로 전수되는 부성의 연결고리는 단절된다. 미국의 심리학자들은 아버지들이 어머니와 다른 방식으로 아이들을 끌어안는다는 사실을 밝혀낸다. 아버지들의 전형적인 몸짓은 거의 같다. 아이를 공중으로 들어올린다. 가슴에 대고 아이를 안는다. 자식과 얼굴을 마주치는 몸짓은 다음과 같다. 아이를 머리 위로 들어올리고 팔을 쭉 뻗으면서 눈을 마주본다. 이렇듯 아버지는 어머니와는 다른 자기만의 방식으로 아들에게 아버지를 각인하고 학습시킨다. 아버지는 단순히 가족의 생계를 책임지는 노동자를 넘어서서 부성 문화라는 아니무스에서 발현된 복합적인 문화의 전달자다. 시인은 엄마와 장남의 대화를 통해서 아버지가 민족—국가—법과 겹쳐지는 것임을 슬쩍 내보인다. 아버지는 자아 위에 군림하는 초자아, 대타자인 것이다. 아직 장남은 아버지의 부성을 대체할 수 있을 만큼 능력이 크지 않다. 장남은 "해석자"에 머문다. 왜 해석자가 필요하냐 하면 부성 부재의 가정에는 모호한 정념들이 만연하기 때문이다. 시의 화자는 안간힘을 쓴다. 사태를 정확히 해석하기 위해서. 그렇지 않은 아들들은 무의식을 갖고 기표의 놀이에 빠져든다. 황병승과 김경주가 대표적인 예다. 어머니가 일차적인 성장을 담당한다면 아버지는 이차적인 성장을 담당한다. 아이들에게 이차적인 성장을 책임질 아버지가 없다면 어떤 현상이 벌어질까. 이차적인 성장에서 배제된 아이들은 영원히 아버지가 되지 않는다. 그들은 한사코 어린시절로 회귀한다. 아버지라는 옷이 너무 헐겁기 때문에 유아기로 퇴영하는 데서 심리적 만족감을 느끼는 그들은 "일차성을 영구히 보존하려는 무의식적인 환상"(루이지 조야)에 머물기를 최종목표로 삼는다. 그들은 무의식적인 환상 속에서 기표놀이를 하며 아버지의 책임을 방기한다. 그런 '미래파'의 시적 아버지는 1980년대에 해체시를 이끈 시인들이다 ; 이를테면 '미래파' 시인들의 세계에서 이성복, 황지우, 이윤택, 장정일, 김영승, 기형도의 흔적을 찾아내는 일은 그리 어려운 일이 아니다. 더 멀리로는 이상과 김수영이 있다. 그들은 혁명을 위해 아버지를 죽였다고 선언했지만, 그들은 단지 제 뿌리를 잘랐을 뿐이다.

7

"어떻게 밥을 먹어야 하는지 씹어야 하는지 아무 생각이 나지 않는다".(이기인, 「쌀자루」, 『어깨 위로 떨어지는 편지』, 창비, 2010)

"나는 당신이 모르는 표정을 짓지만 / 내 얼굴엔 무언가 남아도는 게 있을 거야."(김행숙, 「해변의 얼굴」, 『이별의 능력』, 문학과지성사, 2007)

8

1990년대 '다마구치' 열풍이 불었다. 이 일본제 장난감은 가상공간에서 애완동물 기르기 체험을 재현하는 디지털 게임기다. 가상공간의 애완동물이 실제의 애완동물과 같이 반응한다는 점에 사람들은 열광했다. 이 애완동물은 끼니를 챙겨줘야 하고 함께 놀아줘야 한다. 그렇지 않으면 병이 나고 죽는다('다마구치'의 세계 안에서 애완동물의 죽음은 자연사가 아니라 설계된 자살이다. 소유자의 애정을 담보로 벌이는 과격한 앙탈이다). 그렇다고 해서 이 애완동물이 실제의 애완동물과 똑같을 수는 없었다. 그것은 정교하게 짜인 게임일 뿐이다. 유행처럼 번지던 '다마구치' 열풍은 한번 기세가 꺾이자 이내 잠잠해졌다. '미래파'를 중심에 두고 벌어진 돌연한 열광과 갑작스런 침묵은 '다마구치' 열풍과 닮아 있다. 한 차례 '미래파' 소동이 지나갔다. '미래파'의 여진은 없다. 태풍 뒤의 고요가 찾아왔다. 왜 이런 일이 벌어졌을까. 미래파는 무엇이었나. 그들이 실패했다면 무엇에 실패한 것이었나. 첫째, '미래파'의 실험은 무국적 판타지 놀음이다. 이 계통 불명의 상상 실험은 단성생식單性生殖의 실험이었다. 처음부터 그들은 공모자들을 낳을 수 없는 한계 속에 있었다. 둘째, 그들은 하드코어를 선보였는데, 그것은 짧은 동안에 많은 시선을 끌어 모으기에 좋은 조건이다. 그들은 "뭔가 보여 주겠다"고 했지만 스타일의 혁신은 보여주지 못했다. 그들은 내부가 없는 시선들의 주체다. 그들이 바꾼 것은 소재였을 따름이다. 셋째, 그들은 소통할 수 없음이라는 한계 때문에 애초부터 소멸할 수밖에 없는 일과성 태풍이었다. 그들은 충분히 실험적이었다. 그 실험은 정치적 함의를 내포한 것으로 읽을 수도 있었다. 하지만 기묘성을 좇아가는 실험은 정치라는 함의를 놓치고, 정치성을 전면화한 시들은 감각적 신선성을 놓친다. 진은영은 랑시에르의 관점을 원용하면서 그 점을 이렇게 정리한 바 있다. "유아론적 주체의 자폐적인 언어일 뿐이라는 비판이 새로운 시인들 머리 위로 빗물처럼 쏟아진 걸 보면, 이 정치적 시도는 크게 성공적이었다고 볼 수는 없을 듯하다. 시인은 지나가는 소나기를 바라보며 자책한다. '기묘한 감성적 충격을 생산하는데 몰두했던 시들에서는 정치적 의미의 가독성이 사라지고 정치적 의미의 가독성을 최대화한 시들에서는 기묘함이 실종되는구나!' 이중효과의 적절한 생산은커녕 견디기 힘들 만큼 어정쩡한 상황이 발행하는 것이다."(진은영, 「감각적인 것의 분배」, 『창작과비평』 2008년 겨울호) 감각과 정념의 논리 속으로 녹아들어간 정치적 함의를 찾아내는 일은 쉽지 않다. 아마도 그것의 무의식의 층위에서 작동하는 정치일 터다. 어쨌든 2000년대 시인들의 의식의 층위에서 정치성은 휘발되어버렸음에 틀림없다. 신형철은 2000년대 한국시의 정치학을 살피면서 간결하게 말한다. "시에서 대문자 정치는 끝났다."(「스키조와 아나키」, 『몰락의 에티카』, 문학동네, 2008) 대문자로서의 정치가 2000년대 시에는 유의미하게 작동하지 않는다는 이 언설은 2000년대 시들의 가능성과 한계를 동시적으로 드러낸다. 그들은 혁명이냐 사랑이냐 라는 선택지를 사람이냐 짐승이냐 라는 선택지로 바꾼다. 그러므로 '미래파'를 포함해서 2000년대 시의 의미를 확정하려는 시도는 아직은 이르다.

대문자로서의 정치가 사라진 자리에는 무엇이 들어올까? 그 자리는 사소한 일상의 경험들로 채워진다. 이장욱은 정치색이 탈색시킨 채 "당신은 사랑을 잃고 / 나는 줄넘기를 했다" 혹은 "나는 사랑을 잃고 / 당신은 줄넘기를 하"(「정오의 희망곡」)는 사소한 일상을 보여준다. 나쁜 아버지—권력은 그 일상에 어떤 억압의 그림자도 떨어뜨리지 않는다. '문학적인 것' 위에 '정치적인 것'을 겹쳐낼 수 있었던 지난 연대를 달구었던 악성惡性 부성신화의 열기가 완전히 걷힌 2000년대는 무의식의 층위에서조차 정치는 자취없이 사라진다.

아침에 깨어나면 모든 것이 멈출 것이다.
사소한 돌멩이들이 차갑게 침묵할 것이다.
사물들은 후퇴할 것이다.

나는 약속을 취소한다.
세면과 식사 준비와 출근을 취소한다.
창문이 얼어붙는다.
바깥과 안의 대기가 격렬하게
단단한 물방울을 만들고 있다. 서서히
모든 것이 정지한다.
이제 유리는 어느 먼 곳의 금속,
어지러운 지평선에서 이상한 마음이 불어온다.

친구들에게 전화를 걸고 싶다.
하지만 너무 많은 것을 반성해서는 안 된다.
나에게는 신비로운 과거가 없으며,
나에게는 늙으신 아버지가 있으며,
나는 오로지 지금 이곳에 있다.
갑자기 무서운 생각이 시작된다.
단 하나의 생각이
나를 결박한다.
나는 얼어붙는다.
오 분 전과 머나먼 미래가 한꺼번에 다가온다.
나는 천천히, 몸을 일으킨다.

— 이장욱, 「결정」 전문(『정오의 희망곡』, 문학과지성사, 2006)

"늙은 아버지"란 전투를 수행할 수 없는, 전장에서 은퇴한 사람이다. 그는 갑옷을 입지 않고 있다. 대신에 많은 시간을 늙고 지친 몸으로 침상에서 누워 지낼 것이다. 저 신화 속의 아버지들과는 너무나 다른 모습이다. 호메로스의 서사시나 그리스 신화에 나오는 아버지들은 용맹스런 전사들이다. "여기서 아버지는 언제나 공격과 방어의 기능을 동시에 가진 한 벌의 갑옷을 차려 입고 있다. 자식을 끌어안고 있을 때조차 그의 포옹은 차가운 인상을 주며, 그래서 자식들은 두려움과 감탄의 반응을 보인다. 여기서 우리는 아버지의 내면에 있는 양가감정ambivalence, 兩價感情을, 고백할 수 없는 불확실한 감정을 발견할 수 있다. 이 감정은 자식들이 아버지에게 품고 있는 모순적인 기대감에 상응하는 투사물이며 우리가 '부성의 패러독스'라고 부르는 것이다."(루이지 조야, 『아버지란 무엇인가』) 갑옷은 무엇인가. 이것은 전쟁과 전투의 표상이다. 오늘의 아버지들은 호메로스 시대와 같이 진짜 갑옷을 필요로 하지는 않는다. 하지만 문화적인 맥락에서 갑옷의 필요성은 상존하다. 오늘날에도 모든 아버지들은 시장의 원리가 작동하는 자본주의 세계에서 여전히 심리적인 갑옷을 입고 있다. 부양자로서의 의무에 매인 "늙은 아버지"는 시장 자본주의라는 전장에서 은퇴를 하고 갑옷을 벗어버린 거나 마찬가지다.

9

"짐짓 실체가 없는 무슨 진동 같은 거였는지 모른다".(강정, 「들려주려니 말이라 했지만」, 『들려주려니 말이라 했지만』, 문학동네, 2006)

"이렇게 살면 폐인이 될 것 같아".(김이듬, 「명암」, 『명랑하라 팜 파탈』, 문학과지성사, 2007)

10

'미래파'로 묶인 황병승·강정·김민정·정재학·장석원·유형진 등이 보여준 시적 상상력은 국적 불명의 혼종적인 것이다. 그 내용은 "가족 해체, 자아 부정, 병적 편집증, 동화나 만화의 차용에서 배태되며, 구체적으로는 성전환자, 폭력, 욕설, 신체 절단, 시간屍姦, 근친상간, 배설물들, 식인食人, 음란증, 동성애, 강간, 간음, 고문, 수간 등으로 얼룩진 그로테스크한 언어 미학"으로 정리할 수 있다. '미래파'가 보여준 것은 욕망이 아니라 욕망의 위조이며, 현실이 아니라 현실의 위조였다. 일종의 판타지였던 것이다. 지금도 '미래파'라는 것이 있다면 그 중심은 여전히 황병승이다. 『여장남자 시코쿠』(랜덤하우스중앙, 2005)는 참신했고, 눈이 번쩍 뜨일 만큼 괴기한 청년의 등장을 알리기에 충분한 시집이었다. 황병승의 경이로운 시집 『트랙과 들판의 별』(문학과지성사, 2007)에서 제 상상력이 어디를 향하고 있는지 그 방향을 더 확실하게 드러낸다. 그것은 혼성 주체들의 상상력이라고 부를 수 있는 세계다. 혼성 주체는 내 안에 들어와 웅성이는 타자들이다. 로제 언니, 냐라키, 나오코, 오스본, 메기와 부기주니어, 난쟁이, 큰오빠, 엄마, 아빠…… 이런 혼성 주체가 만드는 이야기는 일그러진 동화다. 권혁웅의 설명에 따르자면 황병승은 무의식을 무대로 전진 배치하고 그 위에서 "기표의 놀이를 통해서, 우리가 잃어버렸던 세계의 원형을 복원하려는, 거의 불가능에 가까운 작업을 해내고" 있는 셈이다. 구체적으로 "이성애적 가부장제가 설명할 수 없는 퀴어queer적인 정체성을 구성"해서 그것을 하나의 심리극으로 펼쳐낸다. 하지만 이것들은 진짜가 아니다. 시적 매트릭스라고 할 수 있는 환영의 세계다. 황병승은 왜 그랬을까? "어쩔텐가 진짜 장면은 어디에도 존재하지 않는걸".(황병승 「니노셋게르미타바사 제르니고코티카」)

돌연함 속으로의 침묵, 실패라는 규정은 '미래파'의 이마에 씌운 불명예의 가시면류관이 아니다. 그들은 저항군이거나 반역자가 아니다. 그들은 처형되지 않는다. 그러니 실망할 필요는 없다. 실패는 다정한 공감들을 증가시킨다. 여전히 "세계는 영원한 악천후"(심보선)

속에 있고, 그 악천후를 뚫고 내일이었던 오늘은 어제로 흘러가고, 그 자리를 새로운 오늘이 차지한다. "오 분 전과 머나먼 미래가 한꺼번에 다가온다"(이장욱). 우리가 현재라고 발음하는 순간 현재는 과거가 되어버린다. 오늘이 빠르게 과거로 흘러가는 동안에 소처럼 큰 몸집으로 진화하지 못한 개미들은 땅바닥을 기며 제 몸체보다 더 큰 먹잇감을 끌고 간다. 여름에는 엄청난 비를 실은 비구름이 몰려와 비를 뿌리고, 저 먼 바다에서 발생한 태풍들이 한반도를 휩쓸고 지나간다. 누가 어리석게 승리를 말하는가. 우연을 배제할 수 없는 세계에서 승리는 없고 항상 있는 것은 극복뿐이다. 이 세계의 몽타주를 그려내는 '미래파' 화가들이 달려온다. 강정·유홍준·심보선·송승환·김행숙·문태준·이장욱·김경주·이병률·이근화·김근·박연준·김중일·박지웅·김이듬·장인수 시인들의 시를 읽어보았는가. 그들은 잠재적인 '미래파'다. 하염없이 뚱뚱해지는 제 몸뚱이를 바라보며 "인간은 어떤 종류의 가구로 진화할 것인가?"(심보선, 「슬픔의 진화」)라고 묻거나, "사과를 놓친 가지 끝처럼 문득 텅 비어버리는 / 여긴 또 어딘 // 한 잔의 소주를 마시고 내리는 눈 속을 걸어 / 가장 어이없는 겨울에 당도하고 싶어."(이장욱, 「인파이터」)하거나, "고양이로서 실천할 수 있는 선행은 악행만큼 다양하고 모호하고 고요하고 날카롭고 격렬하고 아아아 황홀하고, 야아옹."(김행숙, 「소녀 고양이군을 만나다」) 하고 고양이 어법을 발명하고자 애쓴다.*

비평의 권력 혹은 비평의 소멸

1. 오늘의 비평은 거의 죽었다. 비평은 힘이 없다. 비평이 자생적 힘으로 숨을 쉬고 스스로를 살아낼 수 없을 때 비평은 산소호흡기에 기대 연명할 수밖에 없다. 그 대가로 제 주권적 선택과 판단은 저를 고용한 매체에 위임한다. 이른바 오늘의 현실에서 용병 비평들이 성행하는 까닭이 거기에 있다. 그러면서도 많은 비평가들은 부끄러움은 도무지 모르고 거드름을 피운다. 그 모습을 보는 건 고통스럽다. 마치 창녀를 등쳐먹는 악덕 포주와 같은 자들! "보잘것없는 인물이 거울 앞에 서서 수탉처럼 거드름을 피우며 자신의 모습에 감탄하는 광경을 지켜보는 것만큼 고통스런 일은 없다."(니체, 『반시대적 고찰』)

2. 비평의 파탄. 혹은 산소호흡기로 겨우 생명 시한을 연장하는 식물화된 비평들!

3. 비평이 놀라울 정도로 빠르게 쇠퇴하거나 죽었다고 슬퍼할 만한 일은 아니다. 어쩌면 그건 잘된 말이다. 죽어야 할 것은 빨리 죽어야 한다. "결핵이 한창 유행할 동안에는 가장 감수성이 강한 사람들은 아직 젊을 때 죽기 쉽기 때문에 자손도 남기지 않는다. 이에 반해 살아남은 많은 사람들은 유전적으로 고도의 자연 저항력을 가지고 있고, 그것을 자손에게 전한다. 현재의 서구 사회에서 볼 수 있는 결핵 사망률의 저하는 부분적으로는 감수성이 강한 가계를 소멸시

커버린 19세기의 대유행에서 파생된 도태 작용의 결과이다."(르네 뒤보스, 『건강이라는 환상』) 비평이 죽은 게 아니라 실은 자연 저항력을 갖지 못한 것을 걸러내는 도태 과정에 지나지 않는다. 나약한 비평들의 유전자가 소멸한다면 훨씬 더 강한 비평들이 올 것이다.

4. 비평의 죽음은 비평 스스로 불러온 재앙이다. 함량미달. 정실. 후안무치. 의미의 불가해성에 대한 문맹에 가까운 무지. 그 모든 어리석은 짓들. 터무니없는 부풀리기. 해석의 과잉. 못난 비평가들은 분석할 수 없는 것을 분석하고, 해석할 수 없는 것을 해석하려고 든다. "그런 것들은 명확한 관념으로는 환원될 수 없고, 부조리하거나 공허하게 만들지 않고는 일정한 어조와 일정한 방식으로부터 분리될 수 없는 말들입니다. 그 모든 경우에 목소리의 강세와 행보가, 목소리가 일깨우는 지각 가능성을 압도합니다. 즉, 그것들은 우리의 정신보다는 우리의 삶에 호소합니다. 제가 말하고자 하는 것은, 그 말들이 우리를 이해하도록 자극하기보다는 생성하도록 훨씬 더 명령한다는 것입니다."(폴 발레리, 『말라르메를 만나다』)

5. 비평의 시작은 가치 판단이다. 해석-분석은 그 가치 판단을 위한 도구들이다. 그런데 어쩐 일인지 작금의 비평들에 가치 판단은 없고 해석—분석만 있다. 그것도 아주 조악한 형태로. 그것은 시를, 소설을 죽이는 일이다.

6. 나쁜 비평에는 없고, 좋은 비평에는 있다. 그건 음악이다. 최고의 비평은 음악을 품는다. "음악은 강력하고, 언어보다 앞서고, 물리적인 효과에 있어 논의의 여지없이 '자연적'인 것 같다. 브루스 카페러가 말했듯이 음악은 몸속으로 — 몸속에 형성되는 내적 경험으로서 — 듣는 것이다. 음악에는 또한 우리를 '초월적으로' 감동시키는 힘이 있다. 빅토르 주커칸의 말을 인용하자면, 음악은 '자신과 타

인 사이의 인위적 경계를 녹이는 가장 짧고, 가장 수월하고, 심지어 가장 자연스러운 용매'를 제공한다. 분명 음악적 수단은 청중을 통합하기 위해 널리 사용된다. 음악은 노래하는 사람과 듣는 사람이 '공동의 의식', 공동의 생각과 태도와 감정의 패턴 속에 결합하여 하나로 존재할 수 있는 초개인적 상태를 창조한다. 각 개인을 공동의 목적과 한마음으로 결집하는데 궁극적인 목적이 있는 제의에서 음악은 필수적 수단으로 사용하는 것은 당연한 일이다."(엘렌 디사나야케, 『미학적 인간』) 어떤 글이든지 그 안에 음악이 없으면 끔찍하다.

7. 비평을 하려거든 이렇게 해야 한다. 『장자』의 「양생주養生主」편에 나오는 이야기다. "포정庖丁이 문혜군文惠君을 위해 소를 잡았다. 손이 닿고 어깨를 기울이고 발로 밟고 무릎이 닿는 대로 삭삭 울리고 칼이 나가는 대로 쉭쉭 소리를 내는데 운율에 맞지 않음이 없어 은나라 탕왕 때의 명곡인 상림桑林의 무악舞樂과 조화를 이루고, 요 임금 때의 명곡인 경수經首의 음률에도 맞았다. 문혜군은 감탄했다. '하! 훌륭하구나! 기술이 어쩌면 이런 지경에 이를 수 있단 말인가?' 포정은 칼을 내려놓고 대답했다. '제가 얻은 결과는 도道이며 기술보다는 높은 경지입니다. 처음 소를 잡을 때는 보이는 것이 모두 소뿐이었습니다. 삼 년이 지나자 이제 소 전체가 보이지 않았습니다. 방금 저는 소를 정신으로 대했을 뿐 눈으로 본 것이 아닙니다. 감관의 지각이 멈추면 정신이 움직입니다. 자연의 이치에 의지하여 큰 틈새로 들이밀고 큰 구멍을 통행하여 본래의 자연을 따릅니다. 기술자는 힘줄을 다치지 않고 더구나 뼈는 닿지 않습니다. 우수한 백정도 해마다 칼을 바꾸는데 힘줄을 자르기 때문입니다. 보통의 백정은 달마다 칼을 바꾸는데 뼈를 다치기 때문입니다. 저의 이 칼은 십구 년이 되었습니다. 소를 수천 마리 잡았으나 칼날은 숫돌에서 새로 나온 것과 같습니다. 마디는 틈이 있으나 제 칼날은 두께가 없기 때문입니다. 두께

없는 것을 틈새로 넣으니 텅 빈 듯 넓어서 칼질을 춤을 추듯 반드시 여유로워집니다. 그러므로 십구 년이 지났으되 칼이 방금 숫돌에서 나온 것 같습니다. 그렇지만 다른 백정들이 어렵게 하는 것을 볼 때마다 저는 안타깝게 여겨 타이르기도 하는데, 보는 것을 그치고 행동을 서서히 하게 하면 움직이는 칼이 심히 미묘해져 재빠르게 소를 해체해 버립니다.' 그는 흙이 땅에 몸을 맡기듯 칼을 들고 서서 주위를 둘러보다가 만족한 마음으로 칼을 씻어 칼집에 넣었다. 문혜군이 말했다. '훌륭하다! 나는 포정의 말을 듣고 양생養生을 터득했다.' 소 잡는 사람 포정은 칼을 써서 소를 잡되 그 칼의 움직임이 마치 "상림의 무악"인 듯 했다. 포정의 칼은 춤이 없는 춤을 추고, 소리 없는 음악을 연주한다. 포정이 잡는 소는 고통을 전혀 느끼지 않았다. 포정의 칼이 소의 힘줄을 다치지 않고 뼈에 닿지 않기 때문이다.

8. 시가 세계의 해석이 아니고 삶과 세계의 초과이며 생성이듯 비평도 가벼운 것, 긍정적인 것 위에서 추는 춤이어야 한다. "생성의 영원한 기쁨, 그 속에 또 무의 기쁨을 담고 있는 그 기쁨", "무와 파괴의 긍정, 디오니소스 철학 속에서 결정적인 것……"(니체) 생성, 혹은 존재의 춤. 세계를 만드는 원소들의 흐름, 그 운동의 결들을 드러낼 것. 혹은 그 결들을 타고 나갈 것.

9. 좋은 시에는 힘과 약동이 있다. 좋은 비평은 시가 품은 힘과 약동에 반향한다. 마치 줄없는 거문고가 울고, 시위 없는 화살이 바람을 가르며 공중을 나는 것과 같다.

10. 비평가에 대한 창작자들의 불신은 뿌리가 깊다. 이미 반세기도 더 전에 한 시인이 내놓은 '어느 평론가에게'라는 부제가 붙은 「내일來日 어느 자리에서」가 그 대표적인 시일 것이다. "되도록이면 만났다 가세 / 네가 너를 세우기 위하여 / 간교롭게도 저질러 놓은 것들

이 / 얼마나 남의 생애를 갉아먹었던가를 / 알기 위하여 / 내일 어느 자리 / 네가 원하는 데서 / 잠시 만났다 가세 / 너의 지성이라는 것이 / 얼마나 철면피한 / 시골 자객刺客의 녹슬은 송곳이라는 것을 / 알기 위하여서도 / 부디 오래 살아 주게 // 그리고 네가 정말로 인간이라면 / 더구나 붓을 가지고 있는 인간이라면 / 시간이 얼마나 무서운가를 / 알 날이 있을걸세 // 지금은 무식하니까, 그리고 / 기운이 세니까 / 모든 것 맛 모른 채 잘 먹고, 더럽게도 / 아무 데나 잘도 배설하지만 / 참 용감도 하네 // 그러나 조심하게 / 남의 새로운 옷에 / 똥이나 오줌이나 마구 싸고 흘려서야 / 되겠는가 / 아무리 예의가 없다손치더라도 // 되도록이면 만났다 가세 / 용서를 하기 위하여선 / 내겐 긴 세월이 필요하네"(조병화, 「내일來日 어느 자리에서」, 『52인 시집 — 현대한국문학전집 18』). 비평가란 "모든 것 맛 모른 채 잘 먹고, 더럽게도 / 아무 데나 잘도 배설"하는 존재다. "남의 새로운 옷에 / 똥이나 오줌이나 마구 싸고 흘"리는 존재다. 예술가들이 비평가를 향해 보인 적의와 분노는 예술사에서 그리 드문 일이 아니다.

11. 비평이여, 허물을 벗어라! "허물을 벗지 못하는 뱀은 소멸한다."(니체, 『서광』)

12. 사람들은 흔히 비평은 객관적이어야 한다고 생각한다. 아니다. 비평은 섣부른 객관성을 버려야 홀로 설 수 있다. 한 젊은 비평가는 이렇게 고백한다. "나는 차라리 압도적인 특수성 혹은 매혹적인 주관성이고 싶다."(신형철, 『몰락의 에티카』)

13. 우주의 알 수 없음, 삶의 부조리함을 '있는 그대로' 견딜 것! 해석하고, 유형화하고, 체계화하려는 욕망에 맞서 꿋꿋하게 그 자체로 견딜 것!

14. 좋은 비평가는 저만의 스타일을 지향한다. 스타일은 내용을

담는 형식이 아니다. 내용 그 자체의 전화轉化로써 심미적 규범이 발생한다. 그게 바로 스타일이다. "하기야, 스타일을 둘러싼 모든 은유가 소재를 내부의 문제로 놓고, 스타일을 외부의 문제로 여긴다고 할 수도 있다. 하지만, 그 은유는 오히려 거꾸로 해야 옳다. 소재나 주제가 외부 문제고, 스타일이 내부 문제인 것이다. 콕토가 지적한 바 있듯이, '장식적인 스타일이라는 것은 없다. 스타일이 곧 영혼일진대, 안타깝게도 우리는 그 영혼을 형식이라는 몸뚱이쯤으로 추정하는 것이다.' 스타일을 겉으로 드러나는 방식이라고 정의한다 해도, 우리가 생각하는 스타일과 '진정한' 스타일이 반드시 서로 반대가 되는 것은 아니다. 대부분의 경우에는 우리의 겉 모양새가 사실상 우리의 존재 방식이다. 가면이 곧 얼굴인 것이다."(수전 손택, 『해석에 반대한다』) 비평가여, 쓰고 있는 가면이 곧 네 얼굴인 것을!

15. 나쁜 비평가의 전형들. 그들은 우연을 필연으로 바꾸고, 필연은 참으로 바꾼다. 그리하여 참을 도덕으로 오해하고, 모든 작품을 도덕으로 환원시키려 한다. 아울러 보편을 특수로 읽고, 특수를 보편으로 읽는다. 도무지 보편 속의 특수를, 특수 속의 보편을 보지 못한다.

16. 나쁜 비평은 자주 작가와 작품을 혼동한다.

17. 나쁜 비평은 작품에서 형식과 내용을 별개의 것으로 오해한다.

18. 나쁜 비평은 문면을, 즉 씌어진 것을 과잉으로 읽는다. 필경 해석의 과잉에 빠진다. 좋은 비평은 문면이 가리고 있는 것들, 즉 씌어진 것에 근거해 씌어지지 않은 것들을 읽어낸다.

19. 나쁜 비평은 "순금을 도금하고 백합을 색칠"한다. "제비꽃 위에 향수를 뿌리고", "무지개 위에" 색을 하나 더 입힌다. 쓸데없는 짓이다. 이는 "낭비이며 어리석은 지나침"이다.(윌리엄 셰익스피어, 「존 왕」)

20. 작품 읽기는 일직선의 흐름을 따르는 게 아니라 "꾸불꾸불하고 순환적인 일종의 '방사상放射狀'의 여정"이다(쟈끄 데리다, 『입장들』).

21. 이를테면 작품과 비평가의 관계는 다음과 같다. 즉 작품이 나룻배라면, 비평가는 행인이다. 한용운의 시를 보자. "나는 나룻배 / 당신은 행인. // 당신은 흙발로 나를 짓밟습니다. / 나는 당신을 안으면 깊으나 옅으나 급한 여울이나 건너갑니다. // 만일 당신이 아니 오시면 나는 바람을 쐬고 눈비를 맞으며 밤에서 낮까지 당신을 기다리고 있습니다. / 당신은 물만 건너면 나를 돌아보지도 않고 가십니다그려. / 그러나 당신이 언제든지 오실 줄만은 알아요. / 나는 당신을 기다리며 날마다 날마다 낡아갑니다. // 나는 나룻배 / 당신은 행인."(한용운, 「나룻배와 행인」) 나/작품들은 '당신'이 읽어주지 않는다면 '날마다 날마다' 낡아가는 그 무엇이다. 아울러 나/작품들은 당신을 삶의 이쪽에서 삶의 저쪽으로 건네주는 '나룻배'인 것이다. 강물 앞에서 발을 동동 구르고 서 있는 '행인'을 건네주고 나니, 그 행인이 있지도 않은 제 보따리를 내놓으라고 떼를 쓴다.

22. 혹은 비평가는 시인들의 '적'이다. 김수영은 이렇게 쓴다. "우리들의 적은 늠름하지 않다 / 우리들의 적은 커크 더글러스나 리처드 위드마크모양으로 사나웁지도 않다 / 그들은 조금도 악한이 아니다 / 그들은 선량하기까지도 하다 / 그들은 민주주의를 가장하고 / 자기들이 양민이라고도 하고 / 자기들이 선량이라고도 하고 / 자기들이 회사원이라고도 하고 / 전차를 타고 자동차를 타고 / 요릿집엘 들어가고 / 술을 마시고 잡담하고 / 동정하고 진지한 얼굴을 하고 / 바쁘다고 서두르면서 일도 하고 / 원고도 쓰고 치부도 하고 / 시골에도 있고 해변가에도 있고 / 서울에도 있고 산보도 하고 / 영화관에도 가고 / 애교도 있다 / 그들은 말하자면 우리들의 곁에 있다 / 우리들

의 전선戰線은 눈에 보이지 않는다 / 그것이 우리들의 싸움을 이다지도 어려운 것으로 만든다 / 우리들의 전선은 케르크도 노르망디도 연희고지도 아니다 / 우리들의 전선은 지도책 속에는 없다 / 그것은 우리들의 집안 안인 경우도 있고 / 우리들의 직장인 경우도 있고 / 우리들의 동리인 경우도 있지만…… / 보이지 않는다"(김수영, 「하…… 그림자가 없다」) 딱히 이 시가 비평가를 염두에 두고 쓴 시라고 확언할 수는 없다. 문학을 모르고 비평의 칼을 휘두르는 자들은 다 시인의 '적'이다. 그 '적'들은 "술을 마시고 잡담하고", "동정하고 진지한 얼굴을 하고", "말하자면 우리들의 곁에 있다". 우리들의 곁에서 문학을 죽이는 일에 몰두하고 있다. 문제는 우리들의 눈에 그 '적'들이 잘 보이지 않는다는 것, 따라서 어디가 전선인지도 모른다는 것이다. 그래서 우리들의 싸움은 어렵다.

23. 뻔한 혁명을 해서는 안 된다. 획일과 표준을 추구하는 혁명, 재미를 잃어버린 혁명, 특정 계급의 이익에만 봉사하는 혁명은 안 된다. 로렌스는 "혁명을 하려면 웃고 즐기며 하라"고 한다. 그렇다. 웃고, 즐기며, 비평을 하라. 웃고, 즐기며, "산술적 평균"을 깨는 비평을 하라. "획일을 추구하는 혁명은 하지 마라 / 혁명은 우리의 산술적 평균을 깨는 결단이어야 한다 / 사과 실린 수레를 뒤집고 사과가 어느 방향으로 / 굴러가는가를 보는 짓이란 얼마나 가소로운가"(D.H. 로렌스, 「제대로 된 혁명」)

24. 감히 시는 생물이다. 이 생물을 무생명으로 다룰 때 비평은 위기를 맞는다. "장인적 헌신과 밀도"(고은)를 잃어버린 비평들은 이미 죽은 것이다. 쓰지 않을 자유를 잃어버린 비평. 노동에서 자발성을 차압하고 강제 속에 묶을 때, 노동은 기어코 타락한다. 비평도 자발성을 잃을 때, 오로지 공익근무와 같은 형태의 의무로 묶을 때 비평은 기어코 타락한다. 아직도 타락한 비평들이 좀비처럼 우리 문학

의 장 안에서 횡행한다는 사실이 놀랍다. 오늘의 비평이 위기를 맞은 것은 명백한 사실이다. 자진해서 길 잃기. 빈칸으로 남을 만한 용기. "글쓰기는 산란하기다."(파스칼 키냐르) 산란은 죽음이며 동시에 태어남이다. 연어는 모천에 다다라 산란하고 죽는다. 죽어야 할 때조차 죽을 용기를 내지 못하는 비평. 오늘의 비평에는 그게 결핍되어 있다. 위기의 명백한 징후다. "나는 감히 두 가지를 말하고자 합니다. 위기를 말할 때 그 위기에 파묻혀 버릴 것은 그냥 파묻혀 버리기를 바랍니다. 위기란 어떤 가치가 존속되는 과정에서 단련을 받는 시간입니다. 그런 단련을 견디지 못하는 가치란 미련 없이 새로운 가치에 일체를 인계하고 물러나야 합니다. 그동안 행운에 의해서 온존된 문학이 문명의 낯선 현실에서 도태되는 것은 자연스럽기까지 합니다. 문학이 시대를 뛰어넘든 아니든 시대의 산물일 경우 다른 시대까지 욕된 생존으로 연장되는 일에 급급한다면 그것은 문학일 수 없습니다. 만약 문학이 지구상의 생명 종種의 하나로 소멸된다면 가차없이 생명 자체를 내주어야 마땅한 것입니다."(고은, 『우주의 사투리』)

25. 비평, 혹은 글쓰기. "그것은 잃어버린 목소리 듣기이다. 수수께기의 답을 찾아내어 그것을 알아맞힐 시간갖기이다. 잃어버린 언어 안에서 언어를 탐색하기다. 거짓말 혹은 대체물과 알 수 없는 지시 대상의 불투명성 사이에 벌어진 틈새를 끊임없이 편력하기다. 대상의 일탈이 숙명인 언어, 개개인의 정체성에 연루된 언어, 이러한 언어의 불연속성 — 거울에 비친 앞면 — 과 어머니의 연속성, 강江, 어머니의 오줌 줄기 — 정면에서 본 앞면 — 사이에 벌어진 틈새를 끊임없이 편력하기다."(파스칼 키냐르, 『혀끝에서 맴도는 이름』)

26. 비평이여, 섣불리 희망을 약속하지 마라! 네가 말하는 희망에는 향기가 없다. 왜냐하면 그것은 조화造花/弔花이기 때문이다.

27. 차라리 불행에 투신하라. 절멸로써 네 존재를 증명하라!

28. 그리운 비평들. 김현의 저 어여쁜 공감비평, 김우창이 정치윤리학의 바탕 위에 세운 심미적 이성 비평, 유종호의 작품 표층에 새겨진 결을 세세하게 읽어내는 미시비평, 황현산의 텍스트 스스로 말하게 만드는 감싸기 비평, 고종석의 한국어의 가능성을 늘이고 넓혀 그 맨 가장자리까지를 더듬는 언어 탐색적 비평, 신범순의 욕망과 사랑의 발생론적 근거를 집요하게 파헤치는 내재적 비평, 정과리의 끊임없이 사유의 기원과 그 구조를 밝혀내는 해체 비평, 신형철의 텍스트가 어떻게 창조적 쾌락을 일으키고 그 쾌락의 물거품들은 우리 마음에서 무엇으로 변하는가를 따라가는 향유와 즐김의 비평.

29. 비평, 혹은 "혀—끝에서—나오는—말들"(파스칼 키냐르). 그 무용한 말들로 인류의 생존과 번식에 기여하게 하라.

30. 비평가여, 마침내 당신의 얼어붙은 혀가 녹게 하라.

31. 얼음이 녹고 마침내 방울방울 떨어지는 그 말들을 둑과 둑 사이의 시냇물로 흐르게 하라. 나와 너 사이, 불과 재灰 사이, 일인칭과 삼인칭 사이, 주관과 객관 사이, 기호와 기의 사이, 의식과 정치적 무의식 사이, 길든 것과 길들지 않은 것들 사이, 말로 말해질 수 없는 것과 끝내 말로 호명할 수 있는 것들 사이. 비평은 그 본질에서 사이의 언어다. 양쪽 둑을 적시며 흐르는 시냇물이 모여 강물이 되고 강물은 곧 바다에 닿게 되리라.

32. 대지의 자양분을 끌어당겨 대지를 푸르게 덮으며 일어나는 풀들!

33. "예술은 불평 아니면 진정鎭靜이다."(로젠탈) 혹은 목소리, 목소리들.

시를 위한 에스키스

1. 어느 날 갑자기 시라는 불화살이 심장에 꽂혔다. 당신은 어쩔 수 없이, 운명적으로, 불가피하게 시인이 되고, 시인이 됨으로써 개처럼 컹컹 짖지 않아도 되었다. 당신은 문명의 사육이라는 굴레를 벗는다. 개의 DNA를 가로질러 늑대의 DNA에로 나아가는 것이다. 당신은 살 곳은 집이 아니라 산이다. 그러므로 시인이 되는 것은 출가出家하는 것이다. 그게 당신에게 닥친 불행의 시작이다. 오오, 시를 쓴다는 것은 스스로 지핀 불에 자신의 몸을 태우는 일이다. 니체는 이렇게 말한다. "그대는 그대 자신이 파놓은 불길 속에서 스스로를 불태워 죽여야만 한다. 우선 그대의 인식을 재로 만들어야 한다. 재가 될 수 없다면 새로운 탄생은 도래하지 못하리라!"(니체, 『차라투스트라는 이렇게 말했다』)

2. 다시 니체는 "병은 안락한 생활이 지불한 가장 비싼 보상이다"라고 했다. 시는 통속과 야만, 지식과 의심이 배제된 신념들, 그리고 평탄한 인생이라는 대가를 지불하고 얻은 보상이다. 시는 우리가 어디로 갈지 모르고 딛는 첫걸음이다. 우주에 막 태어난 아기의 첫울음이다. 우리는 아무것도 모른 채 걸음을 떼고, 아무것도 모른 채 울었던 것이다. 왜냐하면 우리를 감싼 우주 그 자체가 거대한 모름이다. 말 그대로 아직 알 수 없음, 즉 미지未知다. 좋은 시는 항상

미지의 용량이 크다. 시는 미지를 운명으로 받아들인다. 바로 그런 까닭에 어떤 위대한 시가 진정으로 이해되기 위해서는 몇 세기를 기다려야 할 지도 모른다.

3. 시를 가르치는 건 불가능하다. 누룩에게 술이 되는 법을 가르칠 수 없는 것과 같다. 술이 그러하듯 시는 때가 무르익으면 스스로 숙성한다. 우리가 시에 관해 가르칠 수 있는 것은 시와 시 아닌 것의 구별, 시쓰기에서 흔히 저지를 수 있는 시행착오와 오류들에 관한 것, 진짜 시인의 시와 그보다 훨씬 더 많은 가짜 시인의 시를 감별하는 기술 따위다.

4. 당신은 육체화된 사고를 하기 시작한다. 당신은 스스로 지핀 불에 몸을 태우며 그 자해소동을 자기성찰, 혹은 자기구원이라고 주장한다. 그 자해소동에 가장 어리둥절해 하는 사람들은 당신과 가까운 사람들이다. 아마도 가족들은 당신들의 돌연한 변화를 이해할 수 없다. 이해할 수 없으므로 당신을 도우려고 하지도 않는다. 실은 돕고자 한다 해도 딱히 도울 방법이 있는 것은 아니다.

5. 나는 스무 살에 도서관으로 걸어갔다. 도서관은 내 시의 요람이자 태胎이고, 우주다. 내가 도서관에 간 것은 시인으로 다시 태어나기 위함이다. 최인훈은 이렇게 말한다. "우주는 그 의미를 파악할 수 없는 한 권의 거대한 책이라고 할 수도 있다. 도서관은 큰 책이다. 너무 커서 들고 다닐 수 없기 때문에 한 곳에 놓아두고 있는 큰 책이다. 도서관 지붕은 책의 등이고, 도서관 벽은 책의 겉장이고, 도서관 문은 이 큰 책의 안 표지고, 목록은 이 책의 목차다. 이 집은 아기집[胎]이다. 이 속에서 사람은 사람이 된다. 이 집과 열람자를 닮아서 이윽고 만들게 되는 것이 우주선과 그 안에 타고 있는 사람이다. 지구 본부는 책을 저장한 곳과 그것을 관리하는 사서司書들이다. 책—

도서관―우주선―지구 기지―아기집(胎). 이들은 모두 같은 것들이다. 아기집에도 '어머니'라는 서고書庫가 연결되어 있어서 거기서 아기는 DNA라는 책을 빌려다가 열 달 동안의 독서계획에 따라 읽으면서 자기를 조립해 나간다. 그런데 책읽기에 재미를 붙인 '인류'는 이 독서만으로는 부족해서 어머니의 아기집을 떠나서도 겉모습만은 어엿한 어른이 되고도 '의붓 아기집'을 책을 만들어서 읽게 되었고 낱 책 권만으로는 모자라기 때문에 도서관이라는 큰 책을 만들게 되었고 그래서 도서관은 아기집이다. 사람은 그래도 모자라서 더 큰 아기집인 우주선을 만들어야 했고 그 아기집을 타고 가면서 '우주'라는 책을 읽어가는 중이다."(최인훈 『화두』 제1부, 민음사, 1994)

6. 나는 도서관에서 보르헤스를 만났다. 너무 많은 책들을 읽은 끝에 인생 말년에 장님이 되어버린 보르헤스는 문학의 예언자다. 보르헤스는 『바벨의 도서관』에서 우주를 하나의 도서관으로 상상한다. 한 사서가 도서관 지하서가에서 책을 읽는다. 그는 문득 저를 둘러싸고 있는 공간이 무한히 뻗어나간다는 상상 끝에 우주가 곧 도서관이라는 도착적인 생각으로 미끄러진다. 그는 "도서관이라고 불리는 무한공간의 미로"에 갇혔다는 생각이 엄습하자 이내 알 수 없는 두려움에 사로잡힌다. 보르헤스가 상상한 이 도서관에는 "끝간데 없이 이어진 육모꼴의 열람실"과 미로들, 그리고 "거울들이 있는 복도"들이 있다. 미로로 이루어진 이 도서관은 동일한 형태를 반복하며 무한공간으로 펼쳐진다. 입구도 출구도 없는 이 도서관은 시작도 끝도 없는 우주와 정확하게 상응하는 하나의 거대한 카오스다. 진리를 찾으려는 자에겐 삶도, 우주도 하나의 미로다. 우주의 도서관에서 육각형의 방들은 무한반복하며 펼쳐지는데, 벌집 형태를 하고 있다. 이 도서관은 끝없이 반복하며 순환한다. "도서관은 영원히 지속되리라. 불을 밝히고, 고독하고, 무한하고, 부동적이고, 고귀한 책들로 무

장하고, 부식하지 않고, 비밀스러운 모습으로 말이다."

7. 도서관을 지배하는 신은 헤르메스이다. 헤르메스는 제우스와 아틀라스의 딸 마이아 사이에서 태어난다. 헤르메스는 태어나자마자 요람에서 기어 나와 걷기 시작하고, 낮에는 벌써 동굴 밖으로 나와 거북을 잡아 귀갑을 떼어낸 뒤 리라라는 악기를 만들었다. 헤르메스는 행동이 날렵해서 나중에 하늘의 비밀들과 신과 신 사이의 소식을 전하는 심부름꾼이 되었다. 헤르메스는 지식에 이르는 법을 주관하고, 지식을 전하는 전달자이다. 헤르메스는 문자와 예술과 연금술을 발명하고, 세상의 모든 지식을 제 마음대로 휘둘렀다. 그런 헤르메스가 세상의 모든 지식을 모아놓은 책들의 보고인 도서관의 신이 된 것은 어쩌면 너무 당연한 일이다.

8. 시인들은 헤르메스의 후예들이다. 시인들은 하늘의 비밀들과 신들의 전언을 땅에 전달한다.

9. 시쓰기에 완성은 없다. 완성은 열반이기 때문이다. 시쓰기는 살아 있을 때만 가능하지만 열반은 죽은 뒤에나 이루어진다. 시쓰기의 완성과 열반은 동시에 함께 있을 수 없다. 시인들이 죽어서 남긴 유고시집들만이 시쓰기의 완성에 이른 결과물이다. 유고시집은 일종의 다비식이다. 윤동주가 그랬고, 기형도가 그랬다. 고승들은 죽어서 몸을 태움으로써 육체의 삶을 마감하고 열반에 이른다. 고승들의 다비식과 마찬가지로 유고시집은 시인들이 육체의 삶을 마감했다는 증표다.

근대 문학가들로부터 호가 꽃피었다

세상에 태어나지 않은 자는 이름이 없다. 그러니까 무존재는 무명無名이다. 몸을 받아 태어나 개별자로 존재할 때 세상은 이름을 붙여 부른다. 이름을 갖기 전에는 하나의 사물이나 어둠에 지나지 않는다. 이름은 필연으로 다가오는 운명이다. 시인 김춘수는 "나의 이 빛깔과 향기에 알맞은 / 누가 나의 이름을 불러다오."(「꽃」)라고 노래했다. 누군가 내 이름을 부를 때 우리는 "결코 무에 귀속될 수 없는 / 실재하는 그 무엇"(쉼보르스카, 「가장 이상한 세 단어」), 즉 꽃이 되는 것이다. 우리는 동일한 것으로 세상에 나와서 저마다 다른 이름으로 산다. 이제 이름의 고유성, 개별성, 존귀성이 존재를 규정하고, 우리는 그 이름 속에 제 존재의 집을 짓는다. 이름은 영예의 기호가 되고, 오욕의 가시면류관이 되기도 한다.

호는 본명이나 자 이외에 달리 쓰는 이름이다. 본명이 아버지가 준 이름이라면 호는 본인이 선택하는 별칭이다. 당호·아호·별호라고도 하는 이 호를 처음 쓴 것은 중국 당대唐代 사람들이다. 송대宋代에도 그 관습이 이어지며 널리 퍼졌다. 우리나라는 삼국시대부터 호를 지어 썼다고 하니 호의 역사는 꽤 긴 편이다. 해방 이전 문인들은 대개 호를 썼고, 때로는 필명이 그 호를 대신하기도 했다. 제 의지나 선택으로 만들어지는 호는 거짓된 자아가 아니라 자기가 되고자 하는 무의식의 아상我相이 반영된다. 그러므로 호에는 그의 인격과 취향, 품격이 드러낸다.

일제 강점기 때 문예지 『문장』의 추천위원이던 시인 정지용은 박목월을 천거하며 "북에는 소월素月, 남에는 목월木月"이라는 썼다. 소월이나 목월은 여성적 울림을 가졌다. 안서 김억에 의해 재능이 발견된 소월의 본명은 김정식金廷湜이다. 소월은 흰달이다. 소월은 흰달 만큼이나 창백한 삶을 살다 불과 서른두 살에 스러졌다. 경주의 금융조합에서 서기를 하며 습작을 하던 청년은 목월이라는 필명으로 "내사 애달픈 꿈꾸는 사람 / 내사 어리석은 꿈꾸는 사람"(「임」)이나 "송홧가루 날리는 / 외딴 봉우리 // 윤사월 해 길다 / 꾀꼬리 울면 // 산지기 외딴집 / 눈먼 처녀사 // 문설주에 귀 대고 / 엿듣고 있다"(「윤사월」)같은 시를 썼다. 이 시들은 박영종보다는 목월이라는 필명이 더 잘 어울린다.

근대 문학인들은 거의 다 호나 필명을 썼는데, 스스로 호를 짓거나 남이 지어주는 것을 받아쓰는 게 보통이었다. 이는 선비들의 관례에 따른 것이기도 하고, 한 잡지에 여러 글을 동시에 실을 때 중복을 피하는 방편이기도 했다. 신문화 초기에 필자란筆者亂 사정 때문에 불가피하게 나타난 현상이다. 현대소설의 아버지라고 불리는 이광수는 춘원春園이라는 호를 썼다. 이광수는 그밖에 장백산인, 고주孤舟, 외배와 같은 필명을 쓰기도 했다. 고주나 외배는 어려서 양친부모를 잃고 혼자 남은 저의 외로운 처지를 잘 말해준다. 김동인의 호는 금동琴童이다. 말 그대로 거문고를 켜는 아이란 뜻이다. 예술 지향의 고아한 작가의 품성이 호에서도 드러난다. 한국문학사에서 최고의 모더니스트로 평가받는 이상은 아예 성까지 바꾸었다. 이상李箱의 본명은 김해경이다. 경성고공 건축과를 나와 조선총독부 소속 건축기사를 하던 시절 토목공사장의 인부들이 리상李氏으로 불렀다. 이상은 그 잘

못 불린 이름을 그대로 필명으로 삼았다. 이육사의 본명은 이활이다. 이활은 항일독립운동단체인 의열단에 가입하여 활동한 사람이다. 1927년에는 조선은행 대구지점 폭파 사건에 연루되어 피검되기도 했다. 1932년 베이징의 조선군관학교에 입교하여 이듬해에 제1기생으로 졸업한다. 1944년 베이징 감옥에서 마흔의 젊은 나이로 세상을 떴다. 그가 감옥에 투옥되었을 때 죄수 번호가 264였다고 한다. 그 수인번호를 제 필명으로 삼았다. 육사陸史란 호에서 "천고의 뒤에 백마 타고 오는 초인"(「광야」)을 광야에서 목 놓아 부르리라는 그의 기개와 당당함이 느껴지지 않는가!

최남선의 호는 육당六堂이다. 최남선은 불과 17세의 나이에 출판사 신문관新文館을 차리고 『소년』이란 잡지를 펴낸 사람이다. 천재의 조숙을 보여준 좋은 실례다. 최남선은 본명 외에 다른 이름이 18개나 되었는데, 대개 필명이나 익명으로 쓰기 위한 것들이다. 육당은 제가 만드는 잡지의 지면을 혼자 감당하기 위해 여러 개의 필명을 썼다. 그중에서 일반에 가장 널리 알려진 게 육당이다. 오상순의 호는 공초空超다. 공초에는 입신출세나 재물 따위에 연연하지 않고 철저한 무소유의 삶을 살기 위해 집과 아내와 자식과 장서 등 일체를 거부한 그의 견결한 의지가 고스란히 나타난다. 공초는 조계사 내의 선학원을 거처로 삼고, 오로지 시를 사랑하고 담배를 사랑하는 사람으로 평생을 살았다. 그가 한 줌의 연기로 사라지는 담배를 유난히도 사랑한 것도 우연은 아니리라. 비우고 넘어서서 마침내 무의 세계로 귀의하려는 자의 호로 이보다 더 좋은 것을 찾기는 어렵다.

「논개」의 시인 변영로의 호는 수주樹州다. 수주는 변영로의 본적지인 경기도 부천의 신라 때 명칭이다. 본래는 형 변영만이 호로 썼던 것인데, 변영로가 형의 양해 아래 제 호로 삼았다. 집안 남자 전체가 일제의 핍박을 받으면서도 창씨개명을 거부한 것으로도 유명하다. 어떤 핍박도 그들 형제의 올곧은 성정을 꺾지는 못했다. “나는 눈물의 왕이로소이다”라고 노래한 홍사용의 호는 노작露雀이다. 홍사용은 일제의 탄압이 심했을 때 소아笑啞라는 호를 쓰며 벙어리를 자처했다. 노작이라는 호는 「백조」 동인으로 참여하며 쓰기 시작했다. 찬 이슬 맞은 참새라는 뜻인데, 그 때문인지 단명했다. 한용운의 호는 만해萬海다. 실은 용운이라는 이름은 절에서 쓰는 법명이다. 그의 본명은 유천이고, 만해는 법호다. 염상섭의 호는 횡보橫步다. 염상섭은 명월관이라는 술집에서 친구들과 술을 마시다가 이 호를 얻었다. 한 화가가 부채에 게를 그리자 동료 기자인 주종건이 남들이 가는 길은 굳이 피하고 게처럼 옆으로만 가니 횡보가 어떤가, 하고 권했다. 염상섭은 호쾌하게 이 제의를 받아들였다. 술을 유난하게 좋아해서 취하면 갈 지之자 걸음을 하니, 옆으로 걷다, 라는 뜻의 횡보는 그와 잘 어울린다. 서정주의 호는 미당未堂이다. 첫시집 『화사집』을 낼 때의 호는 궁발窮髮이었다. 이 호는 장자외편莊子外篇에 나오는 풀도 차마 못 나는 곳에서 유래했다. 서정주는 해방 뒤에 이 궁발을 땅에 묻고 늘 소년으로 살고 싶다는 마음으로 미당이라는 호를 만들었다고 회고한 바가 있다. “사랑하는 것은 사랑을 받느니보다 행복하다”라고 노래한 유치환의 호는 청마靑馬다. 유치환의 아명은 돌메다. 돌처럼 단단하고 산처럼 여물어서 오래 살라는 뜻으로 그렇게 불렀다. 유치환은 1939년에 『청마시초靑馬詩抄』를 청색지사란 출판사에 펴내며 제 호를 세상에 알렸다. 푸른 말이란 뜻을 가진 청마는 낭만적이고 풋풋하다. 해방 직후 통영여중에서 함께 교편을 잡고 있던 시조시인 이영도와 청마의 연애는 그토록 풋풋하고 낭만적인 것이었다. 청마는 이영도를 만나려고 야윈 당나귀를 타고 수 백리를 오고 갔다. 만나서 저녁 먹고 차 마시고 얘기하는 게 다였지만 청마는 그런 수고를 마다하지 않았다. 김현승의 호는 다형茶兄이다. 김현승은 커피를 좋아한다 해서 다형이라는 호를 얻었다. 그는 커피에 대한 미각을 유지하기 위해 술과 담배도 하지 않았다. 대개는 집에서 커피를 끓여 마셨다. 그의 지독한 커피 사랑은 호에서도 숨김없이 드러난다.

김동리의 본명은 시종이다. 김영랑의 본명은 윤식이다. 고은의 본명은 고은태다. 김지하의 본명은 김영일이다. 황지우의 본명은 황재우다. 김현의 본명은 김광남이다. 정과리의 본명은 정명교다. 그들은 왜 본명 대신에 필명을 만들어 썼을까? 필명은 그 본질에서 저를 감추는 익명匿名이다. 저를 감춤으로써 글쓰기에서 더 큰 자유를 누릴 수 있다. 요즘 문인들은 호나 필명을 거의 쓰지 않는다. 본명을 쓰는 게 큰 흐름이다. 이인성은 이인성이고, 김훈은 김훈이고, 은희경은 은희경이고, 김영하는 김영하다.

모든 삶은 편도여행

1. 여행은 월경越境이다. 이곳에서 저곳으로, 이 시간에서 저 시간에로 넘어감이다.

2. 이곳에서 저곳으로 넘어가는 상징적 횡단의 시발점들, 즉 문·문턱·창구·통로들은 늘 붐빈다. 다른 공기를 숨쉬는 기쁨을 맛보고자 하는 사람들이 늘 많은 것이다.

3. 여행이란 저 바깥으로 떠남이다. 아니다. 저 바깥을 향하여 나아갔다가 다시 내 안으로 돌아오는 것이다. 저 바깥이 아니라 내 안을 탐사하는 게 여행이다. 오랜 시간을 바깥에서 떠돌았던 인류학자 레비 스트로스는 그 사실을 너무나 잘 알았다. "여행이라는 것이 이런 것인가 보다. 나를 둘러싸고 있는 이 황야를 탐사하는 것이 아니라, 오히려 내 마음속의 황야를 탐색하는 것이로구나."(레비 스토로스, 『슬픈 열대』, 박옥줄 옮김, 한길사, 1998) 그러나 한 시인은 "누가 여행을 돌아오는 것이라 틀린 말을 하는가"(이진영, 『여행』)라는 도발적인 반문을 새겨놓았다. 시인에 의하자면 첫여자, 첫키스, 첫슬픔이 그렇듯이 여행은 돌아오지 않는 것들의 계보에 속한다. 시인은 단호하게 "여행은 안 돌아오는 것"이라고 말한다. 이 우주의 시간여행자로서 우리는 결코 안 돌아오는 여행에 나선다. 이 삶이 편도여행이라는 것은 얼마나 놀랍고 눈부신 사실인가!

누가 여행을 돌아오는 것이라 틀린 말을 하는가
보라. 여행은 안 돌아오는 것이다
첫여자도 첫키스도 첫슬픔도 모두 돌아오지 않는다
그것들은 안 돌아오는 여행을 간 것이다
얼마나 눈부신가
안 돌아오는 것들
다시는 안 돌아오는 한번 똑딱 한 그날의 부엉이 눈 속의 시계점처럼
돌아오지 않는 것도 또한 좋은 일이다

그때는 몰랐다
안 돌아오는 첫밤, 첫서리 뿌린 날의 새벽 새떼
그래서 슬픔과 분노의 흔들림이 뭉친 군단이 유리창을 터뜨리고
벗은 산등성을 휘돌며 눈발을 흩뿌리던 그것이
흔들리는 자의 빛줄기인 줄은

없었다. 그 이후론
책상도 의자도 걸어논 외투도
계단도 계단 구석에 세워둔 우산도
저녁 불빛을 단 차창도 여행을 가서 안 돌아오고
없었다. 없었다. 흔들림이

흔들리지 못하던 많은 날짜들을 스쳐서
그 날짜들의 어두운 경험과
홀로 여닫기던 말의 문마다 못을 치고 이제
여행을 떠나려 한다
흔들리지 못하던 나날들의 가슴에 금을 그으면
놀라워라. 그래도 한 곳이 찢어지며
시계점처럼 탱 탱 탱 피가 흐른다

보고 싶은 만큼, 부르고 싶은 만큼
걷고 걷고 또 걷고 싶은 만큼
흔들림의 큰 소리 넓은 땅
그곳으로 여행 가려는 나는
때로 가슴이 모자라 충돌의 어지러움과
대가지 못한 시간에 시달릴지라도
멍텅구리 빈 소리의 시계추로는 돌아오지 않을 것이다
누가 여행을 돌라오는 것이라 자꾸 틀린 말을 하더라도

— 이진명, 「여행」

(『밤에 용서라는 말을 들었다』, 민음사, 1992)

4. 여행은 장소들의 숭고함을 눈으로 들이키는 문화적 행위다. 오랜 세월이 만들어놓은 절벽, 바다의 광활함, 사막, 고산高山들의 절경, 계곡, 황량하게 펼쳐져 있는 대지들조차 위대한 능력을 가진 전능한 존재의 신비한 역할과 숭고함을 떠올리게 한다. 죽음이 재라면 자연은 재속을 뚫고 나오는 불꽃들이다. 사람들은 자기가 지금—여기에 있다는 사실을 알지만, 왜 지금—여기에 있는지는 모른다. 자연이 품고 있는 숭고한 장소들은 지금—여기의 너머 저기에 있다. 저 너머는 우리가 살아보지 못한 시간들이자, 우리의 내면에서는 이미 고갈되어버린 고요와 놀라움이 서려 있는 장소들이다. 우리는 그 시간과 장소들을 살아보기 위해 여행을 떠난다. 떠나는 것은 자연이 아니라 사람들이다. 왜? 자연이 여행하는 법이란 절대로 없으니까. 일찍이 김수영은 그 사실을 간파하고 있었다.

자연은 <여행>을 하지 않는다

— 김수영, 「말복」 일부

5. 자연이 여행을 떠나지 않는 것은 자연은 고갈을 모르기 때문이다. 언제나 고갈되는 것은 우리들이다. 어제 먹은 밥을 오늘 다시 먹고, 어제 잤던 잠을 오늘 다시 잔다. 반복들 사이에서 새로워지는 것들은 우리 안에서 오글거리는 작은 근심들이다. 근심들은 꾸역꾸역 몰려와 마음에 머물면서 존재를 갉아먹는다. 우리는 존재의 내부에서부터 서서히 갉아먹힌다. 존재는 한없이 가벼워지고 대신에 우리 안의 권태와 환멸은 뚱뚱해져서 제 무게를 이기지 못하고 마침내 해저海底로 가라앉는다. 그 어둠이 어둠인 줄도 모르고 우리는 그 속에 오래 있었다. 그때 어디선가 우리를 부르는 소리가 들렸다. 우리를 부른 것은 큰 목소리가 아니다. 그것은 작은 속삭임들이다. 이 작은 속삭임들은 낯선 것이기는 하되 우리 존재와 무관한 것은 아니다. 오히려 존재의 중추와 내밀하게 연결되어 있는 속삭임들, 먼, 머언, 속삭임들. 여행이란 우리 안의 낯선 속삭임들, 거기에서 나오는 불가사의한 명령에 따르는 것이다.

솔방울 떨어져 구르는 소리.
가만 멈추는 소리.
담 모퉁이 돌아가며 바람들 내쫓는
가랑잎 소리.
새벽달 깨치며 샘에서
숫물 긷는 소리.
풋감이 떨어져 잠든 도야지를 깨우듯
내 발등을 서늘히 만지고 가는
먼,
먼, 머언,
속삭임들.

— 장석남, 「속삭임」(『젖은 눈』, 솔, 1998)

6. 17세기의 철학자는 이런 생각에 잠겼다. "내가 차지하고 있는 작은 공간을…… 생각해 본다……. 내가 아무것도 모르고 또 나에 대해 아무것도 모르는 무한히 광대한 공간들이 이 작은 공간을 삼키고 있다는 것을 알 수 있다. 그 생각을 하면 내가 저기가 아니라 여기에 있다는 것이 무섭고 놀랍다. 나는 저기가 아닌 여기에 있을 이유도 없고, 다른 때가 아니 지금 있을 이유도 없기 때문이다. 누가 나를 여기에 갖다 놓았는가?"(파스칼, 『팡세』, 단장 68.) 누가 나를 여기에 갖자 놓았는가? 아무도 아니다. 우리가 여행을 떠나는 까닭은 여기가 아닌 저곳에서 이 생이 아닌 다른 생을 살아보고 싶기 때문이다. 이 생의 법에서 벗어나 치외법권 지대에 있는 또 다른 생을 꿈꿀 때 우리는 여행을 떠난다. "또 다른 생이 / 모락모락 피어오르는" 낯선 장소들. 보들레르가 「여행에의 초대」에서 모든 것이 "질서와 아름다움 / 호사豪奢와 고요와 쾌락"인 곳이라고 말한 장소들. 박정대 시인이 저물녘에 도착한 은척도 그런 장소들 중의 하나일 터다. 나는 은척이란 곳을 가보지 못했지만, 그 지명은 내 안에서 떨림을 만든다. 떠나지 않는다면 우리는 상상이라도 했으리. 그 장소들. 떠나지 못한 자의 한숨으로 덕적도, 인천, 은율, 정선, 백석, 격렬비열도와 같은 지명들을 호명했으리. "이제 첫눈이 오리 / 덕적도에, 인천에, 은율에, 정선에, 백석에, 격렬비열도에"(박정대, 「집으로 가는 길」, 『내 청춘의 격렬비열도엔 아직도 음악 같은 눈이 내리지』, 민음사, 2001).

저물녘에 은척에 도착했다

높고 낮은 산언덕과 봉우리들이
저마다의 생애를 이루고 있는 곳

내가 두 눈이 멀어

음악만이 나를 끌고 가는 곳
이곳에 오니
나도 이제는
한 생애쯤 마감하고 싶어라

또 다른 생이
모락모락 피어오르는

은척의 저녁에서,

예감이 국도처럼 피어오른
푸른 길의 유혹에서

— 박정대, 「은척에서」(앞이시집)

7. 일상의 반복과 제약들은 우리를 쉽게 지치게 만든다. 그때 피로는 존재를 덮치는 작은 질병이자 고갈이다. 일상은 존재를 착취해서 헐벗게 만든다. 메마른 사고들이 판친다. 삶은 나날이 좀스럽고 피폐해진다. 육체의 고갈과 영혼의 고갈은 불가피하다. 그 고갈의 평등 속에서 사람들은 집단적으로 외로움에 감염된다. 어느 날 그 고갈과 외로움에서 벗어나려는 안간힘으로 여행을 떠난다. 공항과 기차역, 그리고 여객선의 터미널들은 어디론가 떠나는 자들로 붐빈다. 그 장소들은 국경과 국경 사이에 가로놓인 문턱이자, 이곳과 저곳을 가로지르는 '사이'들이다. 이 '사이'를 통과할 때 우리는 존재의 질적인 변환을 겪는다. 이전의 내가 아니라 전혀 다른 존재 형질을 갖게 되는 것이다. "공항에서 나는 내가 아닌 다른 존재와 나 자신 사이의 어떤 것이다. 어떤 점에서 그 둘은 같다. 온전하게 나 자신으로 돌아가는 길이 바로 내가 아닌 다른 존재가 되는 길이다. 내가 망명에 성공한다면, 내게 남는 것은 여권에 나와 있는 그 생물학적인 존

재, 단독자적인 존재임이 분명하다."(김연수, 『여행할 권리』, 창비, 2008) 여행자들은 일상의 편안함에 안주하고 있을 때보다 기후에 더 민감해지고, 어떤 전조前兆들에서 더 자주 영감을 받고, 더 계시적인 상상력을 펼쳐낸다. 그들은 여행을 떠나오기 전의 사람과는 마치 다른 사람과 같다. 여행이 그들의 무딘 감수성을 깨운 것이다. "여행은 생각의 산파다."(알랭 드 보통, 『여행의 기술』, 정영목 옮김, 이레, 2004)

8. 도시에서 우리는 거의 유령들이었다. 도시는 유령들의 사막이다. 유령들은 그 본질에서 무국적자들이다. 그러나 유령과 이방인은 다르다. 이방인들은 조국이 없는 자들, 혹은 조국을 버린 자들이다. "조국에 애정을 느끼는 사람은 향락주의자다. 온 대지가 조국인 사람은 이미 용기 있는 사람이다. 하지만 온 세계가 유배지인 사람은 완벽한 사람이다."(에드워드 사이드, 『문화와 제국주의』, 1993) 여러 지식인들이 제 고향에서 내침을 당한 뒤 온 세계를 유배지로 삼고 살았다. 에드워드 사이드가 그렇고, 발터 벤야민이 그렇고, 에밀 시오랑이 그렇다. 그 혼성적 지식인들! 굴원이 그렇고, 두보가 그렇고, 소동파가 그렇다. 망명의 고독을 내재화한다는 점에서 여행자들 역시 이들과 다를 바 없는 이방인들, 즉 디아스포라diaspora의 운명을 품는다.

그 사막에서 그는
너무 외로워
때로는 뒷걸음질로 걸었다.
자기 앞에 찍힌 발자국을 보려고.

— 오르탕스 블루, 「사막」

이방인들이란 '사이'의 존재들이다. 안과 바깥, 산 것과 죽은 것들, 떠남과 머묾, 나와 너, 영원과 찰나, 모순과 비모순, 있음과 있어야 함과 같은 대립하는 것들의 중간들을 거처로 삼는다. '사이'는 중간지대다. 중간지대는 개와 늑대가 동시적으로 출현하고, 여행자와 도둑과 부랑자와 살인자들이 섞여 떠도는 공간이다. 중간지대는 위험한 장소이다. 개와 늑대들, 즉 내 안의 야성과 길들임 사이의 카오스가 일어나는 지대다. 이곳에서 저곳으로 나가는 자들은 제 신체에 새겨진 법과 권위, 관습의 포획에서 자신을 탈영토화하며, 반드시 이 중간지대를 거친다. 자크 데리다는 이 '사이'를 "정의되지 않은 방향 전환의 거처"라고 말한다. 사실 삶이란 것이 '사이' 아닌가! 대립하는 두 힘들의 '사이' 속에서 맹렬한 멀미를 느낄 때가 있다. 안도 아니고 바깥도 아닌 중간에 걸쳐져 있는 내 식어버린 마음의 복판에 어느덧 '사이'가 들어와 있다.

9. 아마도 시인이 고비 사막으로 여행을 떠난 것도 그 '사이'가 만든 멀미 때문일지도 모른다. 여행은 지리의 이동일 뿐만 아니라 시간의 이동이고, 문화의 이동이다. 여행자들은 걸어가면서 상상하고, 욕망한다.

> 어느 날 내가 눈을 떴을 때
> 사방이 텅 비어 있었다
> 아무것도 없었다
> 나는 놀랐다
> 어떻게 사방에 아무것도 없을 수 있단 말인가
> 지평선의 충격은 그렇다
> 아무것도 없는데 아득한 곳에 선 하나가 있었다
> 그것은 직선이 아니었다
> 나를 둘러싸고 있는 그 커다란 선은 둥글었고
> 그 텅 빈 원 속에

원의 중심에
내가 있었다
텅 빈 원을 붉게 물들이며 떠오르는 사막의 태양
소리 없이 몰려와 지평선을 뭉개버리는 화산재 같은 구름들

— 최승호, 「지평선」 일부(『고비』, 현대문학, 2007)

시인은 사방이 텅 비어 있는 것을 보고, 그 비현실적인 풍경에 놀란다. 세계는 텅 빈 원 속이고, '나'는 그 안에 있는 작은 점이다. 늘 제 존재의 위치를 떠올리는 것은 이방인, 이주자, 망명자들의 관습이다. 이방인, 이주자, 망명자들은 잠시 머물다가 가는 사람들이라는 측면에서 여행자들과 닮아 있다. 정주민들은 장소의 방위나 장소 그 자체에 대해 무감각하다. 그냥 익숙한 장소들에 소속되어 있는 까닭이다. 다른 곳에서 온 사람들은 그 장소들의 관습과 명령들이 틈입하지 않는 치외법권 속에 산다. 여행자들은 장소들 안의 섬으로 거주한다. 그들은 스스로 방외로 내쳐져서 고립된 채 점에서 점으로 움직인다.

만약 늑골들이 현이었다면, 그리고 등뼈가 활이었다면, 바람은 하나의 등뼈로 여러 개의 늑골들을 긁어대며 연주를 시작할 수도 있었을 것이다. 적막이라는 청중으로 꽉 찬 사막에서 뼈들의 마찰음과 울림은 죽은 늑대의 뼈나 말의 뼈와 공명할 수도 있었을 것이며 적막이라는 청중의 마음을 깊이 긁어놓았을지도 모른다. 내가 생각하는 뼈의 음악은 그렇다. 아무런 악보도 없이 뼈로 뼈를 연주해 텅 빈 뼈들을 뒤흔든다. 청중으로서는 적막이 제일이고 연주자로는 바람이 적합하다.

— 최승호, 「뼈의 음악」(앞의시집)

바깥에서 나가서 바라보면 정주민으로 산다는 것의 의미가 보다 투명해진다. 여행자들이 보다 현명해지는 것은 현실과 거리를 두기 때문이다. 그 거리가 객관적 투명성을 얻게 해주는 것이다. 시인은 사막에서 산다는 것이 "아무런 악보도 없이 뼈로 뼈를 연주해 텅 빈 뼈들을 뒤흔"드는 것임을 알았다. "적막이라는 청중"들로 꽉 찬 사막에서 시인은 "뼈의 음악"을 듣는다. 제 삶을 사막으로 내친 자만이 그 "뼈의 음악"을 들을 수 있다.

10. 여행을 떠나려는 욕망은 때때로 불가사의하다. 그것은 갑자기 솟구치는 불꽃같아서 무엇도 그 욕망의 격정을 잠재울 수가 없다. 낡은 정원도, 황량한 불빛도, 아이에게 젖먹이는 젊은 아내도. 저기에 폭풍우와 난파의 운명이 기다리고 있다 할지라도 떠나는 자들을 붙잡을 수 없다. 떠나는 자들은 어떤 기약을 안고 떠나는 것이 아니다. 다만 "종적을 잃고, 돛대도 없이, 돛대도 없이, 풍요로운 섬도 없이……" 떠나는 것이다. 저 유명한 말라르메의 에피그램, "육체는 슬프다, 아아! 그리고 나는 모든 책을 다 읽었구나"라는 구절은 피할 수 없는 어떤 운명의 계시啓示다.

육체는 슬프다, 아아! 그리고 나는 모든 책을 다 읽었구나.
달아나리! 저곳으로 달아나리! 미지의 거품과 하늘 가운데서
새들 도취하여 있음을 내 느끼겠구나!
어느 것도, 눈에 비치는 낡은 정원도,
바다에 젖어드는 이 마음 붙잡을 수 없으리,
오 밤이여! 백색이 지키는 빈 종이 위
내 등잔의 황량한 불빛도,
제 아이를 젖먹이는 젊은 아내도,
나는 떠나리라! 그대 돛대를 흔드는 기선이여

이국의 자연을 향해 닻을 올려라!
한 권태 있어, 잔인한 희망에 시달리고도,
손수건들의 마지막 이별을 아직 믿는구나!
그리고, 필경, 돛대들은, 폭풍우를 불러들이니,
바람이 난파에 넘어뜨리는 그런 돛대들인가
종적을 잃고, 돛대도 없이, 돛대도 없이, 풍요로운 섬도 없이……
그러나, 오 내 마음이여, 저 수부들의 노래를 들어라!

— 스테판 말라르메, 「바다의 미풍」

(『시집』, 황현산 옮김, 문학과지성사, 2005)

11. 누군가 내게 묻는다. 당신은 누구십니까? 나는 대답한다. 나는 여행자입니다. 여행은 권태와 환멸의 형태로 주어진 삶의 모욕에 대한 보상이다. 그러므로 나는 기꺼이 떠나리라! "미지의 바다와 하늘 사이에서 새들 / 도취하여 헤매는 저곳으로!" 여행은 낯선 곳, 미지의 시간을 향한 첫걸음이다. 그래서 시인은 우리가 여행을 하며 "매일 미래에 가 닿았던"(이장욱, 「여행자들」, 『정오의 희망곡』, 문학과지성사, 2006) 것이라고 썼다. 우리 모두는 이 세계의 여행자들이다!

서로 다른 사랑을 하고
서로 다른 가을을 보내고
서로 다른 아프리카를 생각했다
우리는 여러 세계에서

드디어 외로운 노후를 맞고
드디어 이유 없이 가난해지고
드디어 사소한 운명을 수긍했다
우리는 여러 세계에서 모여들었다
그가 결연히 뒤돌아서자

그녀는 우연히 같은 리듬으로 춤을
그리고 당신은 생각나지 않는 음악을 찾아 바다로

우리는 마침내 서로 다른 황혼이 되어
서로 다른 계절에 돌아왔다
무엇이든 생각하지 않으면 물이 돼버려
그는 영하零下의 자세로 정지하고
그녀는 간절히 기도를 시작하고
당신은 그저 뒤를 돌아보겠지만

성탄절에는 뜨거운 여름이 끝날 거야
우리는 여러 세계에서 모여들어
여전히 사랑을 했다
외롭고 달콤하고 또 긴 사랑을

— 이장욱, 「우리는 여러 세계에서」(앓의시집)

"어두운 심연深淵으로부터 와서 어두운 심연에서 끝을 맺으면서 우리는 반짝하는 그 사이의 삶을 부른다."(니코스 카잔차키스, 『어두운 심연에서』, 김문환 옮김, 현대사상사, 1975) 그 '사이'의 여행자들인 우리는 "서로 다른 사랑을 하고 / 서로 다른 가을을 보내고" 돌아온다. "마침내 서로 다른 황혼이 되어 / 서로 다른 계절에 돌아왔다". 누군가는 김밥을 말고, 누군가는 그 김밥을 사먹는다. 누군가는 우유를 배달하고, 누군가는 그 우유를 마신다. 삶은 여기에서 다시 시작한다. 이 삶은 이전의 삶과는 다른 삶이다. 이미 저 곳과 저 미지의 시간을 머금은 삶이다. 우리는 여전히 "외롭고 달콤하고 또 긴 사랑을" 하고 헤어지겠지만, 우리는 이미 다른 사람들이다.

제3부

바깥에서
『만인보』, 시대의 벽화
고독한 오르페우스의 노래
풀아, 날 잡아라
청춘은 빨리 지나간다
사소하고 뼈아픈 것들의 자리
연애의 풍경
늑대처럼 울부짖는
"붉은 열매"의 원융성
돌꽃, 그 무늬와 향기
경계넘기, 혹은 원반던지기
시, "사바를 밝힐 연화의 꿈
고요, 초월의 계기
다랑어의 시학
"물컹함"의 시학

바깥에서

한용운의 「알 수 없어요」에 관하여

1925년 내설악 백담사에서 씌어져 1926년 회동서관匯東書館에서 처음 펴내고, 1934년 한성도서주식회사에서 다시 펴낸 만해 한용운(1879~1944)의 『님의 침묵』은 한국 현대시사에서 드높이 솟아 있는 한 봉우리다. 『님의 침묵』에는 "향가·고려 가요·시조·가사는 물론, 한시·불경에 흐르는 정신사적 형질과 시적 방법"이 계승되고 있다.[1] 시집 앞에 창작 동기를 밝힌 「군말」이, 뒤에는 일종의 후기로 보이는 탈고 소감이 「독자에게」라는 제목으로 실려 있어서 이채를 띤다. 새로운 형식을 선보이며 빼어난 시적 성취를 자랑하는 『님의 침묵』은 민족 전체가 마치 '길을 잃은 한 마리 어린 양'처럼 떠돌던 일제 강점기, 님이 부재하고 침묵하던 시절을 담고 있다. 이 시절에 님은 한용운이 뛰어나게 꿰뚫어 보았듯이 자신의 부재로써 스스로의 가치와 의미를 선명하게 드러낸다. 오랫동안 한용운의 '님'이 누구인지에 대한 논란이 계속되어왔다.

한용운의 시는 사랑과 이별을 노래한다는 점에서 김소월의 시와 맥락을 같이하지만, 시적 대상과 이를 형상화하는 과정은 전혀 다르다. 한용운의 '님'은 「군말」에서 "님만 님이 아니라 기룬 것은 모두 다 님"이라고 시인 스스로 밝혔듯이, 특정한 개체를 뜻하기보다 복합성을 띤 존재론적 대상의 응축으로 보는 게 옳다. 그의 이별은 비

1) 김재홍, 『한국민족문화대백과사전』(정신문화연구원, 1991) 제5권

록 님은 떠났어도 스스로는 아직 보내지 않은 이별이며, 언제나 다시 만날 것을 믿는 이별이다. 낙관성이 깃들인 이별법이다. 이것을 구태여 형이상학적으로 해석한다면 불교에서 말하는 바 끊임없는 자기부정에 의한 해탈로 이해할 수도 있다. 그 '님'은 "푸른 산빛을 깨치고 단풍나무 숲을 향하여 난 작은 길을 걸어서 차마 떨치고 갔습니다"(「님의 침묵」)에 따르면 '나'를 버리고 떠났다. '님'은 '나'를 떠남으로써 '나'를 '님'이 부재하는 바깥에 홀로 남겨둔다. 이런 방식으로 '님'은 '나'의 운명을 규정하는 힘으로 작용한다. 이때 '님'은 흔히 사랑하는 이라고 말할 수도 있겠는데, 이는 『님의 침묵』의 언어들이 개별자를 향한 에로스의 표출보다는 드물게 관념의 성운星雲으로 둘러싸여 있다는 점을 전제한다면 가능성이 얕은 해석이다. 평론가 김우창에 따르면 한용운의 '님'은 "그의 삶이 그리는 존재의 변증법에서 절대적인 요구로서 또 부적응의 원리로서 나타나는 한 한계 원리를 의미"하며, 그것은 "정적靜的으로 있는 민족이 아니라 억압된 민족에 대하여 자주적인 민족을, 사회적으로 억압된 민중에 대하여 자유로워진 민중을 실증적으로 파악하는 법에 대하여 보이지 않는 근원적인 진리"를 말한다.[2] 이렇듯 읽는 사람의 마음에 따라, 또는 시공에 따라 달라질 수 있는 중첩된 이미지의 끈을 찾아가는 것이 곧 만해 한용운 시읽기의 묘미다. 한용운의 시 중에서 「님의 침묵」과 더불어 가장 널리 알려진 「알 수 없어요」를 통해서 그 '님'이 누구인가를 함께 생각해보자.

> 바람도 없는 공중에 수직의 파문을 내이며 고요히 떨어지는 오동잎은 누구의 발자취입니까.
> 지리한 장마 끝에 서풍에 몰려가는 무서운 검은 구름의 터진 틈으

2) 김우창, 『심미적 이성의 탐구』(솔, 1992)

로 언뜻언뜻 보이는 푸른 하늘은 누구의 얼굴입니까.
꽃도 없는 깊은 나무에 푸른 이끼를 거쳐서 옛 탑 위의 고요한 하늘을 스치는 알 수 없는 향기는 누구의 입김입니까.
근원은 알지도 못할 곳에서 나서 돌부리를 울리고 가늘게 흐르는 작은 시내는 굽이굽이 누구의 노래입니까.
연꽃 같은 발꿈치로 가이없는 없는 바다를 밟고, 옥 같은 손으로 끝없는 하늘을 만지면서 떨어지는 날을 곱게 단장하는 저녁놀은 누구의 시입니까.
타고 남은 재가 다시 기름이 됩니다. 그칠 줄을 모르고 타는 나의 가슴은 누구의 밤을 지키는 약한 등불입니까.

— 한용운, 「알 수 없어요」

「알 수 없어요」를 읽는 일은 의외로 까다롭다. 시의 화자는 지금—여기에 없는 누군가를 지금—여기의 세계를 구성하는 자연현상을 통해 느껴보려 한다. 고요히 떨어지는 오동잎, 검은 구름의 터진 틈으로 보이는 푸른 하늘, 옛 탑의 고요한 하늘을 스치는 어떤 향기, 가늘게 흐르는 시내, 저녁놀 따위가 바로 그것이다. '나'를 둘러싸고 있는 그것들 속에서 부재하는 존재의 자취를 느껴보려는 것은 시의 화자가 헐벗음 속에 있는 까닭이다. 물론 그것은 그 누군가의 존재가 지금—여기에 없음에서 빚어진 사태다.

헐벗음이란 무엇인가? 그것은 이중적이다. 먹지 못함과 입지 못함이 바로 그것이다. 먼저 먹지 못함은 포만의 부재, 욕망의 끝없는 유예다. 사람은 먹는다는 행위를 통해 물질의 외부적 유입을 통해 에너지를 보충하고 살아간다. 사람은 먹지 않으면 죽는다. 존재할 수 없는 것이다. 그런 뜻에서 사람은 뭔가를 먹을 때 사람이라고 할 수 있다. 먹지 않는 것은 사람이 아니라 사람을 본뜬 로봇이고, 인형들이다. 헐벗은 존재란 욕망의 대상인 외부를 향한 지향성이 끊긴 존재다. 지향성이 끊긴 것만 아니라 아무것도 할 수 없음의 상태에 있는 것이다. 사람은 먹고 마시고 거처에 존재하려는 활동 그 자체이다. 먹고 마시면서 우리는 다른 누구에게로 아니라 바로 자기 자신에게로 귀환한다. 먹지 않는 존재는 자기 자신에게로 돌아갈 수 없다. 그러므로 헐벗음은 욕망함을 향해 나아갈 수 없는 상태를 말하며, 욕망함을 향해 나아갔다가 다시 자신에게로 귀환하는 길이 끊긴 자의 상태를 말한다. 두 번째로 헐벗음은 옷을 입지 못함이다. 사람은 옷을 입음으로써 옷의 사회적 보편성 속에 제 자아를 감춘다. 옷은 존재의 외관이고, 사회적 현존의 표상이다. 벌거벗음은 사회적 현존의 이전에 머물게 한다. 벌거벗은 자는 밖으로 나올 수가 없다. 즉 타자와의 사회적 관계를 봉쇄한다.

「알 수 없어요」의 시적 화자는 욕망과 욕망하는 대상 사이에서 상징적인 의미에서 굶주리고 벌거벗은 자로 존재한다. 이는 전형적으로 집에서 쫓겨난 자의 가여운 모습이다. 집 밖으로, 삶의 바깥으로 추방당한 자는 다시 추방 이전의 상태, 즉 세계의 안쪽으로 돌아가기 위해 세계의 바깥을 떠돌 수밖에 없다. 불행은 불가능의 대상을 욕망함으로써 생겨난다. 그 실현불가능한 욕망함이 우리를 세계의 바깥으로 내몰았기 때문이다. 우리가 욕망하는 것은 욕망의 대상이 존재하기 때문인데, 「알 수 없어요」에서는 그 욕망의 대상이 존재 저편에 숨어 있다. 욕망의 대상은 없고 그의 발자취, 얼굴, 입김, 노래, 시만이 어떤 현상으로 간접화되어 나타날 뿐이다. 욕망의 욕망함은 두드러지지만 그 실현은 요원하거나 불가능하다. 시적 화자의 헐벗음은 바로 그 불가능성을 증거한다.

아마도 지금—여기에 없는 누군가는 「님의 침묵」에서 "님은 갔습니다. 아아, 사랑하는 나의 님은 갔습니다"라는 구절에 나오는 떠난 님이다. 님은 존재 저편으로 떠나버렸다. 님이 떠난 뒤에 세상은 변한다. "황금의 꽃같이 굳고 빛나던 옛 맹세는 차디찬 티끌이 되어서 한숨의 미풍에 날아갔습니다"라고 변화된 세계를 말한다. 즉 "황금의 꽃"은 진리가 현현顯現된 세계를 은유하는데, 그 세상은 가고 "차디찬 티끌"의 세상으로 변질되었음을 말한다. "차디찬 티끌"의 세상은 진리가 사라진 세상, 님이 부재하는 "바깥"이다. 이 바깥은 모리스 블랑쇼에 따르면 "존재들이 부재하며 우리가 포착했다고 믿는 모든 것이 우리로부터 빠져나가는, 내밀성이 완전히 없는"[3] 세계를 말한다.

그러니까 "차가운 티끌"의 세상에 놓이게 된 시적 화자는 시련에 빠진다. 그 시련이란 "아아, 님은 갔지마는 나는 님을 보내지 아니하였습니다"라는 구절이 말하듯 수동성에 빠진 존재의 시련이다. 박준상은 그 수동성에 대하여 "사물들을 동일화하는 자아의 능동적 활동이 좌절되고, 그에 따라 자아가 수동성에 매몰된다는 데에서 비롯"되며, 그것은 "수동성 가운데에서의 시련, 수동성으로 인한 시련(어떠한 능동적 동일화의 힘도 행사할 수 없다는 데에서 오는 시련)이며, 바로 그 수동성이 자발적 죽음을 포함한 모든 종류의 결정적 특성이다."[4]라고 설명한다. 수동성은 가치의 고갈이고, 죽음의 질료적 특성이다. 「님의 침묵」에서 시의 화자는 "나는 향기로운 님의 말소리에 귀먹고 꽃다운 님의 얼굴에 눈멀었습니다"에서 보듯 살아있으나 살아있는 게 아닌 상태다. 욕망의 욕망함이 무한히 지연되는 이 수동성 속에서 가치의 영도零度로 떨어진다.

「알 수 없어요」의 시의 화자가 타자의 현존을 그토록 애타게 더듬는 것은 '나'와 타자가 분리되어 있기 때문이다. "님은 갔습니다. 아아, 사랑하는 나의 님은 갔습니다"라는 구절은 그 분리의 개시를

---

3) 모리스 블랑쇼, 『문학의 공간』(여기서는 박준상, 『바깥에서 — 모리스 블랑쇼의 문학과 철학』, 인간사랑, 2006.에서 재인용)

4) 박준상, 앞의책

알리는 나팔소리다. 타자는 '나'와 분리되어 어디론가 숨어버렸다. 숨은 타자의 현전성은 모든 것에서 나타난다. 그것은 '나'의 욕망함이 그만큼 간절했기 때문이다. 시의 화자는 오동잎, 푸른 하늘, 향기, 저녁놀에서 타자의 현전을 어떤 징후들로써 찾아내는데, 그것은 존재의 그림자, 있음의 시뮬라크르, 익명의 탈존에 지나지 않는다. 내가 그토록 찾아 헤매는 타자의 현전은 헛것에 지나지 않는다. 그것은 어떤 경우에도 손에 쥐어지지 않는다.

「알 수 없어요」에서 타자는 먼저 얼굴로 현시된다. "지리한 장마 끝에 서풍에 몰려가는 무서운 검은 구름의 터진 틈으로 언뜻언뜻 보이는 푸른 하늘은 누구의 얼굴입니까". 이때 돌이킬 수 없는 우연성으로 나타나는 얼굴은 타자를 향해 나아가는 지향성이다. 타자의 소환에 대한 응답으로서의 얼굴! 애초부터 모든 존재는 타자를 향하도록 되어 있다. 사람은 사람들 속에서만 비로소 사람이다. 타자들은 내 얼굴을 훔쳐간다. 내 얼굴을 훔쳐가면서 내게 얼굴을 만들어준다. 그런 까닭에 어떤 경우에도 얼굴은 고갈되지 않는다. 존재들은 서로의 얼굴을 훔치고 아울러 서로의 얼굴을 만들어준다. '나'와 타자는 어떻게 상호적으로 존재하는가를 보여주는 만해의 시 한편을 보도록 하자.

내가 없으면
다른 것은 없다.
마찬가지 다른 것이 없으면
나도 없다.
나와 다른 것을 알게 되는 것은
나도 아니요 다른 것도 아니다.
그러나 나도 없고 다른 것도 없으면
나와 다른 것을 아는 것도 없다.

나는 다른 것의 모음이요
다른 것은 나의 흩어짐이다.

나와 다른 것을 아는 것은 있는 것도 아니요 없는 것도 아니렷다.
갈꽃 위의 달빛이요
달 아래의 갈꽃이다.

— 한용운, 「구원久遠 2」

그렇게 상호적이기 때문에 "내가 없으면 / 다른 것은 없다"는 명제가 성립된다. '나'와 너는 분리되어 있지만, 그 둘은 하나다. "마찬가지 다른 것이 없으면 / 나도 없다". 타자는 '나'의 외재성이 아니라 '나'의 질료적 구성의 전부다. 타자는 '나'의 아님으로 실존을 증명하고 존재하는 것이 아니라 아직 '나'에게로 귀환하지 못함으로 존재하는 것이다. 그래서 "나는 다른 것의 모음이요 / 다른 것은 나의 흩어짐이다"라는 구절이 자연스럽게 이어진다. 내 영혼이라고? 영혼은 자기동일성의 영역이 아니다. 그것은 타자를 위한, 혹은 타자에 의한 그 무엇이다. 한 철학자는 "영혼은 내 안의 타자이다. 영혼의 현상, 타자를 위한 나라는 것은 어떤 홀림, 어떤 강박일 수도 있다. 영혼은 이미 광기의 알갱이들인 것이다."[5]라고 말한다. 만해는 '나'와 너의 관계에 대해 "갈꽃 위의 달빛이요 / 달 아래의 갈꽃이다"라고 노래한다. '나'는 갈꽃이요, 타자는 그 위에 내리는 달빛이다. 아니 '나'는 달이요, 타자는 그 달빛을 고스란히 받고 있는 갈꽃이다.

「알 수 없어요」에서 오동잎은 "공중에 수직의 파문을 내며 고요히 떨어"지는데, 이 오동잎의 움직임에 대해 '나'의 내면은 더 큰 파동으로 응답한다. 그것은 님이 '나'를 위해 만든 발자취이기 때문이다. 삼라만상이 곧 님의 실재를 증거하는 것들로 가득 찬 우주라는

5) 엠마누엘 레비나스, 『존재와 다르게 혹은 본질 저 너머로』, 1974(여기서는 박상준, 앞의 책에서 재인용.)

믿음을 갖고 있는 사람에게 이는 이상할 까닭이 없는 추리다. 알 수 없는 향기는 "꽃도 없는 깊은 나무에 푸른 이끼를 거쳐서 옛 탑 위의 고요한 하늘을 스"쳐서 다가온다. 이것을 '나'는 님의 입김으로 받아들인다. 아울러 시내는 "근원은 알지도 못할 곳에서 나서 돌부리를 울리고 가늘게 흐"르고, 저녁놀은 "연꽃 같은 발꿈치로 가이없는 바다를 밟고, 옥 같은 손으로 끝없는 하늘을 만지면서 떨어지는 날을 곱게 단장"한다. 님이 저의 존재를 신비롭게 개시하는 이 구절들에서 주목할 것은 만물이 머물러 있는 게 아니라 움직이고 있다는 사실이다. 세계는 삼라만상이 일으키는 파동들로 가득 찬 세계다! 삼라만상의 움직임은 숨은 님이 저의 존재를 드러내는 운동이다. 모든 움직임은 욕망함을 향함, 그 지향성의 표출이니까. 내가 욕망하지 않는다면, 다시말해 욕망하지 않음으로 메말라 있다면 님은 결코 나타나지 않는다. 내가 욕망함으로써 님은 내 욕망 속에 나타나는 것이다.

> 스스로 움직일 것은 사는 것이요
> 스스로 움직이지 못하고 고요한 것은 죽은 것이다.
> 움직이면서 고요하고 고요하면서 움직일 것은 제 생명을 제가
> 파지把持한 것이니라.
> 움직임이 곧 고요함이요
> 고요함이 곧 움직임이 되는 것은
> 생사生死를 뛰어넘은 것이다.
> 움직임이 고요함이요 고요함이 움직임이어서 움직임과 고요함이 둘이 아니며
> 움직임은 움직임이요 고요함은 고요함이어서 움직임과 고요함이 하나가 아닌 것은 「사람과 죽음」의 마음대로 할 수 있는 것이로다.
>
> — 한용운, 「구원久遠 1」

움직이고 있는 것은 살아있는 것이요, 스스로 움직이지 못하는 것은 죽은 것이다. 그러나 시인은 "움직임이 곧 고요함이요 / 고요함이 곧 움직임이 되는 것"을 이미 보고 있다. 움직임은 삶이요, 고요함은 죽음인데, 이는 둘이 아니라 하나다. 그런 존재론적 깨달음의 지평에서 "움직임이 고요함이요 고요함이 움직임이어서 움직임과 고요함이 둘이 아니며"라는 구절은 자연스럽다. '나'라는 존재는 죽음 앞에서 무한히 지연되는 현재이고, 현재는 삼라만상의 움직임들로 가득 찬 세계다. 이 엄연한 사실 세계 앞에서 타자는 저 너머에 고요함으로 존재한다. 이 고요함은 '나'의 현존이 미래에 가 닿을 가능성이고, 현재의 '나'를 감싸고 있는 타자—세계의 외재성이다.

「알 수 없어요」는 "타고 남은 재가 다시 기름이 됩니다. 그칠 줄을 모르고 타는 나의 가슴은 누구의 밤을 지키는 약한 등불입니까"라는 구절로 끝난다. 타고 남은 재는 기름이 되고, 그 기름은 다시 '나'의 가슴을 누군가의 밤을 지키는 등불로 있게 한다. 누군가의 밤을 지키는 이 이타성은 실은 "그칠 줄을 모르고 타는 나의 가슴"에서 비롯되는 것이다. 이때 타는 가슴은 다른 누구도 아닌 제 욕망함의 불길에 휩싸인 모습이다. 모든 이타성은 본질에서 제 욕망함의 만족을 위한 이기성利己性이다. 이렇듯 '나'의 현존이란 '나'의 욕망함 속에서, '나'의 즐김 속에서 발견되는 그 무엇이다. 타자를 위해 타오르는 '나'의 가슴은 곧 '나'의 즐김을 위한 것이기도 하다. '나'와 타자는 이렇게 연루된 채로 상호적으로 연소燃燒하고 있다. '나'의 등불은 '너'를 비추고, '너'의 등불은 '나'를 비춘다. 삶과 죽음이 그렇듯이, 혹은 움직임과 고요함이 그렇듯이. 「알 수 없어요」는 삶의 어느 길목에서 좌초한 한 헐벗은 영혼이 이 세계 전체에 편재해 있는 타자의 현전을 느끼고 '나'를 열려는 시다. 산다는 것은 제 존재를 타자—세계를 향해 여는 것이다. 타자—세계는 '나'를 호명하고, '나'

에게 의미를 건네준다. 나는 너를 부르고, 너는 나를 부른다. 왜? 우리가 서로를 향하여 등불로 타오르지 않는다면 이 세계는 여전히 어둠속에 있을 것이기 때문에!

『만인보』, 시대의 변화

"이미 불이 꺼진 세계가 빛을 얻었다."

들어가면서 :『만인보』, 따뜻한 윤리학

『만인보萬人譜』, 마침내 완간이다! 1986년에 세권을 낸 이래 25년 만에 완간의 위업을 일궈냈다. 『만인보』 완간을 일대 문학사적 사건으로 보는 것은 차라리 너무 무심한 문학적 인습에 지나지 않는다. 『만인보』, 장엄한 기획이다. 총 30권에 4,001편의 시를 실었는데, 그 시로 5,600여명의 인생을 노래한다. 『만인보』가 불러일으키는 경이로움은 우선 상상을 넘어서는 규모의 방대함이 불러일으키는 것이지만, 그보다 더욱 언어의 명명력 속에서 5,600명의 사람들 하나하나가 생생한 현존으로 되살아나는 기적 때문이다. 끝을 모르는 시인의 양적 팽창에 놀라는 사람들 중 일부는 자신들의 게으름을 정당화하기 위해 시인에게 누명을 씌운다. 즉 시인이 정제나 무두질을 모른다고, 그저 작품들을 너무 많이 쏟아낸다고. 심오함과 독창성에 대한 의심들. 그 시가 그 시라는 조급한 단정들. 그 불평들은 대부분 '읽지' 않은 사람들의 몫이다. 그것들이 부당한 것은 피상적 독서의 결론들이기 때문이다. 『만인보』에 호명된 5,600명 개별자들은 저마다 하나의 세계다. 만 명은 만 명의 상호호응으로써 만물의 세계상을 불러온다. 『만인보』가 만인—세계의 드러냄이라는 점에서 하나의 통일

된 사회전기로 파악한 역사학자의 관점은 공감할 만하다.[1)]『만인보』는 대의명분을 품은 시적 전언도, 사람과 시대에 대한 사유의 침전물도 아니다. 더구나 만인에 대한 기억을 방부처리해서 기억의 미라를 만드는 작업도 아니다. '나'의 대자들, 그 생명의 약동으로 채워진 것, 결국은 시대. 『만인보』는 '나'라는 주관성에서 '시대―세계'라는 객관의 바다에 이르는 놀라운 도약, 벗어남, 무시무시한 분출이다. 『만인보』는 아무도 배제하지 않는 큰 포용성, 사람을 향한 열림, 범속한 트임의 명증성, 따뜻한 윤리학, 살과 피로 이루어져 펄떡이는 생명을 향한 예찬, 불행과 시련을 견디고 살아남은 자들에 대한 관용과 편애, 사람의 굳셈이 아니라 말랑말랑함에 대한 연민으로 견고하고 그 언어의 성채로서 빛난다.

1

시는 불가피하게 모국어에서 생명의 피를 수혈 받고 일어선다. 모국어가 없다면 어떤 시도 만조滿潮에 이를 수가 없다. 그래서 모든 좋은 시인들은 모국어의 은전恩典에 대한 자의식이 투철하다. 모국어의 황홀경을 경험하지 않는 사람은 결코 좋은 시인이 될 수가 없다. 모국어는 불가피하게 그 모국어를 젖줄삼아 우글거리며 살아가는 사람들의 시시콜콜한 일상범백사日常凡百事와 맞닿아 있다. 고은의 『만인보』는 모국어라는 커다란 연대 속에서 저마다 벅찬 역사의 파란을 떠안고 있는 만인萬人의 삶을 하나씩 하나씩 호명하여 거기에 맞

---

1) 박성현, 「문학과 역사의 접점 : 사회전기로서의 『만인보』」, 고은 『만인보』 완간 기념 심포지엄, 2010년 4월 9일, 서울 프레스센터. 박성현은 『만인보』의 사회전기社會傳記적 성격을 주목하며 다음과 같이 말한다. "『만인보』에 등장하는 수많은 개인들의 이야기인 크로키적 개인전기들이 모여 조화롭고 통일 하나의 총체ensemble를 이룬다는 점, 결국 한 사회의 전기를 서술하고 있다는 점이다."

는 작은 서사를 불어넣어 마침내 일구어낸 민족 대서사시다. 이때 만인은 시인이 호명할 수 있는 인구의 임계치를 보여주는 것으로 개별자의 경험적 세목의 원융圓融을 드러낼 뿐 그 실체적 의미는 희박하다. 흩어져 있는 만인은 동시대 안에서 연루됨으로써 그 개별성을 지우고 한 시대로 묶인다. 하나가 만인이고, 아울러 만인이 하나다. 시인이 『만인보』의 시작에 앞서 내놓은 시적 에피그램을 보라! "오 사람은 사람 속에서 사람이다 세계이다"(「서시」). 그러므로 『만인보』는 만인 속에서 한 사람 보기고, 한 사람 속에서 만인 보기다. 다시 말하면 만인의 삶에서 유추된 생명의 실상實相, 더 나아가 개별자의 생체험을 민족의 총체성으로 수렴하려는 웅장한 시적 기획이다. 이는 세계문학사에서도 찾아보기 힘든 방대하면서도 탁월한 기획이 아닐 수 없다.

> 너와 나 사이 태어나는
> 순간이여 거기에 가장 먼 별이 뜬다
> 부여땅 몇천 리
> 마한 쉰네 나라 마을마다
> 만남이여
> 그 이래 하나의 조국인 만남이여
> 이 오랜 땅에서
> 서로 헤어진다는 것은 확대이다
> 어느 누구도 저 혼자일 수 없는
> 끝없는 삶의 행렬이여 내일이여
>
> 오 사람은 사람 속에서 사람이다 세계이다
>
> —「서시」

사람은 처음부터 사람으로 태어나는 게 아니라 사람 속에서 비로소 사람으로 만들어지는 것이다. 세계가 따로 있는 게 아니라 사람이 모여 만든 게 세계다. 『만인보』는 이땅에서 나고 스러진 만인의 삶을 시로 담아낸다. 노름꾼·오입쟁이·장돌뱅이·엿장수·싸움꾼·샛서방·떠돌이·머슴·동네도둑·천덕꾸러기·미친년……, 우열이·상묵이·도식이·사행이·상필이·귀녀·병만이·은석이·봉순이·이종남·상식이…… 등과 같은 기명으로 호명되거나 무명씨·뱃속 아기·고아·재수생·택시기사 등과 같이 이름조차 부여받지 못한 채 익명의 어둠으로 부름을 당하는 무수한 장삼이사들, 거기에 고모·작은고모·큰집고모·왕고모·고모부·당숙모·외삼춘·큰외숙모·외할아버지·고조할아버지·어머니…… 등과 같은 혈연들, 다시 거기에 무수한 고향 마을의 아저씨·아주머니·삼촌·영감·할머니·할아버지·여편네·마누라·아낙네들……, 한국 불교의 고승들, 문인들, 독재체제와 맞서 싸웠던 민주인사들, 이 모두를 아우르고 이승만·신익희·조소앙·박헌영·박정희·김대중·김영삼·노무현과 같은 현대사에서 걸출한 정치가들이나 이중섭·권진규·윤이상·천상병·오윤과 같은 예술가들, 이난영·현인·남인수·김정구·한명숙와 같은 대중예술가들까지 아우르는 그 유례가 없는 엄청난 시적 기획이다. 한편 한편마다 나고 죽기까지의 갖가지 곡절과 애환들이 그 속에 고스란히 들어와 시로써 의연하다. 고은에게 『만인보』쓰기는 민족을 고립된 개별자의 욕망과 생명성, 대뇌의 형이상과 염색체에 새겨진 동물적 적나라함, 그 모든 것을 경험적 분별세계에서 귀납하려는 역사행위이자 사람 일반에 대한 왕성한 시적 탐구일 터다. 감히 말하건대 『만인보』는 나와 너, 혹은 나와 세계 사이의 주종·표리 관계, 그 안에서 구비치는 사람의 파렴치함과 반인윤성, 이념의 파괴성을 드러내는 개별자의 삶을 기리는 비문碑文이며, 그 비문들이 모여 만든 우리 파란과 격랑의 현대사 벽화다.

2

『만인보』는 만인의 삶과 죽음을 시로 불러낸다. 하이데거는 이 부름을 "호명된 것을 더 가까이 가져옴"[2)]이라고 말한다. 시인의 부름을 받은 사람들은 이쪽에는 부재한 저쪽의 사람들이다. 그 부름은 아무리 하찮은 무명씨를 불러낼 때조차 장엄한 의식이다. 혈연을 중심축으로 하는 유년기의 기초환경에서 일제 강점기, 분단, 전쟁, 산업화시대, 군부독재, 민주화운동, 노동운동의 시대를 거쳐온 사람들의 이야기가 방사형으로 펼쳐진다. 그런 까닭에 부름은 접혀 있는 것의 펼침이고, 없는 것의 불러냄이다. 그러니까 부름은, 다시 하이데거의 말을 빌리자면, 저쪽, 먼 데 있는 것들을 "부재함에 가려진 그런 현존함"[3)] 속으로 데려오는 일이다. 시인의 부름을 받은 만인은 부재의 심오함을 뚫고 현존의 씩씩함으로 솟아난다. 사람의 상형象形이 삶의 상형이요, 만인의 상형 안에 세월의 무늬가 새겨지고, 역사의 얼룩이 스며듦으로써 공공성을 얻는다. 그리하여 개별자의 전기傳記는 곧 사회적 전기로 전환한다. 그리하여 『만인보』는 만인의 운명에 대한 고고학적 탐사요, 만인을 아우르는 인물 열전이요, 아울러 문화인류학적 민중 탐구 보고서다. 그 끝에 열린 것은 가히 "이 세상의 만다라"(『만인보』 제13권 6쪽)인 것이다.

충청도 장항에서 흐린 물 느린 물 건너
삐그덕 가마 타고 시집 온 이래 그 고생길 이래
된장 간장 한 다지 갖추지 못한 시집살이에 몸 담아
첫 아들 낳은 뒤 이틀 만에 그놈의 보리방아 찧어
두벌 김매는 논에 광주리 밥 해서 이고 나가니

---

2) 하이데거, 여기서는 김동규, 『하이데거 사이-예술론』(그린비, 2009)에서 재인용.
3) 하이데거, 앞의책에서 재인용.

산후 피 펑펑 쏟아 말 못한 속곳 다섯 벌 빨아야 했다
그러나 바지랑대 걸음걸이 한번 씨원씨원해서
보라 동부새바람 따위 일으켜 벌써 저만큼 가고 있구나
갖가지 일에 노래 하나 부르지 못하고 보리고개 봄 다 가고
여름 밭 그대로 두면 범의 새끼 열 마리 기르는 폭 아닌가
우거진 풀 가운데서 가난 가운데서 그놈의 일 가운데서
나의 어머니 나의 어머니 어찌 나의 어머니인가

— 「어머니」 일부

『만인보』의 시작은 시인이 겪은 어린시절의 기초 환경이다. 거기에는 고향과 인근 마을 뿐만 아니라 어머니, 할아버지, 외삼촌, 고모, 증조할아버지 들이 들어간다. 여기에서 노래하는 것은 "충청도 장항에서 흐린 물 느린 물 건너" 가마타고 시집 와서 쓴 시집살이를 겪고 농업노동의 고됨 속에서 자식을 낳아 길러야 했던 어머니다. "첫 아들 낳은 뒤 이틀 만에 그놈의 보리방아 찧어 / 두벌 김매는 논에 광주리 밥 해서 이고 나가니 / 산후 피 펑펑 쏟아 말 못한 속곳 다섯 벌 빨아야 했"던 어머니는 시인의 어머니면서 동시에 만인의 어머니다. 시인의 기억 안에서 여전히 생동하는 가난의 실감과 함께 고난 속에서 발견하는 어머니는 내 실존의 근거가 곧 고난임을 말해준다. 『만인보』에서 고난을 피동적으로 수납하는 여자들을 찾기란 어렵지 않다. "물고생 불고생 실컷 얻어 하다가 / 병든 몸으로 가난뱅이 친정에 왔다"(「다홍치마」)는 영자는 잘못된 혼인으로 인생이 어그러져 참혹해지는 어머니의 또 다른 시적 현신인 것이다.

고향에는 밤이 있다
한없이 이 환한 대보름 뒤의 달밤이 있다
잠 깨어 뒷간에 간다

벌써 요강 넘쳐서
바깥으로 나가 뒷간에 간다
자지러지게 환한 밤
건너마을 수동이네 헛간 위
지붕 못 걷히게 얹어둔 헌 쟁기까지 보이는 밤
참수리가 공중에서 먼데까지 보듯이
병아리 보듯이
멀리 멀리 바위배기 상여집까지 보이는 밤
보름 쇠고 치던 징소리
아직도 귀에 쟁쟁
가슴 설레어 천리길 나서고 싶다
과부 자식 아니랄까
소문난 건달 창섭이 오줌 싸고 진저리치며
그 길로 휘영청 나서고 싶다
곰아 곰아 너 숨었거든
발바닥만 핥지 말고 너도 나와 성큼 나서보아라
환한 달밤 아쉬어 어찌 잠자누 잠만 처자누

—「대보름 뒤」

『만인보』는 인간의 새로운 발견이다. 아니 인간에 대한 새로운 해석이다. 그러나 『만인보』에 사람만 있는 건 아니다. 「대보름 뒤」가 보여주는 것은 사람을 감싸고 있는 달빛 환하게 비치는 고향 산천의 서사적 풍경도 있다. 방에 들여놓은 요강이 넘쳐 한밤중 바깥으로 나와 오줌을 누다가 바라본 대보름 뒤의 달밤 풍경! 모든 삶은 불가피하게 장소에서의 삶이다! 누구에게나 고향 산천이란 맹목적인 의지로 실존화 하는 장소다. 그런 맥락에서 고향 정주의 아득한 기억은 현존을 이 세계라는 지평 속에 착근[着根]시키는 실뿌리다. 그리하여 "자지러지게 환한 밤 / 건너마을 수동이네 헛간 위 / 지붕 못 걷히게 얹어둔 헌 쟁기까지 보이는 밤"의 풍경은 어엿하게 기억의 주체 안에서 자기동일성으로 육화되어 실존의 일부로 귀속하는 것이다. 이때 장소는 존재 바깥의 그 무엇이 아니라 존재의 일부, 삶을 감싸는 외부가 아니라 실존으로 내부화 되어버린다. 따라서 풍경은 그 속에 새겨진 망각과 기억으로 얼룩진 자아의 발견 속에서 외부화된다. 장소와 인격의 결속은 자연스러운 현상이다. 그 결속으로 삶의 일부로 내부화 되는 풍경들은 그 실재성으로 현존의 의미를 구획짓고 규정한다. 실향과 망향이 주체의 내면에서 씻을 수 없는 고통이 되는 것은 주체가 고향—삶의 일체화에서 탈각되어 인격의 훼손을 겪으며 궁극적으로는 본질의 삶에서 내쳐지는 까닭이다.

새터 관전이네 머슴 대길이는
상머슴으로
누룩도야지 한 마리 번쩍 들어
도야지 우리에 넘겼지요
그야말로 도야지 멱 따는 소리까지도 후딱 넘겼지요
밥때 늦어도 투덜댈 줄 통 모르고
이른 아침 동네길 이슬도 털고 잘도 치워 훤히 가리마 났지요
그러나 낮보다 어둠에 빛나는 먹눈이었지요
머슴방 등잔불 아래
나는 대길이 아저씨한테 가갸거겨 배웠지요
그리하여 장화홍련전을 주룩주룩 비오듯 읽었지요
어린아이 세상에 눈 떴지요
일제 36년 지나간 뒤 가갸거겨 아는 놈은 나밖에 없었지요

대길이 아저씨더러는
주인도 동네 어른도 함부로 대하지 않았지요

살구꽃 핀 마을 뒷산에 올라가서
홑적삼 큰아기 따위에는 눈요기도 안하고
지게작대기 뉘어놓고 먼데 바다를 바라보았지요
나도 따라 바라보았지요
우르르르 달려가는 바다 울음소리 들었지요
찬 겨울 눈더미 가운데서도
덜렁 겨드랑이에 바람 잘도 드나들었지요
그가 말했지요
사람이 너무 호강하면 저밖에 모른단다
남하고 사는 세상인데

대길이 아저씨
그는 나에게 불빛이었지요
자다 깨어도 그대로 켜져서 밤 새우는 불빛이었지요

—「머슴 대길이」

『만인보』는 이땅의 여기저기에 흩어져 있는 사람들을 개별자로 호명하고 지금—여기로 부름으로써 세계 속에서 지울 수 없는 하나의 몸짓으로 살아나게 한다. 「머슴 대길이」는 하이데거의 어법을 빌리자면, "명명함 속에서 명명된 사물들은 사물들의 사물화함으로 불려"지며, 아울러 "사물화하면서 사물들은 세계를 펼쳐"내고, "세계 속에서 사물들은 머물고 그때그때마다의 겨를에 존재"[4]하는 것이다. 아무것도 아닌 삶조차 "홑적삼 큰아기 따위에는 눈요기도 안하고 / 지게작대기 뉘어놓고 먼데 바다를 바라보았지요"라고 불러냄으로써 세계의 빛 속에 의젓한 현존으로 저를 드러나게 한다. "대길이 아저씨 / 그는 나에게 불빛이었지요 / 자다 깨어도 그대로 켜져서 밤 새

4) 하이데거, 앞의책에서 재인용.

우는 불빛이었지요"라는 구절에서 보듯 불러냄은 임산부의 태속에 있는 아기가 바깥으로 밀려 나오는 것 같이 새로 태어나는 것이다. 말은 존재에게 빛을 주고, 개별자로 하여금 구체적 실존의 겨를을 살아내게 한다. 끝내 호명되지 않은 것들은 어둠 속에 있을 것이며, 세계의 빛 속으로 저를 드러내지 않는 것들은 여전히 아무것도 아님의 어둠 그 자체다. 그러나 부름을 받은 것들은 그 부름 속에서 존재로 명명되며 "사실주의적 유토피아"(끌로드 무샤르, 「고은의 기쁨」) 속에서 한 사내의 사적인 삶, 즉 인생의 전기로 살아나는 것이다.

달치 포구도 포구라고
밴댕이젓 나부랭이 아니면
눈꼽조개껍질이나 흩어진 것도 포구라고
거기 선술집 다정옥 있다
다정옥 춘자란 년
꼭 단호박같이 생긴 년
작달막한 것이
챙길 것은
여간내기 아니게 챙기고 나서
한번 누워주었다 하면
요분질로 밤새워
사내 피 다 말리는 춘자
바람 되게 불어쌓는 밤
웬만한 사내 둘은 거뜬히 죽어나는 밤
땀 식은 껄껄한 몸 가득히
신새벽 담배연기 힘껏 빨아들이는
그 담배 맛에 죽었다 깨어나는 밤

— 「달치 포구 다정옥」

「달치 포구 다정옥」은 주막집에서 몸 파는 작부인 춘자라는 여자의 사연을 담는다. "머슴 대길이"와는 또 다른 구체의 세부 속에서 한 여성이 감당해야 했던 그 신산스러움의 낱낱이 드러난다. 밤새우는 요분질과 그 요분질에 사내 두엇 죽어나는 밤이라는 이 걸죽한 육담 속에서 "다정옥 춘자란 년 / 꼭 단호박같이 생긴 년", "요분질로 밤새워 / 사내 피 다 말리는 춘자"라는 구절에서 구체적 현존을 드러낸다. "신새벽 담배연기 힘껏 빨아들이는 / 그 담배 맛에 죽었다 깨어나는 밤"에서 돌연 사실주의적 생채生彩를 얻는다. 이때 춘자는 「다홍치마」의 영자와 다르지 않고, "지나가는 사람 보며 / 앉아서 큰애기 되어 / 세상을 깊이 서러워 할 / 지나가는 사람 보며 앉아 있었다"(「나순리 가게」)에 나오는, 중인 점방을 지키고 앉은 주인집 딸의 미래적 현신이기도 할 것이다.

새 장터보다
묵은 장에 더 먹을 것 푸짐하다
그러나
빈털터리 아버지 따라간
상진이
그 많은 먹을 것 그냥 지나간다
침도 못 삼키고
눈만 켜고
이 세상은 절대로
먹고 싶은 것 공짜로 먹을 수 없다
돈 없이 먹을 수 없다
어린 상진이
열두 살에
진리 깨쳤다

배고팠다

—「묵은 장」

『만인보』의 시편들은 인간의 본질을 겨냥하지 않는다. 사람과 사람 사이에서 살아 움직이는 생태生態를 직시한다.「묵은 장」은 빈털터리 아버지를 따라 장에 나온 소년 상진이의 모습을 통해 가난의 생태를 드러낸다. 생태라는 것은 벌써 본질에서 존재사건이다. 그러니까 『만인보』 시편들은 존재사건의 일지日誌들이기도 하다. 시인은 배고픔에 대한 생생한 시적 보고를 하면서, 열두 살 소년을 꿰뚫고 지나간 "이 세상은 절대로 / 먹고 싶은 것 공짜로 먹을 수 없다"는 진리를 되새긴다. 그 진리를 깨친 소년은 깨우침으로 배고픔이 해소될 수 있는 것은 아니다. 오히려 배고픔은 더 생생해진다.

3

시인에게 『만인보』 쓰기는 죽음으로 인해 무와 부재로 돌아간 이들을 불러내 언어적 현존을 입히는 일이다. 아울러 그 무수한 타자들이 살았던 역사 내러티브historical narrative의 시간을 문학 내러티브literary narrative의 시간으로 바꾸는 일이기도 하다. 그것은 "체험으로서의 시간이 이야기된narrated 역사로서의 시간으로"[5] 전환되는 것인데, 독자들은 이것을 『만인보』를 읽으며 그 독서경험 속에서 두 개의 중첩된 시간과 상호소통하며 수용미학적인 시간으로 바꾼다.[6] 그리하

5) 박성현, 앞의글

6) 이점에 대하여 박성현의 보다 상세한 지적은 의미롭다. "시에 나타난 등장인물들의 시대적 배경은 그들이 체험한 시간이고, 출판년도, 특히 작품이 쓰인 시기는 텍스트 혹은 내러티브가 창조된 시간이다. 전자는 저자 자신을 포함해 '그때' '거기' 있었던 사람들인 등장인물들이 체험한 시간, 다시 말해 객관적 연대기 혹은 사건들의 연속이라는 형식 속에

여 우리는 『만인보』를 읽으며 구한말에서 일제 강점기, 광복과 분단, 전쟁과 혁명, 산업화 시대를 거쳐 1980년 광주에 이르기까지 현대사의 시간들을 추체험한다. 이를테면 「9·28수복 직후의 어느 풍경」과 같은 시는 전쟁을 겪지 않은 세대도 역사 내러티브를 통해 서사적 기억 안에 봉인되어 있던 전쟁의 끔찍함을 근경近景의 체험으로 겪게 하는 효과가 있다.

아내가 빨갱이한테 학살당한 뒤
숨어 있다 돌아온
강기환이 치안대장이 되었다

마당 생솔가지불이 지글지글 타올랐다
치안대장 강기환이
빨갱이 김백철이 장모와
빨갱이 김백철을
헛간 유치장에서 끌어냈다
치안대장 열서넛이
생솔가지불 둘레에 서 있다

강대장이 사위를 몽둥이로 쳤다
저년과 붙어봐
장모의 옷도 다 벗겨졌다
저년과 붙어봐 이새끼야
몽둥이로 쳤다
놀라운 일이었다
사위 김백철의 성기가 일어났다
장모를 몽둥이로 쳤다 장모와 사위가 붙어버렸다

서 주체들이 '살았던' 시간이다. 고은 이 체험된 시간을 포착해 문학내러티브적 재현을 통해 객관적 시간 안에 놓음으로써 그것에 생명을 부여한다."(박성현, 앞의글)

장모의 꼬인 두 다리가 풀렸다
장모를 쳤다
장모와 사위가 숨가쁘게 진행했다
이윽고
장모와 사위가 절정을 이루었다
멍든 등짝
핏물 튀긴 엉덩이 들썩이며
절정을 이루었다

강대장 담뱃불을 비벼 껐다
이런 짐승은 살려둘 수 없어

그의 총탄이
눈 감은 장모와
눈 감은 사위 김백철에게 박혔다

강대장은
다음 빨갱이 어머니와
빨갱이 아들을 불러냈다
또 몽둥이찜질이 벌어졌다
비명은 차츰 줄어들었다
비명이 그쳤다 너무 쉽게 죽어버렸다
강대장 화가 났다
이새끼들
왜 이렇게 빨리 뒈져 썅!

— 「9 · 28수복 직후의 어느 풍경」

세상에나! 이것이 전쟁의 리얼리즘이다. 「9·28수복 직후의 어느 풍경」이 보여주는 것은 전쟁의 풍경이다. 전쟁은 인륜人倫을 파괴하고 사람의 마음을 수심獸心으로 바꾼다. 서로 죽이고 죽이며 미쳐 날뛰며 그 무수한 주검들을 밟으며 악의 무한순환으로 달려간다. 아들을 죽이고 죽은 아들의 간을 꺼내 어머니의 입에 물도록 강제한다. 목총 개머리판으로 치고 또 치며 기어코 그렇게 한다. 그리하여 "어머니는 아들의 간을 물고 / 동네를 돌아다녔다."(「송호식 모자」) 역사의 격랑에 휩쓸린 사람들은 어제까지 우리가 알던 그 사람이 아니다. 그들은 악마고 괴물이며 살인귀殺人鬼다. 이들은 지옥에서 온 괴물들이 아니다. 우리 주변 어디에서나 볼 수 있는 "무명씨"들이다. 개나리가 한창인 봄날 "금호동 마루 옥수동 비탈"에서 한강을 내려다보고, 약수동 네거리 식당에서 곰탕 한 그릇만 사먹었으면 좋겠다고, 막걸리 한 사발만 마셨으면 좋겠다는 소박한 욕망을 품은, 숭고할 것도 없고 사악할 것도 없는 "무명씨"들(「봄날 무명씨」)! 그들은 외부의 침입자들이 아니라 "우리 자아 안에 있는 억압된 타자의 드러남"(리처드 커니, 『이방인, 신, 괴물』)일 뿐이다. 사람을 인면수심人面獸心의 극악무도한 괴물로 간단하게 바꾸어놓는 이런 광기와 착란의 시대를 뚫고 새로운 생명들은 나타난다.

여자 시체 옆
아기 시체 있더라
시체가 아니었다 꿈틀거렸다
오호 어린 목숨 하나 꿈틀거렸다

— 「아기」

어린 생명은 가여운 것, 움트는 기적, 세상을 밝히며 오는 새벽빛이다. 그것이 어여쁜 것은 이 세상을 덮고 있는 진부한 악들, 광기와 착란들을 무찌르고 정화시켜 마침내는 세상을 순정한 그 무엇으로 갱신해내리라는 기대 때문이다. 악에 오염되지 않은 어린 것들은 인류의 미래다. 그렇기 때문에 시인은 수많은 주검들 속에서 살아있음의 눈부심, 생명의 어여쁨을 노래한다. 포성과 포격의 광란 속에서 자라남, 그리고 살아있음은 보람이고 어여쁨이며 자랑거리다. 주검들은 살아있음의 어여쁨에 견주어 볼 때 추악함이고 추문이다. 주검들이 아니라 자라남과 살아 있음만이 화엄 세상을 일구는 기초적 토양이다.

이렇게 살아 있다
이렇게 자라나고 있다
그 포성 속에서
그 폭격
그 굶주린 후방에서
이렇게 어여쁘게 자라났다

—「국민학교 운동장」

생명을 존중하지 않고 함부로 다루는 것이 폭력이다. 사람이 폭력의 강제 속에 놓일 때 세상은 기괴한 타자들이 날뛰는 무간지옥無間地獄으로 바뀌고, 사람이란 한낱 "냄새나는 가죽 주머니"들에 지나지 않는다. 숱한 생명들이 가축처럼 도축되는 이 살벌한 지옥 속에서도 어린 생명들이 일궈내는 생의 황홀경은 불가피한 일이다. 먼저 온 사람이 죽고 늦게 온 사람이 새 생명으로 융성해지는 것이 생명의 생태학이고, 그 생태학으로 일구는 사람살이의 장엄—역사다. 고은의 시적 통찰력은 포성과 폭격 속에서, 그리고 굶주림 속에서 어여쁘게 자라는 어린 생명들을 노래할 때 늠름해진다. 이때 어린 생명은 무릇 생명 현상의 숭고함을 적시摘示하며, 생명의 찬란함으로 주검의 칙칙함을 추문으로 되돌리는 것이다. 그리하여 이 세상은 추악과 폭력들, 그리고 진부한 악들을 지양하고 있어야만 될 세상을 향하여 열린다.

4

진작 산새들이 다 할머니였고 어머니였느니

다만 나는 짐승가죽 옷 입은 조상 1인이 아니라
수수천만 여러 삼실 핏줄 이어받은
슬픔 어둠 이슥한 밤인 만인입니다
내일의 만인입니다 그러나

모릅니다
내가 누구일지
천년 묵은 기와 수막새 한쪽으로
속속들이 뼛속까지 보이는 거울 하나 만들어내는 그 사람일지
아 신록 며칠 또는
입에 거품 문 순 건달일지

— 「무명씨」 부분

"무명씨"의 삶들이 모자이크로 촘촘이 박혀 민족이라는 큰 그림을 이룬다. 1인은 그냥 1인이 아니라 만인 속의 1인이다. 이때 "무명씨"란 너와 나의 경계가 지워진, 시인의 말에 따르면, "자아의 궁극인 무아"인 것이다. 개체가 녹아서 전체로 융합한다. 그런 까닭에 『만인보』는 하나가 만인으로 전이轉移되고, 접이接移되는 사태다. 그리하여 일즉다一卽多, 즉 티끌 가운데 존재 일반을 내다본 세계다. "수수천만 여러 삼실 핏줄 이어받은 / 슬픔 어둠 이슥한 밤인 만인입니다"라는 구절은 무아로 돌아간 "무명씨"를 노래한다. 무아의 상태에 이르면 선악이나 미추의 분별마저 뜻없다. 고은은 "너는 나이고 나는 너이고 또 그이고 누구이고 그 누구는 또하나의 나이고…… 의 종결 없는 삶 그것이다. 제행諸行 그것이다"[7]라고 쓴다. "너 없는 나도 없고

나 없는 너도 없으니"(한용운) 생명과 생명은 하나로 이어져서 마침내는 무장무애의 경지에 이른다. 『만인보』가 궁극적으로 "무명씨"의 노래인 것은 실명으로 노래되는 많은 사람들조차 실은 "아무나"의 범주 속에서 그들의 한과 절망, 오욕과 누추함, 이룸과 실패를 보편화하기 때문이다. 아울러 『만인보』에서 진부한 악인 열전을 시로써 적을 때조차 시인의 어조가 너그러워지는 것은 "타자들의 가없는 하나하나의 진실"에 가 닿으려고 시인의 마음이 열린 까닭이다. 타자를 향해 마음을 연다는 것은 타자를 관용적 이해 속에서 받아들이려는 인간애의 발로이고, 바로 그것이 연민의 본질이다. "자기가 아닌 다른 누군가가 되어 보는 것을 상상하는 것은 우리 인간애의 핵심이다. 연민의 본질이며 도덕성의 시작이다."[8] 『만인보』가 닿으려는 핵심적 진실은 인간애다. 인간애로써 회통會通하는 세상을 만드는 것, 그것이 『만인보』의 바탕에 깔린 참마음이다. 연민이 살아나고 도덕이 숨쉬는 "무명씨"들의 세상이야말로 화엄華嚴 세상의 기초다.

끝내면서 : 『만인보』, 무명씨들을 노래하다

실로 한반도에 도래한 근대는 『주역』에서 말하는 바 명이明夷의 시절이었다. 그 시절 내내 밝은 기운은 하늘로 뻗쳐 널리 퍼지지 못하고 땅속으로 흩어졌다. 캄캄한 어둠, 그 악무한적 혼돈이었으니 사물이나 앞뒤 식별이 어렵고 해서 나아갈 때와 물러설 때를 아는 것은 어려웠다. 날개들은 꺾이고, 목숨들은 잘못 나아가거나 잘못 물러서는 바람에 초개와 같이 사라졌다. 자중하고 근신한 자들만 겨우

---

7) 고은, 『만인보』 제16권, 시인의 말, 창비, 2004

8) Iban McEwan, the Guardian(UK), 15 September, 2001. 여기서는 리처드 커니, 『이방인, 신, 괴물』(이지영 옮김, 개마고원, 2004)에서 재인용.

살아남았다. 하늘이 허락하지 않고 땅의 보살핌이 모자랐으니, 지혜의 시절은 아득했다. 그 시절을 혈혈단신으로 건너온 우리 할아버지 아버지 삼촌들은 다 명이지자明夷之者들이었다. 암흑에 의해 지혜가 가린 세상을 살아야만 하는 운을 타고났다는 얘기다. 그 수난의 역사를 헤쳐 오며 무명씨들은 온통 "잿빛 세상 잿빛 마음"(「봄날의 무명씨」)으로 살았다. 서서히 잿빛이 걷히고 있다. 잿빛 속에서도 그랬지만 잿빛 걷히는 세상 속에서도 사람들은 나날의 삶을 이어간다. 고은은 고정된 일점투시법이 아니라 조선 산수화가들이 그랬듯이 시점이 산재한 채 움직이는 만점투시법으로 그 만인들의 삶을 하나하나 그려 마침내 거대한 시대의 벽화를 매조지한다.

고독한 오르페우스의 노래

조병화의 시세계

1. 조병화의 시적 계보

한국 문학사에서 조병화의 위치는 거칠게 짚어보자면 김광균—김현승—박인환—장만영—마종기—김광규—정호승으로 이어지는 낭만주의 계보의 어디쯤일 것이다. 한국문단에서 낭만주의자들에 대한 문학적 평가는 인색하다. 박인환과 장만영이 문학사에서 받은 홀대를 보라. 우리 문학사에서 언제나 높은 평가를 받은 것은 민족주의나 혁명의 열정을 품은 정치적인 시들, 사실주의적인 시들, 혹은 장르와 매체를 뒤섞고 그 혼종의 상상력으로 지각적 충격을 불러일으키는 그로테스크 미학의 시들, 실험적 형식의 시들이었다. 그 둘 사이에 낀 낭만적 정조情調의 시들은 "미적 언어의 기만"(에밀 시오랑)쯤으로 여겨졌던 게 사실이다. 소박하지만 진실된 삶과 죽음, 사랑과 이별, 그것이 품은 달콤한 슬픔을 노래하는 그들의 시는 주변적이고, 정치성을 의도적으로 탈락시킨 채 "사소한 불행을 미화하고, 공허를 치장하고, 한숨이나 빈정거림을 미사여구로 꾸미는 것"(에밀 시오랑)쯤으로 오해되기도 했다. 낭만주의적인 요소들은 젊음, 무상한 현재가 드러내는 기쁨들, 순간을 살고자 하는 욕망들, 질풍노도의 격정, 짙은 멜랑콜리, 비범한 천재성의 분출, 때로는 자학과 자멸, 극도의 자기부정 속에서 찾아진다. 그것은 소박하고 꾸밈이 없다. 낭만주의는 계몽주의적인 의미에서의 재능과 규범을 넘어서고, 이성의 합리성과 균형의 도덕을 초월하는 낡고 진부한 것에 대한 근대의 승리다. 이를테면 낭만주의자들의 노래는 밤의 침묵과 어둠을 깨우는 우울한 멜랑콜리를 가진 야생의 새들이 부르는 숲속의 노래다. "이 어둡고 고독한 야생의 새, 이 길들여지지 않는 피조물은, 그 우울한 멜랑콜리의 깃을 펴고 목청을 가다듬어 노래를 시작하며, 숲에 울려 퍼지는 그 노래로 밤의 침묵과 어둠을 깨운다."(디도로, 『살롱』, 여기서는 이사야 벌린, 『낭만주의의 뿌리』에서 재인용) 어쨌든 조병화는 주위의 평가에 흔들리지 않고, 낭만주의적 계보의 길을 꿋꿋이 걸어간 시인이다.

2. 조병화 시의 스타일과 투명성

조병화의 시는 한 군데도 난해한 구석이 없다. 난해한 구석이 없는 이 쉬움 속에 드러나는 것은 표현과 주제의 범속한 트임이다. 이 트임이 불러오는 것은 투명함이다. 아울러 그 투명함은 조병화 시의 스타일을 규정하는 개성적 요소다. 이 스타일에 대해 수전 손택은 "'예술작품 안의 결정 원칙이요, 예술가가 자필로 서명한 의지다. 그리고 인간의 의지가 취할 수 있는 태도는 무한정하므로 예술작품의 스타일도 무한정하다."(수전 손택, 「스타일에 대해」, 『해석에 반대한다』, 이민아 옮김, 이후, 2002) 쉬운 시는 누구나 쓸 수 있지만 누구나 쉬운 시를 쓰는 것은 아니다. 혹자 중에는 조병화 시의 한 개성으로 지목한 이 쉬운 시를 질의 희생을 전제로 이룩한 시적 양산의 실체적 증표로 오인하는 사람이 없지 않다. 내 판단으로는 이는 조병화라는 한 시인의 본능, 피의 기질과 잇대어 있는 하나의 개성이다. 한 해 전 조병화

문학관에서 조병화육필전을 열었을 때 다음과 같은 짧은 글을 쓴 적이 있다. “문체도 그렇거니와 필체도 그 사람의 불가피한 기질과 취향, 사람 됨됨이를 드러낸다. 필체에는 그 사람의 인격과 살아온 역정歷程이 그대로 내비친다. 그러므로 필체와 그것을 쓴 사람은 분리할 수가 없다. 필체와 인격은 마주 보는 거울처럼 상호조응한다. 이번 육필전에서 선보이는 글씨는 선생님의 마흔 일곱 번째 시집 『먼 약속』을 위해 썼던 원고 글씨다. 이때 선생님의 연세는 78세였다. ‘나의 유언에 가까운 시들’이라고 말한 시들 중에는 묘비명으로 쓴 「꿈의 귀향」도 들어 있다. ‘어머님 심부름으로 이 세상 나왔다가 / 이제 어머님 심부름 다 마치고 / 어머님께 돌아왔습니다.’ 이 세상에 태어난 것을 어머니 심부름 나온 것으로 여기셨다. 이 소박한 은유에서도 선생님의 인생관을 엿본다. 조병화 시인은 낭만적 허무주의자다. 낭만과 허무는 선생님의 시를 떠받치는 중요한 두 축이다. 선생님의 시들은 나고 죽는 것, 만나고 헤어지는 것, 삶에 어리는 우수, 존재의 고독을 노래한다. 선생님 시는 간결하고 쉽다. 누가 읽어도 이해에 어려움이 없다. 그 시들은 선생님의 소탈한 인품을 엿보게 하는데, 글씨 또한 그러하다. 글씨들은 화려하지 않고, 모나지 않고, 너무 크지도 작지도 않다. 선생님의 필체는 소탈하고 담백하다. 그렇다고 어디 한 군데 흐트러진 구석을 보이지도 않고, 조석朝夕으로 만변萬變하는 글씨도 아니다. 글씨들은 시의 전달이라는 제일의적 소명에 충실하면서도 제 품격을 시종으로 지킨다. 견결한 인격의 통어가 그대로 드러나는 대목이다. 조병화 시인은 시와 인품과 글씨가 하나인 분이다.” 자, 지금부터 조병화 시의 쉬움과 투명성, 낭만적 허무주의가 어떻게 드러나는지를 구체적 작품을 통해서 확인해 보자.

자, 그럼
하는 손을 짙은 안개가 잡는다

넌 남으로 천 리
난 동으로 사십 리
산을 넘는
저수지 마을
삭지 않는 시간, 삭은 산천을 돈다
등燈은, 덴막의 여인처럼
푸른 눈 긴 다리
안개 속에 초초히
떨어져 서 있고
허허들판
작별을 하면
말도 무용해진
어느새 이곳
자, 그럼
넌 남으로 천 리
난 동으로 사십 리.

— 조병화, 「오산 인테체인지」

조병화의 시들은 진술적이다. 백석처럼 토속어 지향도 없고, 이상처럼 한국어의 통사 체계를 비틀지도 않고, 김수영처럼 시에 정치 이념을 싣지도 않는다. 그는 언제나 표준어 문법으로 일관하며 인생에 대한 소박한 깨달음을 노래한다. 그가 언어 조탁에 더욱 공을 들였다면 그는 김현승과 같은 시인이 되었을 테고, 그가 한국어의 소리에 예민해서 그 소리의 아름다움에 탐닉했더라면 그는 김영랑과 같은 시인이 되었을 테고, 상습적으로 과장 하는 습벽이 있었다면 그의 시는 박인환의 그것과 비슷해졌을 것이다. 그러나 그는 그 누구도 아닌 자신의 기질과 개성에 충실한 시를 씀으로써 조병화류의 시풍을 갖게 되었다. 그의 시엔 깨달음의 과장도 없고 탐미적 장식도 없다. 인생 보편을 향하여 평이하고 소박하고 범속하게 열려 있는 시들, 그게 조병화류의 시다. 다른 시들과 마찬가지로 「오산 인테체인지」는 놀랍도록 투명하다. 이 시는 갈림길에서 서로 가는 길이 다른 두 사람이 작별 하는 모습을 그린다. '너'와 '나'는 오산 인테체인지까지 동행한다. "어느새 이곳"이라는 어구에는 헤어질 장소에 벌써 도달했다는 사실이 일으키는 아쉬움이 진하게 묻어난다. 이 갈림길에서 "넌 남으로 천 리"를 가야하고, "난 동으로 사십 리"를 가야 한다. 안개가 자욱한 갈림길에서 "자, 그럼"하고 가볍게 손을 들어 작별인사를 나눈다. 그뿐이다. 이 작별에서 모든 말들은 무용해진다. 말로 다하지 못한 진정성과 신실함을 "자, 그럼"이라는 간결한 작별의 말이 품는 까닭이다. 그 운명을 순순하게 받아들이는 이 유순함은 인생에 대한 체념과 달관의 바탕 위에서 이루어진 것으로 보인다.

3. 한국문단의 보헤미안 — 조병화

헤어지는 연습을 하며 사세
떠나는 연습을 하며 사세
아름다운 얼굴, 아름다운 눈
아름다운 입술, 아름다운 목
아름다운 손목
서로 다 하지 못하고 시간이 되려니
인생이 그러하거니와
세상에 와서 알아야 할 일은
떠나는 일일세

실로 스스로의 쓸쓸한 투쟁이었으며
스스로의 쓸쓸한 노래였으나

작별을 하는 절차를 배우며 사세
작별을 하는 방법을 배우며 사세
작별을 하는 말을 배우며 사세

아름다운 자연, 아름다운 인생
아름다운 정, 아름다운 말

두고 가는 것을 배우며 사세
떠나는 연습을 하며 사세

인생은 인간의 옛집
아! 우리 서로 마지막 할
말을 배우며 사세

— 조병화, 「헤어지는 연습을 하며」,
(『52인 시집 — 현대한국문학전집 18』)

인생의 많은 부분은 만남과 헤어짐으로 이루어진다. 잘 산다는 것은 이 만남과 작별의 의식을 얼마나 깔끔하게 처리하는지에 달려 있는지도 모른다. 그래서 시인은 작별을 하는 절차를, 방법을, 모든 작별의 말들을 배우며 살자고 청유한다. 이 시에는 어려운 말도 없고, 딱히 모호한 이미지도 없다. 만나면 결국은 헤어질 수밖에 없는 인생의 숙명과, 그 숙명이 안고 있는 회한과 아쉬움을 담아낸다. 이 작별의 최후형태는 죽음이다. 죽음은 살아서 가졌던 모든 관계와의 작별이다. 시인은 차분한 어조로 그 숙명에 순응하며 "두고 가는 것을 배우며 사세 / 떠나는 연습을 하며 사세"라고 청유한다. 이는 시인이 보여준 1960년대 중반 이후 삶과 죽음, 이승과 저승, 순간과 영원 등의 개념을 대립으로서가 아니라 동일성의 차원으로 수렴함으로써 죽음을 보다 친숙하게 인식하려는 태도를 보여준다.

조병화의 시적 출발은 소시민적 자아의 낭만적 성찰과 그것의 범속한 형상화였다. 조병화는 1949년에, 과거 식민지의 삶의 양식을 청산하지 못한 채 새 질서로 편입되어가는 과정에서 겪는 소시민의 내면에 스며드는 두려움과 고독, 허무, 희망 등의 감정을 간명하고 쉬운 언어들로 드러낸 첫 시집 『버리고 싶은 유산遺産』을 펴냈다. 이어서 같은해 『신천지』에 시 「해녀」를 발표하고 이듬해인 1950년에는 『문예』 2월호와 6월호에 각각 「귀가 커서」와 「낙엽에 누워산다」를 발표하고, 두번째 시집 『하루만의 위안』을 발간할 무렵 6.25를 만난다. 1.4후퇴 때 다른 문인들과 마찬가지로 부산으로 피난하는데, 고단한 피난 생활 속에서도 틈틈이 써온 시를 묶어 "식민지의 등대처럼 나는 내 어둠을 비친다."로 시작되는 서문이 있는 『패각의 침실』을 피난지에서 펴낸다. 첫 시집부터 이 『패각의 침실』에 이르기까지 그의 시에 자주 등장하는 바다와 그 주변의 풍경들의 이미지는 언뜻 모더니스트의 선각자라 할 수 있는 1930년대의 김기림의 시 「기상도」를 연상시킨다. 하지만 그의 바다는 김기림의 것보다 훨씬 쉽고 친근하게 다가온다. 조병화는 6.25전쟁으로 비화된 이념적 대립과 분단현실로부터 한 걸음 비켜서서 소시민적 자아의 고독감을 노래한다. 이미 첫시집 『버리고 싶은 유산産産』과 『하루만의 위안慰安』을 내며 문단의 주목을 받았던 조병화는 전란 중에 세번째 시집 『패각의 침실』을 펴내면서 다시 한번 한국시단의 기대주로 떠오른다. 『패각의 침실』은 바다, 해협, 패각, 태양, 애기 밴 소녀, 보헤미안, 샹데리아, 주점, 자살한 여인, 전쟁, 니힐리즘 등과 같은 원시성이 강렬하게 투영된 이미지들을 통해 "원색의 자연, 원죄原罪의 인간"을 직관적으로 노래한 시집이다.[1)] 시집 『패각의 침실』에서 보여주었던 '하얀 패각 / 푸른 해협'이라는 이미지가 이끌어낸 색채의 대립은 선명하다. 하얀 패각은 시적 화자의 가숙假宿이다. '나'는 그곳에 몸을 숨긴 채 푸른 해협, 그 광활한 바다를 향해 시선을 던지지만 그 바다는 발진티푸스에 걸린 바다이다. 시인은 작은 패각 속에 몸을 숨기고 먼 발치에서 무심코 바다를 바라보는 소극성에 머문다. 타인과의 유대를 거부하는 은둔은 따뜻하고 안전하지만 그 속에서도 시인은 남들이 이해하지 못하는 시를 쓰기에 고독할 수밖에 없다. 실로 그는 이 시집을 비롯하여 문학의 전 생애에 걸쳐 한시도 이 고독과 허무를 외면하지 못한다. 이렇게 인간의 숙명적 비극성을 인정하면서도 그 허무와 고독 속에 완전히 함몰되진 않는다. 그 이유는 아마 영원히 풀 수 없는 수수께끼인 줄 알면서도 끊임없는 의문과 부정, 긍정, 의문…… 을 되풀이하는 과정에서 늘 새로움을 발견하고 그 속에서 거듭 태어나기 때문이리라. 모든 것이 유보된 이 전시戰時 상황에서 시인 조병화는 현실의 혼란과 소란에 아랑곳하지 않고 지금—여기에 있는 단독자로서의 자기 자신의 고독과 절망을 놓치지 않고 시에 담아 세번째 시집 『패각의 침실』을 펴낸 것이다. 그것은 전란이라는 엄청난 현실 앞에서 망연자실해 있던 동료 문인들에게 크나큰 자극제였다. 그의 시는 전쟁의 격정적인 현장을 묘사하지도, 거창한 역사나 이데올로기의 동참을 강요하지도 않는다. 누구 못지않게 모더니즘의 감각을 체득하고 있으면서도 서구의 난해한 이론이나 실험적 기교의 답습으로서가 아닌, 아주 쉽고 평이한 언어로 생활에서 일어나는 인간의 삶, 사랑, 애수 등의 주제를 노래한다. 유행가에서 많이 다루어지는 너무 범속한 주제여서 자칫 통속이나 형이상학적 관념으로 빠질 위험이 있었지만 조병화는 용케도 이 위험에서 벗어나 누구에게나 따뜻한 감동과 위안을 주는 시를 건져낸다. 한마디로 말해

---

1) 박이도, 「항도부산의 연대기」, 『조변화의 문학세계』, 일지사, 1986.

서 조병화의 시란 문학이기 전에, 시詩이기 이전에, 인간과 인간 사이의 의사소통, 더욱 좁혀 말하면 시인 자신에 대한 독백이다.

4. 비평가를 향한 시인의 날선 비판

그의 시가 쉽게 읽히고, 너무나 많은 시집을 쏟아낸다고 해서 그의 시적 성과를 일부러 얕게 치려는 경향이 문단 일부에 없지 않았다. 하지만 시인은 말한다. "아프면 아플수록 시가 많이 나오고, 외로우면 외로울수록 시가 많이 나오고, 그리우면 그리울수록 시가 많이 나오고, 쓸쓸하면 쓸쓸할수록 시가 많이 나오고……."라고. 「시는 삶의 숨소리」라는 글에 나오는 그의 고백에 의하면, 그의 문학적 다산성의 근원에는 견디기 힘든 아픔과 외로움, 그리움, 쓸쓸함들이 빽빽히 자리잡고 있다. 조병화의 시세계에서 또 하나 특기할 만한 점은 비평가에 대한 극도의 불신인데, 이는 그의 시적 가치를 폄하한 비평가에 대한 반감에서 비롯된 것이리라. '어느 평론가에게'라는 부제가 붙은 「내일來日 어느 자리에서」가 그 대표적인 시일 것이다.

되도록이면 만났다 가세
네가 너를 세우기 위하여
간교롭게도 저질러 놓은 것들이
얼마나 남의 생애를 갉아먹었던가를
알기 위하여
내일 어느 자리
네가 원하는 데서
잠시 만났다 가세
너의 지성이라는 것이

얼마나 철면피한
시골 자객刺客의 녹슬은 송곳이라는 것을
알기 위하여서도
부디 오래 살아 주게

그리고 네가 정말로 인간이라면
더구나 붓을 가지고 있는 인간이라면
시간이 얼마나 무서운가를
알 날이 있을걸세
지금은 무식하니까, 그리고
기운이 세니까
모든 것 맛 모른 채 잘 먹고, 더럽게도
아무 데나 잘도 배설하지만
참 용감도 하네

그러나 조심하게
남의 새로운 옷에
똥이나 오줌이나 마구 싸고 흘려서야
되겠는가
아무리 예의가 없다손치더라도

되도록이면 만났다 가세
용서를 하기 위하여선
내겐 긴 세월이 필요하네

— 조병화, 「내일來日 어느 자리에서」
(『52인 시집 - 현대한국문학전집 18』)

대중 독자들은 열광했지만, 한편으로 비평가들은 그의 시적 가치를 깎아내렸다. 시인은 그런 비평가들을 향해 날선 비판을 날리는데,

"모든 것 맛 모른 채 잘 먹고, 더럽게도 / 아무 데나 잘도 배설"하는 존재가 바로 비평가라는 것이다. "남의 새로운 옷에 / 똥이나 오줌이나 마구 싸고 흩"리는 예의도 없고, 인간적 위엄도 없는 존재는 어디에서도 환대를 받을 수 없다. 예술가들이 비평가를 향해 보인 적의와 분노는 예술사에서 그리 드문 일이 아니지만, 조병화시인과 같이 이렇게 작품을 통해 직설적으로 비판한 예는 찾아보기 힘들다. 어쨌든 조병화는 1949년 첫 시집 『버리고 싶은 유산』의 발간으로 문단에 나온 이래 『하루만의 위안』, 『패각의 침실』 등 평균 해마다 한 권의 시집을 발간하며 자신 내부 깊숙이 자리한 고독과 허무를 끄집어내 보였다. 1960년 제7회 '아세아자유문학상' 수상을 전후한 무렵부터는 개별자에게만 국한되는 것이 아닌 인간 전체의 삶을 향한 그의 성찰적 자세가 두드러지게 나타난다. 이 무렵에는 그가 즐겨 다루던 사랑, 이별의 주제도 이제까지의 에로스나 말랑말랑한 감상을 뛰어넘어 보다 본질적인 차원으로 심화되었다. 조병화는 초기시에서부터 1961년 퇴락과 죽음의 절망적 삶을 밤의 이미지로 형상화한 시집 『밤의 이야기』를 비롯, 1962년 열번째 시집 『낮은 목소리로』, 1963년 『공존의 이유』, 『쓸개포도의 비가』, 1964년 『시간의 숙소를 더듬어서』 등 중기의 시집들을 거쳐, 죽을 때까지 끊임없이 펴낸 시집에서는 절망을 딛고 인생을 달관하면서도, 그것이 운명론적 인식에서가 아닌 강한 믿음과 긍정적인 태도로 삶을 수용하는 줄기찬 노력을 보여주었던 것이다. 조병화, 이 고독한 오르페우스가 부른 노래는 고독과 허무, 이별과 사랑이라는 주제를 담고 오늘도 우리의 지친 영혼을 쓰다듬는다.

풀아, 날 잡아라

천양희 시인의 시세계

천양희(1942~)는 한반도의 남쪽 끝에 있는 항구도시 부산에서 태어난 시인이다. 부산 일대에서 보낸 그이의 어린 시절은 유복했다. 아버지는 한시를 외우며 풍류를 즐기는 분이고, 총명한 어린 딸을 사랑한 분이다. 그이는 서울의 이화여자대학 국문과에 들어가면서 고향을 떠나는데, 그 떠남은 곧 실낙원失樂園의 고통을 안겨준다. 이화여대를 다닐 때 『현대문학』에 박두진 시인의 추천으로 시인이 되었다. 시인과 사랑에 빠져 살림을 꾸렸으나 가야 할 길이 달랐다. 멸망한 왕조의 공주 같이 생계를 꾸리며 갖가지 험한 일을 해야만 했다. 그 고된 세월을 불경佛經을 외고 마음을 다스리며 건너온다.

시인이 된 지 마흔 해가 넘지만 그 마흔 해를 오롯하게 시만 쓰며 살지 못했다. 십년 넘게 시를 손과 마음에서 놓고 먹고 살기 위하여 딴 짓하며 살았다. 홀로 먹는 밥은 차고, 밥이 찬만큼 삶은 늘 시리고 버거웠으며, 상처는 자주 덧났다. 이도저도 다 싫어 그저 죽으려고 마음을 먹은 적도 있다. 그이는 굳은 마음으로 직소포를 찾았다. 위에서 아래로 힘차게 떨어지는 물을 보면서 죽을 힘이 있다면 그 힘으로 살아야만 뜻이 선다는 걸 번쩍 깨우치고 돌아왔다. 세월이 흘러 상처가 아물자 그 자리에 옹이가 생겼다. 다시 시에 매달렸다. 그이가 밥먹고 잠자는 방은 면벽수도하는 청정도량이 되었다. 마혼 해나 되는 독거獨居의 삶은 오로지 책읽고 시를 쓰는 수행修行으로 끌어올렸다. 그이의 시구는 무르지 않고 매듭진 자리처럼 단단하다. 살아온 세월이 맵고 짜기 때문이다.

천양희 시인의 시는 깨지고 찢긴 존재가 마침내 "둥근 물방울같이 환한 수궁水宮"(「시냇가에서」, 『마음의 수수밭』)을 찾아가는 여로를 보여준다. 시인은 모독당한 삶, 불화하는 삶, 암매장된 삶과의 고투苦鬪 속에서 오랫동안 암중모색한다. 그 고투의 생생함을 보여주는 게 「벌새가 사는 법」이란 시다. "벌새는 1초에 90번이나 / 제 몸을 쳐서 / 공중에 부동자세로 서고 / 파도는 하루에 70만 번이나 / 제 몸을 쳐서 소리를 낸다 // 나는 하루에 몇 번이나 / 내 몸을 쳐서 시를 쓰나"(「벌새가 사는 법」, 『너무 많은 입』) 시적 자아는 제 몸 안에 가득 들어찬 미로 속에서 길을 찾고 길을 꽃처럼 피워내고자 한다. 1초에 90번이나 날개짓을 하며 공중에 부동자세로 서는 벌새나 하루에 70만 번이나 제 몸을 쳐서 소리를 내는 파도의 그것을 닮고자 한다. 그 고투가 없다면 생명은 더 이상 생명이 아니다.

깨지고 찢겨 절망의 나락으로 떨어졌던 시적 자아는 마침내 풀을 붙잡고 일어선다. 도약과 비상은 생명의 숭고한 소명이다. 새장에 갇힌 새는 자아를 잃고 침울함과 낙담으로 엎드려 있는 존재다. 그 새가 새장을 박차고 나와 멀리 날 때 생명의 주체로서 늠름해지는 것이다. "일어나 멀리 날 때 너는 너인 것이다 / 기어코 너 자신이 되는 것 / 그것이 너인 것이다"(「새에 대한 생각」, 『마음의 수수밭』). 새가 나는 것은 제 몸을 부단하게 쳐야 하는 일이다. 새가 날개로 제 몸을 쳐서 난다면 풀은 향일성의 힘으로 일어선다. 도약하는 것의 숭고함을 노래한 시가 「풀 베는 날」(『오래된 골목』)이다. 이 시에 따르면 시인은 "베이는 일들이 너무 많"은 세상에 엎드려 있다. 풀의 엎드림과 시의 화자의 엎드림은 하나다. 소멸과 생성, 즉 썩어 없어짐과 다시 돋아남 사이에 엎드려 있다. 풀이 나아가는 길은 무동無動·무음無音의 길이다. 시의 화자는 풀을 베고 있다. 그러다가 돌연 풀을 향해 외친다. "풀아 날 잡아라 / 내가 널 당겨 일어서겠다"라고. 이때 풀은 밖에 있으면서 동시에 시적 자아의 내면과 회통會通한다. 더 나아가 바닥에 엎드려 있는 시의 화자를 일으켜 세우는 객체이자 주체인 것, 상처받고 절망으로 신음하는 존재에게 신생의 힘을 수혈하는 존재다.

이 도약하고 비상하는 존재가 닿고자 하는 곳은 "산 속의 산"이다. 세속의 아귀다툼이 없는 곳, 속진俗塵의 더러움이 정화된 장소다. 이 깊은 곳에 가 닿기 위하여 시인은 제 몸을 쳐서 길을 만드는 것인데, 홀연 세상에 없는 길은 만들 수가 없다는 깨달음에 이른다. "정신이 들 때마다 우짖는 내 속의 목탁새들 / 나를 깨운다. 이 세상에 없는 길을 / 만들 수가 없다. 옆구리를 끼고 / 절벽을 오르니, 천불산千佛山이 / 몸속에 들어와 앉는다. / 내 맘속 수수밭이 환해진다."(「마음의 수수밭」, 『마음의 수수밭』) 길을 만드는 것은 산 속의 산에 가 닿기 위한 과정이다. 그런데 이 과정을 생략하고 산을 단도직입으로 제 몸속에 들이는 일이다. 그리하여 새장의 새에게 그 구속의 쇠사슬을 끊고 바깥으로 멀리 날아가라고 외치고, "풀아 날 잡아라"고 외치며 일어선 시적 자아는 이제 둥근 물방울의 세계는 "투명한 물속 / 저 환한 화엄계!"(「청사포에서」, 『마음의 수수밭』)에 든다. 이 물의 세계는 환하다. 이 환하고 둥근 물은 정화된 물, 원초의 생명력으로 충만한 물이고, 시인이 늘 꿈꾸던 뭉클한 삶, 무우전無憂殿의 삶을 표상한다.

「직소포에 들다」(『마음의 수수밭』)는 시인이 부르는 절창이다. 그이는 죽기 위해 직소포를 갔는데, 거기서 "피안이 이렇게 좋다"는 걸 깨닫고 다시 살기로 마음을 고쳐먹는다. 죽음 저쪽에서 삶의 이쪽을 바라보면 차안此岸은 피안彼岸이 되고 피안은 차안으로 자리를 바꾼다. 그러니까 이 시는 죽음 저쪽에서 삶의 안쪽을 바라보고 삶이 아름다운 기적이란 걸 홀연히 깨닫는 명오의 순간을 기록한 것이다. 봐라, 시의 첫 행부터 동사들의 활약이 눈부시다. 동사는 살아 있는 것들의 움직임을 포획하는 그물이 아니라 그 움직임, 그 생명의 눈부심 자체다. 죽음은 영원한 멈춤이다. 죽어서 움직임이 멈춘 주검에게 동사는 더 이상 쓸모없다. 그러니까 죽음은 동사가 필요없는 상황으로 직진하는 것이다. 동사는 살아 있는 것의 곁에 붙어서 오로지 그것만을 위해 봉사한다. 동사는 삶의 징표들이다. 동사의 활용이 많다는 것은 그만큼 삶의 활기, 사물의 운동성이 증가하고 있다는 증거다. 과연 "폭포소리가 산을 깨운다. 산꿩이 놀라 뛰어오르고 솔방울이 툭, 떨어진다. / 다람쥐가 꼬리를 쳐드는데 오솔길이 몰래 환해진다." 산꿩은 공중으로 도약하고, 솔방울은 중력의 법칙에 순응하여 땅으로 떨어진다. 살아있는 것들은 부스럭거리고, 꿈틀대고, 흔들거리고, 일어서고, 달리고, 춤춘다. 살아있는 것들의 세상은 움직임으로 충만하지만, 반대로 죽은 것들은 움직임이 없다. 폭포소리가 잠이 든 듯 고요한 산을 흔들어 깨운다. 산꿩은 그 소리에 놀라 뛰고, 나뭇가지의 솔방울은 떨어진다. 도토리를 주우러 나왔던 다람쥐가 꼬리를 쳐들고 생기로 충만한 주위를 유심히 살피는데, 오솔길이 저 혼자 환해진다. 절망 때문에 경직되어가던 마음이 움직이는 것들이 만들어낸 생기로 충만한 세상과의 만남으로 돌연 경직에서 풀려나는 기미를 힘차게 드러낸다. 직소포의 물은 위에서 아래로 큰 동선을 그리며 떨어지는데, 그 거침없는 하강의 움직임과 소리의 웅장함으로 이룬 거대한 활기를 죽음만이 살 길이라고 믿는 '나'의 마음속으로 수혈한다. 기진하여 빈사지경에 이른 '나'의 마음은 비로소 살아 움직이는 것들이 빚는 저 웅장한 생을 찬가와 조응하며 기쁨으로 가득 찬다.

관음산은 그 자체로 평지돌출, 즉 수직으로 일어서는 기운의 총체다. 산의 솟구침은 형태론적으로 발기勃起이며, 감싸고 안으로 받아들이는 음의 기운에 비해 밖으로 발산하며 뻗치는 양의 기운의 득세를 나타낸다. 관음산은 양의 기운이 집약되어 그 이마가 하늘에 닿은 산이다. 하늘 위로는 무한천공이다. 산은 거기 있는 세상 속에서 결코 거기 있지 않은 세계다. 우리 선조들은 산을 가리켜 선계라고 했다. 시인이 산을 오르는 까닭도 거기에 있다. 거기에 있으면서도 거기가 아닌 세계를 찾아 떠난 곳이 산이다. 높이 솟아 너른 품 안을 가진 관음산은 온갖 활동운화하는 것들을 품는다. 그 중에 하나가 직소폭다. '나'는 그 산의 품으로 날아든 "무소유[의] 무소새"다. 힘찬 소리를 내며 직소의 물들은 수직으로 하강하고, 하강 운동 중에 물들은 물방울이 되어 제멋대로 튀어오른다. '나'는 놀란 눈으로 그 광경을 바라본다. 저 힘찬 생의 몸짓들이야말로 그토록 오래 꿈꾸어 왔던 "백색 정토!"이며, "환한 수궁"이 아닌가. 어느덧 "무소새"는 폭포에서 떨어져 공중에 떠 있는 무수한 비말飛沫 중의 하나, 한 방울의 "환한 수궁"으로 거듭 태어난다.

노자는 이렇게 말한다. "옛날부터 하나를 얻어서 된 것들이 있다. 하늘은 하나를 얻어서 맑고, 땅은 하나를 얻어서 안정되며, 신은 하나를 얻어서 영험하고, 계곡은 하나를 얻어서 채워지며, 만물은 하나를 얻어서 산다. 昔之得一者, 天得一以淸, 地得一以寧, 神得一以靈, 谷得一以盈, 萬物得一以生."(노자, 『도덕경』 제39장) 그 하나가 무엇인가? 그게 도다. 시인은 죽으려고 삶의 벼랑까지 갔다가 홀연 그 하나를 얻었다. 시인의 내면에서 눈뜬 것은 명明이요, 관觀이다. 눈이 열리니, 생명우주의 광대무변한 운용 속에서 작용하는 도를 홀연 보게 된 것이다. 그래서 시인을 견자見者라 했던가! 폭포소리는 낮게 엎드린 계곡을 일으킨다. 그 기세로 산꿩이 놀라 튀고, 솔방울은 가지를 버리고 땅으로 내려앉는다. 직소포의 물소리는 삶의 온갖 질곡에 주검으로 엎드려 있던 '나'의 마음마저 일으키려고 내민 손이다. '나'는 그 손을 붙잡고 일어선다. 죽은 마음이 살아서 일어서니, 천天·지地·신神·곡谷·물物이 그 기미를 알아차리고 하나가 되어 힘차게 "기립박수"를 보낸다. 저 몸 무거워 매사가 굼뜬 바위거사마저 엉덩이를 들고 흔들 한다.

청춘은 빨리 지나간다

이선영시집 『포도알은 포도의 미래다』에 부쳐

1. 쇠로 된 방속에서

쇠로 된 방에 깊이 잠든 사람들을 깨우려는 외침이 있다.[1] 우리는 쇠의 방속에서 나날이 단련된다고 생각하지만 실은 서서히 죽어가고 있다. 쇠로 된 방에서는 모든 삶이 징역에 지나지 않는다. 여기서 자라는 나무들의 잎사귀와 뿌리에는 피가 흥건하다. 우리는 그 나무에 매달린 채 길게 다리를 늘어뜨린 열매들이다. “내가 사는 나라의 나무에는 숨쉬기를 멈추고 / 공중에 매달린 채 다른 세계의 향취를 맡아보려는 / 다리가 길게 늘어진 과일들이 열린다고”(「라라 파비안의 아다지오」). 쇠의 방에서 저 너머에 있는 다른 세계의 향취를 맡아보려고 매달려 있는 열매들! 이 빈사 상태에 놓인 사람을 깨우는 일은 어쩌면 “살아날 가망”도 없이 “임종이 괴로움”만 더 하는 일이 될 수도 있다. 그러나 쇠로 된 방을 깨서 부술 수 없다고 손을

1) 중국 현대소설의 아버지라고 불리는 루쉰은 한 소설집 서문에서 이렇게 쓴다. “가령 말일세, 쇠로 된 방이 있다고 하세. 창문은 하나도 없고 절대로 부술 수도 없는 거야. 안에는 깊이 잠들어 있는 사람이 많이 있어. 오래잖아 숨이 막혀 죽고 말거야. 혼수상태에서 그대로 죽음으로 옮겨 가는 것이니까. 빈사의 괴로움 따위는 느끼지 않을 거야. 지금 자네가 큰 소리를 질러 다소 의식이 또렷한 몇 사람을 깨운다면 이 불행한 몇 사람에게 결국 살아날 가망도 없이 임종의 괴로움만 주게 되는데, 그래도 자네는 그들에게 미안하다고 생각하지 않는가? 그러나 이미 눈 뜬 사람이 몇이라도 있다면 그 쇠로 된 방을 때려 부술 희망이 전혀 없는 것은 아닐세.”

놓고 있는 일은 죄악이다. 쇠로 된 방에서 죽음의 잠에 취해 있는 사람을 깨워야 한다. 그 외침은 계속 되어야만 한다. 그 외침 하나하나는 "사랑과 슬픔과 분노의 / 씨, 씨앗, 씨앗들"이다. 그것들은 실로 "엄청난 에너지의 폭발적인 발아를 꿈꾸며 기다리고" 있다(「마리오 란자에게」). 시인들은 쇠의 방에서 빈사 상태에 빠진 사람들을 깨우려고 외치는 사람들이다. 거리에 버려진 새끼 고양이, 거리에서 싸늘한 주검으로 발견된 소녀가 있다면, 사람들이 퀭해져서 마음의 주검들로 음울하게 거리를 떠돌고 있다면 외침의 소명을 받은 시인들은 면책될 수 없다. 아이들은 유괴범에게 끌려가거나 목 졸려 죽고, 크고 작은 참사는 끊이질 않고, 온갖 형태의 불행과 비명횡사가 일상범백사의 내역이 되고 있는 세상엔 시가 필요하고, 시인들에겐 시를 써야 할 분명한 이유가 있다. 우리에겐 꿋꿋하게 "미로를 견디는 힘!"(「판의 미로」)이 필요한 것이다.

내 시가 아름답지 못해서
새끼 고양이가 거리 한복판에 버려졌다
내 시가 힘주어 말하지 못해서
한 소녀가 거리에서 싸늘하게 발견되었다
내 시가 멀리까지 닿지 못해서
소중한 마음의 결들이 상했다
내 시가 커다란 울림을 갖지 못해서
불쌍한 한 사람이 다른 불쌍한 한 사람을 해쳤다
세상이 움트는 새싹을 밟으려는 마음과 스스로의 새순을 자르고 싶은 마음과 씨앗이 말라버린 마음들로 붐빈다
휑휑한 마음의 주검들로 그득하다
이 세상에서 흉흉한 마음의 얼룩들이 가시지 않는 한
내 시는 계속 씌어지리라, 오래, 씌어져서

삶의 거친 나뭇결을 문지르는 사포가 되고
그 사포의 리듬을 따라 읊조리는
나직하지만 끊이지 않는 허밍이 되리라

— 「21세기 시론」 전문

세상을 두루 살펴보니 아직 "어른들에겐 시가 있어야만 한다". 시는 "이 불만스런 세계에 갖는 반격의 힘"이니까(「판의 미로」). 그래서 시인은 "내 시는 계속 씌어지리라"고 스스로에게 다짐한다.

루쉰의 잡문 중에 물에 빠진 개에 관한 얘기가 나온다. 루쉰이 임어당의 글에 반론으로 쓴 잡문인데, 물에 빠진 개는 세 개의 경우로 나뉜다. 첫째, 개가 스스로 실족하여 물에 빠진 경우, 둘째, 다른 사람이 빠뜨린 경우, 셋째, 내가 직접 빠뜨린 경우다. 루쉰은 앞의 두 경우에 부화뇌동하여 개를 때린다면 비겁한 일이지만, 힘껏 싸우다가 제 손으로 개를 물에 빠뜨렸다면 그 개를 죽간으로 마구 때린다 해도 심하지 않다고 말한다. 물에 빠진 개를 때리지 않는다면 개가 도리어 사람을 물 것이기 때문이다. 루쉰이 이 글을 쓴 것은 1925년 12월 29일이다. 그로부터 거의 한 세기가 흐른 2009년 한국에도 여기저기 물에 빠진 개들이 발호한다는 소문이 파다하다. 개는 우리 안에 웅크린 인면수심人面獸心이다. 혹은 개는 돈이고, 자존심이고, 공명심이고, 헤게모니다. "그리고 손가락을 쥐락펴락하는 모래알갱이 같은 돈과 / 종잇장같이 구겨지는 자존심과 / 반짝했다 꺼지는 공명심과 / 자기식 헤게모니를 위해 동가식서가숙하는 무리, 우리들이 불쌍하고"(「불쌍하고, 불쌍하다」). 우리는 그 개와 힘껏 싸웠는가, 혹은 싸우다가 그 개를 우리의 힘으로 물에 밀어 넣었는가? 그러면 물에 빠진 그 개를 때리는 일은 비겁한 행동이 아니다. 물에 빠진 개는 우리 안에 숨어 있다. 잠자는 숲속의 미녀가 의로운 사람의 죽음과 석면폐증에 걸린 근로자들과 돌연한 죽음들을 나 몰라라 할 때, 잠자는 숲속의 미녀는 곧 물에 빠진 개다. 이 미녀가 미망에서 깨어날 때까지 그 물에 빠진 개를 때려야 한다. "이제 잠자는 미녀의 숲은 철거되어야 함을 / 더 이상 그녀를 재워줄 숲은 없음을 / 잠을 자다가 그대로 숲그늘의 고락과 함께 묻혀버릴 수 있음을 / 눈치채지 못하고 있는 / 잠자는 숲속의 미녀를, 그녀가 너무 오래 누리고 있는 평화를, 혹독함의 왕자여, 처참히 흔들어 깨워다오!"(「잠자는 숲속의 미녀」)

2. 시인은 해변의 모래 예술가

스물 두 해 전쯤 이선영을 처음 보았을 때 아직 푸르디푸른 청춘이었다. 출판사를 꾸리고 있던 나는 어느 날 낯선 이에게 편지를 한 통 받았다. 대학을 막 졸업하고 일자리를 구한다는 내용이었다. 며칠 뒤 누항陋巷의 속진이 한 점도 묻어 있지 않은 듯 맑은 한 여성이 나타났다. 말소리는 작고 고분고분하고, 여리고 연약해 보이고, 예민하고 겸손했으며, 눈빛은 맑은 여성이었다. 아무런 멋도 내지 않은, 어디에 있어도 눈에 띄지 않을 수수한 평범함 그 자체였다던 그 여성의 평범은 차라리 드러난 비범이다. 나는 흠, 인생에 별다른 파란이나 굴곡없는 모범생 시절을 거쳐 왔군, 하고 예단했다. "1970년대 나는 모범생이어야 한다는 강박관념을 가진, / 평범하고 싶지 않았으나 평범한 소녀였다"(「말죽거리 잔혹사」)는 고백처럼 그는 평지풍파가 없이 살아온 사람이다. 삶에 질곡이 있었다면 아마 이 정도였을 것이다. "어린 시절 나는 엄마와 아버지가 부부싸움 할 때 내는 큰 소리가 듣기 싫었고 / 우리집 거실 소파를 하루종일 차지하고 앉아 으름장을 놓던 / 빚쟁이 아저씨 아줌마들과 엄마 아버지가 실랑이를 벌이던 소리가 듣기 싫었고 / 그보다 좀 커서는 밤늦도록 술을 마시고 집에 들어오거나 변변찮은 연애를 했을 때 / 엄마 아버지에게 소리 높여 항변해야 했던 내 목소리가 듣기 싫었고 / 나 말고도 세 명이나 되는 형제들과 먹거리 입을거리로 아귀다툼을 해야 하는 것이 싫었다”(「소리는 소리로써 이겨야 하는가」).

내 앞에 나타났을 때 이선영은 평범한 소녀가 “좀 커서” 막 청춘의 시기에 진입한 뒤다. 그 시절 그는 세상 물정에 어둡고 어떤 질곡도 겪지 않은 채 순진하게 잘 웃고, 사람들과 어울려 술도 마시고, 아마 “변변찮은 연애”를 하고, 남몰래 시도 썼을 것이다. 나는 그가 노래 부르는 것을 보았고, 가끔 새로 썼다고 내미는 시를 보았다. “실비아 플라스만이 불멸의 시인이 되기를 꿈꿨겠는가 / 대륙의 끝자락에 반신을 의탁하고 있는 / 조그만 나라 대한민국의 조그만 동네 조그만 집에 온몸을 의탁하고 사는 소시민인 나도 / 소싯적에는 세상을 깜짝 놀라게 할 불후의 시인이기를 꿈꿨음에랴”(「그러나 더 이상 로망은 없다」). 이선영은 “희망의 각운을 달 수 없는 시”(「희망을 쓸 수 없는 시」)를 쓰는 시인이 되었다. 불멸의 시인은 불가능한 꿈이다. 왜냐하면 해 아래에서 그 어느 것도 불멸은 아니니까. 이선영은 “가끔씩 해변의 사랑과 낭만과 환락”에 뛰어들지는 못하고, 겨우 “곁눈질이나 하면서” 금세 허물어지는 작품을 만드는 모래 예술가가 되었다. “나는 부서지고 흩어지려는 것을 영원한 것으로, 영원하다고 믿는 것을 한순간 무너뜨리기를 되풀이하는 모래예술가이니까”(「해변의 모래 예술가」). 사람이 만드는 것은 쉽게 부서지고 흩어진다. 그 무엇도 유구하지 않고, 그 어디에도 불멸은 존재하지 않는다. “일러두건대 나는 유리창의 시인詩人, 유리창의 수인囚人인 것이다 / 유리창이 부서져내리는 날 그 잘디잔 파편들과 함께 / 내 영혼도 산산이 바닥에 흩어져내릴 것이다”(「유리창」) 쉽게 부서지고 흩어진다는 점에서 모래와 유리는 닮았다. 시도, 영혼도 산산이 부서져 바닥에 흩어진다. 이선영은 “유리창의 시인”이다. 다른 뜻으로 읽자면 도무지 위선과 가면이라는 것을 모르는 사람, 유리창 같이 투명한 시인이라는 말이겠다.

내 기억 속에서 영원히 푸르디푸른 청춘일 것만 같던 이선영도 청년들이 세월과 함께 늙어 검은머리가 반백半白으로 변하듯 어느덧 중년에 이르렀다. 세월은 덧없고 빠르다. "수줍고도 당돌하게 찾아온 너의 첫 여자,"에 따르면 딸은 어느덧 초경을 맞고, 중년의 시인은 "마지막을 남겨놓고 있는 여자,"다. "너의 첫 피, / 나의 마지막 피," 사이에서, 혹은 시작과 끝물 사이에서 중년의 난감함을 감당하는 일은 피할 수 없는 현실이다(「초경」). 새파랗던 그가 이제 귀밑머리가 하얘진 중년이 되어 이 음울하고 무겁고 온갖 불행의 기미들로 축축한 시집을 내민다.

3. 이토록 덧없는 청춘송가

청춘은 빨리 지나간다. 빨리 지나가기 때문에 덧없다. 이선영의 시들은 빨리 지나가버린 청춘의 뒤에서 씁쓸하게 지나가는 것, 잃어버린 것들을 위한 애증愛憎과 애락哀樂을 담은 송가頌歌다. 그 송가를 부르는, 웃음의 유현幽玄함이 사라진 목소리는 쓸쓸하다. 한때 불멸을 꿈꾸고 생명의 푸르른 자존으로 빛나던 청춘이 일상의 지리멸렬 속에서 소금에 절인 배추잎사귀처럼 시들해진 탓이다. 청춘은 야생오리, 황금 이파리를 탐스럽게 단 나무들, 초경의 기억, 별빛, 초록의 무성한 힘, 물망초 꽃, 몽고메리 클리프트, 희망의 엽록소 같은 것들 속에서 발견되는 그 무엇이다. 그러나 청춘의 예각銳角들은 곧 무뎌지고, 빨리 빛을 잃으며 소멸한다. "조류독감에 휩쓸리고 / 실업에 휩쓸리고 / 부채에 휩쓸리고 / 부패와 불법에 휩쓸"려, "때아닌 추풍낙엽들[은] / 쉴새없이 바닥으로 떨어져"내린다(「어쩔 수 없는 일」). 청춘이 지나가버리는 것은 한때 푸르렀던 잎들이 추풍낙엽으로 지는 일이다. 그것은 어쩔 수 없는 일, 불가피한 숙명에 속한다. 그 숙명을 순순하게 받아들이니, 야생 오리라고 믿었던 자신이 실은 "손쉽게 길들여진 집오리들 가운데 하나"(「야생 오리」)라는 존재론적 깨달음에 이른다.

청춘이란 앞서 간 세대에게 받아내야 할 채권이고, 뒤에 오는 세대에게는 갚아야 할 채무다. 받아내야 할 총액과 갚아야 할 총액은 같다. 그 둘을 상계하면 남는 것은 노후의 징후들, 즉 고달픈 영혼, "이 고깃덩어리로 뭘 해보겠다고 / 살과 뼈와 피의 요구를 다 들어주며 가는 내 영혼은 고달프기도 하여라"(「21그램」), 그리고 여기저기 흩뿌려지는 존재의 부산물들, "길가에, 방바닥에, 의자에, 읽던 책 위에, 스쳐온 누군가의 어깨에, 내려앉은 나의 머리카락들 / 순식간에 배수구가 막히는 / 함부로 남기고 싶지 않은 내 존재의, 부산물"(「머리카락을 남기다」)뿐이고, 어느덧 사소한 일상의 책임과 의무에 매여 허덕이는 중년이다. 중년이란 제 몸에 숨어들어온 바구미 떼에 제 속을 다 털린 대추야자 열매다. "대추야자나무는 심어진 그 자리를 지탱하고 서 있을 뿐이다, 속을 다 털리고서도 / 바구미떼가 새로운 열매를 찾아 우르르 떠날 때까지 / 대추야자의 건재健在 속에 숨겨진 부재不在를 아무도 눈치채지 못한다"(「벌레 먹은 대추야자나무」). 건재 속에 숨겨진 부재! 겉으로 보기엔 멀쩡하지만 속은 다 털려 텅 비어 있다. 이 난감한 중년이라니! 대추야자의 속을 털어간 바구미 떼는 빛나는 청춘을 좀먹고 앗아간 약탈자인 세월에 대한 은유로 탁월하다.

보라, "지리멸렬을 살아내는 몸의 안녕이 일말의 마음속 불멸마저 사그러뜨리는, / 더 이상 정신의 존엄과 영혼의 위대함이란 로망이 없는 세계에서 / 곧 끊어질 것만 같은 시의 동아줄에 간동간동

매달려 / 그래도 한때는 불멸을 꿈꿨노라고 / 그래도 아직은 그것이 이 땅에 태어나 살아 숨쉬는 내 생명의 자존, 불굴의 내 로망이라고"(「그러나 더 이상 로망은 없다」). 일상에 질펀하게 깔려 유령처럼 떠도는 이 지리멸렬은 마음에 남은 한 점 불멸의 꿈마저 눌러 꺼버린다. "시를 써온 지 20여년 된 이선영 / 오늘도 이 달큰한 부조리의 영토에서 열심히 / 산입으로 죄를 지으며 산목숨에 꿈을 키우며 / 같은 말 / 평범한 이름 / 쓰고 또 쓴다 / 저는 이선영입니다 / 그저 사소한 일상일 뿐인 / 저를 용서하세요"(「동어반복」). 이 달큰한 부조리의 영토에서 평범 그 자체, 사소한 일상 그 자체로 살아 있는, 아, 이선영은 벌써 시를 써온 지 20여년이나 된 시인이다. 마른 할아버지가 불쌍하고, 꼬부랑 할머니가 불쌍하고, 아버지가 불쌍하고, 엄마가 불쌍하고, 순두부찌개를 먹는 남자가 불쌍하고, 시인보다 더 오래 이 지구에 매달려 살아야 하는 어린아이들이 불쌍하다. 이 불쌍함의 계보는 인류가 지구에 존속하는 한 이어질 것이다. 그의 마음은 온통 측은지심으로 물들어 있다(「불쌍하고, 불쌍하다」). 이 측은지심은 현실이 무릉도원이 아니고, 삶은 신산스러운 것이라는 것을 알만큼 알아버린 중년의 깨달음과 맞닿아 있다. "내가 엘리자베스 테일러가 아니듯 그러나 아버지는 결코 몽고메리 클리프트가 아니었다"(「몽고메리 클리프트는 없다」)는 것을 눈치챈 중년에게 더 이상 로망은 없다. 고작해야 "삶은 온갖 저지름의 뒤에 흙의 감방 속으로 징역 살려가는 일"이고, "차갑게 굳어버린 한 구의 시신 속에 동봉돼 사라지고야"마는 "언도받은, 삶은 언…… 언……언해피엔딩"(「징」)이다. 도무지 행복하지 않다는 이 느낌, 어두운 불행 속에서 허우적이고 있다는 이 침울한 느낌은 이선영의 시편들에 드넓게 침전되어 있다.

누군가의 딸로, 학생으로, 월급쟁이로, 주부로, 누군가의 엄마로 허겁지겁 살다보니 어느덧 중년에 이르렀다. 모든 로망을 잃어버린

이 난감한 중년이 꾸려야 하는 삶은 무겁다. 이 무겁고 무거워서 더 칙칙해지는 이 중년이 감당해야 하는 삶의 형편과 작태는 이선영의 시에서 파열하듯이 드러난다. "숱한 모래무덤에 발이 빠지곤 했을 저 거북이는 / 등에 지고 있는 그 무거운 딱지가 / 그 안에 잉여와 같은 살을 가두는 것으로 목숨을 부지해온 그 튼튼한 딱지가 / 저의 걸음을 더디게 하고 더러는 한 발 내디딜 수조차 없게 만든다는 사실을 알고 있을까". 범박하게 말하자면 거북의 무거운 딱지는 개별자로서 견뎌야 할 책임과 의무들, 그리고 "버겁고 음울하고 잔인했던 시절"(「말죽거리 잔혹사」)들이다. "넓은 모래사장에 사념의 커다란 발자국을 무겁게 내리 찍어야 하는, / 거북이로 다시 태어나고 싶지 않다"(「거북이」) 누군들 무거운 노역奴役이 즐거우랴! 나도 모래밭에 느릿느릿 사념을 발자국을 내리 찍으며 가야 하는 고달픈 삶으로는 다시 태어나고 싶지 않다.

사소하고 뼈아픈 것들의 자리

정병근의 시들

가난은 가난으로 인해 사소하고 뼈아픈 것들에게 부여된 삶의 자리다. 가난의 수압이 높아지면 불가피하게 가난에 눌린 자아들은 납작해진다. 가난한 자아들은 바닥에 엎드리기 쉽게 의식은 비루해지고 몸통은 납작하게 재구조화된다. 그래서 가난한 자들은 잘 굽실거린다. 무엇보다도 가난의 보편적 생태生態는 바글거림이다. 쪼그리고 앉아 "푸른 하늘을 담아놓고 / 시치미 떼는 물웅덩이"를 하염없이 쳐다본 적이 있는가. 그 안에서 실지렁이들은 바글거린다(「실지렁이들」). 가난은 그 바글거림의 은유와 병치될 수 있는 그 무엇이다. 가난의 수압에 눌려 그 바글거림마저 사라져버리면 그 자리에는 생태는 없고 그 흔적만 남는다. 정병근의 시들은 가난, 즉 사소하고 뼈아픈 것들의 바글거림과 그 자리를 더듬는다. 그의 상상력은 가난과 어머니(「오래된 부뚜막」), 식욕의 쓸쓸함(「식후食後」)에 대하여 노래할 때 발랄해지고, 시어들은 돌연 생채生彩를 띤다. 「늙은 리어카」에서 늙은 마름과 담벼락에 기대어 있는 낡은 리어카를 병치할 때 그 의도는 분명하다. 산다는 것은 몸을 고되게 부리는 것이다. "살려면 부지런히 몸 굴려야 하지"라는 시구는 그 몸의 고된 부림이 곧 우리 삶임을 말한다. 몸을 부리는 일은 "소모"고, 그 소모는 말을 바꾸면 "닳고 또 닳는" 일이다. 늙거나 낡은 것들은 닳고 또 닳아서 애잔하다. 부스러지거나 사라져 곧 자취가 없어질 것들은 다 애잔하다. 늙음과 낡음은 나날이 존재의 영도零度에 더욱 가까워지는 가냘프고 나약한 것들이다.

내 마음 속 사당祠堂 하나 있어
소금 사발과 들기름 병이
그을음을 덮어쓰고 있어
방부防腐의 비방을 가진
푸르고 붉은 물병도 몇 개,
말을 참으면 어떻게 되나
말이 넘치면 어디로 가나
부지깽이로 아궁이를 쿡쿡 쑤시며
방언方言을 쏟아내던 어머니
활활 타던 어머니 방언을 받아먹은
불꽃들이 우루루 일어섰어
살강 위로 그림자가 너울거렸어
불의 작둣날을 밟고
구들 속으로 들어간 어머니
불씨를 안고 재가 된 어머니
샛문을 열면 식은 아궁이 캄캄하고
아무도 찾아오지 않는 부뚜막에
다 타버린 숯 검댕이 어머니가
쪼그리고 있어

— 「오래된 부뚜막」

가난은 재화의 결핍이기 보다는 가능성과 미래의 고갈이다. 미래가 불확실할 때 사람은 한사코 오늘에 집착하고 매달린다. 정병근은 가난에 대해 쓰되 빈곤의 정치경제학이 아니라 시큼하고 비린 가난의 존재태를 소묘하는데 공을 들인다. 가난은 피할 수 없는 운명이

거나 오래된 관례와 다름없는 것이므로 그것은 견디고 살아내야 할 하나의 정황이지 비판의 대상이 아닌 것이다. 가난의 풍경은 낙후된 국가의 범속한 삶으로 생애화한다. 그런 맥락에서 정병근의 가난은 박노해와 같이 사회를 향해 날을 세우는 빈곤이 아니라 박재삼의 바다 물결과 짝을 이뤄 그 물결의 반짝임으로 가난의 비루함과 영세성을 지워내는 서정적 결핍에 가깝다. 만성화된 가난의 야만성에 대해 날을 세우지 않는 정병근의 상상세계에서 가난이 어머니로 환치되는 것은 자연스러운 일이다. 늙은 어머니의 삶은 가난에 스미고 섞여 가난의 풍경이 되어버린다.

이번 시집에서 가장 좋은 시편 중의 하나인 「오래된 부뚜막」에서 그을음을 덮어쓰고 있는 소금 사발과 들기름 병이 있는 "오래된 부뚜막"은 가난의 존재태를 슬쩍 드러낸다. 여기에 어머니는 없다. 왜냐하면 "구들 속으로 들어간 어머니 / 불씨를 안고 재가 된 어머니"라는 시구에 따르자면 어머니는 죽었기 때문이다. "불씨를 안고 재가 된 어머니"는 「나무 어머니」에서 "사람으로 살다가 어느 날 / 말문을 닫고 나무가 된 어머니"라는 구절에 잇대보면 훨씬 자연스럽게 읽힌다. 어머니와 나무는 하나다. 늙은 어머니는 "물컹거리는 저 속을 다 게워내면 / 바싹 마른 목어 한 마리"가 되는 것이니, 바싹 건조된 그 나무는 불에 얼마나 잘 탈 것인가! 어머니는 시적 화자의 마음속에서 이미 과거의 인물이다. 어머니는 그 발랄한 존재성을 지우고 오래 되어서 퇴락한 부뚜막 풍경의 일부로 사물화한다. "샛문을 열면 식은 아궁이 캄캄하고 / 아무도 찾아오지 않는 부뚜막에 / 다 타버린 숯 검댕이 어머니가 / 쪼그리고 있어"라는 시구는 그 점을 암시한다. 늘 아궁이 앞에 쪼그리고 앉아 있던 어머니는 "다 타버린 숯 검댕이"가 되어 "오래된 부뚜막"의 풍경 일부로 고착한다.

백일하의 이곳은 초라하고 바래기 짝이 없다
여자 하나가 유리문을 빠끔 열더니
놀다 가라며 신사 오빠라는 나를 부른다
낮에는 시간이 많다고
딴 탕 안 뛰고 잘 해주겠다는 대목에서,
옆에 앉은 여자들이 까르르 웃는다
나는 혼자서도 잘 놀 수 있으니
아가씨들도 혼자서 노는 방법을 터득해 보라고
농 반 진 반 충고해 주고 제법 시시껄렁해져서
허리가 휘어빠진 골목을 걸어가는데
어디서 낮술을 자시고 왔는지
불콰한 노년의 햇볕 한 분이
유리문 속으로 쓱 들어가더니
그녀들의 사타구니에다
머리 한 번 박았다가
하늘 한 번 쳐다보고
머리 한 번 박았다가
하늘 한 번 쳐다보고
실실 웃으며 눈으로 한 잔 하시는 중이었다

— 「오후의 사타구니」

백일하에 드러나는 삶의 던적스러움에 메마른 시선을 던지는 정병근의 시들은 구슬프지만 그 구슬픔이 넋두리로 풀려나가지는 않는다. 그것은 오히려 던적스러움을 견디게 하는 견인주의堅忍主義 윤리학을 꿋꿋하게 세우는 기름진 토양이 되기도 한다. 한낮의 태평스런 사창가를 소묘하는 「오후의 사타구니」 같은 시에서 그의 견인주의 윤리학이 드러나는데, 그 윤리학은 정치적 올바름이라는 척도와 무관하게 시인 자신의 생래적 천연스러움과 생명이 처한 낮고 쓸쓸한 자리에 대한 따뜻한 연민과 공감이 어울리는 데서 발화되는 것으로 보인다. "놀다 가라"고, "딴 탕 안 뛰고 잘 해주겠다"고 호객하는 아가씨를 향해 "나는 혼자서도 잘 놀 수 있으니 / 아가씨들도 혼자서 노는 방법을 터득해 보라"고 농담으로 응대하는 가운데 시시껄렁해진 현존의 실감은 날렵하게 드러난다. 매매춘 종사자들은 성을 매개로 시장경제의 하부 메카니즘에 있는 직업군이다. 물론 매매춘은 몸을 파는 일인데, 이때 몸은 끊임없이 재생가능한 재화다. 성을 돈으로 사고팔며 착취한다는 점에서 매춘은 노동시장에서 가장 낮고 비천한 일이지만 정작 아가씨들 자신은 음울하지 않다. 그들은 까르르 웃고, "노년의 햇볕 한 분"에게 제 사타구니를 거저 내주기도 한다. 이때 웃음은 생명의 발랄함을 드러내는 표지다. 사소하고 뼈아픈 것들의 자리를 바라볼 때조차 관성적 자학과 나르시시즘이 아니라 생명됨의 발랄함에 이끌리는 그의 타고난 천연스러움이 발휘되는 대목이다.

정병근 시의 굳세고 힘찬 기세는 사실의 맥락을 짚어내는 통찰에서 만들어진다. 이 통찰은 사실의 세목들에 대한 정확한 관찰에 잇대어 있고, 이 세목들을 만들어내는 안 보이는 사회의 구조에 대한 투명한 응시에서 나온다. 이 사실들은 대개는 누추하고, 감당하기가 버겁고, 안고 가기에 무거운 가난의 안팎에 대한 실감과 관련된 것들이다. 그것은 낮은 자리, 너무 낮아서 빛이 잘 안 드는 음지의 삶이다. 사타구니를 바짝 오므리고 구두를 수선하는 사람이거나(「구두 수선공 혹은」), 미역국에 밥을 말아 후루룩 먹는 분식점의 풍경이거나(「또또와 분식」), 노란 귤들을 노점에 쌓아놓고 볼태기가 미어지도록 자장면을 입안으로 밀어 넣고 급하게 우물거리는 노점상의 황급한 식사이거나(「백주白晝의 식사」), 한결같이 "날마다 밑바닥을 치며 살아온 자의 곤궁"(「구두 수선공 혹은」)이 빚은 가난의 풍경들이다. 가난은

"후루룩거리며 머리를 박고 / 뭔가를 먹는 일"에서 구체적 실감을 드러낸다. 이렇듯 입에 밥이 들어가는 일이 느긋한 향유가 아니라 목전의 화급한 필요를 채우는 일이 될 때 그것은 주위를 경계하며 "내장을 파먹"는 짐승의 일에 견주어진다. 그리하여 "급하게 자장면을 먹는 그의 죄목은 / 아직 그가 살아 있다는 것"(「백주白晝의 식사」)으로 비약한다. 정병근은 그 가난의 풍경들을 시에서 집요하게 밀착인화 해내는데, 거기에는 가난의 구질구질함이나 곤궁에서 비롯된 비릿한 자기연민은 희박하다. 오히려 비루한 삶의 세목들이 흰뼈처럼 드러날 뿐이다.

화장실 거울에 비친다
병病 하나 얻어 죽기에 손색없는
중년의 사내,

너무 밝아서 천박한가
깊이 없는 다변처럼
아는 만큼 모르는 거울
비추는 만큼 캄캄한 거울
돌아서는 순간 잊어버리는

거울이 운다 등 돌리고 운다
캄캄하게 캄캄하게
누구에게 얻어맞았는지 도무지 모르겠는
관자놀이에 무수히 금이 간

거울의 등을 본 자
아무도 없다

— 「거울」

정병근에게 '거울'의 이미지는 핵심 이미지 중의 하나다. 거울은 "병 하나 얻어 죽기에 손색없는 / 중년의 사내"라는 피사체를 비추어주는 사물이다가 나중에는 그 중년의 사내와 하나로 겹쳐진다. 거울이 피사체를 비춰낼 수 있는 것은 제 등에 수은을 입혀 빛을 투과하지 못하게 만들었기 때문이다. 거울이 피사체의 상을 비추기 위해서는 두 가지의 조건이 충족되어야 한다. 거울이 피사체를 반사해내려면 빛과 어둠이 동시에 필요하다. 피사체에겐 빛이, 그리고 제 등 뒤에는 어둠이 있어야 한다. 그 어두운 배후가 없다면 거울은 빛을 투과하는 유리에 지나지 않을 테고, 어떤 피사체도 그 표면에 상을 올리지 못할 것이다. 거울은 캄캄한 배면 때문에 비로소 거울이다. 그 거울이 등을 돌리고 우는데, 그 울음은 "누구에게 얻어맞았는지 도무지 모르겠는 / 관자놀이에 무수히 금이 간" 탓이다.

정병근의 시들은 무심하게 "물과 불로 얼룩진 한 가문의 내력"(「지구의 습관」)을 누설한다. 그 내력은 "어제도 내일도 없이 / 달랑 오늘뿐인 / 한 문장 미만의 붉은 내력들"(「하루살이 떼」)에 지나지 않지만, 그 내력이 "두드러지거나 움푹 팬 기억"(「먼지의 표정」)을 만들었을 것이다. "그릇에 수저 부딪는 소리만큼 / 쓸쓸한 소리는 아마도 없을 것이다"라고 할 때, 혹은 "식구라는 사람들과 컴컴한 방에 둘러앉아 / 밥을 먹어본 사람이라면, 밥 때문에 멀리 떠나왔거나 밥 아닌 밥으로 / 어린 명命을 이어 본 사람이라면 / 기어이 눈물과 관련된 한 자락 / 쓸쓸한 기억에 다다를 터이다"(「식후食後」)라고 할 때 그 내력의 한 모서리가 환하게 드러난다.

한 발만 헛디뎌 봐라
고압선이 하늘을 긋고
차들이 질주하는 간선도로
가로등 아래

까치집 하나 걸려 있다
그 누구의 다비에 쓸 나뭇단인가
근면 성실 노력의 가훈을 실천하는
저 집터가 세다
고압의 정신과 바퀴의 부지런함과
밤을 환하게 밝히는 불빛이야말로
우리의 경전이 아니더냐
물려받은 전답 없이 식구만 많은 집
일찍 죽은 누이의 기억을 가진 집
가문은 텅 비었고 뼈대만 소복한 집
우린 언제 조용해져요 어두워져요
걱정 말고 공부나 열심히 해라
너희들이 뿔뿔이 흩어지고 나면
집은 곧 어둑한 적막에 잠길 것이니
떠나는 일은 하나도 어렵지 않다
태양이 떠오를 때마다
불면의 바알간 눈알을 닦는
저 하루아침의 오막살이

―「불멸의 오막살이」

「불멸의 오막살이」는 가문의 내력을 소략하게 진술하며 가족들이 뿔뿔이 흩어져버린 사연을 밝힌다. 그 가문의 내력이란 "그 집, 허물어진 담장과 / 잡초 자부룩한 마당의 내력"(「쑥대밭」)이고, "물려받은 전답 없이 식구만 많은 집 / 일찍 죽은 누이의 기억을 가진 집 / 가문은 텅 비었고 뼈대만 소복한 집"(「불멸의 오막살이」)의 내력일 터다. 그 내력의 자장磁場 안에 있는 시인의 삶은 자꾸 제 의지와 상관없는 쪽으로 휘어간다. "길은 안 보이는 쪽으로만 휘어졌고 / 부지런히 안으로 걸었으나 바깥에 다다랐다"(「지구의 습관」). 때로는 자신을 3인칭 화자로 호명해서 그의 행방에 대하여 언급하는데, "그의 행방은 도처이되 종적은 묘연하다"고 한다. 그럴 때 "그는 전대미문이고 파란만장이며 / 우르르 몰려가는 아침이었다가 / 울컥 쏟아지는 밤이기도 한데 / 가늠키 어려운 안부와 풍문 속에 / 얼핏얼핏 보이기도 하고 안 보이기도 하는"(「그」) 것이다. 그는 무슨 잘못을 저질렀던가. "황당한 꿈을 좇았던 죄"(「불치不治의 마술」)가 죄라면 죄다. 그의 삶은 어땠을까. "칼날을 밀고 간다 / 비바람 눈보라 뚫고 간다 / 앞으로 기운 머리 / 무수한 빗금 맞으며 간다"(「등」)라는 시구는 그 삶의 안쪽에 새겨진 신산스러움을 고스란히 드러낸다. "사람을 빼닮은, 면천免賤도 마다한 / 늙은 마름 같은 저리도 낯익은 리어카 / 내리막길 쏟아질 땐 얼마나 가팔랐던지 / 엉덩이에 붙인 타이에 구멍이 다 뚫렸다"라고, 제 자아를 오래된 리어카에 의탁할 때 뼛골이 다 빠지도록 노동에 매인 "노역의 대가大家"(「늙은 리어카」)가 되기도 한다. "폐가의 방문 앞에 / 발등이 짜부라진 단화 한 켤레 / 먼지 자욱이 덮어쓰고 있다 // 지독한 냄새를 풍기며 / 걸어왔을 그의 발"(「방문 앞의 신발」)은 그 지독한 노역의 산물이다. 목적지는 안이었으나 그가 불가피하게 도착한 곳은 바깥이다. 모든 바깥은 주변이고 장외다. 그는 안에 있고자 하나 불가피하게 바깥은 밀려난 사람이다. 생의 모든 불편과 불면은 이 어긋남에서 생겨났으니 이 어긋남을 핑계 삼아 시인은 자주 "자책과 술을 마시고", 자주 "불행한 풍자에 몰두"(「근황」)한다.

거울의 뒷면은 깜깜한 어둠이다
쨍그랑하고 깨어지는 것은 어둠 때문이다
선명한 것의 배후에는 칠흑의 어둠이 도사리고 있다

어릴 때, 별을 보면

선명하게 빛나는 별들 옆에 희미한 별빛 있었다
똑바로 쳐다보는 사라지는,
그러나 다시 빛나는 눈 밖의 빛

내 사랑은 대체로 희미하였다
똑바로 쳐다보지 않았다
가물가물한 기억 속에 누군가가 있었을 뿐
너를 눈앞에 두고도 나는
눈 밖에서 부지런히 기억을 만들었다

선명한 것들은 나의 적이었다
선명한 것들은 끊임없이 나를 지웠고
나는 줄기차게 선명한 것들을 지웠다
희미한 사람들과 희미한 불빛 아래에서
희미하게 웃고 울었다 전철과 택시를 타고
희미하게 집으로 돌아왔다

희미해지지 않으면 견딜 수 없는 날들이 흘러갔다

나, 이제 희미해졌다
내가 그러하듯 지금쯤 너의 사랑도 희미할 것이므로
너의 눈 밖에서 나는 희미하게 빛날 것이다
똑바로 쳐다보면 사라지는,
그러나 분명히 있는, 저, 눈 밖의 빛

— 「희미한 것에 대하여」

거울이 거울일 수 있는 것은 그 배면의 어둠 때문이다. 한편으로 거울은 빛이 있을 때만 거울이다. 빛이 사라진 곳에서는 거울은 아무것도 비추지 못한다. 왜 빛 속에 제 존재를 드러내는 저 "선명한 것들은 나의 적"이 되는가? 선명한 것들이 "끊임없이 나를 지"우기 때문이다. 지운다는 것은 희미해진다는 것과 같다. 선명한 것의 압도적 억압에서 존재감이 약해지는 것이다. "희미한 사람들과 희미한 불빛 아래에서 / 희미하게 웃고 울었다 전철과 택시를 타고 / 희미하게 집으로 돌아왔다." 이 희미함의 배후는 어둠이다. 희미함은 아직 빛을 머금은 어둠이고, 따라서 그것은 점진적인 빛의 고갈이다. 희미함, 혹은 이 어둠의 전조前兆는 고갈의 고통을 암시한다. 고갈과 고난은 한 뿌리에서 나온다. 여기 존재를 희미함으로 몰아넣는 가난이 있고, 그 밖에 빛이 넘치는 현실이 있다. 가난이 고통스러운 것은 그것이 현존의 고갈이면서 동시에 미래의 고갈이기 때문이다. 존재의 희미해짐은 그 고갈의 결과다.

누가 나를 살고 있다

이따금 머리맡에 진동 벨이 울리고
냄비에 무언가가 끓고 있다
코를 훌쩍거리며
누가 나를 끓이고 있다

누군가의 바닥이자 천장인,
잠과 수염의 어두운 체온을 둘둘 싸맨
수취인 불명의 첩첩 번지에
영락없는 내가 살고 있다

뒤는 멀고 앞은 가까워서,
만남보다 이별이, 안보다 바깥이
할 일보다 안 할 일이 더 많아서
나갈 때보다 더 자주 들어온다

기억이 없다면, 다음 생이 온다 해도

어느 하염없는 표정으로 누가
또 나를 살거나 살지 않을 것이니

엘리베이터 첩첩 거울 속,
내 뒤통수를 보고 있는
무한의 안 보이는 얼굴들, 들……

— 「자화상」

자화상이란 때로는 두통이 "골통을 쪼개고 / 들어와 앉아 있"(「두통」)는, 때로는 "무엇을 세차게 품었거나 / 뼈 빠지게 무거운 짐 졌던"(「등」) 제 삶의 표정을 그려내는 일이 아니던가! 정병근의 모든 시는 곧 그의 자화상이다. 그 중에서 「자화상」은 슬프고 아름답다. 바글거리며 살려고 몸부림쳤던 제 생태를 담담하게 담아내기 때문이다. 시인은 제 얼굴에서 이 삶 너머를 바라본다. 나는 나이면서 내가 아니다. 그래서 "누가 나를 [대신해서] 살고 있다"고 쓴다. 기억은 삶의 연속성을 이어준다. 그것이 없다면 다음 생도 없다. 다음 생에서 누가 나의 삶을 "하염없는 표정으로" 산다 한들, 그것은 더 이상 내 삶이 아니기 때문이다. 이 시에는 첩첩이라는 형용사가 거푸 나온다. 첩첩은 중중첩첩重重疊疊의 준말일 터다. 첩첩 산중이 첩첩이 겹친 산 속을 뜻하듯 "첩첩 번지"나 "첩첩 거울"은 첩첩이 겹친 그것들 속에 파묻혀 있다라는 뜻이리라. 그 첩첩에 둘러싸여 있는 곳은 "누군가의 바닥이자 천장"이다. 바로 그곳에서 나와 닮은, "영락없는 내가 살고 있다". 시인은 우리에게 이른다. 의식주의 기억들과 밥 아닌 밥으로 어린 명을 이어 본 삶들을 잊지 마라. "잊지 마라 그런 일, / 우리가 언젠가 한번은 꼭 살았을 것 같은"(「피그미 마을」). 정병근은 이 시집에서 우리가 쉽게 잊어버린, 혹은 잊어서는 안 될, 어머니와 가난과 바글거림, 그리고 개가 흘레붙고 있는 한낮의 골목, 혹은 비 오는 강에 떠서 수면 밑으로 부지런히 발을 내젓는 오리들이 있는 가난의 풍경의 풍경들과 그것의 안쪽에 깃드는 "비릿하고 물컹한 그 무엇"(「식후」)의 내력들을 꼼꼼하게 적는다.

연애의 풍경

김행숙의 근작시들

1. 소녀들

김행숙은 지금까지 두 권의 시집을 냈다. 『사춘기』(문학과지성사, 2003)와 『이별의 능력』(문학과지성사, 2007)이 그것이다. 그의 시에는 소년과 소녀들, 여자들, 그리고 귀신들이 어울린다. 소년과 소녀들은 다 자라지 못한 욕망 안에서 어리둥절해 하고, 여자들은 엄마와 언니들일 텐데 그들은 미용실 같은 곳에서 잡담을 하며 조금씩 음탕한 모습을 드러낸다(「사춘기 1」, 『사춘기』). 귀신들은 이 소년과 소녀들, 여자들이 거울이라는 문턱을 넘어서서 다른 세계로 도망갔을 때의 다른 이름이다(「귀신 이야기 1」, 『사춘기』). 소녀들의 시간이 현재고, 여자들의 시간이 소녀들이 살아내야 할 미래라면, 귀신들은 소녀의 현재 속에서 공전하는 미래다. 이 시세계의 주인공들은 그 무엇도 되지 않고 늘 "무엇에 대한 직전直前"(「폭풍 속으로」, 『사춘기』)에만 머문다.

김행숙 시의 자리는 이상의 「오감도」와 이성복의 첫시집 『뒹구는 돌은 언제 잠깨는가』 사이에 걸쳐진 어디쯤 일 것이다. 이상이 「오감도」 연작시에서 자연과 사회를 지우고 들어앉힌 것은 욕망의 가역반응可逆反應이다. "13인의 아해들"이 막다른 골목을 향해 질주하는 풍경은 분열증적 욕망에 대한 불가해한 조응이다. 이상은 폐쇄회로와 같은 식민지로 전락한 국가의 강고한 현실 앞에서 무너지는 분열증적 욕망을 드러내보였다. 도망가는 "13인의 아해들"이란 현실이란 환상극장에서 무수한 '나'로 분열하는 연기를 하는 자아의 표상이다. 이성복이 저질러버린 군부 독재의 뒤안길에 폐품처럼 나뒹굴며 그 고통과 치욕의 견딤에 대하여 노래할 때 그 이면에는 현실로써 살아지지 못한 욕망의 던적스러움이 파열하듯 드러난다. 이성복의 초기 시에는 자연은 지워져 있고 사회는 희미하게 드러나 있다. 그 사회는 "병든 사회"인데, 이성복은 그것을 "유곽"이라고 뭉뚱그려 명명한다. 이성복은 그 "유곽"의 타락한 풍속에 날선 비판으로 나아가지 않는다. 황지우 시는 비판의 가장 낮은 단계인 냉소와 야유를 수사학의 범주에서 드러내지만 이성복의 시에서 그 점을 찾아보기는 힘들다. 그 대신에 이성복은 모두 병들었는데 아무도 아파하지 않는 사회에서 저 혼자 아파하는 자아를, 그 자아가 겪는 고통과 치욕에 대해 노래한다. 이상과 이성복은 법과 관습과 제도들, 그것들이 만드는 기성의 윤리에서 반윤리의 세계로 도망간다. 이때 반윤리는 패륜이 아니다. 그것은 기성의 윤리가 찾아내지 못한 윤리에 대한 특이점을 말한다는 맥락에서 새로운 윤리의 발견이다.

거대서사를 거부한다는 점에서 김행숙의 시들은 이상과 이성복과 같은 시적 혈통이다. 이상과 이성복이 그랬듯이 김행숙의 시에서도 자연과 사회는 상상력에 어떤 촉매가 되지 못한다. 시인이 도덕적 당위에 대한 강박이나 세상을 바꾸려는 열정과 무관한 자리에서 놀고 있다는 뜻이다. 자연과 사회를 지우고 그 자리에 "불가사의에 흡수되는 시간, / 거대한 고양이"(「고양이군의 25시」, 『이별의 능력』)라는 이름으로 불리는 이 낯선 세계의 이야기를 품는다. 더 정확하게 말하자면 여성이 되기 이전의, 사춘기 소녀의 마음이 품은 풍경에서 발화된 이야기를 품는다. 사춘기 소녀의 눈에 비친 세계는 낯선 기미들로 가득 차 있다. 김행숙의 시들이 낯선 기미들로 가득 차 있는 이 세계에 자아의 뿌리를 내리고 노래할 때 세계는 혼돈 그 자체다.

혼돈은 질서의 피로가 극에 달한 상태이다. 질서가 나아간 끝 간 데를 혼돈이 차지한다. 혼돈은 무질서가 아니라 질서의 질서이며, 질서와 질서가 뒤섞여 흐르는 소용돌이일 것이다. 질서는 이 소용돌이 속에서 새로운 질서로 나아간다. 김행숙의 시들은 이 혼돈 속에서 제 마음이 나아간 자취를 따라간다. 이 소녀의 마음이 품은 풍경들은 "무릎이 반짝일 때 / 우리는 양팔을 벌리고 한없이 다가간다"(「다정함의 세계」, 『이별의 능력』)라고 할 때의 "둥근 입술"과 "투명해지는 한쪽 귀" 등과 같은 환유의 고리들로 이어지며 사랑스런 느낌으로 충만한 "다정함의 세계"인 것이다. 김행숙은 눈처럼 하늘에서 떨어진 사춘기 소녀들이 만드는 여성 서사에 동화적 판타지를 겹친다. 「다음날」에는 "드디어 내 발은 어디에도 닿지 않고"라는 구절이 나온다. 발이 공중에 떠 있는 것이다. 이 소녀는 "빛보다 빠른 버스"를 타고 공중을 날아다닌다.(『이별의 능력』) 소녀들의 눈에 비친 이 세계에는 아무것도 확정적인 것은 없다. 세계의 불확정성은 실은 '나'의 무의식과 욕망의 불확정성이 세계에 투사된 것에 지나지 않는다. 그러므로 '나'와 세계는 동시에 기이하고 모호하다.

2. 미용실과 유령 간호사와 틈들의 세계

여기 김행숙의 신작시 다섯 편이 있다. 2009년도 노작문학상 수상작으로 결정된 작품들이다. 이 시들은 낯설고 아름답다. 김행숙 시의 낯선 발화를 따라가면, 독자들은 '나'의 자아를 여러 개로 쪼개는 거울의 방인 "미용실"(「머리카락이란 무엇인가」), "오늘 새벽에 나는 네 꿈의 표면에서 땀을 닦아주는 천사야"라고 속삭이는 "유령 간호사"(「유령 간호사」), 그리고 "나는 믿을 수 없다. 나는 마룻바닥을 내려다보고 있다. 은빛 칼처럼 빛이 쑥 올라오는 틈새가 있다."(「어두운 부분」)에서 슬쩍 보여주는 "틈"들로 이루어진 기이한 상상의 세계와 만난다. 이 기이한 상상을 통하여 시인은 한없이 애매해지는 자아에 대하여 말한다.

기이하지 않습니까. 머리의 위치 또한.

목을 구부려 인사를 합니다. 목을 한껏 젖혀서 밤하늘을 올려다보았습니다. 당신에게 인사를 한 후 곧장 밤하늘이나 천장을 향했다며, 그것은 목의 한 가지 동선을 보여줄 뿐, 그리고 또 한 번 내 마음이 내 마음을 구슬려 목의 자취를 뒤쫓았다는 뜻입니다. 부끄러워서 황급히 옷을 주워 입듯이.

당신과 눈을 맞추지 않으려면 목은 어느 방향을 피하여 또 한 번 멈춰야 할까요. 밤하늘은 난해하지 않습니까. 목의 형태 또한.

나는 애매하지 않습니까. 당신에 대하여.

목에서 기침이 터져 나왔습니다. 문득, 세상에서 가장 긴 식도를 갖고 싶다고 쓴 어떤 미식가의 글이 떠올랐습니다. 식도가 길면 긴 만큼 음식이 주는 황홀은 천천히 가라앉을까요, 천천히 떠나는 풍경은 고통을 가늘게 늘리는 걸까요, 마침내 부러질 때까지 기쁨의 하얀 뼈를 조심조심 깎는 중일까요. 문득, 이 모든 것들이 사라져요.
소용없어요, 목의 길이를 조절해봤자. 외투 속으로 목을 없애봤자.
그래도 춥고, 그래도 커다란 덩치를 숨길 수 없지 않습니까.

그래도 목을 움직여서 나는 이루고자 하는 바가 있지 않습니까. 다리를 움직여서 당신을 떠나듯이. 다리를 움직여서 당신을 또 한 번 찾았듯이.

―「목의 위치」

「목의 위치」는 김행숙 시의 낯선 발화법을 잘 보여준다. 시인은 목의 형태와 위치 변화를 관찰하며 그것을 빌어 연애의 현존에 대해 말한다. 실로 김행숙만이 쓸 수 있는 이상한 연애시다. 시인은 "나는 애매하지 않습니까. 당신에 대하여."라고 말하는데, 그것이 애매한 것은 욕망의 대상인 '당신'이 곧 '나'의 욕망의 주체인 까닭이다. '나'의 욕망 속에서 '나'는 결여되어 있고, 타자인 '당신'과 '당신'의 욕망이 그 결여를 채우고 있다. '나'의 욕망함에는 욕망의 존재인 '나'는 없고(이미 '나'는 '저편'으로 가버렸다), 그 결여 속에는 '당신'의 욕망함만이 눈뜨고 있는 것이다. 자, 시의 문면을 따라가 보자. 시인은 머리의 위치는 기이하다고 쓰는데, 머리의 위치는 곧 목의 형태와 위치에 의해 결정되기 때문이다. 목의 형태, 위치, 길이는 어떻게 바꾸어 보든 애매하다. 그 애매성은 세계에 대한 '나'의 애매성이다. 물론 목을 구부려 당신에게 인사를 할 수도 있고, 목을 뒤로 젖혀 밤하늘이나 천장을 바라볼 수도 있지만 그것들이 보여주는 마음의 풍경과 내 마음의 지향이 언제나 일치하는 것은 아니다. 이를테면 목을 외투 속으로 숨겨 보았자, 추위는 그대로 남고, 커다란 덩치를 숨길 수도 없다. "목을 움직여서 나는 이루고자 하는 바"가 있다고 쓸 때 시인은 목과 관련된 욕망이 있음을 굳이 숨기지 않는다. 목이 제 안에 숨기고 있는 "긴 식도"는 미식의 황홀에 대한 숨은 욕망의 은유로 읽힌다. "긴 식도"란 실은 안 보이는 목인 것이다. 그러므로 늘 목의 위치('나'라는 존재의 위치)와 마음의 지향('나'의 욕망함) 사이에는 틈(타자의 욕망함)이 있는데, 이 틈을 시인은 애매하다고 쓰는 것이다.

3. 거울 앞에서 분화하는 소녀들

빨강과 검정 사이에서 너의 머리카락은 매일매일 자랍니다. 눈이 가장 밝은 사람도 머리카락이 자라는 순간을 본 적이 없습니다. 그리고 눈이 어두운 우리에게 머리카락은 한 달 후에 자라는 것입니다. 머리카락에 대하여…… 너의 눈빛에 대하여…… 나의 마음에 대하여…… 어느 날 한 달 후에 알게 되는 것들. 나는 그럴 줄 몰랐어, 그렇게 말했습니다. 나는 그럴 줄 알았어, 그렇게 말해도 똑같은 것이 있습니다.

나는 머리카락에 대하여 의문을 품었습니다. 나는 너처럼 너는 나처럼 거울의 혼동이 가득한 곳. 세상의 모든 미용실은 기이합니다. 14세기의 가위가 전승되는 곳에서 도구들은 발전의 발전을 하였습니다. 미용실에서 지구인이 외계인인 척하며 걸어 나오고 외계인이 지구인인 척하며 걸어 나와서… 우리는 하나다, 그렇게 말했습니다. 우리는 둘이다, 우리는 셋이다, 우리는 넷이다, 우리는 다섯이다, 그렇게 말해도 똑같은 것이 있습니다. 우리는 각각의 침묵으로 돌아갔습니다. 각각의 침대에 누웠습니다. 어둠 속에서도 보이는 것들이 있었습니다.

왜 머리카락은 끝없이 자라는가. 성기를 감추듯이 머리카락을 감춘 여인들이 사랑하고 슬퍼하고 투쟁하는 이야기를 밤새 읽었습니다. 아침이 밝자 소설의 문장처럼 나는 너의 머리카락을 만지고 싶었습니다. 나는 잘못 읽었어요. 나는 못 읽었어요. 어쨌든! 나는 읽었어요. 머리의 반쪽은 비밀로 가득 차 있습니다. 왜 머리카락은 시간처럼 시간처럼 끝없이 자라는가. 왜 머리카락은 정치적인가. 마침내 누가 내 머리카락을 해석하는가.

—「머리카락이란 무엇인가」

분명하게 해석되지 않는 기이하고 모호한 세계 앞에서 소녀들은 수많은 의문을 품은 채 머뭇거린다. 「머리카락이란 무엇인가」에서는 "머리카락에 대하여 의문"을 품고, "왜 머리카락은 끝없이 자라는

가"라고 묻는다. 세계가 해석되지 않음으로 내 마음의 지향이 애매해지기 때문에 이런 물음들이 생겨난다. 아주 쉽게 말하자면 「머리카락이란 무엇인가」미용실에 가서 머리카락을 자르는 얘기이다. 김행숙은 이 평범한 소재를 전혀 평범하지 않은 방식으로 풀어놓는다. 소녀의 눈에 비친 "세상의 모든 미용실들"은 "기이"하다. 미용실은 사방이 거울로 장식된 실내다. 거울, 환영적 동일성을 생산하는 기계들! 미용실은 거울이 만드는 불가해한 비밀들로 가득 차 있는 곳이다. 그곳에서 엄마와 언니들의 수다가 꽃피고, 그 수다 속에서 여성―되기 서사가 수태된다. 또 한편으로 미용실은 거울과 가위 같은 도구들의 세상이다. 도구들은 "발전의 발전"을 하며 진화하는 것들의 표상이다. "미용실에서 지구인이 외계인인 척하며 걸어 나오고 외계인이 지구인인 척하며 걸어 나와서…… 우리는 하나다, 그렇게 말했습니다. 우리는 둘이다, 우리는 셋이다, 우리는 넷이다, 우리는 다섯이다, 그렇게 말해도 똑같은 것이 있습니다. 우리는 각각의 침묵으로 돌아갔습니다. 각각의 침대에 누웠습니다." 그곳은 "거울의 혼동이 가득한 곳"이다. 거울의 혼동? 거울은 무수한 '나'를 복제한다. 하나인 '나'를 작게 쪼개서 둘로, 셋으로, 넷으로, 다섯으로 만든다. 거울은 하나인 '나'를 무수한 '나'로 복제하고 분화하는 기이한 물건인 것이다. 거울의 효과는 자기와 이미지의 분리인데, 이로 인해 자아의 소외와 파편화가 일어난다. 이렇듯 거울은 '나'를 둘러싼 견고한 자기동일성의 신화를 해체함으로써 상징계를 만들어낸다. 그러므로 사방이 거울로 이루어진 미용실은 거울에 비친 "파편화된 신체 이미지의 확장"(라캉)을 통해 질서의 세계에서 무질서의 세계로 탈주하기 좋은 문턱이다. 그 문턱을 넘어서면 반복하는 일상과는 분명하게 다른 세계가 펼쳐진다.

4. 욕망은 욕망의 징후다

'나'는 주체적 삶을 살아내는 존재가 되기 위해서 타자의 욕망이 만드는 관계망 안에서 '나'의 위치를 정립해야만 한다. 그런데 타자의 욕망은 늘 모호하고 예측불가능하다. 셰익스피어의 『햄릿』은 제 욕망이 타자의 욕망함에 얽매여 있다는 사실을 바로 보지 않음으로써, 즉 타자의 욕망이 만드는 관계망 안에서 작동하는 제 욕망을 보지 못함으로써 제 욕망 안에서 길을 잃은 자의 비극을 보여준다. 모든 '나'는 타자, 이 수수께끼 같은 '당신'의 욕망 앞에서 '나'를 결여한 채 외재화한다. 김행숙은 이 비극의 외재화를 이렇게 시로 쓴다.

지구가 돌아왔으므로
똑같은 일이 벌어질까
그렇다면 좋겠어
나는 최초의 인간들이 떨면서 기다리던 봄처럼

1년 후에
또 시작하고 싶어
반복하고
그렇지만 네게 욕하지 않을 거야
식물을 기르고
분갈이를 해줄 거야
죽이지 않을 거야

세상에서 제일 커다란 화분의 둘레를 알아?
네 질문은 언제나 난센스 퀴즈 같다
공원에 가자
산책로의 끝에서 내가 상상한 답을 들려줄게

같이 웃자

시장에 같이 가자
반복하고
반복해
1년 후에
같은 자리로 돌아오는 지구를 또 비추는 햇빛은
또 찡그리는 너의 이마 위에도

그렇지만 나는 웃으며
꽁치 한 마리를 네 눈앞에서 시계추처럼 흔들지
그렇지만 너는
1년 후에는 외국에 공부하러 갈 거라고 말하지

— 「1년 후에」

「1년 후에」는 시간의 경과가 가져오는 변화를 따라간다. 1년 후는 '나'와 '당신'의 근미래다. 그 근미래에 남는 것은 무엇인가. 모든 것의 반복이다. 1년이 지나면 지구는 같은 자리로 돌아온다. 이마에 닿는 햇볕은 따뜻해진다. 봄이 다시 돌아온 것이다. '나'는 다시 시작하고자 하는 욕망을 숨기지 않는다. 식물을 기르고 분갈이를 해주고, 나는 당신과 함께 시장엘 간다. 겉으로 보기에 시간의 순환과 함께 모든 일들이 변함없이 반복되는 것 같지만 미묘하게 그 반복에는 어긋나는 틈들이 생긴다. 당신은 "1년 후에는 외국에 공부하러 갈 거라고" 말한다. 이 예기치 못한 타자의 욕망이 드러내는 수수께끼 앞에서 '나'의 욕망은 어긋나고 여지없이 '나'의 바깥으로 나뒹그러진다. '나'의 나—됨은 '나'의 욕망함에 의해 구축되는 것일텐데, 그것 안에 '나'를 결여함으로써 '나'의 나—됨은 한없이 미루어진다. 거꾸로 보자면 내가 타자의 욕망에 의해 소외되듯이 타자들 역시 나의 욕망에 의해 소외를 경험할 것이다. 라캉의 언표가 정곡을 찔렀듯이 내가 생각하고 있는 곳에 '나'는 없다. 거기에는 욕망의 타자인 '너'도 없다. 다만 뜬금없이 던진 '너'의 물음, 즉 "세상에서 제일 커다란 화분의 둘레를 알아?"라는 말만 메아리로 떠돈다. 아울러 '나'가 사라진 현실에는 타자의 욕망에서 밀려난 '나'라는 기표들이 "난센스 퀴즈"처럼 떠돈다. 1년 후에. 우리는 함께 웃고, 먹고, 걷고, 그리고 각자의 길로 헤어질 것이다.

5. 나의 욕망함은 곧 너의 욕망함이다

랄랄라 나는 너만 보호하네, 너는 천사의 그런 속삭임을 듣고 싶다.

너는 지금 무척 아프고 헛것을 보고 있으니까. 헛소리를 하며 공중에 손을 휘휘 젓고 있으니까. 너는 계속 무언가를 부정하고 있는 것 같다.

너는 적대자들에게 둘러싸여 있는 것 같다. 꿈속에서도 그렇군.

오늘 새벽에 나는 네 꿈의 표면에서 땀을 닦아주는 천사야. 그것은 오래 전부터 해보고 싶었던 일이야. 땀이나 눈물 같은 것으로 손수건을 흥건하게 적시는 그런 일들.

그런 손수건을 쥐고 있으면 절대 외롭지 않을 것 같아. 너의 땀. 그리고 너의 눈물. 참 신기하게도 내 것과 똑같은 맛이 난다.

얼음주머니를 너의 뜨거운 이마 위에 올려놓고 나는 소곤거린다. 그렇게 작은 목소리는 네가 아주 가까운 데 있다는 걸 뜻한다. 듣는 사람이 없으니까 들을 수 없는 사람도 없겠지만 그래도 나는 조심하고 싶다.

잠든 사람들을 깨우지 않으려고 조심하는 발걸음 같은 것이 나의 마음이다. 그런 마음으로 나는 너만 보호하네.

나는 보일 듯 말 듯. 들릴 듯 말 듯. 나는 티를 내지 않는다.

너는 축 늘어졌구나. 그것은 쉬기에 좋은 자세야. 다시는 서서 걸어 다니지 않을 것처럼. 다시는 노동을 구하지 않을 것처럼. 너는 달콤해진다. 설탕물이 끓듯이.

왜 너의 쉬는 시간은 검은 사탕이 될 때까지 펄펄 끓어야 하는지. 나는 젖은 손수건을 쥐고서 검은 사탕은 총알을 닮았군, 그런 생각을 했다. 이유를 생각하면 항상 이상해진다.

그래도 나는 날개를 접고 생각한다. 이크, 이렇게 오래 머물다간 날개가 쓸모없어져버리겠군.

— 「유령 간호사」

우리는 욕망의 존재로서 산다. 이 거칠고 야만스러운 삶을 견디며 살아내게 하는 힘은 대부분 욕망에서 나온 것이다. 그러나 욕망은 나 자신의 그것과 타자의 그것이 뒤섞인 욕망이다. 온전히 내 욕망은 아니다. 오히려 내 욕망보다는 타자의 욕망을 훔쳐서, 마치 그것이 오래 전부터 내 것인 양 여기며 산다. 사실을 말하자면 사람은 제 욕망에 따라 사는 것이 아니라 타자의 욕망을 욕망하면서 사는 것이다. "너의 땀. 그리고 너의 눈물. 참 신기하게도 내 것과 똑같은 맛"이 나는 것은 그 때문이다. 예를들면 우리가 키스를 하고 싶은 순간은 내 안에 결여된 타자를 향한 무의식적 욕망의 발현이며, 동시에 내 존재 저편에 있는 타자의 욕망함을 방임함으로써 그 욕망을 훔치는 것이기도 하다. 이 "입에 들어온 설탕 같은 키스들"(파블로 네루다, 「젊음」)은 타자의 욕망이 만든 격동을 내 욕망 안에서 승인함으로써 타자의 욕망을 점유하는 행위다. 키스가 처음부터 내 것이었다면 그렇게 달콤했을 리가 없다. 이렇듯 키스는 내 욕망을 빌어 타자의 욕망을 살아내는 것이다. 김행숙은 이 키스를 "두 개의 목이 서로의 얼굴을 바꿔 얹을 때 / 내 얼굴이 너의 목에서 돋아나왔을 때"

(「숲속의 키스」, 『이별의 능력』) 이루어지는 것이라고 쓴다. 시인이 꿈꾸는 "다정함의 세계"란 키스들로 가득 찬 세계일 것이다. 김행숙의 소녀들은 겉으로는 순진하고 발랄하지만 속으로는 발칙하다. 어른이 되기 전의 순진함을 내면화하고 있으면서도 제 욕망이 타자의 욕망과 연루되어 있음을 이미 알고 있기 때문이다. "당신이 여자로 부르면 저는 여자로서 몰입하겠습니다"라고 할 때, 타자의 욕망을 빌어서 가까스로 나—됨의 삶을 세울 수밖에 없는, 존재의 하염없음을 드러내며, "제 꿈을 휘저으세요. 당신의 영화관이 되겠습니다."(「호르몬그래피」, 『이별의 능력』)라고 할 때 꿈과 무의식에 있는 내용물조차 타자의 담론과 타자의 낯선 욕망이 만든 것임을 고백하게 한다. 아마도 그런 연유에서 라캉은 사람의 무의식에는 "타자의 담론"이 들끓는다고 말했을 것이다. 김행숙의 시는 욕망의 풍경들에서 발화한다. 우리가 그 풍경에서 읽는 것은 기이하고 모호한 세계 안에 있는 순진하면서도 발칙한 모순형용의 모습을 하고 돌아다니는 소녀들의 욕망함이다. 아니 그 욕망함에 숨은, 혹은 그것과 섞인 타자의 무의식과 낯선 욕망함들이다. 누구도 눈여겨보지 않고, 노래하지 않은 그 미답의 영역에 대한 노래를, 메아리도 없는 노래를 홀로 불러온 김행숙의 노고에 대해 이번 노작문학상의 수상으로 작게나마 위로가 되기를 빈다.

늑대처럼 울부짖는

한우진의 시세계

"저녁이 되었다. 용서하라. 저녁이 된 것을!"
— 니체

1. 새

한우진의 시들은 흘러가버린 청춘을 위한 만가輓歌다. 청춘이란 덧없는 연애에 목숨을 걸기도 하고, 혁명을 위한 격문을 쓰느라 밤을 새기도 하고, 꿈과 현실의 경계에서 통음痛飮과 가무歌舞로 아픔을 달래기도 하는 나이다. 이를테면,

> 그대여 옷을 갈아입고 가을 내내 흐른 시냇물에 발목을 담갔습니다 그러므로 밀감 냄새나는 개울물, 야윈 별이 떠서 서쪽으로 쓸리고 새벽까지는 제 사춘기 남루를 씻었습니다 비로소 감나무 그림자가 깔리는 그 집 마당엔 달빛이 발자국으로 남을 것입니다 달빛에 채이며 그대를 보채던 창호지그리움은 아예 개울물에 적셨습니다 그대여 이제는 부서질 대로 다 부서진 다름 어느 풀잎 하나에도 맺히지 않고 물방울로 그대 시린 손바닥에 이르겠습니다 그리하여 산은 제 모가지를 끝까지 물들이고 우유빛깔 흉터를 밤에 남길 것입니다
>
> —「회복」 전문

「회복」 같은 시를 읽을 때, 그의 상상력이 탈정치적이며 과도한

탐미본능에 의해 움직인다는 사실을 재빨리 알아챈다. 밀감 냄새나는 개울물, 야윈 별, 사춘기 남루, 발자국으로 남는 달빛, 달빛에 채이며 보채던 그리움…… 같은 어사는 낭만적 청년이 보여주는 전형적인 상상력의 산물이다. 아직 만개에는 이르지 못하고, 지는 일은 먼 미래의 일인데, 벌써 몰락의 징조들을 선취해서 우울의 근거로 삼는 하염없는 자들! 청춘이란 쓸데없는 우울과 근심을 지고 사막을 건너가는 낙타이다. 처음 부딪친 세상의 단단함에 말랑말랑한 자아는 상처를 받고, 그 상처 때문에 또 다른 상처를 만드는 것도 청춘의 일이다. 청춘의 나이를 훌쩍 지나 중년에 안착한 한우진은 여전히 길들여진 개가 아니라 거친 숲속에서 울부짖는 늑대로 산다. 늑대란 "자신을 하나의 운명으로 받아들이고, 더 이상 다른 것을 기다리지 않는"(니체) 존재의 다른 이름이 아닐까? 한우진은 푸릇한 상상력과 과잉의 열정, 그리고 순도 높은 탐미본능으로 세상을 꿈꾸며 지나가는 청춘이다. 그런 까닭에 시인의 상상세계에서 펼쳐지는 춤과 술에의 도취, 가볍게 나는 것, 높이 올라가는 형이상학적인 것에 이끌리는 삶, 상승하는 힘에의 예찬은 청춘의 징후이다.

> 발치에 떨어진 새의 노래를 끌어올려 높은 데로 보내려고 나무는 서서 버티는 것인데 꼿꼿하게 수직으로 버티는 것인데, 그리하여 새는 옆으로 나는 것이다 나무의 고통을 전하러 멀리멀리 수평으로 날아갔다가 돌아오는 것이다 가령, 벌목꾼들이 나무를 쪼개거나 숨통을 조이면 거기서 으름씨로 쏟아지는 촘촘한 새의 고백록을 발견하게 되는 것인데 간혹, 숲을 빠져나오지 못한 벌목꾼은 새의 통곡을 뼈저리게 듣기도하는 것이다
>
> —「나무와 새」 전문

「나무와 새」는 나무의 수직성과 새의 수평성이 엇갈려 만든 십

자가에 대해 노래한다는 점에서 청춘의 어떤 기미와 관련이 있다고 본다. 물론 십자가는 고통의 상징물이다. 나무가 지하로 뿌리를 내리고 하늘로 가지를 뻗는 수직의 붙박이 인생의 표상이라면 새는 솟구쳐오르는 본성, 혹은 뿌리 없이 자유롭게 날아다니는 공기의 정령精靈이다. 공기의 탄력을 발뒷꿈치로 받으며 나는 새들에 매혹당하지 않는 청춘이 어디 있으랴! 그것은 이루지 못한 청춘의 꿈을 품고 공중에서 자맥질하는 요정이다. 나무가 수직으로 서 있는 것은 새의 노래를 더 높은 데로 보내기 위함이다. "새의 노래를 끌어올려 높은 데로 보내려"는 나무와 "나무의 고통을 전하러 멀리멀리 수평으로 날아갔다가 돌아오는" 새의 관계는 한 자아 안에 있는 멈춤/운동성, 하강/상승, 가벼움/무거움의 모순형용을 드러낸다. 나무는 나이테로 기록하고, 새는 소리로써 제 현존을 알린다. 나무를 쪼갰을 때 그 안에서 쏟아져나오는 "촘촘한 새의 고백록"을 발견하고, 숲을 빠져나오지 못한 벌목꾼들은 "새의 통곡"을 듣는다.

새의 이미지를 여러 편의 시에서 발견하는 것은 이상한 일이 아니다. "새와 구름이 서로 닮아가는 것은 추위 탓만이 아니다. 꿈을 씹다가 강가에서 뱉었지만 추억의 흔적은 없고 강은 얼음을 잃었다. 이제 강은 사랑을 말하기엔 적소가 아니다."(「봄강에 채우는 얼음 혹은 온더록스」), "새가 요염을 구슬릴수록 나는 / 자두나무가지를 오르락내리락하는 / 물의 노동자 / 한 번도 드러난 적 없는 체위"(「아우구리움」) 같은 구절들을 보면 시인의 상상세계 속에서 새의 이미지에 대한 편애가 있음을 알 수 있다. 새의 이미지들이 나타날 때 실재reality의 밀도는 줄고, 환상성은 커진다. 이를테면 "책을 열어주는 나무"는 대지의 지혜를 쓰다듬는데, 그 "지혜의 머리칼"을 먹잇감으로 삼는 새들은 제 "깃털 속에서 어둠이 돋아나는 것을 알아채고 그것을 퍼트렸다". 그 나무와 새들을 노래할 때 시인의 목소리는 신화 전달자의 그것으로 바뀐다(「포폴부」).

구름 때문에 바지가 흘러내렸다
문장 하나가 완성되자
꿀에 가까워지는 여자들,
늑골 사이로 저녁놀이 삐죽거린다

만조에 다다른 밀밭의 아랫도리,
여름의 발굽이 잇다홍을 퍼트린다
어떤 문장이 증발하기 전에
모자를 벗고 모자에
유두만 골라 따 담았다

— 「딸기」 전문

한우진 상상세계에서 '새'는 "꿀에 가까워지는 여자들"과 동종同種이다. 그들은 가볍고, 지저귀고, 사랑스럽다는 점에서 닮아 있다. 바지는 구름 때문에 흘러내리고, 저녁놀은 늑골 사이로 삐죽거린다. 밀밭의 아랫도리는 만조에 다다르는데, 성애를 암시하는 이 구절들은 어떤 문장들의 완성과 상관이 있다. 시의 화자는 "어떤 문장이 증발하기 전에" 제 모자를 벗어 딸기밭의 "유두만 골라 따 담"는다. 사랑의 행위와 문장을 완성하는 것은 미적 쾌락의 범주에서 동일한 것이라는 얘기를 하는 걸까? 그 시적 비약이 쉽게 납득이 되지 않지만 '새'와 '여자들'은 동일한 겹쳐지고, 「아우구리움」에서 "새가 집요하게 지저귈수록 나는 / 당신이 모르는 체위 / 꿈속에서도 나타난 적이 없는 체위"라는 구절을 보면 '새'의 지저귐과 사랑의 체위는 무의식의 층위에서 상관관계가 있다.

2. 춤

니체는 웃음과 춤과 놀이가 가진 형이상학을 가장 잘 이해한 철학자였다. 그는 "그대들 자신을 넘어서 웃는 법을 배우라!"고 권유하고, 그가 발명한 초인인 "차라투스트라는 춤추는 자고 가벼운 자"라고 단정했다. 특히 춤은 니체의 사유에서 없어서는 안 될 은유이다.[1] 어느 날 저녁 차라투스트라는 제자들과 함께 숲속을 가로질러 샘을 향해 가고 있다가 푸른 풀밭에서 소녀들이 어울려 춤을 추고 있는 광경을 보았다. 소녀들은 낯선 사람들을 보고 춤을 멈췄다. 그 때 차라투스트라는 이렇게 말한다. "사랑스러운 소녀들이여, 멈추지 말라! (중략) 발놀림도 경쾌한 자들이여, 내 어찌 신성한 춤에 적의를 품을 수 있겠는가? 내 어찌 예쁜 복사뼈를 가진 소녀들의 발에 적의를 품을 수 있겠는가?"[2] 한마디로 니체가 찾아낸 초인의 조건은 웃는 자, 춤추는 자, 놀이하는 자다. 춤은 대지의 무거움을 공기의 가벼움으로 바꾸고, 웃음은 고통의 무거움을 기쁨의 가벼움으로 바꾸고, 놀이는 노동의 무거움이 끌어당겨 낮아진 존재를 가볍게 해서 높이 떠오르게 하는 그 무엇이다. 웃음과 춤과 놀이는 어린아이들의 전유물이기도 하다. 어린아이란 "천진난만이요, 망각이고, 새로운 시작, 하나의 놀이, 스스로의 힘에 의해 굴러가는 수레바퀴, 최초의 운동, 그리고 무엇보다 신성한 긍정"[3]이기 때문이다. 춤은 새나 어린아이와 같이 가벼움을 익힌 자들이 대지에 부여한 새로운 이름이다. 그 반대편에 낙타가 있다. 낙타는 무거운 짐을 지고 사막을 가로지른다. 말할 것도 없이 낙타는 대지의 수고와 그로 인해 생겨나는 모든 피로들을 떠안고 가라앉는 존재들을 가리킨다. 수고는 현재에 대

1) 알랭 바디우, 『비미학』, 장태순 옮김, 이학사, 2010
2) 니체, 「춤에 부친 노래」, 『차라투스트라는 이렇게 말했다』, 정동호 옮김, 책세상, 2000
3) 니체, 앞의책

한 '유죄 판결'이며 노동과 대지에의 '예속'이다. 왜 그럴까? 한 철학자는 이렇게 설명한다. "수고는 피할 수 없는 하나의 현재로서의 순간을 떠맡기 때문이다. 수고는 이 영원성 — 이 영원성을 향해 수고는 열려 있다 — 에서 벗어나지 못한다는 하나의 불가능성이다. 왜냐하면 수고는 전적으로 순간을 떠맡고 있고, 순간 속에서 수고는 영원성의 진지함에 직면하기 때문에, 즉 수고는 유죄 판결이기 때문이다."[4] 그 수고, 그 유죄 판결에서 자유롭게 된 자리에 춤은 피어난다.

그 시절에는 토슈즈, 코르셋, 그리고 노을이 있었다. 새들은 검었으며 장미는 로댕 앞에서 피었다. 발은 물결에 놓이고 불에 덴 아이들이 있었다. 지금은 오후 세시 같은 사내가 제일 형편없지만 그 시절 오후 세시에 이사도라 던컨은 신났다. 무용학교는 다른 학교가 문을 닫는 오후 세시에 봄이 하늘에 굵은 립스틱 한 줄을 긋는 것처럼 색색하게 열렸다. 그녀는 외쳤다. "바다—행복" — 물결 위의 소녀, 밤의 리듬인 별, 어둠의 세력인 별, 관능에 몰두하는 바람이 있기에 바다야말로 인간의 몸짓과 가장 깊숙이 관련돼 있다고 할 수 있을지니.

물방울이 떨어지는 춤을 추는 무용가와 흐르는 춤을 추는 무용가가 있다. 우리는 잔을 채울 시간이 부족한 채로 옷만을 적시고 부당하게 된다. 자체로 흐르는 무용가에게서 드디어 잔을 가득 받는다. 그녀의 스카프가 바람에 날리듯이 책이 쓰러져 니체의 문장이 쏟아진다. '열정의 변호인' — 우리가 든 차가운 잔에 뜨거운 물. 그리고 한 페이지가 넘어간다. '눈의 가르침이 귀의 가르침보다 더 중하고 귀한지고!' 머리를 푸는 이사도라블즈 — 자연의 상속자들.

4) 에마뉘엘 레미나스, 『존재에서 존재자로』, 서동욱 옮김, 민음사, 2003

칠흑의 마루에 항아리가 구른다. 편도선이 부은 장마가 긴 목을 뽑아 올리고 있다. 의인화하지 말아야지, 변비에 좋은 시는 자두, 신경질적인 자두라도 자두는 자두, 변비에 좋은 시. 무용학교에서 건너편 풍금아파트에 불이 하나 둘 켜지고 구름엘리베이터가 내려온다. 수사하지 말아야지, 숨쉬기에 좋은 시는 자연, 아무리 어눌한 자연이라도 자연은 자연 숨쉬기에 좋은 시. 칠흑의 마루에 숄이 미끄러진다. 턱을 괴고 있던 이사도라가 벌떡 일어나 시를 춤춘다.

(중략)

그 시절에 새들은 검었으며 다들 아이를 낳기 전에 결혼했으며 영향 받기를 거부한 새에겐 비난이 덮쳤다. 모욕이 뒤섞였다. 딸을 낳자 도나우 강기슭에서. 아들을 낳자 에세닌. 고든! 장미꽃잎을 흩뿌려라. (그녀의 몸은 불덩이로 변해 이글거렸다) 봄 바다로 뛰어들기 전에 그녀는 율동의 샘에서 목을 축였다. 탐욕이 오기 전에 모독이 가해지기 전에, 그녀는 처음인양 뛰어올랐다. 북소리가 들리고 푸른 공기 속으로 그녀의 육신이 명주고름처럼 스르르 풀렸다. 그녀는, 그녀의 몸은 춤의 정신에 이르는 도구에 지나지 않았다.

— 「무용학교」의 일부

「무용학교」에서 '춤'은 '시'와 하나다. 전설의 무용수 이사도라 던컨이 벌떡 일어나 "시를 춤춘다"고 하지 않는가! "그 시절에는 토슈즈, 코르셋, 그리고 노을이 있었다. 새들은 검었으며 장미는 로댕 앞에서 피었다. 발은 물결에 놓이고 불에 덴 아이들이 있었다."라고 시작하는 이 시는 인생의 가장 찬란한 한때 "무용학교" 시절, 다름 아닌 청춘의 빛남에 바치는 찬탄의 시다. 춤은 여러 신체 동작 중에서 "물질적이고 육체적인 본질을 표현하고 찬양한다. 춤은 그 찬양의 일부로서 성성sexuality을 찬미하고 고귀하게 하며, 그 형식과 동작은 생명에 필요한 힘들과 조화를 이루고 그 힘들을 상징한다."[5] 춤추는 신체에 새겨진 것은 "복종과 명령의 재빠른 수행"(니체)에서 벗어난 그 무엇에도 강제되지 않은 자발성이다. 춤은 발끝으로 온몸의 하중을 지탱하고 가볍게 서 있거나 아무 무게를 갖고 있지 않은 듯 바닥에서 솟구쳐올라 찰나를 구름처럼 공중에 떠 있다. 그때 몸은 "속박에서 풀려난 공기 같은 몸, 수직적인 몸"(알랭 바디우)이다. 분명히 춤에 대한 은유로 읽히는 "칠흑의 마루에 항아리가 구른다. 편도선이 부은 장마가 긴 목을 뽑아 올리고 있다. 의인화하지 말아야지, 변비에 좋은 시는 자두, 신경질적인 자두라도 자두는 자두, 변비에 좋은 시. 무용학교에서 건너편 풍금아파트에 불이 하나 둘 켜지고 구름엘리베이터가 내려온다."와 같은 구절은 하염없이 아름다운 것에 매혹당하는 시인의 상상력을 잘 펼쳐 보여준다.

춤은 "물결 위의 소녀, 밤의 리듬인 별, 어둠의 세력인 별, 관능에 몰두하는 바람"의 이미지를 부른다. 그리고 무용하는 소녀들에 '새'의 이미지가 슬그머니 겹쳐진다. 보라, "그 시절에 새들은 검었으며 다들 아이를 낳기 전에 결혼했으며 영향 받기를 거부한 새에겐 비난이 덮쳤다." 춤은 가벼운 자들의 전유물이며, 소녀들과 '새'들은 중력의 악령들이 건드리지 못하는 가벼움과 상승의 딸들이다. 무엇보다도 춤은 중력의 악령에 사로잡힌 몸의 물질성에서의 해방이다. 그런 까닭에 춤은 솟아오르는 샘, 나는 새, 공기가 품은 내밀한 운동성이다. 그것들은 중력의 악령을 무너뜨리는 이미지들의 계열에서 한 몸이다. 춤은 중력의 악령을 무너뜨린 뒤 대지를 공기와 같은 그 무엇으로 바꾼다. 공기 안에서 중력의 끌어당김을 끊어버린 몸은 가볍게 떠오른다. 가볍지 않다면 솟구치거나 날거나 대지 위에 떠 있을 수 없다. 그런 맥락에서 가벼움은 중력의 곤경을 공기의 기쁨으

---

5) 엘렌 디사나야케, 『미학적 인간 — 호모 에스테티쿠스』, 김한영 옮김, 예담, 2009

로 전환하는 춤의 필요조건인 셈이다. 그렇다면 가벼움이란 무엇인가? 가벼움이란 "몸이 스스로를 매여 있지 않은 몸으로 드러내는 능력이라고, 자기 자신에게도 매여 있지 않은 몸으로, 다시 말해 자신의 충동조차도 거역하는 몸으로 드러내는 능력이라고" 이해해야 한다. 춤은 빠름으로 실현된 운동성 속에 숨은 느림의 드러냄이다. 춤은 찰나 속에서 현현하는 놀라움 그 자체다. 그것은 중력의 지배에서 벗어나는 순간에서조차 중력의 위력에 포박된 제 몸을 찰나 속으로 높이 솟구쳐 오르게 한다. 그것은 중력에서 벗어나되 여전히 벗어남의 유보 속에 머물며, 당을 벗어나 높게 솟구쳐오르되 여전히 그 솟구쳐오름 안에 땅에 주박된 몸을 위치시킨다. 춤은 찰나 속에서 나타나는 영원함이고, 빠름 안에 숨은 느림이며, 움직임 안에 숨은 움직이지 않음이다. 그러므로 "춤은 어떤 경지에 이른 극도의 민첩함 속에서 숨겨진 느림을 드러내며, 그 느림 속에서는 일어나는 일과 그것의 유보가 서로 구별할 수 없는 것"[6]으로 나타난다.

무용학교에서
필요한 것은
신발이 아니라 리듬이잖아
코르셋의 끈을
잘라내고
날개를 달아야겠어

— 「무용학교」 부분

「무용학교」에서 시행들이 짧게 끊어지면서 계단 형태로 비스듬히 배열된다. 이는 춤의 동작을 암시하는 것으로 보인다. 리듬에 맞춘 걸음걸이, 춤출 때의 스텝들. 춤추는 자들은 제가 춤을 추는 것이

6) 알랭 바디우, 앞의책

아니라 어떤 힘에 의해 춤으로 떠밀려들어온 느낌에 빠진다. 춤추는 자들은 어느 순간 절대의 도취와 감흥 속에서 제 인격적 개별성을 잃어버린다. 그것은 어디로 가는가? "무용학교를 / 빛나게 하는 건 / 태양에스컬레이터에서 내리는 신들의 출근"이라는 구절은 수사修辭의 과잉이라는 느낌이 없지 않으나 어쨌든 춤이 "신에게 봉헌된 것"(휠덜린, 「빵과 포도주」)이라는 관념을 일깨운다. 이것은 "춤은 철학자의 이상이며 그의 예술이고, 궁극적으로는 또한 그의 유일한 신앙이며 '신에 대한 그의 봉사'"(니체, 『즐거운 학문』)라는 니체의 언급과도 일치하는 바다.

3. 숲

한우진의 가장 좋은 시편들은 그 시적 자양분을 '가족'에게서 길어낼 때 나온다. 어머니·아버지·형·아내·딸들이 나올 때 그의 시편들은 상상력의 기초대사基礎代謝에서 풍부함과 윤택함을 드러낸다.

> 아버지는 북이다 한 번도 북을 두드려보지 못하고 불을 향해 누웠다 나는 생전의 아버지 앞에서 한 번도 북을 위로 놓고 지도를 펴보지 않았다 북을 발밑에 깔고 남으로 서울을 지나 괴산, 충주를 손톱으로 눌렀다 피 묻히고 얼룩진 자리가 고향이 아닌가요, 나는 우기고 싶었지만 아버지는 북을 따뜻한 남쪽으로 그리워했다 형편없는 마당이었지만 목련은 피었다 목련은 남을 등지고 북으로만 꽃을 피웠다 아직 맺히지도 못한 나는 아버지 등을 돌려보세요, 이쪽이 따뜻한걸요, 남풍이 불어도 아버지는 북을 향해 단추를 풀었다 북창이 많은 집일수록 아버지는 값을 높게 쳐주었다 내가 북리北里에 편지를 써대기 시작할 무렵 북관에서 새들이 날아올랐다 그것 보

렴, 두드릴 수 있다니깐 그러나 새들은 얼음덩어리로 북적거렸다 아버지는 누가 두드려주지 않는 북처럼 윗목에 놓여졌다 아직도 아버지는 북이다 어김없이 올해도 나는 북을 향해 아들과 함께 절을 하였다 아버지 북 받으세요,

—「북」 전문

「북」에 따르면 아버지의 고향은 북쪽이다. 그가 북을 떠나 고되게 몸을 부린 곳은 괴산, 충주 등이다. 그는 남쪽에 와서도 태어난 자리인 북쪽을 그리워한다. "북창이 많은 집일수록 아버지는 값을 높게 쳐주었다"라는 구절은 그 그리움의 깊이를 암시한다. 이 시에서 '북'은 방위를 지시하는 북北이며 동시에 두드리는 북이다. 아버지는 아무도 두드려주지 않는 북이다. 그의 아버지는 실향민이고, 그 탓인지는 모르나 그의 가족은 가난했던 모양이다. "군데군데 어둠에 손을 데인 어머니 / 늦게 오시고", "알록달록 연애가 끝나고 / 아내는 반 지하단칸방에 도배를 했다", "나는 철공소에서 늦도록 못을 만들고 / 못대가리처럼 쓰러져 막차로 돌아왔다", "기울어진 가계家系에 찬바람 드는 창문만 늘어났다", "아내는 처녀 적 옷으로 커튼을 만들고"(「등이 벗겨진 나무는 엎드려 울지 않는다」)라는 구절들은 가난 체험의 흔적들을 숨기지 못한다. 그 가난의 억압성이 그리 커보이지는 않는다. 아마도 청춘의 관례와 같이 가난을 치러낸 것으로 보인다. 가난 속에서도 청년은 문학에 대한 꿈을 포기하지 않는다. "개고기를 먹기 시작했으며 무크지 실천문학을 읽었다"(「물을 때는 밤이다」)같은 구절은 문학청년기의 불가피한 체험을 슬쩍 드러낸다.

좋은 나무는 산꼭대기에 있단다, 어머니는 내게 고약을 듬뿍 붙이며 혹독한 바람을 견딘 나무가 마디단다, 나는 형들을 제치고 재빨리 어른을 베꼈다 뻴뻴 장남 아닌 장남 땔감 아닌 땔감 청솔가지는

눈을 맞아 푸르렀다 홍청망청 눈발이 물참나무에서 술을 거르고 나는 불머리를 앓았다

가난은 태우면 태울수록 겨울밤을 견디는 숯이 된단다, 겨울이 시작되자 큰형은 폐병肺病을 꺼냈다 나무에 걸려있던 구름이 제법 울긋불긋해지고 새들은 비린내를 풍겼다 축축한 곳에서는 혼도 녹나기 십상이란다, 어머니는 머리카락을 잘랐고 나는 불을 지폈다 뻴뻴 항아리 안에 형을 안쳤다

눈물이라도 남았냐고 시냇물은 찔찔거렸다 불은요 밟아도 삐죽삐죽 돋는 새싹 같은 걸요, 나는 젖은 채로 된바람과 맞섰다 징집당한 눈발이 자싯물의 밥알처럼 흩어졌다 어둠이 모이면 나는 불의 유행가를 불렀다 유목乳木에 걸터앉아 날이 샐 때까지 비릿한 숯을 누었다

— 「숯」 전문

"불은요 밟아도 삐죽삐죽 돋는 새싹", "징집당한 눈발이 자싯물의 밥알처럼 흩어졌다"와 같이 수일한 표현을 보여주는 「숯」은 어둡고 슬픈 가계家計를 드러낸다. 그의 집은 여전히 가난하고, 아직 어린 '나'는 어른 몫의 노동을 감당하고, 큰형은 영양실조나 비위생적 환경의 산물인 폐병을 앓고 있다. 어쩐 일인지 이 시에 아버지는 나오지 않는다. 당연히 아버지가 맡아야 할 부양자와 훈계자의 몫은 어머니에게로 돌아간다. 어머니는 자칫 물러질 수 있는 자식들에게 "가난은 태우면 태울수록 겨울밤을 견디는 숯이 된단다"라고 정신의 견고함을 독려한다. 이때 '숯'은 시련을 견딘 정신의 견인성堅忍性을 보여주는 상징물이다.

'숯'과 '재'는 불과 쌍을 이루는, 혹은 불과의 상관관계에 의해서만 존재증명을 할 수 있는 동일계열의 이미지다. 다시 말하면 질료적으로 동일체다. 숯은 잠재적인 불을 품고 있는데 반해 재는 불의

고갈이다. 재는 더는 아무것도 남지 않은 것, 무(無), 마침내 가 닿은 휴지(休止), 차가운 소멸의 표상이다. "무릇 내 청춘에 재라도 남았느냐고 / 바람이 분다"(「12월」)라고 할 때 그 울림이 쓸쓸한 것은 그 때문이다. 시인이 앓았던 질병들, 그 불행과 우연들, 공포와 현기증, 가난과 청춘은 세월의 불쏘시개가 되어 재로 남는다.

> 불혹 이전의 것은 모두 죽었다 아니, 죽였다 한 짐의 장작과 한 통의 석유, 시신(詩身) 하나에 하나씩 말린 담요, 강으로 가는 길은 새벽이 좋았더라 짊어지고 가기에 좋았더라 아버지가 앞서고, 아버지는 일어선 돌부리에 걸리지 않고 가벼운 생, 나는 담요에서 빠져나온 새의 깃털을 주었다 책보다 큰, 나뭇잎보다도 얇고 간결한 넓은 풍류(風流)를
>
> 꽃을 말아 올리는 새의 휘파람은 달밤이 좋았더라 듣기에 좋았더라 나는 강가에서 태우지 않은, 아버지 몰래 숨겨 가지고온 깃털을 책에다 끼웠다 책은 따뜻했으며 그것만이 온전했던 풍요, 지탄(枝炭)으로 사라졌다가 밤이면 돌아오는 책, 숲의 문법이 돋아나던 책, 만지기에 좋았더라 불타오르기 좋았더라 나는 애무와 아궁이 같은 욕망을 시루에 길렀다
>
> 시루에 물 퍼붓기, 열 길 물속 아버지 한 길 물속 어머니, 식어가는 화로 쌓이는 재는 옥수수 밭에 주어야지 너무 먼 데 있는 경작, 씨뿌릴 데 없는 땅 쳐다보며 화전의 꽃 걷어내기, 바람은 아버지의 발견 샘은 어머니의 발견, 봄은 결심하기 좋았더라 땀 흘리기에 좋았더라 나는 우물 옆에서 사진을 찍고 나무울타리 빽빽한 추종(騶從)의 문을 열었다
>
> — 「입문」 전문

불혹 이전의 것은 모두 재로 사라졌다. 한우진은 먼 길을 돌아

마침내 시신屍身과 동음이의어인 시신詩身으로 선다. 주검은 곧 새로운 탄생, 소멸을 거쳐 이루어지는 신생이다. "책은 따뜻했으며 그것만이 온전했던 풍요, 지탄枝炭으로 사라졌다가 밤이면 돌아오는 책, 숲의 문법이 돋아나던 책"은 그의 문학 인생에서 재와 같다. 불이 꺼지고 남은 재는 원소로 돌아가 식물들의 자양분이 된다. "식어가는 화로 쌓이는 재는 옥수수 밭에 주어야지." 이제 한우진의 시는 책의 자양분에서 나오지 않고, 그 책을 태운 재가 뿌려진 '옥수수 밭', 그 현실의 경境에서 길러지고 수확될 것이다.

한우진의 시들은 너무나 많은 미래들을 품고 있다. 오지 않은 것들을 품고 오늘을 견디는 자들의 내면은 순결하고 고통스럽고 슬프다. 죽음과 허무에 이끌리면서도 이 가혹한 삶의 어여쁨에 넋을 잃는, 초기 고은의 위악적 탐미주의의 시가 그렇듯, 혹은 기형도의 절망과 비탄으로 얼룩진 청춘의 비망록을 보여주는 절명시가 그렇듯. 한우진의 첫시집은 끝내 죽지 않고 살아낸 자의 비망록이다. 그 형이상학적 함량이 풍부한 시들을 읽는 것은 즐거운 일이었다. 그의 한참 뒤늦은 첫시집 발간을 진심으로 축하한다. 실망하지 마라, "벌써 꽃구두를 사들이다니, 아니 그렇담 늙은 게야, 네 몸에서 꽃무늬가 빠져나가고 있는 게야, 쭈글쭈글 해지는 미美여 풍선이여, 벌써 강가에서 서성대다니 다 저녁때라니, 아니 그렇담 너무 이른 게야"(「꽃구두」)라는 구절처럼 늦은 것은 실은 너무 이른 것이다. 나는 벌써부터 이 어여쁜 늙은 청춘, 너무 늦게 와서 그 푸릇함을 뿌리고 있는 한우진의 두 번째 시집이 기다려진다.*

"붉은 열매"의 원융성

강신용의 신작시들

정오에 이르면 태양은 바로 머리 위로 온다. 하나가 둘로 변하고, 그림자가 가장 짧아지는 정오에는 찰나의 영원성이 섬광으로 번쩍인다. 그 섬광이 오류들과 비본질인 것들을 집어삼켜버린다. 그런 점에서 정오는 하나의 심연이다. 빛이 정점에 달하는 정오는 초인이 나타나기 좋은 순간이다. 정오는 발터 벤야민의 명명에 따르면 "메시아적 순간"이다. 정오에 메시아가 강림하는 것이 아니라 "언제나—현재적인 순간"으로서의 정오 자체가 메시아다.(알렌카 주판치치) 정오의 철학자 니체는 이렇게 쓴다. "위대한 정오는 인간이 짐승과 초인 사이를 연결하는 길의 중간 지점에 있을 때, 그리고 저녁을 향해 가는 그의 길을 최고의 희망으로 축복하는 때다. 저녁을 향해 가는 길은 새로운 아침을 향해 가는 길이기 때문이다."(니체, 『차라투스트라는 이렇게 말했다』) 정오를 지나면서 태양은 기운다. 태양이 기울면서 그림자가 길어진다. 마침내 태양이 지고나면 대지에는 어둠이 드리우고, 그림자도 사라진다. 밤이 도래한 것이다. 밤은 빛이 사라졌기 때문에 암울하다. 한편으로 밤은 정오로 가기 위해 불가피하게 거쳐야 할 길이다. 밤은 온갖 잡동사니와 무의미한 것들조차 이상한 형상을 하고 나타나 마치 제가 큰 권위를 가진 무엇인양 행세한다. 밤은 거짓과 진실의 경계를 지워버린다. 오로지 부엉이와 같이 깨어있는 자들만이 거짓과 진실을 가르고 끊임없이 세계의 가난에 대해 묻는다. "궁핍한 시대에 무엇을 위한 시인인가?" 이것은 횔덜린이 제

시집 『빵과 포도주』에 적어놓은 물음이다. 이것은 아도르노가 외친 "아우슈비츠 이후에도 서정시가 가능한가?"라는 절규를 담은 물음과도 그 맥락이 상통한다. 이 물음들은 신성의 빛이 사라진 이 세속의 시대에도 여전히 유효하다. 그러나 시는 아무것도 대답할 수 없다. 아니 그 대답할 수 없음을 드러내는 게 바로 시일지도 모른다.

강신용은 1981년 『현대시학』으로 나와 활발하게 작품을 내놓는 중견시인이다. 강신용 시의 길은 김종삼과 박용래가 걸어간 두 길의 중간쯤 될 것이다. 언어의 경제적 운용이라는 맥락에서 두 시인은 닮았지만, 두 시인이 나아가는 길은 다르다. 김종삼이 보여주는 시적인 함축은 타고난 어눌함의 결과라는 인상이 짙다. "그 언제부터인가 / 나는 죄인罪人 / 수억億 연간年間 / 주검의 연쇄連鎖에서 / 악령惡靈들과 곤충昆蟲들에게 시달려 왔다 / 다시 계속된다는 것이다"(김종삼, 「꿈이었던가」) 반면에 박용래의 그것은 여백의 미학을 만들기 위해 언어를 덜고 깎아낸 결과다. "어머니 젊었을 때 / 눈썹 그리며 아끼던 / 달 // 때까치 사뿐이 배추 이랑에 / 내릴 때 — // 감 떨어지면 / 친정親庭집 달 보러 갈꺼나 / 손거울."(박용래, 「손거울」) 김종삼이 세련된 향서 취향의 바탕 위에서 제 자아를 방목하며 미학주의를 완성했다면 박용래는 현저한 토속주의 속에 현실의 중압을 녹여내고 그 위에 자아를 풀어놓는다. 굳이 얘기하자면 강신용은 문화예술지향적인 김종삼 쪽보다는 뼛속까지 친자연주의적인 박용래 쪽에 더 가깝다. 아마도 강신용 시의 생태 환경이 김종삼보다는 박용래 쪽에 더 가깝기 때문이 아니었을까.

강신용의 신작시에서 눈에 띄는 것은 수사의 절제이다. 그 함축성은 인상적이다. 그는 언어를 지우고 버리는 것이 시인의 대의大義라고 믿고 있는 것은 아닐까. 그는 시에서 말을 깎아내고 지워낸다. 때로 그의 시는 말의 앙상함으로 그윽해지고 찬연해진다. 말과 수사를 절제하는 것은 타고난 기질일 수도 있다. 아니면 선사禪師들이 선시를 쓸 때나 하이쿠와 같이 말을 버리고 침묵에 듦으로써 절대의 의미에 도달하려는 전략이다. 말을 버리고 지운 자리에 여백이 생기고 그 여백은 자연스럽게 침묵을 머금는다. 고은이 "오늘 더 이상 바라지 않는다 // 먼 곳이 있다 / 가까운 곳이 있다"(「창가에서」)라고 쓸 때, 프랑스 시인 기유빅이 "탁자 위의 이 사과, / 오늘 저녁까지 그대로 놔두어라. // 설마! 빵을 먹지 않고, / 우유도 핥지 않는 / 죽은 사람들이 베어먹지는 않겠지."(「탁자 위의 이 사과」)라고 쓸 때 말들이 생략되어 비어 있는 자리에는 고즈넉한 침묵이 깃들어 있는 것을 느낀다. 이것들은 더욱 시의 본연에 가까운 무엇일 거라는 느낌이 강해진다. 시는 "침묵과 언어의 결합"이다. 더는 덜어낼 수 없을 때까지 덜어낸 말의 벌거벗음 속에서 의미는 한결 더 또렷하게 드러나는 법이다. 어쩌면 시는 언어의 의미작용이라는 쓸모가 끝난 데서 시작할지도 모른다. 자, 강신용의 신작시를 읽어보자.

어떤 시회 모임
발기인 대회

발기가 안 된다는데
무슨 발기인 대회?

벌건 대낮에
발기를 위하여
시를 위하여
술을 마신다

젊었을 때 어쩌지 못한
그 방자한 힘
다 어디 갔을까

추억을 위하여
낭만을 위하여
벌건 대낮에
잔 대보지 한다

「위하여」는 이음동의어를 재치 있게 이용한 말—놀이 시다. 놀이는 세속의 짐을 벗고 우주적 아이로 돌아가게 한다. 놀이는 즐거움이고 도취이다. 놀이는 그 비억압성 때문에 주객의 분리를 넘어서서 몰아의 경지로 이끈다. 시인은 벌건 대낮에 벌어진 어떤 모임에 대해서 말한다. 시인들이 모여서 하는 "발기인 대회"인데, 함께 모인 중년의 시인들은 이미 젊음의 방자한 힘을 다 탕진하고 발기가 제대로 되지 않는다. 시인들이 모여 발기인 대회를 치를 때 발기가 되지 않는 씁쓸한 처지는 한바탕의 웃음과 객쩍은 농담 속에서 잠시 잊힌다. 발기發起와 발기勃起가 뜻은 다르고 소리값이 같다는 사실에 착안한 말—놀이 시인데, 아이러니 효과가 잘 살아 있다. "벌건 대낮에 / 잔 대보지 한다"라는 구절도 그 본디의 뜻에서 벗어나 '대보지'라는 용어가 불러일으킨 뜻밖의 성적 연상 때문에 이 시는 다시 한번 말—놀이로 넘어간다. 말 그대로 읽으면 술을 마시며 잔을 부딪치는 행위를 청유하는 것이지만, 다른 뜻으로 읽으면 여성 성기와 관련된 상스러울 수도 있는 패설이다. 이 말—놀이의 능청스러움과 해학이 음담패설을 감싸면서 이 시는 웃음을 자아낸다.

저 햇살 깊은 마당 속에 들어가
붉은 열매로 익어가고 싶다
살아온 만큼 지은 죄
마냥 속죄 하고 싶다

— 「10월」

시월은 온갖 열매들이 익는 계절이다. 어떤 유실수들의 열매들은 성숙하며 붉은색으로 변한다. 흔히 푸름이 미성숙과 젊음의 표지라면 붉음은 성숙과 장년의 표지일 터다. 아울러 붉음은 그 대상이 이미 초극[超克]했음을 암시하기도 한다. 이렇듯 「10월」은 "붉은 열매"라는 계절 심상에 크게 의지한다. 열매의 익어감은 계절의 산물이지만 열매가 저절로 붉어지지는 않는다. 그 붉음은 내부에 제가 겪은 파란만장과 신고[辛苦]를 감추고 있다. 그것은 모든 개체가 성숙에 이르기 위해 지불해야 하는 비용이자 불가결한 절차다. 열매에게 붉음은 성숙의 표지다. 사람에게는 나이듦과 지혜의 표상일 것이다. 나이듦에는 내적인 심화뿐만 아니라 "살아온 만큼 지은 죄"도 함께 한다. 강신용의 자기를 돌아봄은 일찍이 반세기 전의 청년 윤동주가 "파란 녹이 낀 구리거울 속에 / 내 얼골이 남아 있는 것은 / 어느 왕조[王朝]의 유물이기에 / 이다지도 욕될까 // 나는 나의 참회의 글을 한줄에 줄이자 / ― 만이십사년일개월[滿二十四年一個月]을 / 무슨 기쁨을 바라 살아왔든가 // 내일이나 모레나 그 어느 즐거운 날에 / 나는 또 한줄의 참회록을 써야 한다. / ― 그때 그 젊은 나이에 / 왜 그런 부끄런 고백[告白]을 했든가 // 밤이면 밤마다 나의 거울을 / 손바닥으로 발바닥으로 닦아보자 // 그러면 어느 운석 밑으로 홀로 걸어가는 / 슬픈 사람의 뒷모양이 / 거울 속에 나타나온다."(윤동주, 「참회록[懺悔錄]」)라고 피 토하듯 쏟아낸 참회의 자기고백에 견줄 만하다. 윤동주는 거울에 비친 제 얼굴에서 욕됨을 읽어냈다. 「10월」의 "저 햇살 깊은 마당"은 윤동주가 제 얼굴의 욕됨을 읽어낸 거울이다. 강신용은 그 거울에 비치는 "살아온 만큼 지은 죄"를 투명하게 응시한다. 그리고 그것들에 대해 "마냥 속죄하고 싶다"고 고백한다. 살아온 만큼 지은 죄를 속죄하고 싶다는 이 고백은 성숙에 이르기 위한 몸짓이자 성숙을 이루는 원소이기도 하다. 우리가 붉은 열매에서 쉽게 연상할 수 있는 것은 인격의 원융성圓融性이다. 이것은 자기를 돌아봄이라는 바탕 위에서 이루어지는 것이다.

신혼시절
석교동 언덕배기
월세방 살 때

술 취해 허멀건히
귀가하는 날이면
애처로이

비틀대던 내 몸
맞아주던
누이야

—「초승달」

하늘에 떠 있는 초승달은 문득 과거의 시간 속으로 데려간다. 이 과거는 현재의 처지와는 아무 상관이 없다. 과거는 이미 견뎌낸 숙명의 화강암이다. 그 과거는 월세방 살 때이고, 술 취해 귀가하던 날이고, 비틀대는 나를 맞아주던 누이와 함께 시절이다. "비틀대던 내 몸"이란 구절에 기대어 읽자면 이 시절은 윤리적 줏대가 제대로 서지 않은 시절이다. 「초승달」은 초승달을 가난에 대응하는 풍경으로 치환하는 솜씨를 보여준다. 초승달은 "신혼시절 / 석교동 언덕배기 / 월세방 살 때"라고 간명하게 제시되는 가난한 현실과 술 취해 비틀대며 귀가하는 화자를 맞던 누이는 하나로 겹쳐진다. 초승달은 그 형태적 가냘픔 때문에 화자의 가난과 누이의 야윔을 동시에 아우르는 정서의 등가물이다. 가난의 세목들을 일일이 열거하지 않고도 가난의 생태를 간명하게 그려내는 솜씨가 노련하다.

떨어져 있어도
루비는 내 안에 들어와
나와 함께 산다
나와 함께 말하고
나와 함께 밥 먹고
나와 함께 잠잔다

멀리 있어도
사랑은 깊어
나는 루비 안에 들어가
울고 웃는다

—「루비와 함께」

「루비와 함께」는 사랑에 대해 쓴다. 사랑은 가까이 있어야 인화되는 불쏘시개 같은 것이지만 때로 서로 멀리 떨어져 있을 때 격렬해지기도 한다. 몸이 떨어져 있으면 마음도 멀어지는 게 이성의 법칙이다. 모든 낭만적 사랑은 거리를 뛰어넘는다. 그러니까 낭만적 열정에 사로잡혀 있는 사람에게는 이성의 법칙이 통하지 않는다. 이성은 보편주의 원리를, 낭만적 사랑은 절대주의 원리를 내면화한다. 이때 보편주의와 절대주의는 양립할 수 없는 것으로서 서로를 밀어낸다. 제 정신을 갖고 낭만적 사랑에 빠지기는 어려운 일이다. 낭만적 사랑이 이성의 명령을 받지 않는 것은 그것이 반이성적인 것이기 때문이다. 이성이 만든 입법이 작동하는 제국에 낭만적 사랑의 시민들은 살지 않는다. 거꾸로 낭만적 사랑의 주체 안에서 이성이 설 수 있는 자리는 없다. 그렇기 때문에 낭만적 사랑에 빠진 사람은 제 안에 있는 대상에 대한 욕망의 특이함을 바로 보지 못한다. 떨어져 있어도 주체 안으로 들어와 함께 말하고, 함께 밥 먹고, 함께 잠잔다고 말하지 않는가! "떨어져 있어도 / 루비는 내 안에 들어와 / 나와 함께 산다". 떨어져 있어도 함께 산다? 어떻게 이런 일이 가능할까? 낭만적 사랑을 지배하는 것이 언제나 과잉의 열정, 과잉의 행동이기 때문에 가능하다. 그 과잉에 눌려 이성은 잠잠해지기 마련이다. 이성은 늙고 낭만적 사랑은 젊어서 이성이 사랑을 이기는 일은 없는 까닭이다. 낭만적 사랑은 사회의 윤리적 검열 체계를 넘어간다. 그것은 이미 사사화私事化의 영역에 속하고 사사화된 것은 굳이 도덕적 정당화를 필요로 하지 않는다. 그래서 낭만적 사랑은 십중팔구 사련邪戀이기 십상이다. "멀리 있어도 / 사랑은 깊어 / 나는 루비 안에 들어가 / 울고 웃는다"가 그 증거다. 합법적 관계 안에서 이런 언술이 나오는 경우는 드물다.

길 들여 지지 않는 철없는 말들이

길의 문을 열어주고 있다

하얗게 포효하는 저 푸른 몸짓

생생한 육필 갈기고 있다

— 「바다」

바다의 질풍노도는 젊음의 기세에 상응한다. 그래서 바다는 "길 들여 지지 않는 철없는 말들"의 자리다. 바다는 그 철없음의 혈기왕성으로 솟구쳤다가 깨지기를 반복한다. 강신용은 그 바다에 제 청춘의 푸른 몸짓을 겹쳐본다. 시의 화자는 어느덧 청춘에서 멀어져 장년에 이르렀지만 바다는 여전히 청춘이다. 그 괴리를 메우고 있는 것은 흘러간 것, 사라져간 것이 일으키는 노스탤지어다. 시인이 포효하는 바다가 일으키는 파도에서 읽어내는 것은 "생생한 육필"이다. 「바다」는 시적 전언을 그 문면 아래로 숨긴다. 포효하고 역동적으로 움직이는 바다는 저 젊은 날의 생기왕성함에 대한 무의식적인 선망을 엿보게 한다. 화자는 더 이상 젊지 않다. 세월의 덧없음 속에서 그것들은 사라졌다. 「바다」에는 나이든 자의 고요로 바다를 응시하는 화자의 그림자가 시의 프레임 밖에서 어른거린다.

"내가 사는 이 세상과 나의 생체 시계 사이에는 시차 문제가 있다. 내 안에는 분명 아직도 해가 중천에 떠 있는데 벌써 밤이 찾아온다."(마르땡 파주, 『완벽한 하루』) 그렇다. 나의 생체 시계는 아직도 정오에 머물러 있는데, 지금은 어느덧 밤이다. 짐승과 초인 사이에서 서성거리는 내게 항상 이 어긋난 시차가 문제다. 시는 아무것도 말할 수 없지만 세계와 나 사이의 어떤 어긋남을 느끼게 해준다. 강신용의 신작시 다섯 편을 읽으며 나는 이 세상과 내 생체 시계 사이에 어긋난 시차를 다시 맞추었다. 강신용의 시들은 알아들을 수 있게 시적 전언을 독자에게 건넨다는 미덕으로 시가 소통 행위라는 걸 다시금 깨우쳐준다.

서정시는 메마르고 삭막한 시대에 어떤 의미가 있을까. 강신용의 시들은 이 세속시대의 작은 삶을 조촐하게 관찰하고 그것을 응축해서 표현해낸다. 그의 시가 특별히 신성神聖이나 비범한 윤리의식으로 충만해 있지는 않지만 자신의 삶을 정직하게 비쳐 보이고 거기서 자기 성찰을 이끌어내는 것은 인상적이다. 그것은 나쁜 세상을 개조하려는 혁명가의 열정보다는 작지만 제가 처한 현실 속에 버티고 서 있으려는 열정이 있어야만 가능한 일이다. 자신의 있음 속에 버티고 서 있다는 것은 보통사람이 할 수 있는 작은 윤리적 실천이다. 세계를 개조하는 정의에 몸을 던지는 큰 윤리적 실천도 중요하지만 나날의 일상에서 할 수 있는 작은 윤리적 실천도 결국은 사회를 바꾸고 모두를 이롭게 하는데 필요한 일이다. “붉은 열매로 익어가고 싶다”는 고백과 살아온 날들만큼 지은 죄를 “속죄 하고 싶다”는 소망을 담은 「10월」이 보여주는 자기 돌아봄과 진지한 참회, 그 바탕 위에서 인격의 원융함을 열망하는 태도는 이 궁핍한 시대에 필요한 윤리적 열정이 아닐까. 그 누구를 위해서도 그 무엇을 위해서도 아니다. 살아서 떠도는 유령이 되지 않기 위해서 그것은 꼭 필요하다.*

돌꽃 – 그 무늬와 향기

남혜숙의 시들

간장 위에 푸른 하늘

장독대 독 안에 든 말간 간장 위에 가을의 쾌청함으로 더욱 깊어진 벽공碧空이 고스란히 들어와 있다. 새댁은 간장을 뜨다 말고 그 푸름에 얼어붙은 듯 심장이 멎는다. 간장 위에 뜬 푸른 하늘에 당초문唐草紋으로 떠 있는 구름은 목화 햇솜이고, 짙푸름 그 자체인 하늘은 너무 청명해서 푸름의 깊이 따위를 평면화해 버린다. 깊어지니 그 심오함이 도리어 사라지고 범속해진 것이다. "소태같이 쓴 가문 날들"(서정주)을 눈이 부신 푸름이 단박에 삼켜버릴 때 지구의 자전 속도가 갑자기 느려진다. 이런 찰나는 곧 만년萬年이고, 세계는 그 만년의 섬광 속에 반짝이다 사라지는 흰빛이다. 도처에 여뀌들이 돋아나고 풀벌레들은 풀숲에서 몸을 숨기고 운다. 그 만년의 시간을 품고 능금나무 가지마다 능금들이 알알이 익어갈 것이다. 새댁은 제가 간장을 뜨러 장독대에 와 있다는 사실조차 까마득히 잊은 채 여전히 어리둥절함 속에 서 있다. 새댁은 다시 독 안을 찬찬히 들여다본다. 간장 위로 여전히 푸른 하늘이 떠 있다. 새댁은 피와 살로 쌓아올린 온갖 곡절과 시름, 그리고 괴로움이 한데 녹아 이룬 그 깨끗한 푸름 속에서 볼 수도 없고 보아서도 안 되는 그 무엇이 고스란히 비쳐 보인 듯한 느낌, 누군가 이 세상의 삶 너머에 있다는 피안彼岸을 제 눈앞에 확 끌어다 보여준 것만 같은 느낌과 만난다. 먼 데서 종이 울고, 더 먼 데서 바다는 밀물로 뭍으로 달려들었다가 썰물로 뭍에서 달아나는 유희에 여념이 없다. 무슨 일이 일어난 것일까. 새댁이 처음 눈뜬 봉사와 같이 빛으로 넘쳐 부신 세상을 바라본다. 새댁의 눈이 밝아지고 심장 박동이 빨라진다. 무슨 꽃으로 저 심장을 문질렀던가. 알 수 없는 방향芳香이 공중으로 퍼져나간다. 하늘 어딘가에 망자亡者들이 밟고 간다는 저 향과 빛이 만든 길이 홀연히 떠오른다. 이 세상에 태어나 단 한 권의 시집도 읽은 적이 없는 새댁은 시적 진실이 체현하는 쓰디쓰고 감미로운 순간과 마주쳤던 것이다.

내 너를 찾어왔다……유나臾娜, 너참 내앞에 많이있구나 내가 혼자서 종로를 거러가면 사방에서 네가 웃고오는구나. 새벽닭이 울때마닥 보고 싶었다…… 내 부르는소리 귓가에 들리드냐. 유나, 이것이 만시간만이냐. 그날 꽃상여 산넘어서 간다음 내눈동자속에는 빈하눌만 남드니, 매먼저 볼 머릿카락 하나 머릿카락 하나 없드니, 비만 자꾸오고……촉불밖에 부흥이 우는 돌문을열고가면 강물은 또 몇천린지, 한번가선 소식없든 그 어려운 주소에서 너무슨 무지개로 네려왔느냐. 종로네거리에 뿌우여니 흐터저서, 뭐라고 조잘대며 햇볓에 오는애들. 그중에도 열아홉살쯤 스무살쯤 되는 애들. 그들의눈망울속에, 핏대에, 가슴속에 드러앉어 유나臾娜! 유나臾娜! 유나臾娜! 너 인제 모두다 내앞에 오는군나.

— 서정주, 「부활」

내 상상 속 새댁의 이름은 유나臾娜다. 유나는 한번 시집을 간 뒤 내내 소식이 없었다. 바람결에 고된 시집살이를 한다는 소식도 들렸다. 삶은 괴롭다. 당唐 요堯 우禹 순舜의 시대에도 사람들은 제 피와 살로 제 삶의 올과 날을 짰다. 그때에도 애 낳고 애를 키우고 제 입으로 밥이 들어가기까지 사람들은 제 수족을 고단하게 부려야 했다. 산속에 들어가 고사리를 뜯어먹고 산 백이伯夷와 숙제叔弟의 삶도 그랬고, 도연명과 소동파의 삶도 그랬다. 아무 괴로움이 없을 것만 같은 갈매기도 소금발이 쓰려서 운다고 하지 않는가! 고된 시집살이에 매인 유나에게 저 가을의 쾌청으로 깊어진 푸른 하늘이 무한 위로가 된 것은 그 벽공이 우리가 살아보지 못한 어떤 피안을 암시하기 때문이다. 간장 위에 뜬 푸른 하늘이 온갖 괴로움을 잊게 하고 초월적으로 감동시키는 힘이 있었다면 시도 마찬가지다. 시는 천박과 허무를 넘어서서 우리 핏속에 인식과 발견의 기쁨, 그리고 감정의 고양과 함께 신생의 기운을 불어넣는다.

시가 뭐냐. 시는 먹을 수 없는 꿀, 소금장미, 황옥黃玉이다. 혹은 "강철로 된 무지개"(이육사), 그것을 쓰는 "시인이란 슬픈 천명天命"(윤동주)을 타고 나는 것이다. 차라리 그것은 환영이다. 붙잡았다고 생각한 순간 날아가는 것, 그래서 손에는 아무것도 쥐어지지 않는 것. 시에도 색이 있다면 아마도 푸른색일 터다. 붉디붉은 피를 말갛게 삭혀 마침내 "시퍼렇디 시퍼런 한마지기 이내"(서정주)가 되어버린 그 공기의 색 말이다.

꽃이 피어나는 순간 꽃도 아프다

남혜숙의 시들은 우리 삶의 저변에 퍼져 있는 아픔을 응시한다. 그 응시가 아픔이 혼재된 여러 경관景觀을 완성해낸다. 시인의 시적 전언에 따르면 사람은 아픔을 안고 사는 존재다. 아픔은 출생, 노화, 질병, 죽음, 별리 등 살아가면서 겪는 거의 모든 일들에서 온다. 그것은 우리의 현존이 품고 있는 불가피한 가시들이다. 가시로 제 몸을 감싸고 있는 탱자나무는 그런 존재에 대한 시적 표상이다. "많은 가시를 품고 사느라 / 제 속은 얼마나 쓰리고 아플까"(「손톱 밑 가시」)라고 할 때, 아픔은 현상이고 그 아픔 아래에 웅크린 불행과 고독은 본질이다. 시인이 "하필이면 돌에서 삶을 피우는 돌꽃"(「돌꽃」)에 제 자아를 투사할 때(돌에 꽃을 피우다니! 그 척박함은 삶을 얼마나 고단하게 할 것인가), "사는 동안은 성난 물길을 피해 / 돌아가는 연습이 필요하다"(「돌아가지 못한 길」)고 할 때(성난 물길을 만나 에돌아가야 하는 인생은 얼마나 무력할 것인가), 그 아픔은 돌연 생생해진다. 시인은 그 아픔을 내치지 않고 품는 편이다. "가시를 품은 나무는 가시를 키울 수밖에 없다"(「손톱 밑 가시」). 그 아픔은 직접적으로는 헐벗음, 굶주림, 비참함에서 오고, 혹은 타자의 폭력과 모욕에서 오기도 한다. 한편으로 아픔은 신생이나 존재의 형질변경에서 비롯되기도 한다.

꽃이 피어나는 순간 꽃도 아프다

새가 우는 동안 새도 아프다

돌이 자라는 동안 돌도 아프다

누구나 이 세상에 아프게 와서

하나의 돌도 무엇인가 되고 싶어 한다

—「이유가 있다」

고통은 실로 유용한 가치가 있다. 하지만 그것을 발견하는 자는 소수다. 대개는 그것을 피할 뿐이지 그 가치를 탐구하지 않는다. 산 것들에게 아픔은 살아 있음을 증명해주는 레종 데트르raison d'être다. 이미 백 년 전에 한 철학자는 이렇게 썼다. "고통에는 쾌락과 동일한 분량의 지혜가 담겨져 있다. 고통은 쾌락과 마찬가지로 종족 유지에 필요한 가장 큰 원동력이다."(니체, 『즐거운 학문』) 진정 용기 있는 자들은 고통이 높은 파도처럼 밀려올 때 도망가는 것이 아니라 그것과 맞서려고 돛을 활짝 편다. 아픔은 존재가 제 살아있음을 증명하는 함수다. 그래서 꽃이 피어나는 순간 꽃은 아프고, 새가 우는 동안 새는 아프다. 우리가 그 무엇도 아니라면, 아울러 그 무엇이 되고자하지 않는다면 아픔 따위는 없다. 태어남 자체가 아픔이다. 꽃도, 짐승도, 사람도 아픔이 없다면 무슨 힘으로 피어날 것인가.

일생을 물속에서만 살아가는 나무가 있다
큰 뿌리의 중심을 물속에 넣고
온몸으로 수면의 압력을 부둥켜안은 채
열매조차 맺지 못하는
나무는 만조 때면 지친 배가 닻을 내리듯
달빛 아래 엄숙하게 몸을 숙이고
스스로 제 가지를 꺾어 수면 위로 떨군다
그때마다 나뭇잎들은
혼신을 다해 향기를 토해낸다

— 「맹그로브나무」

나는 맹그로브나무가 어떤 나무인지를 모른다. 시인은 "큰 뿌리의 중심을 물속에 넣고 / 온몸으로 수면의 압력을 부둥켜안은 채 / 열매조차 맺지 못하는" 이 나무가 시련 속에 있음을 말한다. 쇠는 불 속에서 단단해지고 사람은 시련과 환란 속에서 굳센 의지로 단련해진다. 시인이 노래하는 이 맹그로브나무도 마찬가지다. 비록 일생을 물속에서 살아야 하지만, 열매조차 맺지 못하지만, 마침내 "혼신을 다해 향기를 토해"낸다. 향기란 고통의 인고에 대한 대가다.

길을 가다가

전신주에 몸을 감으며
까마득히 허공을 오르는
줄 외를 보았다
지상의 한 끝을 움켜잡으려고
끝없이 손짓을 하고 있는,
다음날 그 길을 다시 지나다 보니
밤새 내린 비에
덩굴은 제 몸의 중심을 잡지 못한 채
뿌리가 뽑혀져 있었다
위로 오르는 것이
능사는 아니었던가보다
천의天意는 한곳에 머무르지 않는다

— 「줄 외」

「줄 외」에서 내가 읽은 것은 시인의 자기연민이다. 시인이 지독한 자기연민에 빠져 있는 것은 아닌가 하는 의심을 가졌다. "까마득히 허공을 오르는" 게 어찌 "줄 외"뿐인가. 사는 게 아찔한 줄타기라는 시인의 통찰은 이 시가 단순한 자기연민의 소산이 아님을 보여준다. 서정주 시인은 우리에게 "누이의 수繡틀 속의 꽃밭을 보듯"이 "세상을 보자"고 청유하지만, 어림없는 일이다. 보라, 전신주에 몸을 감으며 허공으로 덩굴을 뻗는 "줄 외"는 뿌리가 뽑혀져 있다. 존재의 기반을 적출당한 것이다. 뿌리가 뽑힌 채 허공을 향해 덩굴을 뻗는 "줄 외"는 중심을 잡지 못한다. 이 절체절명의 위기에 빠진 존재에게 "누이의 수틀속의 꽃밭을 보듯" "세상을 보자"는 청유는 모독에 다름아니다. "줄 외"가 위로 뻗어 오르는 것은 향일성의 본능 때문이다. 허공에서 허우적이며 덩굴을 뻗는 "줄 외"의 고투는 곧 살아가는 일의 지난함과 겹쳐진다.

그대가 어느 날 찾아온다면

나는 문을 닫지 않으리라

끝내 찾아와 문을 두드린다면

나는 빗장을 걸지 않으리라

끝끝내 빗길을 걸어와 뜰을 적신다면

나는 빗방울을 피하지 않으리라

다만 이른 새벽을 걸어온

그대 발걸음 소리에 귀 기울이리라

절망에도 꽃이 핀다면

나는 그 꽃이 피어나기를 기다리리라

어떤 꽃이든

한번은 절정으로 피어야만 지는 것이다

—「절망을 피우다」

아픔이 우리를 파괴하지는 않는다. 오히려 아픔에 대한 두려움과 절망이 우리를 파괴한다. 시인은 고통과 절망을 피하지 않고 맞겠다고 말한다. 다가오는 절망을 향하여 "나는 문을 닫지 않으리라"거나, "나는 빗장을 걸지 않으리라"라고 제 내면에 "놋쇠에 문양을 새기듯"(니체) 제 단호함을 새긴다. 이 단호함은 냉소와 허무주의에 빠지지 않고, 다가오는 절망과 고통에 맞서겠다는 결단과 의지에서 나온다. 절망을 품으면 절망은 꽃이 된다. 그리고 꽃은 절정에서 피었다가 스스로 진다. 절망을 품고 꽃을 피워내겠다는 이 시구들은 앞서 보았듯이 "꽃이 피는 순간 꽃도 아프다"라는 시구, 그리고 "벼락과 해일海溢만이 길일지라도 / 문 열어라 꽃아. 문 열어라 꽃아"(서정주, 「꽃밭의 독백 — 사소娑蘇 단장斷章」)라는 시구와 같은 의미의 울림을 갖는다. 아픔의 도상학에서 벼락과 해일은 꽃이 되기 위하여 불가피하게 거쳐야 할 관례다. 시인의 내면 관조는 "어떤 꽃이든 / 한번은 절정으로 피어야만 지는 것"이라는 데 이른다. 고통은 절정으로 가기 위한 통과제의이다.

내 안의 짐승들 — 그 짐승을 죽여라!

침향沈香은 나무토막이 바닷물 속에 가라앉아 수백 년 동안 인고의 세월을 견뎌내야 한다. 사람도 마찬가지다. 사람도 뭔가로 피어나기 위해 온갖 아픔과 절망을 내치지 않고 끌어안은 채 인고해야 한다. 그 인고 끝에 향과 빛을 가진 꽃이 되는 것이다. 꽃이 아니라면 사람은 서로를 물어뜯는 짐승에 지나지 않는다.

> 내 안의 짐승을 본 적이 있다
> 온몸에 갈기가 돋아나고 이빨이 자라나
> 그 갈기로 너를 후려치고
> 그 이빨로 너를 물어뜯고 싶은 적이
> 살점을 베어내어 철 철 피 흘리는
> 너를 보고 싶었다
> 언제였던가
> 짐승이 되기에는 환한 아침의 날이 찾아오고
> 짐승으로 살기에는 향기로운 날들이

거듭 거듭 오고 가고
그러나 그 어느 꽃 핀 날에도
날카로운 손톱을 세워
너를 사정없이 할퀴고 싶은 날이 있었다
내 안에 짐승이 자라기 전
너는 이미 짐승이었다

—「짐승을 본 적이 있다」

사람은 늘 불행과 절망의 아픔을 앓는다는 뜻에서 처형된 자며, 동시에 타자를 찌르는 처형자다. 나는 찌르는 자며 동시에 찔린 자이기도 하다. 우리 안에 "짐승"이 있는 탓이다. 시인은 제 안의 "짐승"을 본다. 그 짐승의 몸에 갈기가 돋고 이빨이 자란다. "살점을 베어 내어 철 철 피 흘리는 / 너를 보고 싶었다"라는 구절은 내 안에 숨은 섬뜩한 수성獸性을 드러낸다. 이 수성은「손톱 밑 가시」에서 "많은 가시를 품고 사느라 / 제 속은 얼마나 쓰리고 아플까"라는 구절의 내 안에 품은 많은 가시들의 동물적 변용이다. 이 시에는 반전이 있다. "내 안에 짐승이 자라기 전 / 너는 이미 짐승이었다"가 바로 그것이다. 우리는 누구나 짐승이다. 나는 너에게, 너는 나에게. 만인이 만인을 향해 짐승일 때 이 세상엔 존재의 평온은 없다. 우리가 "짐승"이기를 그칠 때 우리는 향기를 가진 존재가 된다. 시인은 "짐승으로 살기에는 향기로운 날들"을 처연하게 바라본다. 내 안의 많은 가시들은 타자를 찌르기도 하지만 먼저 그 가시를 품은 나를 찌르는 것이다.

참숯 이미지는 절망이 꽃으로 피어나는 것에 견줄만하다. 장작은 불구덩 속에서 "온밤을 비명소리 한 번 흘리지 않고 / 제 몸을 태워" 참숯이 된다. 아버지의 죽음에 참숯의 탄생을 겹쳐낸「울음의 무늬」에서 시인은 고통의 도상에서 이루어지는 이 놀라운 전화轉化를 담담하게 진술한다.

일 년에 한 번 음력 시월에
아버지가 제사에 쓸 참숯을 구웠다
텃밭 구덩이에 장작을 넣고
왕겨를 덮어 불을 지피면
나무는 온밤을 비명소리 한 번 흘리지 않고
제 몸을 태워 걸러낸 무늬만
하얗게 허공을 채웠다
다음 날 구덩이를 파내면
나무의 주검 한편에
까맣게 고여 있던 한 바가지의 눈물
이제는 무덤 속에서
참숯이 되었을 아버지
울음에도 색깔이 있었다

— 「울음의 무늬」

울음의 무늬란 무엇인가. 상처와 절망의 무늬가 아닌가! 시인은 어린 시절 아버지가 참숯을 굽던 기억에 "무덤 속에서 참숯이 되었을 아버지"를 하나로 겹쳐낸다. 제 몸을 태워 참숯이 되는 장작과 무덤에서 제 몸을 삭혀 참숯이 되는 아버지와 하나다. 이 전화가 만들어내는 것은 무늬다. 이 무늬는 "제 몸을 태워 걸러낸 무늬", 울음이 토해내는 인고의 무늬다. 이 무늬 속에서 향과 빛의 길이 생겨난다. 생금生金의 광맥 같이 선연하게 펼쳐지는 이 무늬의 시학! 시인의 상상세계에서 절망을 품으면 절망에서 꽃이 피고, 장작은 제 몸을 태워 참숯으로 변화한다. 이 변전과 초월의 끝 간 데에 향기와 무늬가 남는다.

우리는 무수한 삶을 꿈꾸지만 단 하나의 삶을 산다. 삶은 몸의 역동으로 만드는 것이고, 살아보지 못한 무수한 삶은 역동 없이 몸

속에 숨은 삶이다. 몸의 역동을 얻지 못한 채 마음에만 있는 이 삶의 잠재태, 즉 살아보지 못한 무수한 삶이 역동으로 솟구쳐오른 단 하나만을 삶으로 인증하는 것이다. 이 명제는 그리 새로운 것도 아니다. 일찍이 라이너 마리아 릴케가 그의 「두이노의 비가 9」에서 이렇게 노래한 바 있다. "보라, 나 살고 있노라. 무엇으로? 어린 시절도 미래도 / 줄어드는 것은 아니다…… 무수한 삶이 / 내 마음속에서 솟구쳐 오르나니."(『두이노의 비가』, 한기찬 옮김, 청하, 1986) 단 하나로 솟구쳐오른 삶도, 혹은 솟구쳐오르지 못한 채 마음에 주저앉은 무수한 삶도 승리는 아니다. 삶에는 승리가 없다. 오직 극복만이 있다. 우리가 단 한번 살아버린 삶은 그저 극복된 삶이라고 말할 수 있으리라. 다시 몸-삶을 이긴 것은 몸—삶으로 부화되지 못한 무수한 삶이다. 몸—삶이란 온갖 아픔들로 봉인封印된 그 무엇이다. 달리 말하면 아픔은 오로지 몸-삶으로 살아 있을 때 몸—삶을 실증하는 그 무엇이다. 아픔은 시인의 시적 사유의 원형질이다. 시인은 그 아픔을 끌어안고 안팎을 찬찬히 살핀다. 마침내 융융한 아픔의 형이상학이 빚어내는 게 시인의 시다. 그랬으니 남혜숙의 시는 돌 위에 피어난 돌꽃, 제 몸을 태워 만든 무늬, 가시를 품은 채 피운 몸-꽃이다.

경계 넘기, 혹은 원반 던지기

최금녀의 신작시 아홉 편을 한꺼번에 즐겁게 읽었다. 시인의 시적 관심사는 "이모요 고모요 질부요 딸이요 언니요 친구"로 살아가는 것에 대한 단상(「사는 법」), "아들 유학에 따라나선 아내가 / 몇 주째 소식이 없는", 그래서 불안한 마음으로 혼자 저녁을 먹는 가장의 비애(「기러기 아빠」), "직진하는 꿈꾸는 나는 / 150 킬로미터로 액셀을 밟으며 달리리 / 내 오감으로 / 자유, 실감이 나는 그날까지."처럼 자유로에서 제한 속도라는 금기를 넘어서서 달리는 실감을 오감으로 느끼고 싶다는 소망에 이르기까지(「자유로」) 그 스펙트럼이 넓다. 그 중에서 눈길을 잡아끄는 작품은 「사발 까시기, 근대사」다. 남북한 분단 현실이 만든 비극에 초점을 맞춘 작품이지만, 경계 넘기에 대한 통찰과 사유가 눈길을 멎게 한다. 북한과 한국은 지리적으로는 국경에 인접해 있는 지역이지만, 그 심리적·물리적 거리는 아주 멀다. 북한 인민들에게 잘 산다는 한국은 아주 먼 꿈의 세계다.

다리, 문, 창구, 통로, 국경을 넘어 이곳에서 저곳으로 갈 때 그 장소들은 횡단의 자리들이다. 다리, 문, 창구, 통로, 국경을 넘어가는 것은 신체만이 아니라 "의지의 반경이 공간적으로 확장됨"(게오르그 짐멜)을 상징한다. 익숙한 사회가 아니라 낯선 사회로 가는 전향이며, 낡은 것을 버리고 새 이념을 선택하는 것이고, 궁극적으로는 이 모두를 포함한 경계 넘기인 까닭이다. 그래서 이동이 아니라 횡단이라고 하는 것이다. 물론 이것은 더 나은 삶을 위한 자발적 의지와 선택의 최종 결과지만 횡단자들은 불가피하게 떠돌이고, 사회적 전향자들로 살아야 한다. 시인은 그 경계 넘기의 본질이 현실에서 꿈으로의 횡단임을 투명하게 인식한다.

먼저 몸은 세계와 물리적으로 만나는 접점이자 경계이고, 자아의 피막皮膜이자 피막避幕이다. 몸을 잃은 자아는 벌거숭이로 노출되는데, 자아는 이 피막/피막 없이는 세계 속에 존재할 수가 없다. 우리는 이 몸으로써 통각의 존재로 살며 사유의 운동을 한다. 아플 때 몸으로 아프고, 웃을 때 몸으로 웃는다. 몸 없이는 존재할 수 없다면 몸은 구심력이 작용하는 개별자의 유일한 물리적 현실이다. 몸에서 멀어지는 것은 꿈이다. 몸이 처한 물리적 현실에 구심력의 원리가 작동한다면 꿈에는 원심력의 원리가 작동한다. 꿈은 멀어지기 때문에 꿈이다. 몸은 자아와 세계 사이에, 그리고 현실과 꿈 사이에 가로놓인 경계다. 이 경계는 사이를 가로지르는 문턱이고, 속도의 흐름을 지연시키는 과속방지턱이고, 흐름을 가로막는 벽이다. 자아와 세계, 현실과 꿈은 이 경계를 사이에 두고 으르렁거린다. 우리가 산다는 것은 몸으로 체화된 이 국경을 산다는 것을 뜻한다. 이때 국경은 "사회학적 결과들을 낳은 공간적 사태가 아니라 공간적 형태를 취하는 사회학적 사태"(게오르그 짐멜)인 것이다.

오십견이라는 것은
적어도 오십은 넘겼다는 말
사십은 안전하다는 뜻?
가당찮게 오십견이 오십같은 소리로
왼쪽 어깨에 태클을 걸었다
굳어진 왼쪽 어깨 모시고 나가
원반선수처럼 하늘에 원을 그리며
몇 십번 돌리기도 하고

적외선 불빛아래
땀 뻘뻘 흘리는 사역
침으로 콕콕 찔러 윽박지르지만
오십견이라는 놈
두꺼운 벽으로 길을 막고
이 정도는 시작이라고 으름장
나, 생전 처음
단전에 기 모으며
굳어지는 내 삶 정수리에
어깨 휘둘러 원반을 던지느니
있는 힘 다하여.

—「원반 던지기」

「원반 던지기」는 구심력에 지배되는 몸과 원심력에 지배되는 꿈 사이에서 고투(苦鬪)하는 자아를 보여준다. "가당찮게 오십견이 오십같은 소리로 / 왼쪽 어깨에 태클을 걸었다"라는 구절은 몸이 감당하는 물리적 정황을 예시한다. 오십견은 노화의 징후요 몸이 당면하는 장애다. 오십견은 사십대의 몸과 오십대의 몸을 가르는 경계에서 일어나는 사태다. 그것은 제약이라는 점에서 문턱이고, 과속방지턱이고, 벽이다. 가당찮은 그것은 결코 가당치 않은 것이 아니다. 왜냐하면 다가오는 노화와 죽음을 계시하는 현실이니까. 오십견은 먼저 굳음으로 온다. 이 굳음의 고통은 물리적인 부자유에서 비롯되는 것이겠지만, 거기에 자아를 그 완강한 굳음 속에 가두는 자기 징벌의 형식을 취함으로써 심리적 고통을 더한다. 이 굳음의 본질은 불가피한 노화의 현상으로 나타나는 몸의 태엽(怠業)이다. "어깨 휘둘러 원반을 던지느니 / 있는 힘 다하여"에서 어깨를 휘둘러 원반을 던지는 동작은 신체의 한 부위에 나타난 굳음을 풀어보려는 동작태(動作態)를 묘사하는 것이지만, 동시에 몸의 제약을 넘어서서 멀리 나아가려는 자아의 꿈을 계시한다. 원반은 멀리 포물선을 그리며 날아갈 때 아름답다. 몸의 현실에서 멀리 나아갈수록 꿈이 꿈다워지듯. 우리는 모두 원반 선수들이다. 저마다의 원반을 현실 저 너머를 향해 멀리 날아 보내려 한다.

쓸개 빠진 곰이
쓸개 빠진 줄도 모르고
휠체어에 실려
축사 쪽으로 돌아갔을 때
나는 참았던 숨을 천천히 내쉬며
내 배의 왼쪽에 손을 얹어
밸브 꼭지가 있던 언저리를
어루만져 보았을 뿐
흰 마스크를 쓴 사람들이
무구한 흰빛 설원으로
곰을 유도할 때도
곰의 옆꾸리 밸브 꼭지에서
검붉은 액체가
고로쇠 물처럼 뚝뚝 떨어질 때도
나는 북극 곰의
깊은 잠을 보았을 뿐
연발 총소리처럼 따가왔던 햇볕과
눈길 아래로 깔았던
캄보디아 숲속에서
나는 단지
희고 신성한 빛이 빛나는
북극 곰의 꿈속을 더듬었을 뿐이니.

— 「방조」

몸에 가까워질 때 물리적 현실로 생생해지고, 몸에서 멀어질 때 추상화되고 모호한 몽환으로 바뀐다. 몸과의 거리가 가까우면 현실은 추악해지고, 몸과의 거리가 멀어지면 현실은 모호해지고 숭고해진다. 「방조」에서 근거리의 현실로 "쓸개 빠진 곰이 / 쓸개 빠진 줄도 모르고 / 휠체어에 실려 / 축사 쪽으로 돌아갔을 때"에서 신체의 일부를 약탈당한 곰이 제시된다. "곰의 옆꾸리 밸브 꼭지에서 / 검붉은 액체"가 흘러나온다. 이 학대받는 곰은 잔혹한 인간의 욕망을 증거한다. 이것은 눈앞의 현실이다. 이 현실에서 원심력의 운동으로 멀어지는 것은 "희고 신성한 빛이 빛나는 / 북극 곰의 꿈속"이다. 이 참혹한 현실과 꿈의 거리는 시의 화자가 발 딛고 있는 지점과 북극 사이의 지리적 거리와 정비례한다. 현실과 꿈의 거리가 멀어지게 하는 사회는 나쁜 사회다. 탐욕의 구심력이 창궐하고 꿈의 원심력이 줄어드는 사회는 필연코 타락한다. 나쁜 사회 속에서는 사람의 욕망과 악덕의 제약 때문에 꿈의 원심력은 축소지향하게 된다. 살아있는 곰에서 쓸개를 탈취하는 이 행위는 악덕이다. 적극적으로 가담하지 않았지만 그 더러운 욕망과 악덕에 항의하지 않고 침묵함으로써 그 사태를 수수방관한 혐의에서 시의 화자는 자유롭지 못하다. 시의 화자 안에서 꿈틀거리는 이 불편한 심경이 현실에는 없는 "희고 신성한" 북극 곰의 꿈속을 더듬어보게 한다. 멀리 있고 모호한 것에 대한 이 더듬어 봄이 적어도 도덕의 나락 속으로 더 떨어지는 것은 막는다. 그러므로 현실 저 너머를 보는 꿈은 현실의 타락에 대한 방부제가 되는 것이다.

그날, 엄마는
고래가 제 새끼에게 젖을 물리듯
내 머리를 쓰다듬어 주며 많이 먹으라 했다
검고 찝찔했던 전쟁 속의 고래

작살을 끌고 와 부두에 누웠던 고래는
포탄에 몰려 부산까지 내려온 엄마와
닮은 점이 많았다
태어난 곳에서 자라, 그곳에서
늙어 죽지 못한 한恨을 품은 것 까지도
제 태어난 곳에서 눈 감는 것이 얼마나
큰 복이라는 거,
고래의 죽음을 보면서 알았다
비 뿌리는 몬트레이 해안에서
육지로 접근한 고래들의 울음소리를 들으며
넘어오는 슬픔을 꾸욱 꾹 눌러 참는
고래들의 신음이라고 생각한 것도 그 때문이리라
그날, 나는 엄마의 삶을 마감시킨 전쟁과
고래들의 꿈을 포획하는 인류에게
이제 그만, 제발 모든 생물들이
제 태어난 곳에서 복을 누리게 해달라고
가슴에 손을 모았다
멀리 바다 쪽으로 사라지는
고래와 내 엄마의 영혼을 위해
몬트레이 해안에서.

—「고래와 엄마의 영혼에게」

시인의 사유 속에서 "작살을 끌고 와 부두에 누웠던 고래"와 "포탄에 몰려 부산까지 내려온 엄마"는 하나다. 시인은 사람이고 동물이고 간에 제가 태어난 곳에서 자라 자연수명을 누리고 죽지 못하는 것은 문명세계 속에서의 불가피한 운명임을 꿰뚫어본다. 몸을 기준으로 몸이 놓여 있는 육지는 현실이고, 멀리 있는 바다는 꿈이다. 그 사이에 포구가 있다. 그러니까 포구는 육지와 바다 사이를 가로지르는 경계이자 국경이다. 고래와 엄마는 "멀리 바다 쪽으로 사라"진다. 그 국경에 널브러져 있는 것은 죽음이다. 모든 경계와 국경들에는 그것을 횡단하려는 자들의 피로 물들어 있다. 작살을 맞고 죽어 부두에 누워 있는 고래와 전쟁의 참화를 피해 막다른 피난지까지 쫓겨 내려온 엄마는 경계를 넘어 생존의 막장까지 밀린 개별자의 비극을 구체화한다. 시인은 저 이국의 해안가에서 고래들의 울음소리를 들으며 그것이 이 세계에 편재한 고통에서 비롯된 "고래들의 신음"이라고 상상한다. 고래/엄마는 어쩔 수 없이 약자다. 경계 안의 세계 속에서 끊임없이 전쟁과 분쟁이 그치지 않고, 약자들은 그것들에 제 꿈을 앗아가는 것을 속수무책으로 바라볼 수 없다. 그러므로 경계/국경을 넘는 것은 항상 위기에 몰린 약자들이다. 약자들은 경계를 횡단하며 새 삶을 구하려는 것이다.

시인은 안팎의 경계들을 찾아내고 그 뜻을 되새기며 시적 이미지로 펼쳐낸다. 북한 탈주민이나 중국 조선족이 자신들의 영토를 벗어나 한국으로 올 때 그들은 노숙자, 히피, 집시, 고아, 이주 노동자, 망명자, 여행자, 예술가, 유대인들과 마찬가지로 경계의 횡단자들, 호모 노마드들로 변신한다. 이들 횡단자들은 끊임없이 지리적으로 움직임으로써 죽음의 위기에 빠진 삶을 구한다. 경계 넘기는 죽음에서 삶으로의 횡단이고, 살 길로의 미끄러짐이고, 새 세상으로의 도약이다. 이주, 월경越境, 여행은 생명 진화의 눈부신 역사를 이룬 힘이다. "인간이라는 종種을 탄생시킨, 생물체들의 그 엄청난 뒤얽힘은 이동성, 미끄러짐, 이주, 도약, 여행으로 이루어졌다. 인간의 역사가 노마드적인 것이 되기 훨씬 전에, 아메바에서 꽃으로, 생선에서 새로, 말에서 원숭이로 진화한 생명의 역사 자체가 이미 노마드적이었다."(자크 아탈리) 꿈을 약탈당한 고래들이여, 더 멀리 가자. 저 먼 곳에 삶이 있다. 당신의 원반을 저 멀리 던져라. 그 원반이 날아간 곳으로 가자. 관습에 굴복하는 정주민으로 살지 말고, 더 멀리 떠나자. 이 세상의 무수한 경계와 국경을 넘는 호모 노마들, 횡단자들이여, 더 멀리 가서 꿈꾸고 늘 다른 곳을 사유하자.

시, "사바를 밝힐 연화의 꿈"

최금녀의 시를 읽으며

왜 시일까? 시는 "생존과 번식을 위해 자연스럽게 하도록 진화시킨 것들"의 목록에 포함되는 것일까? 그것이 생존과 번식에 아무 기여도 하지 않는다면, 도대체 어떤 사람들은 무엇 때문에 시인으로 진화한 것일까? 과연 시인을 만드는 DNA는 무엇일까? 모든 시인들은 이 물음과 맞서 답을 구한다. 그게 상례다. 예술 일반을 성적 승화라고 설명하는 사람들이 있다. 이들의 논리에 따르자면 시는 성적 욕망의 변주이고, 미적 감수성의 정취적인 측면은 바깥에서 오는 자극과 우리 안에 있는 성적 본능의 감응과 교감에서 나오는 것이다. 이걸 조금 과격하게 표현하자면 "시는 생식기"에 의해 만들어진다고 할 수도 있겠다. 엘렌 디사나야케는 그 과격한 표현을 "우리는 예술을 성으로(또는 성을 예술로, 이것도 상상해 볼 수 있는 투사[透射]다) 환원시키기보다, 그것들을 리비도 분출과 유사한 기능에 봉사하는 것으로 그래서 서로가 서로를 대신할 수 있는 대체물로서가 아니라, 각자가 교제와 결속을 강화하는 필수 도구로서 정교하게 다듬어져 온 근본적인 인간 행동이라고 보는 것이 바람직하다."(『미학적 인간 호모 에스테티쿠스[Homo Aestheticus]』)라고 조금 눅여서 말한다.

원시시대에 시는 감각과 표현능력이 뛰어난 한 사람의 미적 경험과 제의의 결합에서 출발했을 것이다. 자연의 소리들, 이를테면 새의 울음, 폭포의 우렁찬 굉음, 나부끼는 나뭇잎들이 내는 숨결 같은 소음들, 물결의 그침없는 반복들, 숲과 바람이 한데 얼려 내는 솨아 솨아 하는 소리들…… 이런 것들이 자아내는 신명을 몸짓과 홍얼거림으로 표현한 사람이 있었을 것이다. 외부의 자극에 감응한 사람은 제 정취와 감정이 충일해지는 상태에 이르고, 이것이 저절로 밖으로 노래라는 형식을 빌어 나온 것이다. 어쩌면 노래는 언어화 이전에 몸에서 나오는 소리들, 헐떡거림, 목을 두드려 내는 소리, 뱃속의 그르렁거리는 소리, 미분음微分音의 가성들을 빠르거나 느린 리듬에 실어 내는 것이었을 테다. 아마도 그는 신명이 많고 구술적인 언어 지능이 뛰어난 사람일 것이다. 이때 최초로 원시적 형태의 심미적 존재, 즉 호모 에스테티쿠스가 탄생했을 것이다. 아주 오랜 세월이 지나 몸짓은 춤으로, 춤은 다시 양식화되어 무용으로 태어나고, 홍얼거림은 노래로, 노래는 다시 양식화되어 시가 되었을 것이다. 본디 춤과 노래는 하나였다. 오늘의 시인들은 바로 이 최초의 호모 에스테티쿠스의 후예들이다.

호모 에스테티쿠스의 후예들이 발견한 시는 '양파'와 같다. "양파는 뭔가 다르다. / 양파에게 '속'이란 게 존재하지 않는다. / 양파다움에 가장 충실한, / 다른 그 무엇도 아닌 완전한 양파 그 자체이다. / 껍질에서부터 뿌리 구석구석까지 / 속속들이 순수하게 양파스럽다. / 그러므로 양파는 아무런 두려움 없이 / 스스로의 내면을 용감하게 드러내 보일 수 있다." 시가 그렇다. 시는 다른 그 무엇도 아닌 완전한 시 그 자체다. "우리는 피부 속 어딘가에 / 감히 끄집어낼 수 없는 야생 구역을 감추고 있다. / 우리의 내부, 저 깊숙한 곳에 자리한 지옥, / 저주받은 해부의 공간을./하지만 양파 안에는 오직 양파만 있을 뿐 / 비비꼬인 내장 따윈 찾아볼 수 없다. / 양파는 언제나 한결같다. / 안으로 들어가도 늘 그대로다." 시가 그렇다. 시는 겉과 속이 하나다. 항상 일치한다. 시 안에는 오직 시만 있다. 양파가 그렇듯 시의 껍질을 벗기고 봐도 시는 시밖에는 없다. 시는 안과 밖이 다 시다. "내가 아는 양파는 / 세상에서 가장 보기 좋은 둥근 배. / 영광스러운 후광을 / 제 스스로 온몸에 칭칭 두르고 있다. / 하지만 우리 안에 있는 건 지방과 정맥과 신경과 / 점액과, 그리고 은밀한 속성뿐이다. / 양파가 가진 저 완전무결한 우둔함과 무지함은 / 우리에겐 결코 허락되지 않았다."(비스와바 쉼보르스카, 「양파」) 이제 알겠는가? 우리가 태양의 흑점 아래에서 그토록 많은 것들 중에서 왜 시에 매혹되었는가를! 양파는 아무리 껍질을 벗겨내도 양파다. 놀라운 일관성이다. 그 안에는 우리가 갖고 있는 지방과 정맥과 신경과 점액 따위가 없다. 그 안에는 우리가 갖고 있는 지옥과 저주받은 해부의 공간이 없다. 있는 것은 오직 양파뿐이다. 그 가장 좋은 둥근 배와 영광스러운 후광뿐이다. 우리가 그 양파를 어찌 좋아하지 않을 수 있겠는가? 시에겐 '속'이란 게 존재하지 않는다. 시는 겉과 속이 다 '시'일 뿐이다. 내가 아는 '시'는 양파와 마찬가지로 우리에게 없는 완전무결한 우둔함과 무지함을 갖고 있다.

시력 10년을 훌쩍 넘긴 중견시인 최금녀의 시들은 발랄한 상상력과 함께 생성과 소멸 사이에 놓인 존재에 대한 그윽한 응시와 성찰을 보여준다. 「적멸寂滅」이라는 시편에서 폭염 속에서 말라죽는 지렁이를 바라보며 '적멸'의 의미를 읽어낸다. 불볕이 쏟아지는 잔디밭 위에 숭숭 뚫린 구멍들이 있다. 지렁이가 뚫어놓은 숨구멍들이다. 지렁이들은 살기 위해 숨구멍들을 뚫어놓고 이제 "배 뒤집고 누워" 죽어간다. 이런 현상들을 그윽하게 바라본 끝에 "짙푸른 초록 위에 길게 누워 / 이제는 그만 잠이 들고 싶은 걸까"라고 노래할 때 '적멸'은 몸 가진 것이 가 닿는 궁극의 안식과 평화라는 의미를 낳는다. 그것은 몸을 버림으로써 몸 가진 것으로 태어남, 늙음, 죽음으로 순환하는 자의 번뇌와 고통에서 벗어나는 일종의 다비식이다. 다비식은 불 속에서 몸 안의 수분을 버리고, 나중에는 몸까지 불에 먹혀버리는 소멸로써 매조지된다. "밀어올린 숨구멍들 그대로 놓아두고 / 햇볕 속에서 말라 간다 / 온몸 늘어뜨리고 / 손도 눈도 없이." 물은 생명과 충일함의 동의어니까, 반대로 그것의 고갈은 곧 불모와 죽음을 가리키는 상징적 지시일 터다. 시선은 현상과 표면을 뚫고 내면으로 들어가는 빛이다. 그 빛이 내면을 비춘다. 이렇듯 모든 깨달음은 바라봄에서 시작한다. 「적멸寂滅」이 보여주듯 최금녀의 시들은 바라봄에서 시작되어 사물과 현상의 겉과 속을 함께 꿰뚫어 보고 아우르는 견성見性의 시학으로 나아간다.

> 나도 모르게 그녀가 이고 온 바다 속으로 가볍게 잠긴다
> 물속은 따뜻하다
>
> —「바다는 짠 값으로 그녀를 고용했다」에서

라는 구절은 물에 무의식적으로 이끌리는 시인의 편애를 엿볼 수가 있다. "물속이 따뜻"한 것은 물이 생명을 품은 우주이기 때문이다. 무릇 생명이 그러하듯 물은 순환한다. 비가 되어 땅에 내렸다가 일부는 땅속으로 스미고, 남은 물들은 증발하여 구름을 형성한다. 구름은 다시 비가 되어 내려온다. 물은 고갈과 먼지들에 대한 순진하면서도 심오한 의문을 품는다. 물과 고갈은 상반된 힘의 방향 때문에 이항대립의 구도를 갖는다. 물이 생명을 기르고 풍성하게 한다면, 고갈은 메마름이고 죽음이다. 물은 자애로운 어머니의 젖이다. 젖은 어린 생명들에게 주는 축복이고 풍요에의 약속이다. 반면에 고갈은 침잠과 사라짐에 대한 암시, 불행의 예감이다. 고갈과 먼지는 공포와 현기증을 불러오는 지옥이다. 물의 이미지들에 대한 편애는 곧 생명의 원천에 대한 사유와 잇닿아 있다.

내 몸에는 어머니의 뱃속에서
나를 따내온 흔적이 감꼭지처럼 붙어있다
내 출생의 비밀이 저장된 아이디이다

몸 중심부에 고정되어
어머니의 양수 속을 떠나온 후에는
한 번도 클릭해본 적이 없는 사이트다

사물과 나의 관계가 기우뚱거릴 때
감꼭지를 닮은 그곳에 마우스를 대고
클릭, 더블클릭을 해보고 싶다

감꼭지와 연결된 신의 영역에서
까만 눈을 반짝일 감의 씨앗들을 떠올리며
오늘도 나는 배꼽을 들여다 본다

열어볼 수 없는 아이디 하나
몸에 간직하고 이 세상에 나온 나.

—「감꼭지에 마우스를 대고」

청정하고 천진한 상상력을 펼쳐내는 최금녀의 시들은 원초의 기억과 학습된 감정들을 뒤섞으며 존재의 기원에 대해 노래를 한다. 예를들면 「감꼭지에 마우스를 대고」는 배꼽을 들여다보며 "내 출생의 비밀이 저장된 아이디"를 연상한다. 이 연상은 자연스럽게 '나'라는 존재의 시원인 모태로 이어진다. 이 시는 그다지 어렵지 않다. 어느 날 우연히 자신의 배꼽을 들여다보다가 떠오른 상념들을 시로 옮겨 적은 듯싶다. 생명의 시작점인 배꼽은 감꼭지다. 끊긴 탯줄의 자리에 배꼽이 자리하는데, 이것은 생명의 우주적 순환의 흔적이다. 배꼽 저편은 불귀의 시간이고, 사람이 어쩔 수 없는 신성불가침으로 성화된 신의 영역이다. 시의 화자는 "사물과 나의 관계가 기우뚱거릴 때 / 감꼭지를 닮은 그곳에 마우스를 대고 / 클릭, 더블클릭을 해보고 싶다"는 소망을 말한다. 무의식의 근원 회귀 욕망은 나와 세계, 나와 사물과의 불화, 부조화에 대응하는 것으로서 존재의 균형을 잡으려는 것과 상관이 있다. 세상살이가 항상적으로 뜻대로 풀려나가는 것만은 아니다. 뜻대로 되지 않음은 필연적으로 몸과 마음의 고달픔을 부른다. 그때 우리의 무의식은 존재로서 가장 편안했을 시간들, 즉 "어머니의 양수 속"의 시간들을 떠올리는 것이다. 감꼭지(배꼽)에 마우스를 대고 클릭해보고 싶다는 것은 그 양수의 시간 속으로 돌아가고 싶다는 은밀한 욕망을 드러낸다.

물드무엔 늘 물이 가득했다

자식들이 오면 물이 모자라지 않게
옹배기로 길어다 부우시던
어머니,
한 생애, 가없는 수평선만 넘실거렸을
수심 깊은 물살을
들여다 본 적이 없었다
볼 겨를이 없었다

몇 십 년 만에 무위도를 찾아간다
수평선 가득 물을 품어 안고
한 평생 외로이 떠 있는
물 항아리 같은
섬,

물길을 열어 놓고 기다리며
내가 놓친 수평선까지

물을 재우고 있는
섬,
어머니를 향해 떠난다.

－「물드무」

「물드무」는 물－물드무－어머니가 하나로 연결되는 상상력을 보여준다. 물드무는 물을 담는 둥근 용기다. 회임한 어머니는 양수를 품은 둥근 몸이다. 물은 생명의 원천이고, 어머니는 양수를 가진 존재다. 그래서 물드무 이미지와 어머니 이미지는 하나로 겹쳐진다. "물드무엔 늘 물이 가득했다"라는 시구는 결핍과 부재가 없는 영원성의 만조를 의미한다. 물은 생명일 뿐만 아니라 생명이 일렁이는 웃음이고 두근거리는 꽃들이다. 물－어머니는 항상 "물길을 열어 놓고 기다"린다. 그 물-어머니에게 가는 일은 상처의 치유이고 탕진된 것의 충전이며, 죽음과 고갈에서 다시 되살아나는 것이다. 「감꼭지에 마우스를 대고」와 「물드무」를 겹쳐 읽고나면 최금녀의 시세계가 곧 물의 시학을 꽃피워낼 것 같은 기분 좋은 예감을 갖게 한다.

오십견이라는 것은
적어도 오십은 넘겼다는 말
사십은 안전하다는 뜻?
가당찮게 오십견이 오십같은 소리로
왼쪽 어깨에 태클을 걸었다

굳어진 왼쪽 어깨 모시고 나가
원반선수처럼 하늘에 원을 그리며
팔을 몇 십번 돌리기도 하고
적외선 불빛아래
땀 뻘뻘 흘리는 사역도 마다않고

침으로 콕콕 찔러 윽박지르면서
역전을 노리지만

오십견이라는 놈
두꺼운 벽으로 길을 막고
이 정도는 시작이라고 꿈쩍 않는다

나, 난생 처음
하루도 빠지지 않고 단전에 기 모으며
돌덩이처럼 굳어지는
내 삶 정수리에
있는 힘 다하여 어깨 휘둘러
원반을 던지기로 작정한다
촉촉해져 윤기 돌 때까지.

—「원반 던지기」

「원반 던지기」 역시 물의 시학이라는 틀로 읽을 수 있다. "가당찮게 오십견이 오십같은 소리로 / 왼쪽 어깨에 태클을 걸었다"라는 시구는 오십견이라는 신체장애와 싸우는 눈물겨운 한 중년의 체험을 보여준다. 오십견은 말할 것도 없이 신체 노화에 따른 질병이다. 어깨가 "돌덩이처럼 굳어지는" 질병이다. 이 질병의 발병도 신체 조직의 촉촉함, 즉 수분의 부족에서 나타난다. 달리 말하면 고갈의 결과로 인해 겪는 장애라는 뜻이다. 이 장애를 넘어서기 위해 시의 화자는 "원반선수처럼 하늘에 원을 그리며 / 팔을 몇 십번 돌리기도 하고 / 적외선 불빛아래 / 땀 뻘뻘 흘리는 사역도 마다않"는다. 나는 이 시에 대하여 이미 다음과 같은 글을 쓴 바 있다. "「원반 던지기」는 구심력에 지배되는 몸과 원심력에 지배되는 꿈 사이에서 고투苦鬪하는 자아를 보여준다. '가당찮게 오십견이 오십같은 소리로 / 왼쪽 어깨에 태클을 걸었다'라는 구절은 몸이 감당하는 물리적 정황을 예시한다. 오십견은 노화의 징후요 몸이 당면하는 장애의 현실이다. 오십견은 사십대의 몸과 오십대의 몸을 가르는 경계에서 일어나는 사태다. 그것은 제약이라는 점에서 문턱이고, 과속방지턱이고, 벽이다. 가당찮은 그것은 결코 가당치 않은 것이 아니다. 왜냐하면 다가오는 노화와 죽음을 계시하는 현실이니까. 오십견은 먼저 굳음으로 온다. 이 굳음의 고통은 물리적인 부자유에서 비롯되는 것이겠지만, 거기에 자아를 그 완강한 굳음 속에 가두는 자기 징벌의 형식을 취함으로써 심리적 고통을 더한다. 이 굳음의 본질은 불가피한 노화의 현상으로 나타나는 몸의 태업怠業이다. '어깨 휘둘러 원반을 던지느니 / 있는 힘 다하여'에서 어깨를 휘둘러 원반을 던지는 동작은 신체의 한 부위에 나타난 굳음을 풀어보려는 동작태動作態를 묘사하는 것이지만, 동시에 몸의 제약을 넘어서서 멀리 나아가려는 자아의 꿈을 계시한다. 원반은 멀리 포물선을 그리며 날아갈 때 아름답다. 몸의 현실에서 멀리 나아갈수록 꿈이 꿈다워지듯. 우리는 모두 원반 선수들이다. 저마다의 원반을 현실 저 너머를 향해 멀리 날아 보내려 한다." 굳어가는 모든 것은 이미 죽음을 향한 덧없는 굴종을 드러낸다. 이를테면 오십견을 앓는 어깨가 그렇다. 오십견이라는 장애를 넘어서기 위한 재활운동으로 시작한 '원반 던지기'는 시적 상상력에서 뜻밖의 상징성을 얻는다. '나'의 힘을 받아 저 멀리 날아가는 원반은 죽었다가 다시 살아나는 부활과 갱생의 힘찬 몸짓의 표상이다.

만해 한용운은 『님의 침묵』(1926)에서 "나의 시를 읽는 것이 늦은 봄의 꽃 수풀에 앉아서 마른 국화를 비벼서 코에 대는 것"이라고 말한 바 있다. 아마도 한용운은 왜 시일까, 라는 물음에 대답으로 이 구절을 시집 맨 끝에 적어 넣었을 것이다. 코끝에 알 수 없는 향기가 전해진다. 마른 국화의 향기를 공리의 세계에서 통용되는 잣대로 재자면, 시가 그렇듯 아무것도 아니다. 쓸모가 두루 대접받는 세상에서 쓸모가 없는 시는 덧없다. 차라리 시는 그 덧없음으로 바쳐지는 아름다움에의 순교다. 그러므로 호모 에스티쿠스의 후예들은 일상인보다 더 하염없는 순교자들이다. 최금녀의 시는 사물과 현상에 대한 그윽한 응시와 그 응시가 말소리로 전환하여 이루어진 어떤 화성和聲으로 아름답다. 그 화성은 "우리의 내부, 저 깊숙한 곳에 자리한 지옥"(비스와바 쉼보르스카)에까지 울린다. 때때로 그것은 견성의 시학으로 환하고 견고하다. 시의 말로 옮기자면, "옹배기물 남실거리는 정토淨土에서 / 실뿌리로 바닥 움켜쥐고 / 햇빛도 끌어모아 / 사바娑婆를 밝힐 연화蓮花의 꿈"(「생명들은 불립문자不立文字를 쓴다」)이다. 물 위에서 피어난 연꽃은 생명의 눈부신 찰나를 만든다. 그 빛으로 시들고 죽어가는, 혹은 죽음의 심연에 뿌리를 내리고 있는 것들을 밝히고, 물을 거머쥐고 피어나는 연화의 꿈으로 태어남, 늙음, 죽음으로 순환하는 사바세계를 적신다. 이 시구는 왜 시일까, 라는 처음의 본원적 물음에 대한 대답으로 읽힌다.*

고요, 초월의 계기

신춘희의 신작시조를 읽고

문학 형식은 유동하는 시대에 맞는 변화를 추구하며 진화한다. 우리가 살아낸 삶과 이미 있는 시조의 형식이 하나라는 사실을 입증해내지 못할 때 시조는 봉건 왕조시대의 문화적 유습이라는 한계에 갇힌다. 오늘의 생생한 삶의 곡절과 불행을 붙잡아낼 때만 시조가 오늘의 문학형식으로 진화하고 있음을 스스로 입증할 수 있다. 유협이 『문심조룡』에서 말하는 바 "전통을 계승하면서도 당대에 맞는 변화를 추구한다"고 언급한 통변通變의 원리에 따르는 것이다. "송홧가루 날리는 / 외딴 봉우리 // 윤사월 해 길다 / 꾀꼬리 울면 // 산지기 외딴집 / 눈먼 처녀사 // 문설주에 귀 대고 / 엿듣고 있다"(박목월, 「윤사월」), "내려갈 때 보았네 / 올라갈 때 보지 못한 / 그 꽃", 혹은 "이런 날이 있었다 / 길 물어볼 사람 없어서 / 소나무 가지 하나 / 길게 뻗어나간 쪽으로 갔다 // 찾던 길이었다"(고은, 『순간의 꽃』)과 같은 단시들은 우리 선조들이 예술적 감흥으로 즐겼던 한시漢詩나 시조의 율격에서 그리 멀리 있지 않다. 송홧가루 날리는 윤사월 외딴 산야에 내려앉은 고요의 밀도는 곧 존재의 고요로 전환한다. 천지자연의 고요와 그걸 문설주에 귀 대고 엿듣는 시의 화자가 느끼는 존재의 고요는 하나다. 이 안팎의 고요 속에서 살아있음의 심미적 떨림은 하나의 구체 경험으로 마음 안에서 날개를 펴는 것이다. 이 시들은 스스로 짧은 형식의 제약을 만들어 그 안에서 형상적인 아름다움과 음성적인 아름다움을 겹쳐 보여준다. 시조의 가장 좋은 변이태라고 할 수 있을 정도로 시조들이 규범화하고 있는 수사와 리듬을 보여준다.

석류꽃 부신 뒤란 담 너머로 건네주던
후, 불면 날아갈 듯 그 사랑 눈빛 같은
백토로 새긴 물고기 헤엄치는 접시 바다

당초무늬 휘어진 그윽한 그늘 아래
도공의 막내딸이 와락 달려 안길 듯
나긋한 허리둘레로 저리 가쁜 숨소리

맨발로 눈썹달이 아장아장 걸어 나와
여울에 발 담그고 피라미와 놀다가는
귀얄로 스쳐간 자리 물빛 가득 환하다

— 유재영, 「계룡산 귀얄무늬분청사기」

이를테면 유재영(1948~)의 「계룡산 귀얄무늬분청사기」는 우리 시조가 가 닿은 서늘한 경지를 보여준다. 어떤 자유시보다 그 품격이 높다. 시조의 외재율을 엄격하게 지키면서도 이미지의 자유로운 연결, 수려한 언어감각을 펼쳐낸다. "귀얄무늬분청사기"가 보여주는 아름다움은 세상의 혼돈과 무질서에 대한, 정제된 언어의 균질함에서 느껴지는 질서의 아름다움이다. 각각의 종장들을 가만히 읊어보라. "백토로 새긴 물고기 헤엄치는 접시 바다", "나긋한 허리둘레로 저리 가쁜 숨소리", "귀얄로 스쳐간 자리 물빛 가득 환하다." 이 종장들을 읽을 때 깊은 데서 울려나오는 내재적 메아리가 자구字句의 외재적 통제를 감싸 안음으로서 그것을 절제의 윤리성으로 전환해버리지 않는가. 이럴 때 자구의 제약과 초장·중장·종장의 삼장 형식에 의해 성립되는 시조는 닫힌 율격의 형식이 아니라 열린 율격의 형식으로 나아간다. 시조에서 자구의 제약은 장르의 숙명이다. 이 외재적 제약의 자발적 수락 위에서 시조라는 시 형식이 성립하는 것이다. 아울러 이 외재적 제약은 시조가 보여주는 미학이 발현하는 특이점이기도 하다. 모든 좋은 시조들은 이 외재적 제약에 순응할 뿐만 아니라 심미적 중추로 승화시킨다. 과거지향적인 소재 관습, 정관적 사물 관조, 완강한 퇴영적 정서에 머무는 시조는 오늘의 복잡다단한 삶과 깊이 연루되지 못한 전통 기능보유자의 수공예품에 지나지 않는다. 존재와 외연 사이에서 예술이 찾아내는 진실의 효과나 사물에 대한 해석이 발견의 새로움과 미적 혁신이 없이 구태의연하기만 한다면 그것을 무슨 즐거움 삼아 읽을 수 있으랴. 왜 시조에는 추醜의 미학, 퇴폐에 대한 탐미, 파破의 동학은 나타나지 않는가. 오늘의 시조들이 내면에 울림이 없는 장르에서 벗어나기 위해서는 사람과 자연에 대한 피동적 관조가 아니라 능동적 지각으로 나아가야 하리라. 달리 말하면 사물에 대한 새로운 발견이 있어야 한다. 그 위에 표현의 새로움이 더해져야 하리라.

신춘희(1953~)의 시조들에 눈에 번쩍 뜨일 만한 표현의 기발함이나 내용의 신기성은 없다. 오히려 추구하고 드러내려는 뜻과 그 뜻을 세우는 형식의 견실함이 어느 한쪽으로 치우치지 않고 균형잡혀 있다. 신춘희 시조의 안정감 있는 격조는 그 균형 감각에서 비롯한다. 중년의 삶이 감당해야 하는 난감함이나 금동반가사유상에서 미적 현신을 붙잡아 낼 때, 그리고 "문장 속의 문자향"을 노래하는 「슬쩍 문장을 훔치던 날」이나, "갑자기 발칙해지는 관능적 상상"을 노래하는 「벚꽃 지는 날 오후」에서도 그 균형 감각은 여전하다. 시조 쓰기의 어려움은 내용의 분방함을 형식의 고착성 위에 담아내는 어려움이다. 시조는 형식의 고착성과의 싸움, 그리고 경험적 현실의 구속과의 싸움, 그 이중의 언덕을 넘어서서 수사·이미지·리듬을 만들어내야 하는 어려움이 놓여 있다. 그러나 좋은 시조에서 초장·중장·종장이라는 형식과 그 내용은 둘이 아니다. 몸과 마음이 둘이 아니듯 그 둘은 하나다. 시조의 형식이라고 말할 수 있는 것은 내용의 서술이 나아간 바의 총체다. 신춘희의 시조는 시조 쓰기의 그런 어려움들을 능히 감당하면서도 수일한 시적 성과를 거둠으로써 오늘의 시조를 떠받치는 중견으로 그 자리매김이 뚜렷하다.

아직 젖살이 빠지지 않은
소년이 앉아 있다
왼쪽 무릎 위에 오른발 올려놓고
삼산관三山冠 머리에 쓴 채
반쯤 눈을 감고서

연꽃 좌대가 받치고 있는 수직의 절대 균형
손가락 뺨에 닿자 해맑게 피는 미소
그 아래, 한 발이 딛고선
천의天衣 속
삼천대계

사는 일 시시해질 때 소년 앞에 서면
절망의 끝에서도 정신은 쇄락해진다
미소의 순진무구여
순진무구의 석가여

— 신춘희, 「국보83호 금동반가사유상」

「국보83호 금동반가사유상」은 좋은 시조다. 그 소재와 시조의 율격이 균형감을 갖고 어우러져 있다. 그 균형감에서 시조의 품격이 물씬하다. 이 금동반가사유상에서 아직 젖살이 빠지지 않은 소년을 읽어내는 시인의 투시력은 돌연 눈을 번쩍 뜨게 한다. “연꽃 좌대가

받치고 있는 수직의 절대 균형 / 손가락 뺨에 닿자 해맑게 피는 미소"는 금동반가사유상에 대한 사실적 소묘이면서 그것이 구현하는 있음과 없음, 피안과 차안, 정신세계와 물질세계 사이에서 취하는 절대 균형의 삼엄함을 드러낸다. 이 오래된 불교 유물은 이 타락한 세계에서 범접할 수 없는 순진무구라는 절대의 미로써 의연하다. 이 금동반가사유상은 "왼쪽 무릎 위에 오른발 올려놓고 / 삼산관三山冠 머리에 쓴 채 / 반쯤 눈을 감고서" 그 초연함을 드러내는데, 이때 이어지는 말들의 연쇄는 그것들이 실어 나르는 전언보다는 그 전언 뒤에 깃든 서늘한 고요를 적시한다. 이때 고요는 삶의 파란과 곡절을 품어 안은 채 침묵으로 견고해진 지극함이다. 말이 말없음으로 드러내려는 것은 자기성찰을 추동하는 고요의 능동성이다. 이는 금동반가사유상의 미소가 현시해내는 숭고미와 한 쌍의 좋은 짝이다. 이것 앞에서 우리 삶을 감싼 번잡하고 하찮은 번민과 던적스러움이 돌연 추악해지는 느낌과 함께 그것에서 멀리 벗어나고자 하는 자기 갱신에의 초월적 계기와 맞부딪친다.

감격해 울었어요
미움은 감췄지요
나보다 더 나를 사랑한다는
새빨간 거짓말 앞에
그래도 미련은 남아
돌아서지 못하고
세련된 교양미와 혀끝의 달변으로
한 생을 비단에 감듯 행복하게 해주겠다더니
한 철도 견디지 못하고
등을 돌리시나요

— 신춘희, 「채송화」

「채송화」는 그 어조의 순진함이 잘 드러난다. "채송화"라는 개별성으로 있는 저 표표한 생명을 호명할 때 속도와 효용을 섬기는 시대에 땅에 엎드려 자라는 이 키작은 화초는 조촐한 삶의 은유로 읽힌다. 그것이 해바라기처럼 큰 꽃이 아니고 칸나 같이 화려한 화초가 아니기 때문에 "감격해 울었어요 / 미움은 감췄지요"라는 시작 부분은 더욱 자연스럽고 순진한 울림을 갖는다. 진실보다 교양미와 달변의 허위에 휘둘리는 오늘의 세태를 꼬집는 내용이 새롭다고는 할 수 없겠다. "한 생을 비단에 감듯 행복하게 해주겠다더니 / 한 철도 견디지 못하고 / 등을 돌리시나요"라는 구절에서 만나는 직유의 범속함은 말의 어여쁨이나 수사의 영롱함과는 무관한 관습의 완강함 속에 갇힌 것으로 보인다. 이런 경우는 쓰는 자가 대상 앞에 그 감각을 다 열지 않은 탓이다. 그럼에도 "채송화"라는 이미지로 형상화된 작은 존재의 참고 견디는 그 보편적 덕성을 느낄 수 없지는 않다.

오래된 라디오 같은
아내를 훔쳐보다가
고독한 중년의
그림자를 발견한다
언덕과 도랑이 있고
내리막 도처에 있는,
수은등 번쩍이는 급커브 길목에서
아직 사내는 위험의 강도를 가늠하지 못한다
캄캄한 허공 속으로
발걸음을 옮길 뿐,

비오는 날 어느 집 처마 밑에 서보라
외롭다! 외롭다!
비수처럼 내리는 비

아내의 마음 같더라
울화 같더라
외로움 같더라

— 신춘희, 「부재不在」

「부재不在」는 중년의 고독을 노래한다. 시의 화자는 비오는 어느 날 낯선 집 처마 아래에 서서 내리는 비를 바라본 적이 있나 보다. 그때 비는 비수요, 울화이고, 외로움 그 자체다. 입에서 저절로 "외롭다! 외롭다!"라는 말이 나왔을 것이다. 이렇게 중년의 가슴을 파고 드는 고독을 직설할 때, 독자는 시적 정서에서 소외된다. 드러낼 때보다 오히려 감출 때 그 울림이 사뭇 더 강해지는 법이다. 귀를 울리는 빗소리의 외청外聽에 겹쳐 마음의 귀를 울리는 "외롭다! 외롭다!" 하는 내청內聽의 울림이 함께 뚜렷하다. 누릴 자유는 턱없이 줄고 감당해야 할 책임과 의무가 사채이자처럼 느는 중년이란 버겁고 난감한 나이다. 그 난감함이란 고독의 그림자나 넘어야 할 언덕과 도랑, 그리고 때때로 만나는 급커브의 위험 때문만이 아니다. 그럼에도 무너져가는 이 중년의 삶이 끌어당기는 중력을 감당하며 끌고 나가야 할 제 삶의 지향성을 잃어버렸다는 점 때문이다. 무엇보다도 사람은 움직이는 개별자며(움직이지 않는 것은 사람이 아니다. 움직임을 멈춘 '식물'인간은 사람과는 다른 종이다. 즉 식물화하는 인간이다), 아울러 지각을 가진 존재다. 사람이 사람인 것은 미지의 것을 예측하고 그 예측에 따라 움직일 수 있기 때문이다. 움직임이란 지각, 즉 방향성을 감지하는 생각의 시발점이다. 모든 움직임은 방향성을 갖고, 생각함이 움직임에 선행한다. 사람의 뇌는 이 움직임의 선물이다. 무수한 움직임이 뇌의 발달을 촉발한 것이다. 모든 의식이란 뇌 속에서 내면화된 움직임이다. "지각이 하는 일의 바탕이 되는 것은 예측, 즉 쓸모를 염두에 두고 아직 일어나지 않은 사건을 기대하는 것이다. 예측이야말로 반사와 전혀 다르게 본질적으로 목표지향적인 뇌 기능의 핵심이다."(로돌포 R. 이나스, 『꿈꾸는 기계의 진화』, 김미선 옮김, 북센스, 2007) 그런데 지향성을 잃고 예측할 수 없는 "캄캄한 허공 속으로 / 발걸음을 옮길" 때 이는 방향을 탐지하는 더듬이를 잃은 곤충 같이 실존이 돌연히 맞은 위기의 사태며, 이 사태에 이러지도 저리지도 못함이 바로 난감함의 내역이다. 아마도 신춘희가 실존이 당면한 이 난감함을 진정성으로 끌어안고 시적 사유의 대상으로 파고든다면 바로 이 지점이 그의 수일한 시조 미학이 발현하는 자리가 될 것이다.

다랑어의 시학

김현식의 시세계

1. 시인의 운명

시인의 운명은 피할 수 없다. 스스로 원해서가 아니라 뮤즈가 강림하여 시인으로 점지하는 것이다. 시인 이전의 운명은 허물이다. 그 허물을 벗는 자만이 새롭게 태어날 수 있다. 허물을 벗지 못하는 뱀은 결국은 죽는다. 시인이 되려는 자는 혈관을 흐르는 피와 뇌와 오장육부까지 시라는 숙명에 절여져야 한다. 어떤 이는 머리와 손으로 시인이 되고, 어떤 이는 입과 목구멍과 위장으로 시인이 된다. 그러나 진짜 시인은 손, 발, 머리, 입, 목구멍, 심장, 폐, 오장육부, 항문으로 시인이 되어야 한다.

시인은 개가 아니라 늑대로 사는 것, 타조가 아니라 독수리로 사는 것을 뜻한다. 개와 늑대는 짖는다는 점에서 닮아 있지만 개는 주어진 조건에 길들여진 존재고, 늑대는 길들여지지 않은 존재다. 개는 있는 길을 따르고 늑대는 없는 길을 간다. 개는 경로를 이탈하지 않지만 늑대는 무시로 경로를 이탈한다. 타조와 독수리는 날개를 가졌다는 점에서 닮아 있지만 타조는 말보다 빨리 달리면서도 날지는 못한다. 독수리는 높이 날고 멀리 본다. 타조는 사육이 가능하고 독수리는 불가능하다. 개와 타조는 주인에게 빌붙어 먹이를 구하는 노예의 비천한 정신을, 늑대는 자기의 주인 됨으로 더욱 굳세지는 야성의 본성을, 독수리는 땅의 중력에 저항하여 한없이 높이 날아오르려는 고결한 정신을 표상한다. 노예들은 주인의 짐을 등에 지고 가지만, 스스로 주인이 된 자에게는 누구도 짐을 강제로 그의 등에 얹을 수 없다. 시인의 운명을 사는 자들은 낡은 허물을 벗고 늑대와 독수리의 본성과 정신으로 거듭나야 한다. 시인이란 은유를 빌어 말하자면 "독수리의 눈으로 심연을 응시하고 있는 자, 독수리의 발톱으로 심연을 움켜잡고 있는 자, 그런 자가 용기 있는 자렸다."[1]

늑대와 독수리는 선량하지도 사악하지도 않다. 늑대가 양의 목덜미를 물어뜯어 숨통을 끊고, 독수리가 작은 생명들의 몸통을 날카로운 부리로 찢는다 해도 그것을 비난해서는 안 된다. 그들은 개와 타조, 당나귀와 눈먼 자, 술 취한 자들, 그 모든 고난의 자식들을 옥죄는 도덕의 그물에 걸리지 않는다. 오히려 도덕과 윤리를 가로질러 간다. 시인은 이렇게 노래하는 자다. "보라, 나는 번갯불이 내려칠 것임을 예고하는 자요, 구름에서 떨어지는 무거운 물방울이다. 번갯불, 그것이 곧 초인이다."[2] 큰 비가 오기 전에 먼저 번갯불이 내려치고 천둥이 운다. 이 번갯불은 다가올 큰 비의 전조前兆다. 그 전조에 이어서 땅에는 빗방울이 내리꽂힌다. 시인은 다가올 일들을 예고하는 번갯불이자 동시에 구름에서 떨어지는 빗방울이다. 그것은 메마른 대지를 적시고, 풀과 나무, 곡식들의 뿌리를 적시고, 강을 넘쳐서 주변을 물로 범람하게 한 뒤 지형을 바꾼다. 시인의 심장에는 아직 태어나지 않은 천 개의 번개불과 천 개의 천둥, 무수한 빗방울이 숨어 있다.

무엇보다도 시인은 무겁고 고통스러운 삶을 질료로 무언가를 창조한다. "창조, 그것은 고통에의 위대한 구제이며 삶을 경쾌하게 하는 어떤 것이다. 그러나 창조하는 자가 존재하려면 고통이 있어야

---

1) 니체, 『차라투스트라는 이렇게 말했다』

2) 니체, 앞의 책

하며 많이 변신해야 한다.

그렇다. 창조하는 자들이여. 너희들의 삶에는 쓰디쓴 죽음이 허다하게 있어야 한다! 그럼으로써 너희들은 덧없는 모든 것들을 받아들이고 정당화하는 사람이 되는 것이다. 창조하는 자 자신이 다시 태어날 어린아이가 되려면 먼저 산모가 되어야 하며 해산의 고통을 마다하지 않아야 한다.

진실로 나 백 개나 되는 영혼을 가로질러 나의 길을 걸어왔으며 백 개나 되는 요람과 해산의 고통을 겪어 가며 나의 길을 걸어왔다. 나는 이미 허다한 작별을 경험하기도 했다. 그리하여 가슴이 미어질 것만 같은 마지막 순간들을 잘 알고 있다."[3] 시인이 되려는 자는 먼저 어린아이가 되어야 한다. 머리가 커버린 어른이 된 자는 결코 시인이 될 수가 없다. 어른은 순진하지도 않고, 무지의 황홀경을 모르기 때문이다. 그들은 관습으로 어둠침침해진 눈으로 사물을 보고, 닳은 뇌로 세계를 해석한다. 왜 어린아이인가? 어린아이는 백 개의 영혼을 가로지르는 씩씩한 망각이요, 새로운 시작의 기쁨을 간직한 자의 다른 이름이다. 니체는 이렇게 말한다. "어린아이는 순진무구요 망각이며, 새로운 시작, 놀이, 스스로의 힘에 의해 돌아가는 바퀴이며 최초의 운동이자 거룩한 긍정이다."[4] 창조하는 자로 살려면 어린아이가 되어야 한다. 그렇게 되기 위해 먼저 산모가 되어야 하고 해산의 고통을 겪어야 한다. 뿐만 아니라 허다한 죽음과 작별을 품고, 무수한 몰락과 파멸을 견뎌야 하고, 백 개의 영혼과 백 개의 요람과 해산의 고통을 겪어야 한다. 그리하여 자유자재로 날아오르는 자, 춤추는 자, 웃는 자가 되어야 한다.

---

3) 니체, 앞의책
4) 니체, 앞의책

2. 현실과 꿈/환상 사이에서

김현식의 시들은 현실과 꿈 / 환상 사이에서 흔들리는 자아의 풍경을 보여준다. 현실과 꿈 / 환상 사이에는 "흔들리는 몸"이 있다. "몸이 / 흔들린다 / 열차를 기다리고 있는 / 지하철 플랫폼 바로 발밑 / 다른 선로에서 / 부르르 전해오는 / 떨림을 / 몸이 / 기우뚱 기운다 / 진앙지를 향하여 // 얼마전 / 강원도에 일어난 / 지진으로 / 몸이 흔들림을 느낀 후 / 더욱 예민해진 / 감각, 불안한 / 떨림을 감지한다 // 오히려 불편해진 / 날 선 / 감각."(「흔들리는 몸」) 떨림을 일으키는 진앙지는 꿈 / 환상이다. 시의 화자는 몸의 날선 감각으로 그 진앙지에서 오는 떨림을 감지한다. 김현식의 시는 예민한 지진계와 같이 몸 / 마음으로 수신한 그 떨림을, 떨림으로 생긴 변화무쌍한 내면의 무늬를 적은 시다. "놀이터에 버려진 시소 / 한쪽으로 기운 채 / 손잡이는 녹슬어 가고 있다 / 아무도 거들떠 보지 않는 편견과 / 치우침, / 무거운 세월만 내려앉는다 / 원래 그랬었던 것처럼, / 한가운데 서 보지만 몸도 / 기우뚱 한쪽으로 쏠린다 / 이미 기울어진 것의 중심은 / 버겁다."(「시소」) 현실과 꿈 / 환상 사이의 흔들림이 멈출 때 삶은 "놀이터에 버려진 시소"와 같은 폐품, 혹은 무용지물이 되고 만다. 그때 삶은 무게 중심이 한쪽으로 기우뚱 쏠린 채 녹슬어 가고, 그 위로 무거운 세월만 내려앉는다. 이 버려진 풍경은 꿈/환상을 좇는 일을 그친 마음의 을씨년스러운 풍경이다.

꿈 / 환상은 열악한 삶의 조건 속에서 만들어진다. "나약한 현실은 환상을 좇고 환상은 / 좀처럼 끝내기 싫은 크루즈여행이다"(「환상」). 꿈 / 환상이 현실에서 멀면 멀수록 그것을 향한 욕구는 절박해진다. 왜냐하면 꿈 / 환상은 일상의 범박함이 아닌 강렬한 그 무엇이기 때문이다. 이를테면 크루즈 여행 같은 것이다. "환상은 때론 현실을 배척하고 환상의 깊이는 / 현실의 고뇌의 크기에 비례한다"(「퍼포먼스」).

환상이 깊으면 반대쪽으로 현실에서 고뇌는 커진다. 골짜기가 깊으면 봉우리가 높아지는 것과 같은 이치다. "아, 저기에 도달하기까지 / 얼마나 많은 상처를 입을 것인가"(「공기가 딱딱해졌다」). 시인이 가 닿으려는 '저기'는 꿈/환상을 가리킨다. '여기'에서 '저기'로 가는 도정은 니체의 어법을 빌리자면 "벌레에서 인간에 이르는 길"이고, 시인의 어법을 빌리자면 "영혼의 향기를 간직한 명품"의 삶에 이르는 길이다. '여기'에 주저앉는다는 것은 원숭이의 삶을, "원숭이보다 더 철저한 원숭이의 삶"을, 혹은 "식물과 유령의 불화"이자 그 "튀기"인 삶을 피동적으로 수납하는 일이다.[5] 누군들 유령이나 식물로 되돌아가고 싶으랴, 날아오르는 자, 춤추는 자, 웃는 자들의 세계가 '저기'에 보이는데! 그러나 '저기'에 가 닿으려면 대가를 치러야 한다. 많은 상처들이라는 대가를. 그래도 꿈/환상을 포기하지 못하는 것은 "별이 찬란하게 빛날수록 / 더욱 차가와지"(「퍼포먼스」)는 까닭이고, "삶이 절박할수록 꽃은 화려하게"(「그들을 볼 때마다」) 피어나기 때문이다.

3. 다랑어의 시학

"다랑어"의 꿈은 잃어버린 낙원에 귀환이다. 낙원에서 너무 멀리 떠나온 이 바다의 왕자가 감당해야 하는 것은 부레와 지느러미를 잃어버린 퇴화된 삶, 혹은 척박한 삶이다. 영문도 모른 채 나쁜 운명에 끌려온 다랑어의 존재 이유는 잃어버린 것을 되찾는 것이다. 부레와 지느러미를 되찾고, 낙원을 되찾는 것. 발목에 묶인 오랏줄을 풀고 자유롭게 되기, 그 비극적 운명에 저항하기, 그리고 잃어버린 것들

5) 니체, 앞의책

되찾기. 그러나 지금은 천형天刑을 견뎌야만 한다.

아득히 먼 낙원의 추억
추방당하고 방황하던 공포와 절망
이미 공소시효를 넘긴 영겁의 세월을
기억해 낼 겨를도 없이
이미 퇴화되어 사라져버린 유전자의
마법에 걸려 영문도 모르고 끌려온 삶,
운명이라는 보이지 않는 오랏줄에
발목이 잡혔다

잊혀진 죄의 댓가로 반납해야 했던 부레
가라앉지 않기 위해 쉴 새 없이
움직여야만 했던 비운의 지느러미
비극적인 운명을 처절하게 받아 넘기며
바다의 왕자가 된다 반역의 꿈을 안고
상실의 회복이 존재의 이유이다

떠내려가지 않기 위해 끊임없이
강을 거슬러 헤엄쳐야만 하는 물고기의
원죄는 무엇이었을까

주어진 생生의 물레방아를 돌리기 위해
어제도 오늘도 내일도 쉬지 않고 물을 끌어들여야 하는
천형天刑.

— 「다랑어」

'다랑어'는 야생의 본성으로 살아간다는 점에서 바다의 '늑대'다. 늑대들은 "아득히 먼 낙원의 추억", 즉 추방당하기 이전의 추억을 갖고 있다. 늑대들은 모든 개들에게 미움을 받는다. 그래서 늑대는 개들의 경계 밖으로 추방당한다. 추방당한 자가 경계를 넘어 월경越境하면 불개들의 총질이 시작된다. 얼마나 많은 늑대들이 불개들의 토벌하고 남획하는 총질에 희생을 당했던가! 이 불개의 진짜 이름은 국가다. 니체는 말한다. "너와 마찬가지로 국가도 위선에 찬 개의 일종이다."[6] 국가는 불을 뿜는 불개, 위선에 찬 개의 일종이다. 늑대들은 야생으로 쫓겨난다. 늑대들은 "이미 퇴화되어 사라져버린 유전자의 / 마법에 걸려 영문도 모르고 끌려온 삶,"을 감당한다. 그 나쁜 운명을 끌고 가는 것은 낡은 도덕과 오랏줄이다. 공포와 절망으로 점철된 이 비극의 운명을 투시하는 시인의 눈빛은 형형하다.

늑대들은 귀를 세워 숲을 흔드는 바람 소리를 듣고, 그 속에서 움직이는 작은 동물들의 기척을 추적한다. 늑대들은 요람에서 무덤까지 항상 '아니오'라고 말하고 '네'라고 말하지 않는다. 늑대의 본성이 시키는 지혜다. 늑대라는 기표는 경계인이라는 기의를 품는다. 시인의 경계에 대한 사유는 「여명」에 또렷하게 새겨 있다. "여명이 자신의 몸을 풀어 경계를 허물고 있다 / 나는 달린다 / 사라지기 전의 경계를 따라 / 죽음과 삶, 어둠과 빛, 과거와 미래, / 어느 쪽도 내키지 않는 나는"(「여명」) 경계는 죽음과 삶, 어둠과 빛, 과거와 미래 사이에 걸쳐져 있다. 늑대들은 이 경계에서 줄타기를 하는 자다. 그것은 "아스라한 외줄다리 / 를 기꺼이 즈려밟는 위태로운 모험"이다. 니체를 읽은 사람이라면 이 시구에서 떠오르는 대목이 있을 것이다. "인간은 짐승과 초인 사이를 잇는 밧줄, 심연 위에 걸쳐져 있는 밧줄이다."[7] 이 외줄을 타고 짐승에서 초인으로, 현실에서 꿈 / 환상으로 건너는 일은 위험하다. 그 위험에 대하여 니체는 이렇게 말한다. "저편으로 건너가는 것도 위험하고 건너가는 과정, 뒤돌아보는 것,

---

6) 니체, 앞의책
7) 니체, 앞의책

벌벌 떨고 있는 것도 위험하며 멈춰 서 있는 것도 위험하다."[8] 건너가는 것도, 중간에서 떨고 있는 것도, 멈춰서는 것도 위험하다면 어떻게 할 것인가? 외줄을 건너는 수밖에 없다. 순진무구와 망각의 힘으로, 달려가는 고라니의 다리로. 이때 고라니는 날개 없는 독수리요, 다른 생물을 공격하지 않는 늑대다. "산그림자가 한껏 움츠린 빛나는 아침에 고라니가 뛰어 가네 포장도로를 건너 텅 빈 논과 밭을 지나 고라니가 달려 가네 건너편 언덕으로, 삶의 기운이 뻗쳐 가네 고라니의 쫑긋한 귀와 발끝을 타고, 새파란 눈빛의 부딪침, 스파크, 마른 번개가 치고 충전기는 이미 작동을 시작하였네 번쩍번쩍 어둠 속의 고양이 눈처럼 빛나네 검불 속에 응축되어 있던 서늘한 기력이 충전코드를 타고 달려 가네 영혼의 콘덴서를 향하여, 게으른 벽을 뚫고 저장되는 상서로운 기운이었네 어느 날 아침 고라니는 그렇게 다가 왔네 놀라운 기쁨을 가지고 나태한 마음의 호수에 돌을 던졌네 영혼의 창문을 두드리는 파동이 사인곡선처럼 퍼져 가네 그의 끓는 심장과 장대같이 곧게 뻗는 다리근육 쪽으로 쏠리는, 당황스러우면서도 동안근을 긴장시키는 파격의 원심력으로 무료한 벽을 뛰어 넘어 가네, 얘들아, 이른 아침에 고라니를 보았단다, 계백장군의 전령사를, 시내 가까운 들판에서 우리 앞을 거쳐 바로 옆 언덕으로 뛰어가는 것을."(「고라니와 마주치다」) 고라니는 무거움도 실패도 심연도 도무지 모르는 천진무구한 어린아이, 스스로 생성하는 힘이다. 시인이 고라니와 우연히 마주치고 난 뒤 마음에 경이감과 함께 기쁨의 파동을 느낀 것은 바로 그 때문이다. 고라니는 날아오르는 자, 춤추는 자, 웃는 자다. 시인은 고라니를 파동을 가진 존재, 즉 "새파란 눈빛이며, 스파크, 마른 번개"라고 한다. 바로 우리 눈앞에서 들을 가로질러가는 고라니는 "파격의 원심력으로" 외줄이나 벽조차도 뛰어

8) 니체, 앞의책

넘어간다. 시인은 그 도약과 비상에 놀라고 감탄하며, 저기, 고라니가 뛰어간다고 외친다.

4. 나무늘보의 시학

「나무늘보」는 나무늘보의 생태를 빌어 오늘의 삶을 되돌아보는 시다. 나무늘보는 날개를 잃고 추락한 독수리다. 날개를 잃은 독수리는 모든 것을 잃은 존재다. 나무늘보는 날개와 속도를 잃어버린다. 나무 위에서 사는 이 느림의 천재로 명성을 얻은 동물에 시인은 제 자아를 투사한다.

천천히 걸어간다 이것저것 구경한다 홍정한다 옷을 입어본다
누군가를 찾아 헤맨다 서로 쳐다보며 웃어댄다 부딪치며
지나간다 유모차를 끌고 간다 전단지를 살핀다 에스컬레이터를
탄다 올라간다 내려온다
그냥 흘러간다 빼끔빼끔 유영한다

새로 생긴 고속도로 뒷켠으로 밀려난 국도의
이정표는 희미해지고 구겨진 가드레일이 을씨년스럽다
폐가처럼 방치되어 있는 언덕 밑 낡은 차 옆에서
허리굽은 노파가 잡초를 뽑고 있다

폐쇄공포증 환자처럼 엘리베이터를 싫어하는 나는
에스컬레이터를 타고 올라간다 반대편에서는
컨베이어를 탄 사람들이 내려오고 있다
나무처럼 반듯이 서서

나는 나무늘보가 된다

나무늘보는 나무에서 거의 잠만 잔다지
신진대사율이 아주 낮기 때문에 어쩔 수 없다지
가끔 눈만 껌벅거린다지
환경파괴로 서식지가 줄어들고 있다지

사람들이 부딪칠 것 같이 몰려다니고 있다
삶을 시위하고 있다.

—「나무늘보」

일상의 생태를 간결하게 묘사한 첫 연은 나무늘보의 생태와 겹쳐진다. “천천히 걸어간다 이것저것 구경한다 흥정한다 옷을 입어본다 / 누군가를 찾아 헤맨다 서로 쳐다보며 웃어댄다 부딪치며 / 지나간다 유모차를 끌고 간다 전단지를 살핀다 에스컬레이터를 / 탄다 올라간다 내려온다 / 그냥 흘러간다 빼끔빼끔 유영한다”. 이때 속도를 늦춘 삶은 그냥 흘러감의 삶이며 무심의 경지에서 유영하는 삶이다. 고속도로가 아니라 한갓진 시골길로 가기. 나무늘보는 더 높은 곳으로 올라가려는 상승의 의지도, 존재를 땅으로 끌어당기는 중력의 영에 맞서 싸우려는 투쟁의 의지도 없다. “나무늘보는 나무에서 거의 잠만 잔다지 / 신진대사율이 아주 낮기 때문에 어쩔 수 없다지 / 가끔 눈만 껌벅거린다지 / 환경파괴로 서식지가 줄어들고 있다지”. 시인은 나무늘보가 삶의 최소주의로 내몰리고 있는 이 참담한 현실을 담담하게 적는다.

나무늘보는 세속을 떠난 자의 표상이다. 나무늘보는 노자고 장자며, 죽림칠현이고, 그리고 도연명이다. “오두막을 짓고 마을[人境]에 살아도 / 수레, 말 소리 하나 없다. / 그대는 어찌 그럴 수 있나. / 마음이 머니 사는 곳도 절로 아득하다. / 동쪽 울 밑에서 국화를 꺾어 들고 / 유연히 남산을 바라본다. / 산기운은 해가 지니 아름답고 / 날던

새들 서로 어울려 돌아오누나. / 이 가운데 참뜻이 있거늘, / 하려 할 말을 잊도다."(도연명, 「음주」) 시인은 수레 오가는 소리, 수레를 끄는 말 소리도 더는 들리지 않는 곳에 산다. 세속에서 먼 곳이다. 이는 무심, 무아의 경지에 든 삶이다. 이 시가 새기고 있는 반문명의 메시지는 분명하다. 속도를 버려라! 나무늘보로 살아라!

5. (거인의) 꿈의 시학

「거인의 꿈」은 아름답지만 모호하다. 먼저 주목을 끄는 것은 '빈집'의 이미지다. 먼저 사람이 떠나고 귀작은 새도 떠났다. '빈집'은 겨우 "구멍뚫린 지붕, 낡은기둥에 아프게 걸려있는 서까래, 이끼 낀 추녀끝"으로 버티고 서 있다. 쇠락하는 시간 속에 놓인 '빈집'의 헐거운 실존이 드러난다. 하이데거식으로 말하자면, 이 '빈집'은 그냥 '거기에 있음'이다. 얼마나 많은 사람들이 그냥 '거기에 있음'으로 살아가는가! "어깨 위로 받쳐든 커다란 황금공을 넘어 가다오는 빈 꿈"은 그 '빈집'이 꾸는 꿈일 것이다. 그럼 어깨 위로 황금공을 받쳐든 이가 거인일까?

> 어깨 위로 받쳐든 커다란 황금공을 넘어 다가오는 빈 꿈, 귀여운 작은 새도 떠나버린 빈 집을 감싸고 있는 구멍뚫린 지붕, 낡은기둥에 아프게 걸려있는 서까래, 이끼 낀 추녀끝을 안타깝게 바라보는 거인의 눈빛 너머 큰불이 난 것처럼 물안개는 맵게 밀려오고 머얼리 보이는 송전탑, 환영처럼 아른거리고 건너편 산자락도 깊이 잠겨 봉우리 구름 위에 떠 있다 물비늘 그 조용한 파동, 부드러운 바람의 은밀한 속삭임에 대한 떨림, 새 작은 무리 어디론가 나비떼처럼 날아가고 물안개 연기처럼 빠져나간 후 잔잔하게 나부끼는 수면, 물

> 고기 한 마리 튀어 오른다, 첨벙, 솜털처럼 민들레씨처럼 날려버릴 것 같은 얄브스레한 껍질 속, 신기루였던가, 장중한 세월의 무게를 버티어 온 허방의 기둥 아래로 휜 서까래 밑 투박한 주름은 한층 깊어지고 한 걸음 한 걸음 내디디고 있는 무거운 발걸음, 그들의 꿈이 아직 살아있는 곳으로
>
> ─「거인의 꿈」

거인은 이 '빈집'을 안타까운 눈빛으로 바라보고 서 있다. 이 '빈집'은 무엇이고, 거인은 누구인가? 그것은 명확하지가 않다. 물비늘의 파동이 일고, 바람의 은밀한 속삭임이 있다. 새의 무리들은 어디론가 날아가고, 물고기는 수면으로 튀어 오른다. 풍경은 환영으로 아른거리고, 세계는 얇은 껍질에 싸인 거대한 알이다. 세월이 흐를수록 '빈집'의 쇠락은 더 깊어질 것이다. "장중한 세월의 무게를 버티어 온 허방의 기둥 아래로 휜 서까래 밑 투박한 주름은 더욱 깊어지고"라는 구절이 그걸 암시한다. 그 뒤를 잇는 "한 걸음 한 걸음 내디디고 있는 무거운 발걸음"의 주체는 누구인가? '빈집'인가, 아니면 거인인가? 그 둘이 실은 하나가 아닐까 ? 그리고 그 발걸음의 주체가 향하는 곳은 어디인가? 어깨 위로 황금공을 받쳐 든 이 거인은 우리가 살아보지 못한 꿈, 미처 피어나기도 전에 져버린 꽃이다.

이 거인과 대척하는 자리에 놓인 존재가 개미다. 시인은 쳇바퀴를 돌리는 개미/다람쥐를 이렇게 노래한다. "개미 쳇바퀴 돈다, 끊임없이, / 치열한 삶을 살고 있는 것이리라, 틀림없이, // 조그만 상자 안에서 다람쥐 쳇바퀴 돈다, 저런, / 체력 유지를 위한 고육지책이었을까 // 나는 달리기틀을 타고 있다 건강을 위해서 / 쳇바퀴를 굴리고 있는 것이다 // 달이 지구를 쳐다보며 돌고 지구가 / 자전하고 태양주위를 도는 것도 / 하늘과 땅, 저 바다의 건강을 위해서일지니 // 지금, 우주는 돌고 있을 터 / 건강과 질서를 위하여 // 개미와 우주가

만나는 회전축 // 그 회전축을 붙잡고 나도 돌고 있다 // 가끔 전기에 감전된 듯 정신이 / 아득해질 때가 있다." (「쳇바퀴를 굴리다」) 이 개미/다람쥐는 왜소해진 일상인을 은유한다. 건강과 질서를 최고의 가치로 삼는 바로 우리 자신들. 이미 개미/다람쥐의 내면에서 거인은 쇠락하고 죽어버렸다. 본디 우리 심장과 근육 속에 살아있던 거인이 죽었다던 우리는 날마다 쳇바퀴나 돌리며 사는 개미/다람쥐에 지나지 않는다.

6.

시인은 '여기'가 아니라 '저기'를 바라보는 자다. '여기'는 고통의 골짜기다. '저기'는 천진무구한 어린아이들이 뛰노는 거룩한 긍정의 세계다. '여기'에는 날마다 쳇바퀴를 돌리는 개미/다람쥐가 있다. '저기'에는 다랑어와 나무늘보와 거인이 서 있다. 왜소해진 우리 앞에 다랑어를, 나무늘보를, 거인을 호출한 까닭은 그것들이 "스스로의 힘으로 돌아가는 바퀴며, 최초의 운동"이기 때문이다. 다랑어로, 나무늘보로, 거인으로 살라! 멍에를 벗고, 어깨를 짓누르는 짐을 내려놓아라! 개가 아니라 늑대로, 타조가 아니라 독수리로 살라! 저기 늘 새로운 시작, 놀이, 기쁨으로 날아오르는 자, 춤추는 자, 웃는 자들이 있지 않은가!

"물컹함"의 시학

박정수의 시세계

삶은 잔혹한가? 승리는 없고, 오로지 견딤만이 있다면, 그것은 잔혹하다고 말해야 한다. 애초에 자연은 사람에게 우호적이지 않았다. 그렇기는커녕 사납고 적대적이었다. 그랬으니 자연에 노출되는 것은 위험하다. 거친 자연에서의 삶은 위험한 실존이었을 뿐이다. 그래서 사람들은 자연을 밀어내고 그 위에 도시를 세우고 문명을 만들었다. 자연을 멸종하고 세운 문명은 사람에게 승리를 주었을까? 아니다. 문명 역시 위험하기는 마찬가지다. 극복하고 견뎌야 할 대상이 자연에서 문명으로 바뀌었을 뿐이다. 우리는 여전히 부조리와 허무의 "거대한 혼돈" 속에서 허우적이고 있다. 우리 "이성"은 "영원한 밤 속"을 떠돌고 있다. 여기에서 벗어나는 뾰족한 수단은 없다. 우리는 신이 부재하는 이곳에서 "영원한 밤"을 견딜 뿐이다. 자, 한 무서운 연극에 나오는 극중 인물의 독백을 경청해 보자. "여기서 우리가 해야 할 일, 바로 그것을 생각해야 해. 운 좋게도 우린 그걸 알고 있어. 이 거대한 혼돈 속에서 확실한 건 오직 한 가지뿐이야. 고도가 오기를…… 아니면 밤이 오기를 기다리고 있다는 것이지. 우린 약속 장소에 와 있어. 그것으로 충분해. 우리가 비록 성자는 아니지만 약속 장소에 와 있는 건 분명해…… 확실한 건, 이런 상황에서의 시간은 길게 느껴진다는 거지. 언뜻 합리적으로 보이기도 하지만 습관적인 활동을 하면서 말이야. 자넨 그게 이성을 잃지 않기 위해서라고 말하겠지. 그 점은 나도 알고 있어. 그렇지만 때때로 궁금한 것이 있어. 이성은 이미 영원한 밤 속을 떠돌고 있는 것이 아닌가 하고 말이야."(사무엘 베케트, 「고도를 기다리며」)

박정수의 시에서 신변성[身邊性] 불안과 일상 경험의 밑바닥에 눌어붙은 우울의 기미를 찾아내는 것은 어렵지 않다. 굴종과 좌절로 얼룩진 식민지 경험 이후 우리 시인들 누구에게나 찾아볼 수 있는 암울한 현실의 도체[導體]로서 시가 존재해 온 것을 환기한다면 그것이 그만의 독자적인 상상세계에서 나온 것이라고는 보기 어렵다. 그의 상상력을 물들이는 기본 색조는 붉음이고 그 질료성은 물을 머금은 물컹함이라는 특이성을 띤다. 물컹함은 점액성을 띤 신체고, 이것은 깨지지 않고도 그 내재성의 변이가 가능하다는 점에서 권력에 길들여진 신체에 대한 은유다. 이를테면 "기나긴 오후의 물컹한 무게를 지탱하고 있어야 했지"(「평상」)라는 구절에서 그것은 숨길 수 없이 드러난다. 돌의 고집스런 응고성과 경도[輕度]의 굳건성에 견줄 때 "물컹함"의 질료성은 수분을 품고 진행되는 해체와 무르게 된 성질이 또렷해진다. 물컹함은 그 내면에 품은 욕망의 액체성이 더 강조되는 것이다. 박정수의 그것은 만만치 않는 무게를 가진 몸—욕망의 "물컹함"이다. 이것이 지시하는 것은 실존의 버거움이다. 아울러 "필경 비워내고 싶은 꽃의 사연이 있어 눈시울 붉은 흔적이 물큰 파고든다"(「버찌」)나, "여전히 붉은 화단엔 굵은 빗줄기의 고해성사가 고이고 있어요"(「영산홍」)라는 구절에서 붉음은 눈시울의 붉음이고, 무의식에서 보자면 월경 피의 붉음이다. 이것이 고해성사의 눈물—물로 이어지는 것임을 숨기지 않는다. 붉음—물컹함을 수렴하는 정서는 "설움"이다. 시인의 설움은 그것을 낳는 정황에 대해 어찌 할 수 없는 국외자의 무력한 체험에서 빚어진다. 이렇듯 박정수의 상상력은 자주 비릿하고 물컹하고 질펵이는 것에 이끌리는데, 이것이 새로운 것은 아니다. 일찍이 김수영은 "비가 그친 후 어느날— / 나의 방안에 설움이 충만되어 있는 것을 발견하였다"(「방안에서 익어가는 설움」)라고 노래했다. 김수영은 후진국 지식인의 지리멸렬한 삶을 꽉 채운 "설움"의 발견자이자 그 의미를 캐는 선구자였다. 그래서 "무엇보다도 먼저 끊어야 할 것은 설움"(「병풍」)이라고 했고, "으스러지게 설움에 몸을 태우는 것은 바라는 것이 있기 때문"(「거미」)이라고 노래했다. 설움은 어디서나 쉽게 찾아진다. 설움이 삶의 저변에 미만彌滿해 있는 것이라면 그 물기로 인해 삶은 비릿한 것, 물컹한 것, 질펵이는 것이 되고 말 것이다.

> 눈물은 뒤통수로 흐르지
> 엎드려 울 수 있다는 것은 조물주가 실수한 행운, 제 그림자를 스스로 적시곤 하지
>
> 시선이 정수리로 꽂힐 때, 성장은 조금씩 멈추고 있었던 거야 다짐한 순간부터 실패는 시작된 것이었지 밤이면 야광을 발하는 가슴을 열고 어둠을 걷고 싶었어 눈물로 물컹해진 혹성을 쥐어뜯기도 했었지 바람은 비껴간 적이 없었어 혹성은 단단하지만 하지 무게가 없거든 눈시울 붉은 뒤통수 매일 홍건할 때마다 꿈꾸는 혹성을 재우는 거야
>
> 눈을 감아도 보이는 세상으로 새벽은 잠겨진 대문을 넘어 창을 열고 충전중인 나의 혹성으로 숨어들지 무게가 없다는 것은 불안을 동반한 저주가 아니라고 늘 하늘을 직시해야 했어 그럴 때면 혹성엔 양수가 차고 잘 생긴 사내아이 하나 손가락을 빨며 유영을 하지 비밀이었지만 나는 반만 닮은 아들을 갖고 싶었어 사막의 바람은 매번 중요한 순간에 몰아쳐 잠을 깨워 혹성의 꿈을 그만 일으켜야 하지

밤낮이 모래바람이었던 거야
속눈썹을 놓고 오는 것이 사막을 벗어나는 것이라고, 늘

—「낙타 등을 품은 남자」

「낙타 등을 품은 남자」는 박정수의 시세계 전체를 조감해 볼 수 있는 단서들을 담은 시로 보인다. 어떤 것의 물질성이 물컹해지는 것은 물이 스밀 때이다. 눈물·양수 따위의 물을 홍건하게 품을 때 누군가의 가슴은 물컹해진다. 그것은 차라리 행운이다. "엎드려 울 수 있다는 것은 조물주가 실수한 행운"이라고 말해지는 것은 시의 화자에게 주어진 실존의 자리가 사막—현실인 까닭이다. 눈물은 홍건해서 "제 그림자를 스스로 적시곤" 한다. "시선이 정수리로 꽂힐 때, 성장은 조금씩 멈추고 있었던 거야"라는 구절은 모호하다. 누구의 시선이 누구의 정수리에 꽂혔다는 뜻인가? 어쨌든 그것은 불운과 불모를 불러오는 나쁜 계기가 되었다. 그때부터 성장은 멈추고, 실패는 시작되었으니까. 느닷없이 삶에 개입한 이 실패의 고백은 "눈물로 물컹해진 혹성을 쥐어뜯"고 "비껴간 적이 없"는 바람을 역류의 기억으로 이어진다. 이런 구절들은 삶의 고달픔에서 빚어진 은유다. 이 은유체계 안에서 우리 모두는 "낙타 등을 품은 남자"다. 우리 앞에 놓인 것은 사막-현실이고, 우리는 "밤낮이 모래바람이었던" 메마른 현실을 묵묵히 견디며 걸어야 하는 것이다.

그리움은 붉게 무리지어 핀다

그렁그렁 바람을 안고 밤마다
보름달 환한 고향 언덕을 오른다
맨발의 흙 아직 털어내지 못한 채
소나기 그친 칠월 뒤란이 내 가슴에 붉다

아득하여라 내 고향 싸리문
숨바꼭질 장독대는 아직 그곳에 있는데
사랑니 앓듯
저 꽃물은 밤이면 명치끝을 조여 오고
가슴 가슴마다 비 내린다

사소한 소문들이 무성한 내 고향
두고 온 이름들은 두만강 달 발자국 따라
목멘 눈물로 이곳까지 건너오고
토담 밑 고만고만한 사연들로
피어 있을 채송화
오메불망 손 내밀어 만져보는 꽃잎
북녘 하늘을 바라보며
이곳, 꽃밭을 물들이는 웃음기
가슴 가슴마다 꽃비가 내린다

—「채송화 피고」

"채송화"는 저 아득한 과거의 "붉게 무리지어" 그리움을 불러오는 그 무엇이다. 시의 화자는 그것과 유리된 채 떠돈다. 그 떠돎은 삶과 정서를 메마르게 한다. 그 메마름이 의식의 촉수를 물로 뻗게 한다. 그렁그렁, 꽃물, 눈물, 꽃비 따위는 다 물과 상관된다. 박정수의 상상세계에서 물은 뿌리 은유다. 물은 공기와 달리 무게를 갖는 특성 때문에 아래로 내려간다. 물은 아래로 떨어진다는 특이성에서 상상적 추락을 지시한다. 지하세계로 스밀 때 물은 소멸과 죽음의 표상이다. 다시 지상으로 올라올 때 물은 씨앗들을 발아를 촉진하고 식물의 뿌리를 적셔 성장을 돕는 생명의 불가결한 한 원소다. 물의 상상력은 세계의 죽음과 결부되는 고갈이나 얼음의 메마름과 딱딱함에 대한 생명의 부드러운 응전을 암시한다. 물은 되직한 것과 섞여 물컹해지는데, 그것은 살의 물컹함과 숨은 욕망의 물컹함에 조응한다. 그 물컹함에 대한 신체생리적 반응은 "명치끝을 조여"옴이다. 시인은 물컹함을 살아내는데, 그건 명치끝이 뻐근해지는 아픔을 살아낸다는 것과 하나다.

> 마을 초입 우물 하나 있었다, 그 우물 영월댁 셋째딸이 뛰어든 이후 흔적마저 사라졌다 한낮 마을은 콩밭으로 옮겨진 듯 비워지고 붉음은 가지 끝까지 오르다가 숨겨진 기억을 내뱉듯 온몸이 가파라졌다 열아홉 처녀의 짝사랑이 숨어 있기 좋은 곳이다 어쩌면 우물의 밑바닥까지 뿌리가 내린 것일까 앵두나무는 자신의 최후를 유월에 둔 듯, 해마다 붉게 앵돌아졌고 장마 전선이 마을로 들어올라치면 온 동네를 들쥐처럼 뒤적이는 영월댁의 걸쭉한 사투리가 흐릿한 눈빛으로 맴돌기 일쑤였다 가슴에 묻힌 무덤 하나 앵두나무로 자라는지 그녀의 몸속 혈류는 그녀를 아는지 모르는지 앵두는 붉어졌다
>
> 마을 초입 우물이 있었다 앵두나무보다 훨씬 오래 전에는
>
> —「앵두나무」

박정수의 물컹함에서 분리된 물의 상상력은 「앵두나무」에서 우물—장마—앵두나무로 변주된다. 우물은 물의 원천이다. 어쩐 일인지 "영월댁 셋째딸"이 그 우물로 뛰어들고 우물은 영원히 폐쇄된다. 물의 원천을 닫자 우물은 이제 하나의 주검을 품고 우물—무덤이 된다. 앵두나무는 이 우물—무덤에 뿌리를 내리고 자란다. 어쩌면 앵두나무는 죽은 그녀의 혼령이다. "어쩌면 우물의 밑바닥까지 뿌리가 내린 것일까". 우물—무덤을 제 실존의 토대를 삼은 앵두나무 가지에 앵두가 열리고 마침내 열매는 붉어진다. 이때 붉어짐은 성숙의 징표다.

낡은 간판 세월이 깊다
물컹한 기억들이 벽 안쪽으로 고이고
포클레인이 반쯤 허물은 그곳
족발 냄새가 뒹군다
연탄 난로 주변
지친 허기를 채울 수 있던 한때
그런 날엔 족발이 술에 취해 푸념을 늘어놓곤 했다
이제 담배 연기와 생기 있던 족발은 없다
소나기 오는 날
늦은 귀가의 질퍽한 걸음으로 쭐렁거린
위로 또한 없다
정적만 남은 골목길
불빛 없는 간판의 맛나 족발 집
비탈길은 아직 버티고 있는데
원조 할매는 어디로 갔을까

—「옥수동」

다시 몸—욕망의 "물컹한 기억"이다. 그 "물컹한 기억"이 불러내는 감각의 질료성이 질퍽함이다. 이 질퍽함은 기억을 더듬어보면 지친 허기—소나기—늦은 귀가—비탈길이 하나로 비벼져서 만들어진 기억이다. 저 과거의 고달픔을 품은 취기와 푸념이 섞인 "물컹한 기억들"이 질퍽함을 낳는다. 이 물컹함은 "담배 연기와 생기 있던 족발"이 있던 어떤 과거 공간에의 회한과 되돌아봄 속에서 나타난다. 비구름이 상승과 하강의 중간에서 유동을 제 정체성으로 삼고 떠 있을 때, 비는 땅으로 추락하여 흩뿌려지는 무엇이다. 비는 물이 되어 흐르고 적시며 스민다. "비탈길은 아직 버티고 있는데"라는 구절의 암시에 따르면 그 과거의 삶은 고달팠겠다.

23번 국도에 밤꽃이 낭자하다
새끼 고양이 두 마리 무단 횡단 중이다
차들은 멈추지 않는다
고양이 한 마리 바퀴 사이로 말려들어가자
도로 위에 밤꽃이 질퍽인다
암고양이 새끼 고양이 한 마리
막 돋은 발톱의 앞발을 올렸다가 내렸다아
도로는 밤꽃을 실은 채 그저 달리고
새끼 고양이 짓푸른 울음 비릿 몰려온다

밤나무
푸른 고양이 울음처럼 짙어져서는
밤낮없이 유월 한 달
이 길을 질주하더라

—「목격자」

"짓푸른 울음"이라니! 이것은 문명이 생명에 대해 저지르는 반생명적 폭력에 항거하며 내지르는 울음이다. 그 소리는 미약해서 문명의 굉음에 묻히고 만다. 새끼 고양이 / 자동차를 자연 / 문명의 대립으로 읽을 수도 있다. "고양이 한 마리 바퀴 사이로 말려들어가자 / 도로 위에 밤꽃이 질퍽인다"라는 구절을 보면 도로는 어린 고양이의 사체를 안은 채 "질퍽인다". 질퍽함은 땅이 물을 머금어 무르고 질음을 나타내는 형용하는 어휘다. 질퍽함은 강도 높은 것에 대한 해체의 승리를 과시한다. 아울러 질퍽함은 부패의 감각적인 초기 형질이다. 부패하고 팽창하는 것은 부풀면서 내부에 기포 구멍들과 물을 품으며 물컹해진다. 생명이 해체되어 부푸는 모든 것들은 질퍽해짐으로써 질료적 변이를 완성한다. 「목격자」는 새끼 고양이의 로드킬을 소재로 삼은 시다.

박정수의 시들은 미약한 생명들의 비명횡사에 대하여 쓴 「목격자」 뿐만 아니라 여러 시편들에서 자주 죽음을 노래한다. 꽃상여, 북망산, 상여소리, 조문길, 윤회, 저승…… 따위의 어휘들은 시인의 상상세계가 죽음과 깊은 친화성을 갖고 있다는 유추를 해볼 수 있다. 삶이 항상적 가사상태에 놓인 세계에서 죽음은 빈번한 관례에 지나지 않는다. 그래서 죽음과 상관이 없을 법한 땅속의 감자를 수확하고 난 뒤 빈 밭을 바라보면서도 "고랑 밖에 쌓여가는 종이박스에서 / 어느 죽음의 기억을 보았다"(「감자밭」)라는 시구가 자연스럽다. "상여소리 허리 꺾인 망초의 길을 낼 때 / 하얗게 질려 슬픔의 자맥질만 치고 있었지 / 어떤 죽음이 내는 길을 망초꽃의 상처라고 부르려 하는가"(「망초꽃 1」)라는 구절만 해도 그렇다. 「산역山役」에 의하자면, 산다는 것은 죽음이 오기 전까지 죽음이 내는 길에서의 "슬픔의 자맥질"이다. 길은 죽음이 잠시 유예된 산 자가 가는 길이고, 시인의 명명법에 따르면 "망초의 길"이며 "망초꽃의 상처"다.

망초꽃 흐드러져 북망산을 향한다
이승의 마지막 행보를 넘겨다본 햇살은
슬픔의 그림자만 먼저 선 위로 올려보내고
길가에 잠시 망각의 휴식을 내려놓는다
누군가 산의 모난 부분을 깎아내렸고
손톱 속엔 아직 캐내지 못한 지세地勢가 붉게 끼어 있다
그곳 어딘가에 그는 묻힐 것이고
침출된 기억은 산 한 켠 저수지 물을 보태줄 것이다
또 다른 윤회를 실어 나르는지
몽정의 젖은 밤나무꽃 열매의 초입을 서두르고
산까치 한 마리 어디 능선의 높이를 재는가

저승 쪽으로 울음 몇 흘려보내는 천지간의 한 때
가는 길이 꽃길인가
비석엔 못 다 핀 활자 몇 과거를 더듬고 있다

—「산역山役」

박정수는 끊임없이 여성으로 회귀하며 몸—욕망의 물컹함과 이 메마른 삶이 잉태하고 있는 죽음의 기미들을 섬세하게 읽어내는 여성시인이다. 나는 박정수의 시편들을 여성시의 관점에서 읽지는 않았다. 그의 시에 남성적인 것과의 성차性差가 나타나지 않고, 어떤 면에서 낯익은 남성적 상징계에 기대어 시쓰기를 하는 까닭이다. 그러나 그의 상상력에도 이 세계의 지배적인 힘인 가부장제 남성중심주의의 억압 속에서 그것과 길항하며 만들어진 자의식이 없지 않다. 그가 내면에 안고 있는 "슬픔의 그림자"나 "손톱 속엔 아직 캐내지 못한 지세地勢가 붉게 끼어 있다"라는 구절에 나타나는 저항의 흔적, "비석엔 못 다 핀 활자 몇 과거를 더듬고 있다"라는 구절이 암시하는 과거—더듬기의 피동성 들이 그렇다. 아마도 박정수의 시들이 여성성에 더 깊이 뿌리를 뻗쳐간다면 더 개성적인 세계를 일굴 수 있으리라고 생각한다. 여성의 자궁과 젖은 타자를 낳고 수유하며 기르는 원초적인 힘을 갖고 있다. 바로 그런 여성의 원체험, 여성의 목소리가 울려나오는 시들! 아버지—아들의 검은 잉크가 아니라 어머니-딸의 넘치는 흰젖으로 여성의 삶과 무의식을 활달하게 증언하는 시! 어머니—딸들은 입을 모아 노래한다. "우리는 우리 자신이 바다요, 모래요, 해초요, 해변이요, 조수이다. 헤엄치는 자들이요, 어린아이들이요, 파도이다……"(엘렌 식수, 『메두사의 웃음/출구』)라고.*

제4부

내 시는 겨레의 교과서를 지향한다

고은 시인과의 대담

대담 : 고은(시인), 장석주(시인, 문학평론가)

장소 : 고은 시인 자택

때 : 2008년 9월 6일 토요일 오전 10시 30분

고은은 말할 것도 없이 큰 시인이다. 일찍이 우리 문학이 경험하지 못한 이 대형시인이 올해로 등단 50년을 맞았다. 최근 한 잡지에 내놓은 시에서 "운다 // 이 멸망 같은 적도 인도양 복판 벗어나며 / 지난 50년을 운다"(「인도양」)라고 썼다. 시는 바로 뼛속에서 울려나오는 속 깊은 울음이었을까. 허무와 폐허의식이 고은인가, 하면 벌써 그것은 고은이 아니다. 이미 고은은 참여와 민족주의의 전위에 서 있다. 민주투사 시인이 고은인가 하면 그는 거기를 벗어나 교향악적 융합의 언덕에 우뚝 서 있다. 고은은 복합적이고 혼돈 그 자체이고, 천 개의 눈을 가진 괴력난신怪力亂神이 깃든 시의 무당이다. 시력詩歷 50년을 맞는 시인에게 그 감회를 묻지 않을 수 없다. 2008년 9월 6일 토요일 오전에 경기도 안성에 있는 시인의 자택으로 달려갔다. 대문 앞에서 초인종을 누르고 기다리는데, 시인은 아랫도리만 겨우 가린 벌거벗은 모습으로 나와 문을 열어주었다.

장석주 : 등단 50주년 기념으로 그림 전시회도 열고, 새 시집 『허공』도 나왔습니다. 중앙일보에는 2면에 걸친 대담 기사와 『창작과비

평』 가을호에서 이장욱 시인과 한 대담도 잘 읽었습니다. 참, 금년도 예술원상을 받으셨지요. 경사가 겹쳤습니다. 거듭 축하드립니다. 요즘 많이 바쁘시죠? 어느덧 등단 50년인데, 남다른 감회가 없지 않으시겠죠?

고 은 : 감회가 강요되니까, 감회란 게 사라져 버렸어요.

장석주 : 시마詩魔라는 말이 있는데, 시인으로 살아온 50년은 시마와 함께 한 50년이란 생각이 듭니다.

고 은 : '시마'이기도 하고 '시수詩瘦'도 있겠죠. 건장한 사람도 시를 쓰는 바에야 내면이 부서지고 야위는 것도 피할 수는 없겠지요. 시가 주는 축복은 참 많이 있었으니까, '시마'라는 말에는 축복 또한 포함이 되지 않을까. '마'야말로 창조의 저 밑바닥 마그마처럼 숨은 어둠이겠지요. 서양 말로는 데몬인데, 시인에게는 누구나 데몬이 있겠지요. 데몬이 없이 도덕이나 규범주의로만 시는 살아남지 못하겠지요.

장석주 : 무엇보다도 선생님의 놀라운 점은 시적 생산과 창조의 폭발인데요. 시인으로서 선생님은 감히 상상할 수도 없는 창작의 활화산 그 자체인데요. 과연 그 동력이 어디에서 나오는 걸까요?

고 은 : 나만 가지고 있는 것은 아니겠지요. 석주도 내가 겁낼 정도로 휴식 없이 질주하는 필력을 보여주고 있지요. 많은 사람들이 그런 힘을 내재하고 있어요. 유럽이나 미 대륙, 라틴 아메리카, 인도에도 우리와 똑같이 미쳐 날뛰는, 그렇게 글쓰기 하는 사람이 있어요. 나만의 특화된 것은 아니지요.

장석주 : 겸양의 말로 들립니다. 선생님 내면에 있는 화염과 광기 같은 것이 시를 분출하는 동력이 아닐까요? 그렇다면 그 화염과

광기는 과연 어디에서 왔는가, 자기 내면에서 자연발생적으로 이루어진 것인가, 아니면 우리 현대사가 격동과 파란의 연속이었는데 그 비상한 외부적 정황에 대응하려는 내면 의지로서 불가결하게 생겨난 것인가. 그런 것들을 늘 여쭤보고 싶었어요.

고 은 : 언젠가 일본 시인들하고 행사를 할 때 내가 목소리를 낮춰 시를 읊고 파도가 가라앉은 상태로 물결쳤는데, 아주 아름다운 여자 화가가 와서 나를 그렸던가 봐요. 시종 매우 신사적인 분위기로 일관한 나를 이 사람이 큰 불 위에 그려놨어요. 내가 화형 당하는 것 같은 그 그림을 보고 놀랐어요. 내가 물이나 공기나 흙이 아니고 왜 불인가, 라고 물었는데, 아닙니다, 선생님은 불입니다, 라는 대답이 와요. 전혀 불을 보여주지도 않았는데, 처음 보는 사람이 내게서 불을 발견했단 게 신기했어요. 『허공』(2008)을 내고 기자간담회를 할 때, 나는 어차피 후기를 살고 있다, 그러나 자연의 일원으로 혹은 생물의 개체로서 맞은 후기는 전기나 살아온 과거에 대한 해답이 아니다, 사람의 일생을 보자, 성장할 무렵의 동경, 한창 젊었을 때의 열정, 리얼리즘에의 투신, 말년의 달관과 관조, 결실을 맺은 다음의 체념과 타협, 그리고 세상을 긍정하고 죽는 게 한 생의 도식이다, 나는 이 도식을 경멸한다, 단호하게 그랬어요. 나는 이전보다도 더 무지몽매하게 뜨거울 것이고, 더 날뛰고 더 울부짖고 싶다, 고 말이야. 에드워드 사이드도 『말년의 양식에 관하여』에서 후기를 전기 이상으로 뜨겁게 사는 예술가에 대한 얘기를 쓰고 있어요. 후기를 회고담론이나 하며 현자 따위로 살기는 싫어요. 앞으로 닥쳐올 미지를 예감하는 것으로서 화염이라면, 나는 아직도 화염 쪽에 존재합니다,

장석주 : 선생님 내면에 영원한 소년이 있는 것 같습니다. 아직도 살아갈 날이 울울창창한 소년이 선생님 속에 있어서, 지금도 초탈한 현자의 모습이 아니라 파괴와 해체, 미지의 세계와 질풍노도로

맞서려는 담대한 열정 같은 게 터져 나오는 것이겠지요. 말년, 혹은 후기 고은을 단호하게 부정하는 것은 선생님이 현재진행형인 청년 시인이기 때문이지요. 불꽃 위에 선생님의 초상화를 그린 화가는 직관으로 선생님의 안 보이는 내면의 화염을 꿰뚫어 본 거죠. 바로 그것이 놀라운 생산과 창조의 동력의 시원 아닌가요? 선생님께 문학과 함께 한 50년 세월은 축복이었나요?

고 은 : 축복이었을 뿐만 아니라 그렇게 허용해준 그 시간과 또 분단 시대 한반도의 한 부분이라는 내 공간, 이런 것에 커다란 은혜를 입었죠. 또 지구의 각처에 내 친구들이 있다는 것, 이것은 너무 지독한 기쁨이야.

장석주 : 지난 50년 동안 이룬 것보다 후기 고은이 이뤄야 될 것이 태산같이 더 클 것이다, 라는 예감이 확, 드는데요.

고 은 : 우리 속담에 '용두사미'라는 말이 있어요. 진부한 속담에 빗대 얘기하자면 나는 '사미', 뱀 꼬리겠지만 이게 얼마나 되는지 아직도 그 길이를 잴 수가 없어요. 아직 쓰지 않은 것들이 나 먼저 써 달라고 꼬리를 쳐요. 줄을 섰다가 차례대로 앞으로 나와요. 늘 다음 쓸 것이 기다리고 있으니, 그걸 다 못 쓰고는 죽지 못하겠어요. (웃음)

장석주 : 선생님은 뒤를 돌아보기보다는 앞을 내다보는 시인이지만, 초기 시 얘기를 빠뜨리고 갈 수는 없겠지요. 첫 시집 『피안감성』에는 한국 서정시의 형이상학이 도달할 수 있는 최고의 정점이 오롯하지요. 폐결핵을 앓는 나를 아름다운 누이가 간호하다가 그 폐결핵의 감염으로 누이가 죽는다, 그걸 시 속에서 매우 탐미적으로 그리셨잖아요? 그 누이는 과연 무엇이었을까요? 나중에 이 누이의 신화는 허구라고 밝히셨는데, 이 허구는 어떤 시적 당위를 갖는 걸

까요?

고 은 : 이를테면 김춘수라면 "나에게 누이가 있으면 얼마나 좋을까."라고 노래했겠지요. 사실 나도 그런 정도에 머물러 있었어야죠. 내 고향은 영월이나 정선처럼 아주 근사한 산을 가진 마을도 아니고, 김소월의 "뜰에는 반짝이는 은모래 빛" "갈잎의 노래"가 있는, 갈대가 서걱대고 갈매기가 끼룩거리는 바다가 확 열려있는 데도 아니고, 아주 삭막한 비산비야非山非野의 이름 없는 시골이지요, 경제학자인 박현채가 그래요. 무슨 정기를 타고났느냐, 그러기에 술을 마시면서, 나는 아무 정기도 없다, 다만 논이 좀 있고 논두렁을 걸어갔으니까, 아마도 논두렁이나 우렁의 정기 정도는 타고났을 거다, 그래서 와, 둘이 웃고 그랬어요. 내 고향은 우체부가 한 해에 두어 번 들러 마을 청년의 징집영장이나 전하는 그런 곳이고, 우리 집은 벽에 호랑이 민화 그림 하나 없는 집이었지요. 흙벽에 갈잎이 깔린 바닥에서 어머니가 나를 낳았지요. 뭣 하나 몸에 훈장이 될 만한 정서적인 환경은 아니었지요. 어머니는 나를 낳고 10년 동안 산욕産褥을 앓았어요. 몇 년을 달거리 없이 지내고 자꾸 하혈을 하니까, 해마다 일주일이나 이주일은 병원에 입원했지요. 병원에서 돌아와 옥색치마로 옷을 갈아입는데, 그게 새 인생을 시작하는 장엄한 의식같이 느껴졌어요. 내 밑으로 동생이 몇 죽고, 여자라곤 어머니밖에 없었으니까, 내 삶은 애초부터 누이의 결핍이라는 원초적인 환경에서 출발한 거야. 삭막한 환경에 전쟁이 지나간 뒤니까, 완전히 폐허였지요. 누이의 신화는 슬며시 부재자와 실재자를 뒤바꿔 표현한 멜로드라마적인 발상이죠. 전후의 황폐한 정서가 필연으로 만든 허구지요. 폐병에 감염된 누이가 나 대신에 죽어서 화장한 유골 상자를 가지고 다니다가 파도에 탁, 뿌린다, 이런 이야기를 팔고 다녔죠. 이 허구가 내 내부에서 사실로 숙성이 됐고, 그걸로 내 운명이 규정 되어 버렸어요. 마

산의 바닷가에 결핵요양소가 있어요. 그 마산 결핵요양소 말만 듣고 결핵에 걸려서 거기 입원하면 얼마나 좋을까, 뭐 늘 이런 생각을 했어요. 밤새도록 콜록콜록 기침하다가 새벽에 각혈을 하고 죽는 거지. 그 죽음, 나는 그걸 열망했어요. 그래서 폐결핵 걸렸다고 하자, 한 3기를 앓다가 나는 낫고 누이는 죽는 거지. 1983년에 감옥에서 나와 처음으로 건강진단을 했어요. 그런데 한쪽 폐가 없어요. 저 혼자 3기를 앓은 뒤 폐 한쪽이 시멘트가 되어버린 것이지요. 허구가 어느덧 사실로 귀환해서 허구를 지워버린 것이지요, 이게 내 폐결핵의 연혁이요.

장석주 : 없는 누이를 시 속에 창조해서 누이의 죽음을 그렸는데, 그 누이가 다른 시편에서 형수로 변주되기도 하지요. 저는 누이를 여성적의 것의 정수精髓로 이해했어요. 괴테가 저 유명한 잠언, "여성적인 것만이 영원히 인류를 구원한다"라고 했을 때 그 우리 안에 있는 영원한 결핍태 같은 거 말이지요. 폐허의 현실에서 만난 게 영원한 궁핍이고, 그걸 견뎌내기 위해 누이 같이 부드럽고 아름다운 것으로의 보상이 필요했던 건 아닐까요?

고 은 : 라이너 마리아 릴케는 그 엄마가 애를 여자로 키웠지 않았습니까? 고추 달린 애를 무시해버리고 치마 입혀서 키웠는데, 그것이 릴케 자신의 운명에 바로 작용을 해서 릴케가 남성으로서 여성을 궁극적으로 취하는 것을 막았지요. 릴케가 세계를 개안하는 것은 루 살로메를 만난 뒤였어요. 살로메가 누나 같이 엄마 같이 릴케를 이끌어 세계를 개안시키고, 동거했지요. 나에게는 그렇게 화려한 삶의 편력 속에서 구현된 여성은 없고 허구로 만들어낸 것뿐이지요.

장석주 : 누이의 신화에는 야릇하게 성적인 분위기가 있습니다. 내가 폐결핵을 앓는데, 그게 간병하던 누이에게 전염돼 누이가 죽는

다, 그건 폐결핵을 매개로 두 몸이 합일하는 일종의 근친상간을 암시한 건 아닌가요?

고 은 : 내 친구 중에 시 쓰다 만 백모라고 있는데, 그이가 결혼할 때 서정주하고 나하고 둘이 쌍 주례를 했어요. 백모와 신부는 실제로 사촌간이예요. 어린시절 소꿉장난을 그대로 발전시켜서 연애를 하고 사촌끼리 결혼까지 갔지요. 일종의 생피붙는 것인데, 이런 것이 나에게는 없구나, 하고 부러워했어요. 아 생피, 가혹한 형벌 같은 매혹이잖아요. 고대로 가면 아무 것도 아니었어요. 신라 시대는 별 놈들이 위아래로 붙었는데, 조선 유교의 말기에 와서 그런 자유분방은 다 빠지고, 그것을 극악한 반윤리로 몰았지요. 모계사회에서는 그런 일들이 더 빈번했어요. 6.25때만 해도 형이 죽으면 동생이 형수를 취했어요. 근대의 교조주의 도덕과 유교의 잔재가 뒤섞여 그런 것 따위를 다 금기로 만들었지요. 그 시원적인 것들에 대한 선망이 내게 있었지요.

장석주 : 근친상간이나 생피 붙는 것, 이런 것은 문명의 금지에 대한 치명적인 매혹이지요.

고 은 : 금지는 최고의 유혹이야.(웃음) 금지만큼 강력한 유혹은 없어요.

장석주 : 선생님의 초기시의 시적 지향을 평이하게 요약한다면, "나는 창조보다 소멸에 기여한다."라고 1960년대 초 어딘가에 쓴 에피그램에 압축되어 있다고 보는데요. 그것은 죽음에 끌리는 내면 기질이겠지요. 소멸에 불가피하게 이끌리는 그 밑바탕에서 허무주의가 번득이지요. 선생님께서 생각하시는 허무는 뭡니까?

고 은 : 제주도에서 고등공민학교를 만들어서 교장도 하고 미

술이나 국어를 가르칠 무렵 그런 문장을 썼어요. 내 식으로 아이들을 산과 들로 데리고 가서 일종의 후기인상파를 체현시키는 거죠. 교실에서 미술 이야기하는 건 미술에 대한 모독이다, 나가자! 그러면 아이들은 좋아라, 하며 따라 와요. 파도치는 거 보고, 이런 거 그려라, 하고 나는 한쪽에서 담배 피우며 그저 파도치는 벼랑이나 수평선만 하염없이 바라보는 거야. 제주도에는 죽으러 갔으니까 책이 없었어요. 일체의 원고 청탁도 없고, 세상에서 잊히는 건 순식간의 일이지요. 몇 달 전, 몇 십 년, 몇 백 년 전에 죽은 거나 다름없는 대상이 된 거지. 그때 허무의 생태를 본 거야. 어쩌다가 수평선 가까이 배가 하나 지나갈 때, 생태로 나타나는 허무를 본 거야. 허무는 노장 세계에도 있을 것이고, 불교의 무상이나 무아, 선禪이나 공空에도 다 있겠지요. 세기말의 니힐, 독일의 니체에게도 얼마나 많이 허무가 있습니까. 고대 그리스 철학에도 허무가 있고 인도에도 만연되어 있는 게 허무지요. 내 허무는 내가 살아온 폐허가 만든 허무요. 내게는 전쟁에서 영원히 초탈할 수 없는 비극이 있습니다. 6.25가 없었다면 어쩌면 평범한 화가가 됐겠지요. 할아버지는 의사는 난세에도 살아남는다면서 내가 의사가 되길 바랬어요. 의사가 되었을 수도 있겠죠. 그러나 내 세대 절반이 전쟁통에 죽었어요. 자연 연령을 유지하고 살 사람이 딱 절반으로 줄어든 거예요. 걸핏하면 사람이 죽어나가는 그 시절에 나는 용케 살아남은 거지요. 브레히트의 『살아남은 자의 슬픔』처럼 살아있는 게 아니라 살아남은 거죠. 할아버지도 없고, 자식도 없고, 손자도 없이 달랑 나만 집도 절도 없이 살아남은 거지요. 제대로 박히지 못한 활자마냥 혼자 남은 거죠. 전부 폐허야. 어딜 가나. (컵을 가리키며) 아, 이런 게 신기하구나, 느껴질 정도였어요. 마음에 폐허가 들어오니까, 나 자신도 폐허야. 서로 죽이고 죽으며 오래된 시골 자연 공동체도 다 깨지고. 고향도 다 폐허야. 허무는 필연이었어요. 허무를 최고의 명예로 받아들였어요. 불면증과 자살의 연속이었는데, 그건 치유되지 않는 난치병이었어요. 내 허무라는 것은 어디론가 떠돌아다니다가 내 몸에 다시 왔어요. 자살 기도를 하고 실패하고 또 준비를 해서 다시 자살기도를 했어요.

장석주 : 선생님께서 1933년생이니까, 6.25 전쟁 당시 17세였지요. 청년의 섬세한 영혼이 그때 겪은 무수한 타자의 죽음을 나의 죽음으로 선험先驗한 것은 아닌가요. 그 선험으로 죽음의 황홀경을 미리 겪은 것이겠지요. 허무는 폐허라는 실존의 영도零度에 놓인 선생님의 내면에서 자생적으로 커왔던 게 아닌가요?

고 은 : 기독교 원죄와는 다른 의미가 있어요. 함께 살아야 할 내 세대들이 다 죽고 나만 살아남은 데 대한 가책이 있었어요.

장석주 : 브레히트 식으로 말하면 살아남은 자의 원죄겠죠.

고 은 : 또 하나는 그들의 삶까지도, 그들의 미래의 삶마저도 내가 대신해서 살아줘야 한다는 너무 과대한 과제를 떠안은 것이지요.

장석주 : 선생님 삶은 파란만장합니다. 법명 일초一超라는 스님으로 사시다가 등단하고, 다시 환속해서 제주도에서 금강고등공민학교를 여시고, 서울로 돌아와서 그야말로 활화산 같은 고은 시대를 열었지요. 저는 청년 고은, 『세노야 세노야』, 『우리를 슬프게 하는 것들』, 『이중섭 평전』, 이런 것들을 막 써낼 때 가장 눈부신 청년 고은을 보았어요. 이른바 청진동시대, 허무에서 민족주의로 전환하기 직전의 고은, 허무가 절정에 치달았을 때, 전기 고은이 막 내릴 무렵 양적 팽창의 끝에서 질적 변화가 일어나듯이 자연스럽게 불의 연대를 맞고, 그때 초기 탐미주의가 일군 시세계의 비의적 핵심이라고 할 수 있는 누이의 신화에 대한 전면적 부정이 일어나거든요. 특별

한 계기가 있으셨죠?

고 은 : 내가 탈속을 선언하고 나갔을 때, 나는 전혀 준비가 없었어요. 고무신을 신다가 구두를 신으니까 구두가 안 맞아요. 아, 리듬이 안 생겨 세상을 못 살겠어요. 제주 해협에서 죽어야겠다고 결심했지. 목포항에서 배를 탔는데, 제주해협이 호수 같아요. 그걸 젠틀 쉽, 신사 파도라고 해요. 또 달이 떠 있는데, 아, 이화에 월백하고 정도가 아니라, 아, 이거 뭐, 제주 해협 전체에 월광이 황홀해요. 야, 내 생의 마지막을 장식해주는 세계다, 라고 혼자 비장해져서 술을 마셨어. 잠이 올 리가 있어요? 술을 아무리 마셔도 안 취해요. 나는 역시 죽음에 추방당하고 있구나, 라고 생각했어요. 바다에는 오존이 풍부하니까 술이 안 취하는데, 그걸 몰랐어요. 나중에 정신은 멀쩡한데 몸이 못 견뎌서 그냥 뻗은 거야. 깨보니까 한라산이 바로 눈앞에 와 있어요. 자살은 다 틀렸지 뭐. 우선 속이 쓰려!(웃음) 죽음이라는 게 공사 같아. 치밀한 설계를 갖고 해야지요. 그냥은 못 죽어. 나 제주도에 영영 살러왔다고 하니까 신문기자가 오고, 시인들이 와서 하숙을 구해줬어요. 하필이면 그 하숙이 창녀집이야. 파도소리를 듣고 싶어서 바닷가가 좋겠다, 고 했더니 바닷가에 있는 사창가에 하숙을 얻어줬던 거야. 거기서 말라르메 시집도 읽고 지내다가 강연에 초청받고 여기저기 불려 다니며 슬슬 명사가 되었어요. 제주도에는 3년을 머물렀어요. 여행자로서는 참 황홀한데, 붙박이가 되려니까 토박이들의 배타성이 드러나요. 결국에는 제주도에서 다시 비행기를 타고 서울로 돌아왔지요. 후배들하고 만나 중국집에서 술을 마시다가 엉엉 울었지. 후배들이 가방이며 책 보따리 챙겨주고 하숙을 정해주었지요. 한때는 무교동에서 살았어요. 술집이 내 유일한 안식처니까 거기서 뭉그적대는 거죠. 술 마시다가 잠들면 술집 아주머니들은 가! 안 가! 막말하면 할 수 없이 쫓겨났어요. 탁자 위에 고꾸라져 잠

들었다가 시멘트 바닥으로 떨어져서 잤어. 아침에 여기저기 몸이 막 쑤셔요. 그러다가 전태일이 죽은 것을 신문 쪼가리에서 본거요. 분신자살, 이런 게 나오니까, 죽음에 늘 본능적으로 끌리는 사람이니까, 유심히 봤어요. 이게 어떤 자력磁力을 갖고 점점 날 이끌어 간 거야. 현실, 참여, 전혀 나 몰라라, 할 수 없던 시대였잖아요. 시는 금방 바뀌지는 않았어요. 「화살」 같은 시가 나오기까지 몇 년을 더 기다렸어요.

장석주 : 그게 『문의 마을에 가서』(1974)와 『입산』(1977) 사이에 걸쳐져 있는 시대지요. 한 해에 소주 1천병씩 통음하던 그 시절에 선생님의 삶과 문학에 큰 변화의 흐름이 읽히거든요. 그러면서 또 민음사 박맹호 대표와의 우정도 그 시기에 깊어졌지요.

고 은 : 아, 우리는 우연히 만난 거야. 그는 서울대 불문과를 재주 있게 나왔고, 나는 떠돌이였어요. 두 사람은 만나자 마자 양전기와 음전기가 부딪치는 것처럼 그렇게 됐어요. 사람들이 둘의 우정을 기이하게 여겼어. 둘이 친해지는 것을 시샘하는 사람도 있었어요. 반드시 깨지게 되어 있는데, 지금까지 안 깨지고 있는 거지.

장석주 : 그 무렵에 선생님을 찾아간 적이 있어요. 기억이 안 나시죠? 1975년인데 청진빌딩에 민음사가 있을 때였죠. 선생님이 사무실 안쪽에서 성큼 나오는데, 문 안쪽으로 최인훈과 김현 씨 등이 얼핏 보였어요. 그때 잠깐 동안 제 시를 봐 주고 서서 얘기를 나눴어요.

고 은 : 그거 기억이 안 나네.

장석주 : 시 쓰는 거 힘들다, 문단이라는 데가 얼음판 같은 거다, 다른 걸 해봐라, 그런 얘기를 하셨어요.(웃음) 1960년대 말 한창 문학병에 빠져 『학원』에 시를 투고하면 선자選者인 선생님이 평과 함께

제 작품을 실어주셨죠. 제 시를 "탁마의 역작이다"라고 극찬하며 학원문학상 우수작 1석에 뽑아주셨죠. 그 무렵 고은은 내 시의 스승이다, 라고 혼자 사숙하며 시를 썼죠. 1975년에 실물로서 선생님은 처음 뵈었던 것이죠.

고 은 : 그때는 최인훈이랑 둘이 걸어가는 것밖에 일과가 없었어요. 을지로 1가에서 을지로 5가까지 걷고, 광화문에서 동대문까지의 거리를 쭉 왔다갔다 걸어 다녔지. 두 팔이 흔들리고 두 다리가 움직이는 것으로 하루를 보냈으니까. 둘이 만나면 어디로 갈까, 김구용이네 집으로 갈까? 거기는 술도 나오고 대접이 좋잖아. 평론가 김현을 불러 김구용 집을 찾아갔지요. 내가 일기를 쓴 게 김구용 때문이오. 김구용이 하루도 빠지지 않고 일기를 쓰더라구. 김구용은 아, 김현이 왔다. 아, 최인훈이 왔다. 아, 고은이 술이 취해 붓글씨를 썼다라고 일기를 썼어요. 나도 일기를 써야겠다고 한 게 지금까지 이어졌어요.

장석주 : 김구용 선생은 시와 함께 서예도 일가를 이룬 분이시죠. 김구용 서체는 세련되고 글자의 획들이 낭창낭창 휘어져 우미優美한 데가 있어요. 선생님 글씨에는 단호한 힘이 넘치지요.

고 은 : 김구용의 경지는 인정하는데, 내 취향과는 안 맞아요. 내 것은 힘도 아니고, 아무튼 묘해. 무슨 곤충 같은 거야.

장석주 : 연작시집 『만인보』는 거의 끝나가지요?

고 은 : 거실에 『만인보』 초고 원고가 있어요. 서재 앉은뱅이책상에도 있고요. 세 군데 책상을 돌아다니며 써요. 블랙홀처럼 책이 많아지니까, 자꾸 공간이 사라진 탓이지요. 빨리 끝내야지요. 초고는 끝냈어요. 자꾸 친구들이 찾아오고, 외국에도 나가고, 이런 일이 벌어지니까, 늦어져요. 내년 봄에는 책을 내야지요.

장석주 : 사천 여명에 이르는 인물 군상을 그린 『만인보』는 세계 문학사에서 정당한 평가를 받겠지요. 의외로 한국문단에서는 『만인보』에 대한 합당한 평가가 이루어지지 않았지요. 『만인보』는 우리 현대 시문학에서 전무후무한 전설이 될 거라고 생각하는 데요. 이미 여러 나라에서 번역되었지요?

장석주 : 이미 영어판이 나오고, 이번에 또 한 권이 나와요. 뉴욕의 한 저널에서 20세기 세계 문학의 최대 기획 프로젝트다 뭐 이런 식으로 격찬을 했어요. 프랑스어 판이 낼 모레 나오는데, 거기서도 대단하다, 는 평가가 있었고, 스웨덴에서는 3년 전에 나왔는데, 그해 그쪽 일간지에서 올해의 책으로 뽑았지요. 외국인의 책이 올해의 책으로 선정되는 건 드문 일이니까, 그쪽 출판사에서도 놀랐어요. 스웨덴에서는 시집 『순간의 꽃』이나 소설 『화엄경』도 올해의 책에 선정됐어요.

장석주 : 『만인보』는 만인萬人이라는 인물 군상의 초상으로 완성한 "방대한 프레스코화"라고 할 수 있겠지요. 정말 쓰시고 싶었던 건 무엇일까요?

고 은 : 『만인보』는 참 힘들 때 구상이 됐죠. 그때는 구상 자체가 나를 살리는 힘이 됐죠. 써야 되겠다는 마음, 그때 그게 큰 힘이 됐어요.

장석주 : 1980년 남한산성 육군형무소에서 처음 구상을 하셨죠.

고 은 : 그때 신군부가 나를 죽인다고 했어요. 누군가 슬쩍 와서는 우리가 하고 싶어서 하는 건 아닙니다, 선생님은 지금 가셔도 후회는 없겠습니다, 이따위 소리를 하는 거야. 그때 죽을 각오는 하고 있었어요. 왜 냄새가 있지 않습니까. 김대중 내란음모로 들어갔는데,

그냥 죽으면 김대중 부장품副葬品처럼 되는 거잖아요? 그렇게 죽는다는 것에는 화가 좀 났어요. 내가 있던 곳이 창살 없는 밀실이었어요. 한 마디로 관이야. 내가 입관된 시체 같아요. 복도는 미로야. 누가 어디서 나갔는지 아무도 몰라요. 딱 네모진 방인데 구석에 똥통 하나 있어요. 교도소장이 이 방은 금강경의 방이네, 그러는 거야. 내가 승려였으니까 그러는가? 했지. 알고 보니, 거기서 김재규가 날마다 금강경을 읽다가 죽은 거야. 그 교도소장이 육군대령인데, 국어학자 조윤제의 사촌이었어요. 나를 아니까 내 방에 와서 그런 얘기를 흘려준 거지. 필기도구는 일체 반입이 안 되니, 머릿속으로 구상하는 것밖에 없었어요. 『백두산』이랑 『만인보』하고 다른 거 몇 개 했는데, 내가 살아나갈 수만 있다면 이런 걸 써야 되겠다, 고 결심했지요. 저 기억의 변두리에 있던 것들이 다 나오더라고요. 그게 하루하루 견디는 힘이 됐어요. 그 안에서 산스크리트어를 배울까 영어 단어를 외울까 하다가 국어사전을 외웠어요. 그 쪽방에서 쓸 데 없이 오만해 졌어요. 나오니까 외웠던 게 싹 사라졌어. 기억은 믿을 게 아니요. 르 끌레지오는 문학은 기억이다, 했는데 이게 헛소리요.

장석주 : 『만인보』는 몇 년째 쓰고 계시죠?

고 은 : 한 20년쯤 되었나…… 1985년에 시작했으니까

장석주 : 20년도 훌쩍 넘었네요. 새 시집 『허공』이 나왔는데, 몇 번째 시집인지 기억하세요?

고 은 : 아니 못해요. 내게 헤아리는 것은 의미가 없어요. 새로 나온 시집은 늘 첫 시집이지요. 내년이나 내후년이면 『허공』도 없어질 거고요.

장석주 : 끝으로 가장 어리석은 질문을 하나 드리고 싶은데요?

시가 뭡니까?(웃음)

고 은 : 그건 현답이 필요하네. 우문에 대한 현답이! 나도 모르지! (웃음)

장석주 : 50년 동안 시를 줄창 써 오셨는데, 모르시겠다니요!

고 은 : 알면 안 할 거야. 우리는 지금 근사한 얘기를 하고 있네. 그 전에 한 건 다 헛소리고, 지금 우리가 한 말, 시가 뭔가? 모른다, 이게 최고의 선문답일세.

장석주 : 그 다음은 제가 마무리하겠습니다. 평소에 하셨던 말들, 기억에 남은 말들을 끄집어내 쓰겠습니다. 선생님, 긴 시간 동안 고생하셨습니다. 고맙습니다.

두 시간 여 동안의 대담은 돌연 끝났다. 돌아보면 고은은 내면 응집형 시인이기보다는 외연 팽창형의 시인이다. 일탈과 파격은 그의 삶과 문학에 외연을 넓혀가는 데 적용되는 원칙이다. 고은의 상상력은 한 곳에 머무르지 않는다. 『피안감성彼岸感性』(1960)에서 『만인보萬人譜』(2008)까지, 일인칭 개체의 주관적 감성 세계에서 삼인칭으로 호명한 만인의 객관성이 이룬 바다에로 그는 끊임없이 움직인다. 전후의 실존이 세워진 폐허, 그 삶의 영도零度에서 개발독재를 건너와 지금 여기 디지털 시대의 한 복판에 우뚝 서 있다. 선생은 스스로의 근본을 무사승이다, 라고 했다. 나는 이 신령스러운 무사승 시인의 내면을 얼핏이라도 엿본 걸까. 아무 확신도 일어나지 않았다. 오기로 했던 사진작가가 아직 도착하지 않았다. 아마도 고속도로의 정체가 심한 모양이다. 점심을 먹기 위해 선생의 자택 근처에 있는 한 식당으로 자리를 옮겼다. 선생의 자택에서 나와 식당으로 향하면서 나는 "시는 쓰는 게 아니라 광선처럼 오는 것"이란 선생의 말을 곱씹어보았다.

해가 많이 짧아졌다, 그 뒤

김종길 시인과의 대담

때 : 2009년 9월 15일 화요일 2시
장소 : 서울 인사동 〈귀천〉

소나무와 잣나무 잎이 늘 푸른 것은 아니다. 매운 추위를 지나고 나면 그 푸른 잎들도 기진하여 색이 바래 떨어진다. 사람도 늘 젊을 수는 없다. 푸르던 시절이 가고 나면 어느덧 노년이다. 노시인의 얼굴에서 이미 홍안紅顔의 소년이나 우수憂愁에 찌든 중년은 찾아보기 힘들다. 세월이 만든 주름과 성긴 머리털로 노년의 증표는 숨길 수 없다. 한편으로 노년은 하나의 위업이다. 따라서 한 분야에서 일가를 이룬 사람이라면 노년 그 자체만으로 경외와 흠모의 존재가 되는 게 자연스러운 일이다. "먼 산이 한결 가까이 다가선다. // 사물의 명암과 윤곽이 / 더욱 또렷해진다. // 가을이다. // 아 내 삶이 맞는 / 또 한 번의 가을! // 허나 더욱 성글어지는 내 머리칼 / 더욱 엷어지는 내 그림자 // 해가 많이 짧아졌다."(김종길, 「가을」) 이 초연한 관조! 작은 기미에서 큰 것의 조짐을 보는 노시인의 "해가 많이 짧아졌다"라는 짧은 시구에는 큰 울림이 담긴다. 새로 맞은 가을에 대한 감회를 담담하게 피력하는 가운데, 하찮은 사물들의 명암과 윤곽을 들여다보며 삶의 큰 맥락 속에서 이루어지는 나이 들어감에 대한 깊은 관조가 또렷하다. 하찮은 것은 다만 하찮은 것만은 아니다. 옛사람의 비유를 빌리자면 수놓은 비단도 흰 바탕에서 말미암고, 구름과 비는 짧은 바람에서 생겨나고, 장강과 황하도 얕은 물에서 시작하는 이치와 같다. 사물의 명암과 윤곽이 또렷해지는 것은 물리적인 것이면서 아울러 젊었을 때 무심히 지나치던 것까지 찬찬히 굽어 살피는 안중견실安重堅實, 즉 안정되고 중후해진 생의 말년에 주어지는 지혜의 선물이다. 청춘 시절에 견주어 열정은 줄고 몸을 움직이는 일도 줄지만 노년은 안정되고 내면이 고요해져 분별의 지혜가 커지는 시기이다. 분별의 지혜가 큰 사람이 대인이다. 대개는 젊은 시절에는 열정이 이 분별의 지혜를 앞지른다. 그래서 젊은 시절에는 누구나 소인이다. 옛책에서는 이렇게 말한다. "소인은 작은 착함은 이익이 없다고 해서 하지 않고, 작은 악은 해가 없다고 여겨 쉽게 저지른다. 그러나 악이 쌓여서 숨길 수 없게 되고, 죄가 커져서 해결할 수 없는 지경에 이른다."(『주역』, 「계사전」) 늙어서도 젊음의 오만함과 분별없는 격정에 머무르는 것은 슬픈 일이다. 노년은 막힘이 없이 두루 통달해야 하고, 고요해서 번잡함의 수고가 덜어져야 한다.

김종길의 시는 사실의 틀 안에서 안정되고, 잘 통어된 감각의 기율과 견고한 정신주의의 바탕 위에서 투명성을 얻는다. 그의 시는 언어의 낭비를 경계하는 습성 때문에 건조한 느낌으로 다가온다. 그 건조함으로 사실 근거가 박약한 보람과 희망의 제시도 바특하게 만들어버리지만 암울함과 절망도 실체적 진실의 범주를 넘어서지는 않는다. 나이 들면서 더 넓어진 관조의 너그러움으로 조급함을 누르고, 사실과 구체의 실감으로 호들갑이나 허황함으로 넘치게 나아가는 것을 경계한다. 그의 시가 가진 최대의 미덕은 사실주의적 관찰의 차가움과 길고 복잡하게 얼크러진 것들을 간결하게 요약하고 압축해내는 절제에서 나온다. 아울러 그의 시에 기품이 있다면 그것은 일체의 언어가 지워진 여백의 미와 관련된다. 이때 시의 기품은 곧 여백에 깃든 고요의 고고함과 연관된 것이다. 시인은 "어리석음이 어찌하여 / 어진 것이 되느냐?"라고 묻고, "너와 더불어 / 오래 익히었고나."(김종길, 「소」)라고 스스로 답한다. 젊음은 "이 8월의 폭염 아래 그처럼 / 열렬히 꽃을 피우고 불붙을 수 없을까"(김종길, 「목밸일홍」)라는 시구처럼 만개한 꽃이요, 타오르는 불이다. 그러나 젊음에는 떫은 맛이 가시고 단맛이 조촐하게 배는 완숙完熟이 없다. 결국 젊음의 떫음은 세월의 힘을 빌려 오래 익혀야 비로소 단맛으로 변한다. 노년은 늙은 소와 같이 어짊을 얻어 눈과 귀가 순해져야 한다. 그래야 대인이다. 김종길의 시를 두고 유종호는 "고담枯淡한 경지"라 하고, 김우창은 "철학적인 성찰"이 있다고 했다. 바로 그 시인 김종길, 그 대인을 만나러 가는 길이다. 밝고 맑은 가을 초입이다.

장석주 : 선생님 건강은 어떠신지요? 뵙기엔 상당히 건강하신데요.

김종길 : 보시다시피 건강한 편이지요. 하루하루를 평범하게 지내지요. 집에선 책을 읽거나 청탁 받은 원고를 쓰는데, 아직도 심심찮게 시내로 나와야 할 일이 있네요.

장석주 : 외출이 잦으신가요?

김종길 : 직장이 없는 노인으로서는 잦은 편이지요.

장석주 : 대개 사람 만나는 일인가요?

김종길 : 이런 일이라든가, 시제라던가 이러저러한 행사에 얼굴을 내밀어야 하지요.

장석주 : 김종길 선생님, 하면 먼저 과작 이미지가 떠오르는데, 근래에 들어서 시집 출간이 부쩍 잦았지요?

김종길 : 늘그막에 다작을 하고 있어요. (웃음) 원래 과작으로 이

름 나 있는데.

장석주 : 『해가 많이 짧아졌다』가 2004년도에 나왔고, 작년에도 『해거름 이삭줍기』가 나왔는데, 이것도 신작들로 이루어졌죠.

김종길 : 『해가 많이 짧아졌다』 전에 『달맞이꽃』이 민음사에서 1997년에 나왔어요. 그것도 신작 시집이었어요. 1991년에 미래사에서 현대시인 100인선의 『천지현황』에 그때까지의 내 작품이 거기 다 들어있죠. 『황사현상』(민음사, 1986년)에는 1991년까지 근 5년 동안 쓴 신작 17편을 실었는데, 그걸 합쳐서 88편이죠. 말은 시선집이라고 했는데, 시전집이나 마찬가지지요. 그 뒤에 『달맞이꽃』이 6년 동안의 61편을 신작으로만 수록했으니 많이 쓴 거지요. 1992년 2월 말에 학교에서 정년퇴직을 한 뒤 시간이 많아졌어요. 『해가 많이 짧아졌다』는 7년 뒤에 나온 시집인데, 신작 70편이 들어있어요. 그 다음이 작년 초에 나온 『해거름 이삭줍기』인데, 4년 동안에 쓴 44편이 들어있어요, 그러니까 늘그막에 다작을 한 거지.

장석주 : 최근 작품들을 읽어보니까, 나이듦에 대한 생각들이 시 속에 많이 비쳐요. 올해로 여든넷인데, 나이듦에 대한 특별한 감회 같은 게 있나요?

김종길 : 뭐 별로 없어요. 나이 많은 것, 늙은 것을 의식하지 않고 살아요.

장석주 : 고향이 안동이시죠? 거기에서는 몇 살까지 사셨나요?

김종길 : 안동에 지례 예술촌이라는 게 생겼죠. 한옥 고가들로 이루어진 마을인데, 거기 가보셨습니까?

장석주 : 아뇨. 못 가봤습니다. 얘기만 들었습니다.

김종길 : 그 지례라는 동네가 내가 태어난 동네예요. 임하댐이 생기는 바람에 수몰지구가 되어 동네가 전부 비어버렸죠. 그 집안은 11대 방조인 지촌이라는 분의 종가인데, 지금 주인인 시 쓰는 김원길이 13대 종손이에요. 그 지촌이라는 분이 남인이 득세했을 때 대사간大司諫을 지냈는데, 갑술옥사가 나던 그 해에 전라도 화순에 귀양가서 거기서 돌아가셨어요. 그분의 종가입니다. 그 동네에서 태어났죠. 아버지는 한학을 하셨는데 우리 집에서 처음으로 날 신교육을 받게 했죠. 그 당시에는 학교가 없었습니다. 청송군 진보라는 데가 있어요. 그리로 이사를 했어요. 우리 나이로 아홉 살 되던 해에 초등학교에 들어갔지요. 거기서 초등학교를 마치고 중등학교인 5년 과정의 대구사범학교에 갔어요.

장석주 : 이른 나이 아닌가요? 아홉 살이면.

김종길 : 이른 나이는 아니지만, 당시 초등학교는 열 살, 열한 살에 들어가는 사람도 있었으니까, 그리 늦은 편도 아니지요. 학교 들어가기 전에 증조부 슬하에서 자랐어요. 사랑방에서 증조부가 한문책을 보시거나 한문으로 글을 지으시는 것을 옆에서 보고 자랐지요.

장석주 : 선생님 시 중에 제일 많이 알려져 있는 게 「성탄제」라는 시죠?

김종길 : 그야, 뭐 (웃음) 교과서에 들어가고 했으니까.

장석주 : 어린 시절 얘기를 쓰신 거죠?

김종길 : 가족사가 담겨있죠. 거기 보면 "외로이 늙으신 할머니"가 나오죠. 조부가 스무 살 무렵에 돌아가셨는데, 할머니는 수태도 한 번 못해보신 채로 외로이 늙으신 거죠. 증조부도 계시고 증조모

도 계시고, 아버지도 계셨죠. 나는 일찍 실모를 했어요. 어머니는 생후 2년 반 만에 돌아가셨어요. 어머니는 소설가 이문열 씨 일가인데, 외가가 그 동네에요. 둘째 외숙은 일제시대 때 조선중앙일보 기자도 하고 시도 쓰고 했어요. 예전에 『시학』이라는 동인지가 있었죠. 그 『시학』 동인입니다. 육사 · 석초 이런 분들과 가까이 지내셨죠. 그런데 그분도 서른 살 무렵에 돌아가셨어요.

장석주 : 어머니에 대한 기억은 없으시겠네요.

김종길 : 어머니 얼굴을 몰라요.

노시인은 험난하고 가바한 세월을 건너왔다. 겨울이라고 마냥 맵기만 하더냐. 얼음장 아래에서도 물고기들이 살아 숨쉬고, 파릇한 미나리 싹도 돋아난다. 그래서 시인은 늘 "어린것들 잇몸에 돋아나는 / 고운 이빨을 보듯"(김종길, 「설날 아침에」) 기쁜 마음으로 새해를 맞는다. 이 노시인의 트라우마라고 할 수 있는 데를 무심을 가장하여 슬쩍 찔러본다. 노시인은 어머니의 얼굴을 모른다고 짧게 대답한다. 그 짧은 대답을 듣는데, 가슴이 살짝 아렸다. "나는 / 어머니의 얼굴을 모른다. / 내가 두 돌 지나 돌아가셨기 때문이다. // 그 뒤 / 나는 어머니를 모른 채 자랐다. / 조모와 증조모가 어머니를 대신했기 때문이다. // 그러니 나에겐 / 어머니의 얼굴은 언제나 / 현상되지 않은 한 장의 음화. // 달무리 같은 / 어둠 속 박꽃 같은, / 음화 속의 한 그림자."(김종길, 「어머니의 얼굴」) 일찍 어머니를 여읜 불우도 세월이 지나면 엷어지는 것인가. 어머니의 얼굴을 모른다고 말하는 시인의 얼굴은 일체 감정의 흔들림 없이 담담하다. 시인의 시에는 한 점의 엄살도 과장도 없다. 시들이 대체로 간결하고 그 간결은 적확한 사실의 소묘 위에서 얻어진 견고한 형식의 토대가 된다. 이를테면 "사실에만 충실하다고 해서 / 예술이 아닌 것은 아닐 것이다. // 저 빨랫

줄에 아무렇게나 널려 있는 / 헌 옷가지들이 받는 / 따스한 저녁 해를 / 무엇이 이토록 참담게 / 기록하고 보존해주랴."(김종길, 「사진」) 같은 시에서는 그 간결함이 정신적 염결廉潔의 미학으로 이어진다.

장석주 : 그러면 어머니의 부재 · 결핍이 가져온 정서적 영향이 있었나요?

김종길 : 그건 잠재의식 속에 있어서 내가 의식 못할지 모르지만, 어머니가 일찍 돌아가신 대신 증조부·증조부·조모 이 세 노인이 나에게 매달리셨죠. 그러니까 애정이 결핍됐다거나 그런 건 못 느꼈지요. 세 노인이 완전히 나한테 매달렸어요. 내가 네 살 때 폐렴으로 두 달 동안 몹시 앓았대요. 시골에서는 못 살릴 판이었는데, 워낙에 세 노인 분네가 지극정성으로 돌봐서 살려냈어요.

장석주 : 시는 어떻게 처음 쓰시게 되셨어요?

김종길 : 내가 정식으로 천자문으로 입학한 게 우리나이로 여섯 살 나던 해 동짓날입니다. 그게 우리 집안의 관례였어요. 1931년인데, 양력으로 12월 말경이었을 거예요. 나는 그때 벌써 천자문을 반쯤 알고 있었어요. 동네 아이들이 증조부에게 아침 일찍 글 배우러 오니까 어깨 너머로 배운 거죠. 댓살쯤에 글자를 5자니 7자니 규칙적으로 배열하는 게 재미있다고 그때부터 생각했지요. 요즘 어린 아이들이 게임을 하듯이(웃음) 그런 흉내를 냈죠. 다섯살 때 쯤 천자문을 배우기 전에 5언으로 흉내를 낸 게 두어 가지 기억이 납니다. 첫 번째 것은 큰 집에 제사가 들어 증조부께서 음복으로 송편 두 개를 날 주려고 가져오셨어요. 아침에 일어나니까 송편이 두 개 있거든. 한문으로 말이 안 되는데, "금조월이식今朝月二食"이라고 읊었어요. 즉 '오늘 아침에 달을 두 개 먹으니'인데 "월이식"이라는 게 사실은 정확한 한문 표현은 아니죠. "복중만광명腹中滿光明"이라 '뱃속에 광명이 가득하다'.

즉 배가 부르다는 말이지요. 그러니까 송편을 달로 보고, 달이 뱃속으로 들어가니까 광명이 가득하다고 한 거죠. 시적 사고지요.

장석주 : (웃음) 증조부가 깜짝 놀라셨겠네요.

김종길 : 가르치지도 않은 다섯 살 아이가 한시 흉내를 내며 지었으니, 놀라셨겠죠. 많이 기뻐하셨어요. 글 배우는 큰아이들이 애호박이 나올 무렵에 백일장을 하는 겁니다. 아세요? 뭐냐 하면, 접장어른께서 시제를 내면 시를 지어서 내는 겁니다. 접장께서 좋으면 옆에다가 동그라미를 그려주시고, 말이 안 되는 부분엔 비점이라고 하는 점을 찍으셨죠. 그때 접장어른이 생가 조부였어요. 선친이 양자로 들어오셨거든요. 증조부는 양가 증조부입니다. 생가 조부께서 접장을 하셨는데 글 배우는 아이들의 집에서는 음식을 만들어요. 호박전을 부친다거나 식혜를 만든다거나 묵을 쑨다든가. 그날은 동네잔치 비슷하게 돼요. 나는 글을 아직 안 배우지만 재미있어서 졸졸 따라다녔지요. 호기심 있게 보고 있으니까 생가 조부께서 "너도 한 수 할래?" 하셨죠. 뭐가 뭔지도 모른 채 나는 대뜸 "하지요." 했지요. 그때 시제가 오류선생五柳先生인데, 그때는 그게 도연명이 쓴 건지도 몰랐어요. 오류선생이라는 글자는 아니까 집 앞에 버드나무가 다섯 그루 있는 선생인가 보다 생각했지요. 생가 조부께서 "불러 보라"고 했어요. 그래서 "오류선생댁 문전청천지五柳先生宅 / 門前青天地" 즉, '오류선생 집은 문 앞이 푸른 천지니라'는 말이죠. 생가 조부께서 "문전 청천지"라는 이 시상이 좋았는지, 그 글귀에 몇 겹으로 동그라미를 치시면서 좋아하셨어요. 그게 왜 좋았는지도 몰랐지요. 글 배우기 전에 그런 일이 있었어요. 증조부 옆에서 그런 식으로 요즘 아이들 게임에 재미 붙이듯이 시라는 것에 취미를 붙였던 거죠.

장석주 : 그리고 대구사범에 들어가셨네요. 고향을 떠나 대구로

가셨겠네요. 대구에서는 하숙을 하셨나요?

김종길 : 처음 2년 동안은 기숙사에서 생활했죠. 대구에 집이 없는 사람은 기숙사 생활을 하게 되어 있었죠. 그리고 3년은 하숙을 했죠.

장석주 : 대구사범 시절은 어떠셨어요?

김종길 : 그때는 일제 말기고 전쟁 중이라서 교련이다 근로봉사다 뭐다 하는 게 많았어요. 대구 비행장 만드는데 새벽에 동원되어서 나간 적도 있죠. 그래도 나는 문학 소년이었어요. 그때는 일본말밖에 못쓰게 했지만. 나는 그래도 외가에 가면, 외종형이 혜화전문을 다니고 있어서 책꽂이에 『문장』, 『시학』같은 잡지와 서정주의 『화사집』, 유치환의 『청마시초』, 『정지용 시집』같은 시집들을 볼 수 있었어요. 그 당시엔 우리말 문학잡지를 보는 동기생들이 거의 없었는데, 나는 볼 수 있었지요.

장석주 : 대구사범 때 외가에 가서 우리말로 된 시집을 처음 접하셨을 때 느낌은 어떠셨어요.

김종길 : 서정주의 『화사집』 같은 걸 보고는 놀랐어요. 우리나라에도 이런 시가 있나? 그때 우리말 말살 정책을 해 가지고 학교에 가서 우리말 쓰면 벌 받고 그랬거든요. 그 다음에 서양문학은 일본말 번역으로 봤죠. 대구사범 다닐 때, 잘은 모르면서도 매혹된 게 폴 발레리에요. 일본말로 번역된 걸 봤는데 워즈워스다 뭐다 번역된 게 수다스럽기만 하고 재미가 하나도 없었어요. 영시가 원래 그런 면이 있지만 프랑스 현대시 번역은 일본말로 번역된 게 아주 좋은 게 있어서 번역으로 봐도 괜찮았어요. 폴 발레리는 현대 프랑스 문학에서도 어려운 작가로 이름나 있는데, 그 어려운 것도 하나의 매력이 돼

서 잘 모른 채로 보면서 희열을 느꼈어요. 폴 발레리에 나대로는 심취를 하고 있었던 거죠.

장석주 : 시는 언제부터 쓰셨어요?

김종길 : 시는 어릴 때 한시 흉내도 내고 초등학교 시절 일본말 작문시간에 시 짓는 흉내도 냈죠. 그래도 초등학교 4학년 때까지는 우리말을 배웠어요. 또 대구사범에 들어가니까 한 학년이 두 클래스인데, 한 반에 일본인 학생들이 십여 명 있었어요. 다른 데서는 조선어 시간이라는 게 없어졌을 땐데, 그 사범학교에서는 조선어 시간이 있었어요. 3년 동안 시간 수가 많진 않지만. 일본 학생들도 조선어 초급을 배웠습니다. 그때 시조 이야기도 듣고 그랬죠. 당시에는 경상사범, 대구사범, 평양사범 해서 사범학교가 세 군데 밖에 없었어요. 다른 사범학교들은 일제 말기나 해방 후에 생겼어요. 당시 사범학교는 조선총독부가 직접 세운 관립이어서 학교의 위상이 좀 달랐어요.

장석주 : 어린 시절 한시 영향도 있었고, 대구 사범시절 폴 발레리를 포함한 프랑스 현대시 영향도 있었는데, 그런데 어떻게 영미문학을 전공 삼게 되었나요?

김종길 : 해방 후에 느지막이 서울에 올라왔어요. 다른 데는 학생모집이 다 끝나고 혜화전문만 남아있었지요. 거기라도 들어가 보자 해서 들어갔죠. 동국대학교 전신인데 1945년 11월 24일 입학식이었는데, 얼마 안 있어 한 학기 끝나고 겨울 방학이 되었죠. 이듬해 봄에 내가 주도해서 문학 서클을 만들었죠. 그리고 1946년 봄에 을유문화사에서 나오던 '주간소학생'의 동시 현상모집이 있었어요. 나도 응모를 했는데 '바다로 간 나비'라는 제목이었죠. 그게 입선이 됐어요. 상 타러 을유문화사에 가니까 윤석중 선생이 주간으로 앉아 계셨죠. 편집부에는 교정보는 직원으로 박두진 선생이 계셨어요. 그

래서 박두진 선생을 알게 되고 나중에 조지훈 씨도 만나게 됐지요. 조지훈 씨는 같은 고향이고, 세교가 있는 집안이라서. 지훈이 먼저 "허교하세"했죠. 나보다 6년이나 연상인데, 그때부터 서로 "자네"하고 말을 놓았죠.

장석주 : 6년 연상인데요?

김종길 : 우리 고향에서는 세교가 있는 가문 사람과는 7년 이내면 허교할 수 있어요. 7년 이상이면 연하자가 연상자에게 말을 높이고 연상자는 말을 놓지요.

장석주 : 처음 듣는 얘긴데요.

김종길 : 성씨가 다른 가문 사이에 세교가 있는 집안끼리는 종종 있는 일이지요. 대대로 왕래가 잦고 혼인도 하며 교류하는 집안 사이에서는 7년을 안쪽으로 해서 허교를 하는 그런 풍습이 있어요. 관계가 이루어져요.

장석주 : 그런 풍습을 모르는 사람에겐 납득이 안 가겠어요.

김종길 : 내가 11월 말 입학을 했으니까, 1년 다닌 게 실제로 한 학기 남짓 한 셈이죠. 1946년 9월부터 전문학교들에 학부가 생겼거든요. 혜화전문에는 동국대학교가 생기고, 연희전문에는 연세대학교가 생기고, 보성전문에는 고려대학교가 생겼죠. 전문학교 2년 수료한 것으로 학부에 편입하는 자격이었는데, 일제 말기에 5년제 인문중학교가 4년으로 단축됐지만 대구사범만 5년 그대로 했거든요. 5년간의 중등과정을 밟은 사람은 전문학교 1년 다닌 걸 2년 다닌 걸로 봐 줬어요. 그래서 편입시험을 쳐서 학부에 들어갔죠. 전문학교에서부터 양주동 선생에게 향가, 고려가요 등을 배웠는데, 양주동 선생이 나를 무척 촉망했던 모양이에요. 대구에 피난 와서 공개 강연을 하

는데, 해방 후에 여러 학교에 나가면서 수만 명을 가르쳤지만, 후계자로 삼으려고 한 학생이 있었는데, 영문학에 눈이 어두워서 가버렸다고 하더래요. 나는 학교 다닐 때 혼자 하기 어려운 걸 해야겠다고 생각을 했죠. 그때 내가 만약 불어 소양이 있었다면 불문과에 갔을 거예요. 그때는 영어도 시원찮고, 불어는 더 시원찮았으니까. 그래서 영문과에 갔죠. 영문과에 가서 영시와 시 이론을 전공하고 싶은데 그 방면의 권위자가 누구냐, 수소문을 했어요. 고려대학교의 이인수 교수가 권위자라는 거예요. 그러면 그리로 가야겠다고 마음먹고 1947년 8월에 고려대 영문과 편입시험을 쳐서 9월부터 다녔지요. 그땐 9월이 신학기였으니까.

장석주 : 1947년 경향신문 신춘문예로 정식 등단을 하셨지요?

김종길 : 네. 그때 정지용 선생이 경향신문 주필이면서 심사를 했지요.

장석주 : 「문」이라는 시인데. 그때 열심히 시를 쓰셨나 봐요.

김종길 : 그랬는데, 고려대학교에 들어가서는 영문학을 해야 하니까 시에 너무 빠져서는 공부가 안 될 것 같아 시작을 일부러 억제를 했죠. 그게 타성이 돼서 과작을 하게 됐어요.

장석주 : 1948년도에 티 에쓰 엘리엇의 시를 번역하셨지요?

김종길 : 그 해가 엘리엇이 노벨문학상을 타던 해입니다. 엘리엇이 노벨상을 타니까 서울에도 엘리엇 붐이 일어났어요. 신문 잡지가 엘리엇을 들먹이고. 『신세대』라는 잡지가 있었는데 이인수 교수가 엘리엇 연구에 일인자니까, 그 잡지에서 이인수 교수에게 『황무지』 완역을 청탁했지요. 그게 가을인데, 나는 그해 봄학기에 고려대학교에서 <20세기 영시> 과목에서 엘리엇의 『황무지』를 배웠어요. 내

가 시를 쓰니까, 이인수 교수가 나한테 초고를 맡겼어요. 물론 이 선생 강의를 들었기 때문에 번역을 할 수 있었지만. 그 초고에 몇 군데 단어를 바꾸는 것밖에 거의 손질을 안 하고 그대로 발표했어요. 역자의 말에 나에 대한 언급이 들어있죠.

장석주 : 최초의 『황무지』 번역자이네요. 실질적으로.

김종길 : 예, 국내에선 그래요.

장석주 : 『성탄제』가 첫 시집이죠?

김종길 : 그게 1969년에 나왔거든요. 내가 1947년에 등단했으니 22년만이지요. 22년 동안에 쓴 게 겨우 23편밖에 안돼요.

장석주 : 그러면 많은 작품들을 빼 버리고?

김종길 : 뺀 게 대여섯 편이죠. 그 대여섯 편은 나중에 1986년 『황사현상』에 집어넣었지만. 그러니까 22년 동안 그저 30편 될까 말까 한 작품을 쓴 거죠.

장석주 : 한 해에 한두 편 쓴 거군요. 왜 이렇게 과작을 하셨나요?

김종길 : 영문과에 들어가서 영어공부다 뭐다 하면서 억제를 하니까. 학교를 나와서도 학교에서 학생들 가르치느라 바쁘니까. 공부하는데 시간이 좀 많이 간 거죠.

장석주 : 가까이 지내시는 시인은 어떤 분이세요?

김종길 : 옛날엔 조지훈, 이한직, 박두진, 박목월, 유치환 선생 같은 동료 선배 시인들 몇 사람이 있고, 젊은 시인으로는 박재삼, 허만하 그런 시인들과 가까웠죠.

장석주 : 서정주 선생하고는 가깝지 않으셨나요?

김종길 : 그분하고도 알고 지냈지요. 내가 1960년에 영국 갔다가 이듬해에 돌아왔는데, 1961년 겨울인가 공덕동에 있는 그분 댁으로 박성룡 씨와 같이 갔나, 기억이 아리송한데, 집으로 찾아간 적이 있어요. 서정주 시인은 우리나라에서 가장 매혹적인 시인이라고 생각해왔는데, 1960년대 중반에 한국일보와 동아일보에 시단 월평을 한동안 쓸 때 내가 미당 시에 허황된 소리를 지적했더니 미당이 몹시 화가 났나 봐요. 『문학춘추』인가 『문학예술』인가 잡지에서 몇 번 논쟁을 했지요. 미당과 인간적으로 그러는 것은 아니었고. 미당 시가 『화사집』, 『귀촉도』에서 발전적으로 변모해 나가길 몹시 바랐는데, 바람이 어긋난 것 같아 솔직하게 이야기 했던 거지요. 그분이 화가 나서 논쟁을 하게 되었던 거지요.

장석주 : 그때 귀신 붙었다, 뭐, 그런 얘기도 나오고 그랬죠.

김종길 : 내가 1958년 9월 서울로 오기 전 대구에서 『사상계』에 "쉰 살이 되면 귀신이 보인다"는 시를 발표한 그걸 보고 그때부터 이상한 소리를 한다고 생각했어요. 뒤에 보니까, 그런 경향이 점점 심해지는 것 같아 그걸 비판한 거지.

"쉬흔은 귀신이 눈앞에 와 서는 것이 선히 보이는 나이" 운운하는 서정주의 시를 보고, 김종길은 "이 분이 이러다가는 시를 그만두고 계룡산 같은 데라도 들어가서 무슨 교주教主 노릇이라도 하게 되지 않을까?" 염려했다고 한다. 김종길은 월평 등에서 서정주의 "사적이고, 지방적이요, 원시적인 것"의 언어들은 시대를 거스르는 실험에 지나지 않으며 "시골 무당이나 점쟁이의 것 같은 언어"라고 적는다. 그러니까 『신라초』 이후 「한국성사략韓國星史略」이나 「외할머니

네 마당에 올라온 해일海溢」 등의 시를 보고 김종길은 서정주를 비판한다. "서정주씨의 근년의 작품 가운데에는 그가 스스로 영매靈媒가 되어버린 듯한 느낌을 주는 작품이 대부분이다. ……대시인이 되는 것은 자기 스스로 영매가 되고 무당이 되고 접신술가接神術家가 되는 것을 의미하지는 않는다. 대시인이라는 것도 현실 속에 사는 인간이며 그러한 인간이기 때문에 그의 시가 보다 더 위대한 인간적인 가치를 가지는 것이다." 서정주는 이렇게 반론을 펼친다. "김종길 씨는 신비라는 말로 내 근년의 시를 말씀하고 또 그것을 영매자, 접신술가가 직접 되어 있다라고, 대시인인 릴케나 예이쓰나 엘리어트 등도 신비적 색채는 보이고도 있지만 그들 스스로가 영매나 접신술가 노릇을 하거나 이성과 현실감각을 완전히 포기하는 일은 없다고 하지만, 이런 분간分揀들은 내가 근년 하고 있는 노릇과는 어느 만큼 비슷한 듯 하면서도 영 잘 안맞는 초대석과 같아서 거기 해당되어 있기가 많이 거북하다. 사실 내가 근년 해오고 있는 일은 김종길 씨가 말씀하고 있는 바와 같이 말로써 표현할 만한 것도 되지 못하는 극히 부분적인 어떤 시험에 불과하기 때문이다." 김종길은 서정주의 시를 두고 혼교魂交와 영통靈通이라는 어휘를 썼는데, 그게 서정주의 눈에는 비평자의 독단으로 보여 몹시 심사가 거슬려 발끈했던 것이다. 1964년의 일이다.

장석주 : 김춘수 시인하고도 친하게 지냈지요?

김종길 : 예, 말년에 굉장히 친했지요. 김춘수 선생이 돌아가신 뒤에 작품을 영어로 번역을 해서 코넬대학 동아시아 프로그램에서 시선집으로 냈지요.『샤갈의 마을에 내리는 눈』The Snow Falling on Chagall's Village이 그거예요.

장석주 : 한시 짓는 모임도 하시죠? 어떤 분들과 함께 하시죠?

김종길 : 20년 넘게 대략 한 달에 한 번 꼴로 모이고 있죠. 한문 전문가로는 이우성 교수가 있고, 도로공사 이사를 지낸 김동한 씨, 조순 박사, 전 엘지전자 회장 이헌조 씨, 삼보컴퓨터 회장이었던 이용태 씨, 전 서울대 국문과 김용직 교수, 전 한전사장 이종훈 씨, 그리고 제가 현 멤버예요. 포항공대 초대총장 김호길 씨, 문공부 장관하던 유혁인 씨, 그 멤버 중에서 제일 나이 젊은 두 분이 돌아가셨고 전 서울대 총장이던 고병익 박사가 그 뒤를 이었지요.

장석주 : 요즘 젊은 시인들 시도 읽으시나요?

김종길 : 그렇게 많이는 보지 않습니다. 요즘은 시집을 받으면 몇 편씩 읽어보고 엽서로 답장을 하지요. 시 월간지를 꼼꼼히 읽지는 않습니다. 한동안 유행하던, 무슨 얘긴지 잘 알 수 없는 시는 많이 가시어진 것 같기는 하지만.

장석주 : 주목하고 있는 젊은 시인도 있으신가요?

김종길 : 젊은 시인들은 잘 몰라요. 문인수 시인만 해도 벌써 60대잖아요. 젊은 쪽으로 갈수록 잘 모르겠어요.

장석주 : 어쨌든 교수로 재직하시고 그러면서도 시를 꾸준히 쓰셨으니까. 반세기를 넘기셨으니까, 내심 대견한 바가 있지요?

김종길 : 많이는 안 썼죠. (웃음)

장석주 : 오랫동안 시를 써 오시면서 보람도 있으셨나요?

김종길 : 나는 어릴 적부터 시에 취미를 붙였어요. 평생 동안 다른 건 생각해 본 적이 없어요. 다른 아이들은 대통령이 된다, 국회의원이 된다 하잖아요. 나는 어릴 적부터 글 쓰는 사람이 된다고만 생

각했지.(웃음) 재미있는 얘기 하나 할까요. 증조부께서 나를 귀여워하셨는데, 그분이 돌아가신 뒤 그분 행장行狀이 나왔어요. 말하자면 그분의 전기傳記 같은 거지. 거기에 내 얘기가 나와요. "증손 종길이 신교육을 받을 때가 되니까, 증조부가 탄식해서 말씀하시길, 옛날 같으면 우리 집 한 가닥 글의 맥이 오로지 그 애한테 달렸을 터만, 이제 글러 버렸다."라고.

장석주 : 아, 한학을 끊고 신문학으로 돌아서니까, 집안에 글의 맥이 끊긴다! 이 말씀이군요.

김종길 : 1948년도 고려대 영문과 3학년 여름방학 때, 애드가 알랜 포우의 전집을 읽었어요. 한 달 동안을 동해안 구룡포에서 보내고, 불국사와 석굴암을 둘러보고 고향에 잠시 들렀지요. 할아버지 밑에서 『시경詩經』을 한 번 읽고 올라가자, 그런 계획이었거든. 그때 생가 조부가 편찮아서 누워 계셨어요. 그분이 "무슨 공부를 하니?" 하고 물으시길래 내가 영문학 공부한다고 하니까 "영문학이라는 것도 있나?" 그러셨죠.

장석주 : 하하(웃음)

김종길 : 문학이라고 하면 한문학밖엔 없다고 생각하셨으니까. 아무튼 우리 집안은 그런 집안이었어요.

장석주 : 예술원에도 가끔 나가시죠? 정기적인 모임이 있나요?

김종길 : 예. 정기총회와 임시총회가 있고, 그 밖에도 분과회의와 각종 위원회가 있지만 그리 자주 나가지는 않아요.

장석주 : 근래 자주 만나시는 시인은 없나요?

김종길 : 따로 없어요. 시인협회 행사 같은 데는 나가지만. 인사

동에서 문인들 만나서 노닥거리는 그런 일은 거의 없어요.

장석주 : 선생님, 오늘 대담은 여기서 맺도록 하겠습니다. 귀한 시간 내주셔서 고맙습니다.

노시인은 대담이 끝나자 우리를 인사동의 단골 커피집으로 이끌었다. 김종길 시인은 후학들에게 수고했다고 커피를 사주셨다. 커피 향은 진하고 그 맛은 깊었다. 창밖으로는 늦은 오후의 햇살이 환했다. 찻집에서는 무슨 얘기를 나누었던가. 노시인은 교수가 되어 활동하는 자녀들 얘기를 성조聲調의 변화가 거의 느껴지지 않는 목소리로 들려주었다. 노시인이 일찍 잠 깨어 침상에 앉아 있는 모습이 떠올랐다. 노년에는 잠이 줄어든다. 그래서 너무 일찍 잠 깨어버린 새벽에는 문득 죽음의 순간도 내다보는 것이다. "늙은이에겐 / 새벽잠이 없다. // 너무 일찍 잠이 깨었을 때면 / 한 잠 더 청하려고 해도 보지만 / 어름거리는 사이에 시간만 빨리 흐른다. // 새벽잠을 깬 늙은이의 귀에서 나는 / 시냇물 소리인지 비 뜯는 소리인지 — / 그러나 창을 열어보면 비는 오지 않는다. // 늘그막의 온갖 망측한 일들이 / 저무는 구름송이로밖에 보이지 않는다는 / 육십대 전반에 시인 예이츠가 내다본 죽음의 순간. // 그 순간을 나는 새벽 침상에서 응시하고 있지나 않는지, / 내가 누린 이승의 시간이 한순간 여울물 소리로 / 귓전을 울리며 흐르는 동안."(김종길, 「새벽에 잠이 깨어」) 귀를 기울이면 시인 새벽에 잠 깨어 듣는 여울물 소리가 들리는 듯하다. 이 맑고 밝은 초가을의 인사동 나들이도 죽음의 영원함에 비하자면 이승에서 누린 찰나의 일에 지나지 않을 것이다. 그래도 노시인의 인생을 관조하는 나지막한 목소리에 귀를 기울이는 이 찰나, 빛과 우애로 충만한 이 순간이 소중하고 빛난다. 해가 많이 짧아졌다!

발밑까지 캄캄, 그게 오기 직전

황동규 시인과의 대담

장소 : 사당동 커피전문점 엘빈
날짜 : 2009년 1월 31일

생의 다정한 실패들과 함께 구정물이듯 머리 위로 쏟아지는 토요일 오후! 몸 가진 자의 자유를 무한으로 늘여 권태를 만들고 그것을 시간의 틈으로 밀어놓는다. 그래서 토요일 오후는 외롭고 권태롭다. 겨울 날씨치고는 춥지 않다. 말간 하늘 아래에 서니 집단적 악과 개체의 악들이 이전투구를 하는 세상의 중심에서 아득한 변방으로 밀려나온 느낌이다. 동맥의 출혈로 몸에서 피가 한없이 새나간 듯이 빈혈의 느낌은 무엇일까, 무장해제 된 듯 이 나른한 이완감은 무엇일까. 겨우 견딤만이 허용된 이 삶의 무게로 어깨는 한없이 무거웠다.

오후 3시에는 어디에도 희망은 없을 것이다. 내 안의 모차르트는 오래 전에 죽어 버렸다. 어쩐지 물기 한 점 없이 고갈되어버린 사막의 가슴으로 황동규 시인을 만나러 나선다. 약속장소는 서울 사당동의 한 커피전문점이다. 신예 평론가 금은돌이 대담녹취와 사진촬영을 위해 동석을 했다. 오후 1시 직전에 황동규 선생이 "뿔테안경 낀 성성猩猩"이가 아니라 소년의 호기심 많은 눈을 갖고 성큼 커피전문점 안으로 들어선다. 선생은 에스프레소를 주문하고, 나는 원두커피를 시켰다. 주말 오후의 커피전문점은 드나드는 손님들로 다소 어수선하고, 성능이 그리 좋지 않은 오디오 기기에서 흘러나오는 음향音響이 귀에 다소 부담스러운 데시빌로 실내를 채우고 있었다.

깨어있다는 것은 과연 무엇일까?[1)]

장석주 : 선생님, 안녕하셨습니까? 선생님께서 태어나신 해가 1938년이니까, 작년에 칠순을 맞으셨고, 『현대문학』에 시가 추천되어 등단한 해가 1958년도니까, 등단한 지도 어느덧 50년을 맞으셨습니다. 특별한 감회 같은 게 있으셨을 것 같아요.

황동규 : 사실은 감회가 없었어요. 작년 1월 초에 『출판저널』에서 인터뷰를 하자는 요청이 있었는데, 매정하게 거절했어요. 그게 내내 마음에 걸리더군요. 너무 박정하게 거절했다 싶어서 아주 후회가 많았어요. 그렇다고 전화 걸어서 다시 하자고 할 수도 없었고요. 아마 그래서였을 거예요. 나중에 조선일보하고 중앙일보에서 요청이 있었을 때는 선선이 인터뷰에 응했어요. 내가 좀 무심한 사람이긴 해요. 어떨 때는 제 생일도 모르고 지나가요. 그만큼 무슨 날이나 해를 따져 기념하는 것에 익숙하지 못한 탓이죠.

장석주 : 서울대학교 영문과 교수에서 정년퇴임을 하신 게 몇 년이죠?

황동규 : 2003년 8월이예요.

장석주 : 서울대학교 교수를 오래하셨죠?

---

1) 황동규, 「풍장 18」의 한 구절

황동규 : 34년 반 했지요.

장석주 : 오랜 직장에서 정년퇴임을 맞는다는 것은 일과 직업에서의 해방이잖아요. 일의 구속, 관계의 구속, 시간의 구속에서 자유를 얻은 건데, 어떠세요, 정년퇴임 뒤에 일상생활이나 의식에 변화가 있었나요?

황동규 : 처음에는 미지의 세계로 들어가는 기분이 있었어요. 30여 년 동안이나 계속되던 일상의 궤도가 하루아침에 바뀌는 거잖아요. 시에도 나오죠? 약간의 두려움과 호기심이 있었어요. 생활이나 의식의 변화보다는, 뭔가 늘 튕겨나가는 걸 붙들었던 끈 같은 게 사라지는 것 같은 생각이 들었어요.

장석주 : 의외로 담담하시네요. 심적 전환의 계기가 있었을 것 같아요.

황동규 : 그랬을 겁니다.

장석주 : 요즘 하루 일과는 어떻게 보내세요?

황동규 : 일주일에 네 번쯤 현충원을 산책해요. 그런데 지금은 한 달째 쉬고 있어요. 발꿈치에 탈이 나서 한 달 가까이 고생했어요. 다음 달부터는 산책을 다시 할 수 있을 거 같아요.

장석주 :산책 하시는 것 말고는 어떤 일을 하시나요?

황동규 : 내가 퇴임하고 나서 1년 반 뒤에 서울대학교에 연구교수동이 생겼어요. 큰 방 하나를 칸막이 해가지고 네 사람이 쓰는데, 일삼아 그곳을 나가지요. 다른 사람이 안 나올 때는 혼자 음악도 틀어놓고 책을 읽고 글을 쓰지요. 그리고 일주일에 한 번씩 홍대 앞에

있는 문학과지성사의 목요일 저녁 모임에 나가죠. 김병익, 김주연, 김치수, 김원일, 정문길 같은 친구들을 만나 얘기를 나누고 저녁을 먹고 들어오지요. 발뒤꿈치가 아파서 요즘은 몇 번 빠졌어요. 그리고 한 달에 한 두 번씩 만나는 사당동패가 있죠. 김명인, 이숭원, 홍신선, 하응백, 김윤배 씨 등이 나와요.

장석주 : 사당동패와는 만나시면 뭘 하세요?

황동규 : 주로 술을 마시면서 살아가는 얘기나 글 쓰는 고통에 대해 얘기해요. 전부 다 술을 할 줄 아니까. 그게 기본이지요. 그들과 어울려 여행도 꽤 했지요.

저 세상 불빛을 한순간 미리 본 적이 있는가? 2)

장석주 : 선생님은 누구보다도 여행을 많이 하시는 것 같아요. 선생님의 시전집을 보면 여행에서 건져올린 시편들이 많다는 느낌을 받는데요.

황동규 : 문학평론가 김현이 죽기 전에 함께 여행을 다니던 멤버들이 있었어요. 김현 뒤로는 사당동패 하고 여행을 가요. 김명인 씨 고향이 후포항인데 거기를 일 년에 한 번씩 갔어요. 2박 3일 정도로 다녀오기 맞춤한 곳이에요. 오가는 길에 영주 부석사도 들리고, 안동이나 강릉도 들리고요. 한 열 번 가량은 갔을 거 같아요. 김명인 씨가 그 별장을 팔았어요. 이젠 거기 갈 일이 없어져버린 거지요.

장석주 : 여행을 빼놓고는 선생님의 시에 대해 얘기를 할 수 없

---

2) 황동규, 「몸의 맛」의 한 구절

을 듯싶은데요. 선생님께서는 주로 여행에서 시적 영감을 얻나요?

황동규 : 내 시를 여행시라고 규정하기는 어려워요. 여행시에는 여행 풍물이 나와야 하는데, 내 시에는 그게 없어요. 여행은 일상적인 데서 벗어났기 때문에 일상이 가리고 있던 안 보이는 본질과 부딪치기 쉬워지지요. 여행에서 시적 착상을 얻지만 여행지 얘기가 안 나오니까 여행시가 아니라는 거지요. 올봄에 나올 시집 『겨울밤 0시 5분』의 3부에도 여행 얘기가 많지만, 여행시는 없어요. 아니, 여행시도 있긴 있어요. 「구도나루 포구」라는 시인데, "별 내용이 들어있지 않은 민짜 여행시를 하나 쓰자."라고 시작하지요.

장석주 : 『창작과 비평』 2008년도 겨울호에 발표한 시지요?

황동규 : 민짜 여행시라는 건 진짜 여행시가 아니라는 거지요. "타곳에서 불현듯 돋을새김되는 삶의 요철 쓸어보고 / 그동안 뭘 살았지?"라는 물음은 나오지만 여행지 얘기는 거의 없어요.

장석주 : 『창작과 비평』에 발표한 「겨울밤 0시 5분」이라는 시를 읽는데, 선생님의 최근 마음의 근경近景이 어디에 닿아 있는가를 본 느낌이 들었어요. "신라명과가 막 문을 닫고 있다"거나, 마지막 구절이 "이제 곧 막차가 올 것이다."와 같은 구절들에는 선생님이 맞이한 노년의 삶에 대한 감각이 의식하지 못하는 사이에 녹아있다고 봤습니다. 다른 시편, 「어느 초밤 화성시 궁평항」의 "황혼도 저묾도 어스름도 아닌 / 발밑까지 캄캄, 그게 오기 직전,"이라는 구절도 시의 화자가 최근 가 닿은 적막한 실존의 시각을 가리킵니다. 발밑의 캄캄한 어둠을 저는 죽음에 앞선 불안의 모호성을 드러낸 기호로 읽었거든요. 이때의 느낌은 "이제 철렁 세상이 굳는 / 기이한 느낌"(「무無추억을 향하여」)이 아니었을까요. 사람은 직관으로 다가오는 이 어둠을 보고, 또 이 어둠 앞에서 떨 수밖에 없는 '겁먹은 별들'이지요. 서

정적 주체의 현존은 빛이 사라지기 직전의 문턱에 걸쳐져 있습니다. 아직 이 어둠은 당도하지 않았고, 그것은 선취된 예감으로만 부재의 현전을 예시합니다. 지금—여기의 실존을 감싼 무로 충만한 이 어둠 때문에 역설적으로 '나'의 살아있음을 환합니다. 어둠 속에서 "이 환한 살아있음!"(「삶의 맛」)은 조만간 그 생명의 불을 끄고 대지의 무로 스며들겠지요. 어떤 의미에서 시인은 예언잡니다. 그러니까 "사라지리라, 사라지리라 이 가을의 모든 것이."(「삶을 살아낸다는 건」)라는 어조가 가능하겠지요. 바로 이런 예감과 느낌들이 섬광처럼 터져나오는 건 선생님께서 막 도착한 실존의 시각과 깊은 관련이 있지 않을까요?

황동규 : 그렇게 해석할 수도 있겠죠. 오생근 씨는 「겨울밤 0시 5분」을 상당히 신비한 면이 있는 시다, 라고 말하더군요. 이 시에서는 화자가 별과 대화를 하잖아요. "별 하나가 스르르 환해지며 묻는다. / '그대들은 뭘 기다리지? 안 올지 모르는 사람? / 어둠이 없는 세상? 먼지 가라앉은 세상? / 어둠 속에서 먼지 몸 얼렸다 녹으면서 빛 내뿜는 / 혜성의 삶도 살맛일텐데.'" 장 선생이 아까 한 그 얘기도 맞을 거예요.

시인, 그 어두운 더듬음이여 3)

장석주 : 어쩌다가 시인이 되셨어요? 『브리하다라냐카 우파니샤드』에 보면 "인간의 욕망이 바로 그의 운명이다. 왜냐하면 그의 욕망이 바로 그의 의지이기 때문이다. 그리고 그의 의지가 곧 그의 행위이며, 그의 행위가 곧 그가 받게 될 결과이다."라는 구절이 나오는

3) 황동규, 「비가 2」의 한 구절

데, 바로 그 피의 불가결한 기질이 만들어낸 운명적 부름인가요, 혹은 계통발생의 문학적 DNA의 내림인가요?

황동규 : 처음엔 작곡가가 되려고 했어요. 작곡 선생은 따로 없었고, EM이라는 책 가지고 독학을 했지요. 미군 부대서 나온 필드 매뉴얼이지요. 일종의 전술교본인데, E는 에듀케이션의 약자예요. 화성학 책을 구해갖고 혼자 공부를 했는데 영어만 알면 그런 책은 어렵지 않아요. 집에 있는 낡은 피아노를 치며 작곡을 하다가 포기했어요. 어머니는 의대에 진학하기를 바라셨지요. 그때는 문과 이과가 갈라지기 전이니까, 대학에서 수학 시험만 따로 보고 전공을 결정했어요. 수학 성적이 좋았기 때문에 의대나 법대를 갈 수 있었어요. 어머니가 원서만 쓰면 20만 환을 주시겠다고 했는데, 그때 20만 환이면 시집을 출판하고도 남았거든요. 그 당시 이중한이란 친구가 경기고등학교 3학년 때 시집을 냈고, 훨씬 후의 일이지만 시인 문정희도 고등학교 때 시집을 냈죠. 어머니의 뜻에 따라 의대 원서를 쓰고 그 돈을 받아 시집을 낼까, 하는 생각도 했었지요. 아니면 술을 진탕 마시든가 여행을 하든가. 이삼일 생각하다가 아버님에게 찾아가 도움을 청했지요. 어머님을 말려 달라고요. 말은 안 하셨지만 아버지도 의대나 법대 가기를 원했어요. 그때는 요새보다도 사는 게 힘들었으니까요. 그렇지만 난 중고등학교 교사를 하면서 시 쓰겠다, 그랬죠. 대학교수가 되겠다는 생각은 못했죠. 1960년대 말부터 대학이 갑자기 커지면서 대학교수 자리가 많아져서 운좋게 대학교수가 된 거죠. 시를 쓴 건 다른 출세를 생각 안하고 하고 싶은 걸 하겠다고 출발한 거니까, 운명이라고도 볼 수 있죠. 서울고등학교 재학 중에 학교신문에 소설도 몇 개 쓴 게 있어요. 근데 그것을 찾을 수가 없어요.

장석주 : 학교에서 보관하고 있지 않을까요?

황동규 : 내가 아직 찾아가 보지는 않았어요. 갖고 있던 것은 이사 가고 그러는 동안에 사라졌어요. 당시 그 소설을 보고 한 선생이 나를 문학가로 인정하고 그랬어요. 좀 긴 꽁트죠. 그런데 소설보다는 시가 더 재미있어요. 시는 언어 자체를 가지고 굴리는 맛이 있지만 소설은 그런 거 없잖아요. 시가 소설보다 더 음악적이라는 것도 시를 선택한 이유가 되겠죠. 만약에 내가 시를 한만큼 소설을 썼으면 돈을 제법 벌었을지도 모르죠.

장석주 : 선생님께서 만 스무 살 때에 『현대문학』의 추천을 받아 등단하셨는데, 추천을 받고난 뒤에 '나는 시인이다'라는 의식이 있었나요?

황동규 : 그게 말이죠. 『현대문학』 추천작들을 쓰기는 고등학교 3학년 때 쓴 거예요. 고등학교 교지에 실렸으니까, 18살 때가 맞죠. 「시월」은 대학교 1학년 때 쓴 작품이죠. 선배들이 추천을 받은 뒤 너무 시인 행세를 하며 으스대는 게 보기 싫었어요. 그리고 좋은 시인이 되려면 더 공부해야 한다고 생각했죠. 그땐 장 선생 세대와는 달리 외국어가 없으면 세계문학을 볼 수가 없었어요. 내가 영문과에 간 것도 마땅히 우리말로 번역된 책들이 없어서예요. 기껏 해봐야 박목월 씨가 일본어에서 중역重譯한 『좁은 문』정도가 있었지요. 지금 읽어보면 오역도 많았을 거예요. 그래서 고등학교 때부터 날림으로 영어 원서들을 읽었는데, 예이츠, 엘리엇, 보들레르, 랭보를 읽으며 내가 시인이라고 자처하고 싶지는 않았어요. 이 사람들은 너무 깊어서 내가 범접하지 못하는 어떤 경지가 있다고 생각했죠. 지금 본다면 그들의 시중에도 별 거 아니다, 하는 것도 있겠죠. 그때는 그렇지 않았거든요. 그래서 추천을 받고도 내가 시인이라는 뚜렷한 자의식은 엷었지요.

장석주 : 첫 시집 『어떤 개인 날』이 나온 게 몇 년입니까?

황동규 : 내가 대학 졸업한 해니까 1961년이지요. 대학원을 가면서 시집을 내고, 대학원 한 학기를 마치고 군대에 입대해 3년을 보냈지요.

장석주 : 첫 시집을 내고도 시인이 됐다는 기분이 안 들던가요?

황동규 : 주위 사람들은 다 좋아했어요. 물론 저도 기뻤지만 내가 시인이라는 의식은 그때도 없었어요. 그 시절만 해도 시가 넓은 의미에서 대중적인 게 아니었어요. 시집 초판을 500부 찍던 때니까요.

장석주 : 대개 자비 출판이었죠?

황동규 : 자비출판이었죠. 아버지의 친구이신 원응서 선생이 하시는 중앙문화사란 출판사에서 냈는데, 출판비용을 좀 싸게 해줬어요. 500부를 찍어서 내가 100여부를 받아 지인들께 기증하고, 책방에서 2~300부는 팔렸을 거예요. 그 나머지는 원 선생님이 어떻게 처분했는지 모르죠. 나중에 보니까 이화여대 도서관에서도 샀더군요. 지금은 그 시집이 희귀본이 되어서 몇 십만 원 나가요.(웃음)

장석주 : 초판본을 가지고 계시나요?

황동규 : 서가에 몇 권 남아 있었는데, 집에 온 사람들이 그걸 말없이 들고 갔어요. 다 아는 사람들이니까 그걸 갖고 뭐라고 따질 수도 없었어요. 우리 사회에는 책 도둑은 도둑이 아니다, 뭐 그렇게 관용하는 분위기가 있잖아요. 나중에 시인 김영태가 갖는 있던 걸 빌렸어요. 복사를 하고 돌려줄 생각이었는데, 김영태 시인이 전화를 해서 그 시집 돌려주지 않으면 나하고 절교하겠다고 하더군요. 뭐 그

걸 가지고 친구 사이에 절교를 하나 은근히 부아가 돋았어요. 그래서 그 시집을 돌려주지 않았어요. 아마 그게 서가에 있을 거예요.

이 저녁 견딜 만하신가?[4]

장석주 : 「태안 두웅 습지」에도 "평생 얽히고 긁힌 연緣과 상처의 엉긴 밧줄과 헝겊 조각들이 / 휑하니 꿰뚫려 뵈기도 하던가?"라는 구절이 나오고, 선생님의 최근 시들에 부쩍 삶을 전체로서 직관하는 구절들이 많이 보이더군요. 『꽃의 고요』(2006년)에서는 황혼과 어둠이 뒤섞이는 시간대가 시적 배경으로 많이 나오던데요. 이것이 혹시 빛의 세계 너머의 삶에 대한 직관으로 봐도 좋을까요? "이젠 가진 걸 하나씩 놓아주고 / 마음 가까이 두고 산 것부터 놓아주고 / 저 우주 뒤편으로 갈 채비를 해야 할 땐데."(「손 털기 전」) 같은 구절에서는 더 구체적으로 우주 뒤편으로 갈 채비에 대해 말하던데요.

황동규 : 아마 늦가을과 겨울도 많이 나올 거예요.

장석주 : 황혼과 저녁 어스름이 뒤섞이는 시간대, 늦가을에서 겨울로 교차하는 계절적인 배경에서 평온함 속에서 겪게 될 죽음의 심리적 실재를 읽는 것은 제 비약일까요?

황동규 : 나도 모르게 나온 것들이죠.

장석주 : 의식하지 못하는 사이에 나온 것들이겠죠? 예를 들면 「당진 장고항 앞바다」라는 시에서 "그 언젠가 몸의 살 그 누구에게 눈부신 아픔으로 내주고 / 뼈마디들도 내주고"와 같은 구절, 또 시집 『풍

---

4) 황동규, 「늦가을 저녁비」의 한 구절

장』(1996년)에서 "마지막으로 몸의 피가 다 마를 때까지 / 바람과 놀게 해다오."(「풍장 1」)같은 구절을 보면 지난 십여년 전부터 선생님의 시에 본격적으로 죽음에 대한 사유가 들어오는 건 아닌가, 싶은데요.

황동규 : 나는 죽음을 두려워하지는 않아요. 죽는다는 게 황홀하기도 해요. 아마 옛날부터 단련을 해서 그런 모양이에요. 『풍장』도 죽음에의 단련이지요. 또 내가 종교 자체 속에서도 우리 보다는 더 큰 존재와 만나는 거를 좋아했거든요. 종교에서 기복신앙을 빼면 죽음을 두려워하지 않게 돼요. 죽음을 두려워하는 건 삶을 두려워하는 거죠. 정말로 티내는 게 아니라 진짜 왜 그렇게 살려고 애쓰는지, 사람들이 왜 저렇게 아등바등 대는가 잘 이해가 안돼요. 요즘처럼 경제가 나빠서 그렇다면 모르지만 그렇지 않으면서 아등바등하고 몸을 아끼고 그런 게 흔쾌하게 납득이 잘 안돼요. 요즘엔 죽음이 황홀하기도 하다는 생각도 들어요.

장석주 : 왜 죽음이 황홀할까요? 죽음은 생명을 가진 존재의 난파 같은 것 아닌가요?

황동규 : 두려움이 없으니까 황홀한 게 아닐까요. 글쎄, 모르겠어요. 아이들이 다 크고 다 끝나서 그런지, 죽는다는 게 그렇게 두렵다거나 섭섭하다는 생각은 없어요.

장석주 : 불교 수행자들이 해탈에 이를 때 비로소 생사의 업과 고통에서 벗어난다고 하는데, 선생님은 시의 구도자로서 그런 경지에 올라선 게 아닐까요?

황동규 : 나는 해탈 같은 건 상대 안 해요. 불교에서 말하는 해탈은 분명 아니지요. 모든 게 시한테 배운 것 같아요. 시에서 자꾸 죽음도 두려워하지 마라, 죽음도 황홀할 수 있다, 이렇게 자꾸 대화하

다보니 죽음의 두려움에서 벗어났던 것 같아요. 단 한 가지, 내 두려움은 치매에 걸리는 거예요.

장석주 : 치매란 모든 기억에서 단절된 상태, 생명의 시원으로의 회귀, 완벽한 경지의 자유니까, 치매는 오히려 무지몽매함의 황홀경 속으로 들어가는 게 아닐까요?

황동규 : 일방적인 경우는 안 좋죠.

장석주 : 치매는 제 인격의 자기동일성을 유지할 수 없다는 것 때문에 치명적이겠죠. 그러나 뒤집어보면 치매란 나와 남의 경계를 넘어서는 것, 사람 이전의 사람, 생명의 원초적 물성의 경지로 회귀하는 것이라고 볼 수도 있지 않을까요?

황동규 : 동물성이란 말이죠. 책임이라는 요소가 많이 들어가요. 동물이라고 해도 자기 자신과 새끼들을 본능으로 보살피죠. 때로는 개과 동물 같은 건, 전체를 위해서 희생을 한다든가, 그런 동물만의 의식이라는 요소가 다 있어요. 치매에는 그런 게 없어요. 생물이라면 인간이든 미생물이든 소통하잖아요. 치매에는 그게 없죠. 살아있지만 살아있지 않은 생물체가 되버리잖아요? 인간은 서로 상호작용을 하는 존재인데, 치매에 걸리면 더는 그런 상호작용을 할 수가 없죠. 그 상호작용이 끊긴 상태에서는 황홀이건 비황홀이건 의미가 없어요. 남한테 피해만 주고 고통만 주는 거 아니겠어요? 내 의지로 어떻게 할 수 없는 물성만 남는 거잖아요. 분명히 말하지만 난 치매 외에는 두려움에 구속될 가능성은 없어요.

장석주 : 선생님의 말씀을 듣다보니까 슈마허E. F. Schumacher의 말이 생각나네요. 슈마허는 존재계를 네 단계로 나눴더라고요. 『당혹한 이들을 위한 안내서』라는 책인데, 슈마허가 세상을 떠난 해에 출판

된 책이니까 말년에 쓴 책이겠지요. 슈마허는 불교경제학이라고 할 수 있는 경제이론을 창안하고 펼친 조금은 독특한 경제학자지요. 사람과 신에 대한 철학적 성찰을 담은 책인데요. 이 사람에 따르면 사람은 '나'라고 말하는 주체이자, 능동적이고 독립적이고 자율적인 주체로 모든 환경과 우연을 넘어서서 다른 존재들을 객체로 지배할 가능성의 존재라는 것이지요. 치매 환자란 인격적 신을 마음에 품은 주체로서 인간이 갖는 모든 가능성을 잃어버린 존재겠지요. 그래서 광물이나 식물같이 환경과 우연의 지배력에 제 삶을 맡길 수밖에 없는 존재겠지요. 슈마허에 따르면 존재계는 광물, 식물, 동물, 인간의 네 단계로 나뉩니다. 광물계는 물질 M이라는 상태고, 식물계는 광물계의 M에서 X가 더해진 상태죠. X는 불가사의한 힘, 에테르 같은 원형의 생명력이지요. 식물들은 광물에게는 없는 그런 걸 갖고 있지요. 동물계는 식물에게 없는 것들, 이를테면 능동적으로 움직이고 사냥하고, Y라고 하는 의식을 갖고 있다는 거죠. 그러니까 동물계는 M+X+Y의 상태죠. 그러나 동물은 사람에 비해 환경과 우연에 대한 지배력이 현저히 약하지요. 왜냐하면 동물에게는 Z라는 사람이 갖고 있는 자기인식이라는 게 없기 때문이죠. 사람들은 내가 누구인지, 내가 뭘 해야 하는지 이걸 안다는 거죠. 그러니까 사람은 M+X+Y+Z의 상태죠. 치매 환자는 사람은 사람이되 환경과 우연을 제 뜻에 따라 지배하고 조정하지 못하는 동물의 수동성 단계로 떨어진 그런 존재겠지요. 치매란 자신이 처한 안과 밖에 대한 내적 성찰이 이루어지는 내면공간이 사라진 상태겠지요.

황동규 : 얘기가 재미있는데요? 미생물은 어떻게 분류하나요?

장석주 : 미생물은 동물이겠지요. 동물 중에서도 진화가 진행되지 않은 초기 형태의 동물계에 속하지 않을까요? 식물보다는 능동적 움직임을 갖고 있으니까요.

황동규 : 미생물에도 식물적인 미생물이 있고 동물적인 미생물이 있지요. 그리고 식물도 때로는 얼마나 영특합니까? 좋은 음악을 틀어주면 거기에 반응한다고 하지 않나요?

장석주 : 네. 그런 결과도 있지요.

황동규 : 동물이 의식을 가진 존재라고 하는데, 치매는 의식을 가지지 못한 존재죠. 동물화 하는 건 아니죠. 넓은 의미엔 식물적이라고 할 수도 있겠죠. 난 그거보다도 '자기의 길'을 그친 상황이라고 봐요. 그게 두려워요. 남한테 완전히 짐이 되고. 고통이 되는 것, 그건 참 인간으로서 못할 일이죠.

장석주 : 개인적으로 수전 손택의 책을 좋아해서 그 사람의 책을 계속 읽어왔는데요, 얼마 전에 그 아들이 수전 손택이 죽기 직전의 몇 달을 기록한 책이 나왔더라고요. 데이비드 리프가 쓴 『어머니의 죽음』이라는 책인데요. 손택이 얼마나 명민하고 뛰어난 지성을 가진 분입니까? 1975년도가 유방암에 걸렸다가 그걸 극복하고 나서 이십몇 년을 더 살았어요. 노년에는 골수이형성증후군 판정을 받는데 이게 혈액암같은 건가봐요. 손택은 자기한테 죽음이 온다는 사실을 전혀 받아들이지 않았어요. 끝까지 자신의 죽음의 가능성에 대해 적극적인 부정을 하더군요. 자기가 왜 죽느냐, '꺼져 가는 빛에 대한 분노'를 막 드러내죠. 그러니까 삶에서 죽음으로 넘어가는 그 마지막 과정이 처절했던 거죠. 그걸 아들이 객관적으로 썼더라고요. 손택은 죽는 순간까지 자기가 죽는 존재라는 것을 납득하지도 못했고, 받아들이지 않은 거죠.

황동규 : 좀 극단적인 예네요. 나는 거의 반대편이에요.

장석주 : 그러니까요. 놀라워요!

황동규 : 나는 조금 더 살기 위해서 일부러 노력은 안 할 생각이에요. 내 친구들 몇 명도 오래 살려고 산에도 가고 약도 먹고 그랬어요. 소설가 홍성원 씨도 아주 나쁜 징후의 위암 걸려서 3년을 더 살았어요. 서울대 영문과에 함께 있던 김영무 교수는 폐암이었는데, 이분도 몇 년 더 생명을 연장했어요. 아마 나처럼 방치한다면 3년을 못 살겠죠? 또 못 살면 어때요? 그 사람들은 의사가 하라는 거, 다 안했어요. 의사가 하라는 거 10퍼센트밖에 안 된다, 그러니까 안하고 다른 데에 매달렸거든요. 요새는 좋은 게 있답디다. 수술을 할 때 중요한 감각을 자른답니다. 그러면 별로 고통이 없대요. 고통이 너무 크니까 자기를 망가뜨리고 그러는 건데 가능하다면 안 망가뜨리고 죽는 게 좋겠지요.

장석주 : 생명을 연장하기 위해서 자기를 깨뜨리는 게 제일 비참한 상황이겠죠.

황동규 : 아, 죽기 전에 먼저 존엄성이 깨지잖아요.

장석주 : 자기의 인격, 품위와 같은 인간의 모든 존엄한 것들을 버리면서까지 수명을 인위적으로 더 연장한다는 것은 뜻이 없다고 봐요.

황동규 : 그렇죠. 1년을 더 살아서 뭘 하겠어요.

장석주 : 그런 최소주의에 빠진 삶이라는 건 그야말로 남루 그 자체겠지요.

황동규 : 그 남루는 이따금 그 속에 왕자도 숨어있거든요.(웃음)

장석주 : 네(동시 웃음) 치매는 왕자가 숨어있지 않은 남루인가요! 촌철살인이네요.(웃음) 선생님의 그 죽음에 대한 태도는 스콧 니어링

의 태도하고 많이 닮아있네요.

황동규 : 그래요?

장석주 : 이 사람 정말 대단한 분이에요. 자연수명으로 백 살을 산 뒤에 마지막 순간에 자기가 죽음을 선택했지요. 생명을 연장하기 위한 어떤 의료적인 행위를 거부하고 스스로 죽음을 맞습니다. 그래서 마지막에는 스스로 곡기를 끊었어요. 그렇게 인간의 존엄을 지키면서 죽음을 능동적으로 맞은 거죠. 이제 내가 갈 때다, 하고 죽었죠.

황동규 : 그건 선사禪師들도 다 그렇게 죽었어요. 어떤 사람은 신발 신다가 죽기도 하고, 어떤 사람은 문고리를 붙잡고 죽고, 어떤 사람은 정좌자세로 죽잖아요.

장석주 : 선사들은 죽을 시각을 미리 말하고 제자들에게 준비를 시키잖아요.

황동규 : 그럼요. 그 사람들은 추한 죽음은 하나도 없어요. 추한 죽음은 후학들이 삭제한 것도 있겠지만요. 거의 예외 없이 그런 죽음을 한 것을 보면, 혹시 삭제되는 부분이 있다고 하더라도 일반적으로 그랬다고 봐야하겠지요. 내가 선사들 어록을 다 좋아하는데, 선사들이 삶과 죽음의 경계를 뛰어넘은 존재들이기 때문이예요. 그리고 선禪과 시가 닮아 있잖아요? 그렇다고 내가 선을 다 이해하는 건 아니지만요. 사실 선은 이해할 필요가 없죠.

장석주 : 선은 의미를 쫓아가는 게 아니라 놓아주는 것, 의미의 구속에서 스스로를 풀어서 방임하는 것, 오히려 사람들이 의미 있다고 말하는 것에 대한 능동적 태만, 그런 게 아닐까요?

황동규 : 몇 가지로 볼 수 있는데, 삶의 비밀이 따로 없다는 게 바로 삶의 비밀이라는 거죠. 선사들이 "말해라, 말해!" 그러면서 말 안한다고 몽둥이로 두드려 패죠. 또 고양이를 죽이고 짚신을 머리에 이기도 하고요. "말해라, 말해!" 여기엔 두 가지 뜻이 있어요. 하나는 이 세상에 비밀이 있다면 단 하난데, 그건 비밀이 없다는 거예요. 그걸 보여주는 말을 하든가, 아니면 내가 부처라는 것을 말로 하지 말고 직접 보이라는 거지요. 그 두 가지 중에 하나를 하라는 얘기죠.

너는 아직도 알지 못하겠느냐[5]

장석주 : 어리석은 질문인데요, '자기'라는 건 뭘까요?

황동규 : 이런 질문은 처음 받아보는데요.(웃음) 자기에 대한 생각을 과거에 해봤지만 뭔가 결론이 나지 않던데요. 있는 듯 하지만 파보면 없고, 없다고 생각하면 있는 것 같기도 해요. 아무튼 한 마디로 말하기 어려운 복잡한 걸 거예요. 사람은 살기 위해서 다른 생명체를 죽이고 먹는 존재면서 이따금은 그걸 넘어서서 다른 생명들을 사랑하고, 불쌍히 여기지요. 그렇기 때문에 아직 정의를 못 내리겠어요.

장석주 : 그렇죠. 고독하고 더럽고 야만적이고 순간적인 존재면서도 때로는 숭고하고 고결하고 순간에서도 영원을 보는 존재가 사람이니까요. 선생님께는 시가 자기에 대한 탐색의 수단이기도 한가요?

황동규 : 탐색이라기보다는 시하고 대화를 하면서 자기를 바라보게 되죠. 그렇지만 딱히 자기를 뭐라고 명문화해서 말하기는 힘들어요.

5) 황동규, 「비가 1」의 한 구절

잠깐이 몇 섬광인가![6)]

장석주 : 최근에 시 발표가 부쩍 활발한 듯 싶어요. 아까 말한 『창작과비평』 겨울호에 발표한 것 말고도 『작가세계』와 『현대문학』에도 연이어 신작을 발표하셨죠.

황동규 : 근래에 많이 했어요.

장석주 : 그 시들을 보면서 놀란 것은 선생님의 시들이 젊다는 것이지요. 어떤 젊은 시인보다도 발랄하고 감각이 살아있어요. 젊은 시절부터 요즘의 시들까지 선생님의 시에는 날 것의 생동감이 한결같이 느껴진다는 거예요. 그 젊음은 어디서 오는 걸까요?

황동규 : (웃음) 그건 알 수 없죠.

장석주 : 어느덧 이르신 칠순의 나이가 시에서는 전혀 느껴지지 않거든요. 심지어 노경이나 죽음에 대한 사유가 시에 들어올 때조차도 나이든 자로서가 아니라 굉장히 젊은 감각과 사유로 그것을 포획한다는 거죠. 그 젊음은 어디서 오는 걸까요?

황동규 : 다른 건 모르겠고, 삶의 현상들을 가능한 적극적으로 생각한다는 거죠. 적극적으로 생각하고 행동하며 세계에 부딪쳐 가는 거죠. 이를테면 1,000페이지가 넘는 두꺼운 책이 있어요. 요즘 그 책을 열독하고 있는 중이죠. 가드너라는 출판사에서 나온 『서양미술사』라는 책이에요. 한 보름만에 1,000페이지를 절반이나 읽었어요.

장석주 : 생에 대한 적극적인 의지! 그게 의식의 젊음을 유지하는 비결인가요?

---

6) 황동규의 시, 「잠깐 동안」의 한 구절

황동규 : 그렇죠. 이제는 늙었으니까 그만 두자는 생각을 해본 적이 없어요. 그 대신 이따금 다리가 아픈 것뿐이죠.(웃음)

장석주 : 육체의 노화는 어쩔 수 없는 것이겠지요.

황동규 : 이숭원 선생이 대학원 학생들한테 사랑의 시 세 편을 골라서, 시 쓴 사람의 나이를 젊은 순서로 배열하라고 했대요. 그때 내가 60대였는데, 「쨍한 사랑의 노래」를 주고, 50대와 40대 시인이 쓴 걸 줘 보니까, 내게 제일 앞에 오고 젊은 사람들 시가 뒤에 있더래요. 「쨍한 사랑의 노래」도 적극적으로 사랑에 접근한 거니까요. 젊다기보다는 생생한 거죠. 나는 젊다 늙다, 라는 말을 쓰고 싶지 않아요. 감각과 의지와 모든 게 생생한 거죠.

장석주 : 그건 대개 젊은 자들의 특성이잖아요?

황동규 : 30대인 황병승의 시도 상당히 나이든 사람 시 같습디다. 나이하고는 상관없어요. 아마 황병승이 나보다 더 나이 든 감각으로 시를 쓰고 있을지도 몰라요. 어떻게 보면 최근의 문태준 시인의 시도 나보다 젊은 사람의 시가 아니예요.

장석주 : 아, 『그늘의 발달』요? 문태준 시인은 처음부터 능청스러운 노회함 같은 게 있었지요.

황동규 : 문태준이 앞에 낸 시집 『가재미』는 상당히 발랄한 시죠. 그런데 안주하려 들면 이미 그건 젊은 시가 아니지요. 앞에서 이룬 것을 되풀이한다면 그건 시집의 완성도라든가, 시집의 좋고 나쁨을 떠나서 젊거나 발랄한 게 아니지요. 늘 새롭게 부딪쳐가는 내 시가 더 젊고 발랄하다고 해야겠지요. 김선우 씨가 조선일보에 사랑의 애송시를 연재할 때 내 시가 '젊은 시인들을 긴장시킨다'고 썼는데, 그 비슷한 얘기들이죠. 나는 물론 젊은 시인들을 긴장시키려고 쓰지

는 않아요.(웃음) 김선우 같은 젊은 시인들을 긴장시킨다니까, 장 선생한테 질문 받았을 때 그 얘기로구나, 하는 생각이 들었어요. 아, 그건 나도 모르겠어요. 알면 후배 시인들에게 얘기하면 좋겠는데요. 단, 적극적으로 생각하라, 중간에 포기하지 마라, 피곤하고 힘들다고 자기가 꿈꾸는 것을 쉽게 접지 마라, 고 젊은 사람들한테 얘기하죠. 나한테도 얘기하죠. 주로 내가 시한테, 아니 시가 나한테 얘기하는 거죠. 시가 제대로 되려면 중간에 접어서는 안 되죠. 중간에서 접으려고 하면 시가 나한테 '정신 차려!' 얘기를 해요.

사방이 꽃과 버들 그리고 꿈결 같은 봄인데[7]

장석주 : 선생님 전집을 일별해 보니까 연애시들이 참 많습니다.

황동규 : 사랑을 노래하는 건 예로부터 서정시의 근본이에요. 서정시의 영역에서 연애시는 불교에서 '아함경'과 비슷한 겁니다. 그걸 빼 놓으면 안 되죠. 연애시를 쓸 때의 감정이 나를 젊게 만드는지도 모르겠어요.

장석주 : 연애시가 선생님께 젊음이라는 피를 수혈해주는 비결인지도 모르겠네요. 진짜 늙는다는 것은 연애 감정이 고갈되어 버리는 것이겠지요. 젊은 자들은 끊임없이 생동하며 변화를 아우르고 세계를 바꾸려고 하잖아요. 진짜 늙어버리면 그 모든 걸 귀찮게 여기겠지요. 그래서 주어진 조건에 안주하는 게 아닌가 싶어요.

황동규 : 장 선생 말대로 아주 옳은 말 중의 하나겠지요. 말하자면 늙으면 연애감정을 못 느끼게 되죠. 그 연애감정이 꼭 여자를 대

---

7) 황동규, 「오월동주[吳越同舟]」의 한 구절

상으로 하는 것만은 아닐 거예요. 형이상삭적인 존재일 수도 있고, 우연히 보게 된 아름다운 꽃일 수도 있고요.

장석주 : 선생님이 쓰신 연애시 중에서 특별히 아끼시는 시는 어떤 시인가요?

황동규 : 「즐거운 편지」, 「조그만 사랑 노래」, 「쨍한 사랑 노래」 같은 시를 좋아하죠. 내겐 음으로 양으로 연애시가 많지요. 아마 사분의 일이나 오분의 일인지는 잘 모르겠어요. 지금 말을 하니까 보니 조금 많다는 생각이 들어요. 「사랑의 뿌리」도 있지요. 「사랑의 뿌리」는 예외적으로 사랑을 빼앗긴 상태가 아니라 사랑을 향해 가는 시거든요. 「즐거운 편지」는 우리나라 최초의 현대적 연애시예요. 나보다 연상인 여자를 짝사랑했던 적이 있는데, 그때 쓴 시예요. 그때 나한테 영향을 준 게, 미당이나 만해 같은 그런 사람들이잖아요. 이런 시인들과 다른 연애시를 쓰고 싶었어요. 6·25 직후에 실존주의가 유행할 때니까, 나도 실존주의의 틀 속에서 생각을 많이 했어요. 영원한 사랑은 있을 수 없다, 사랑은 일종의 선택이고 논리의 비약일 수도 있다, 그런 생각의 바탕 위에서 "내 사랑도 어디쯤에선 반드시 그칠 것을 믿는다"는 한 구절이 나왔죠. 우리나라 사람들이 이 시를 좋아하는 건 특별히 아름답기 때문이 아니라 나도 모르고 쓴 그 실존적인 분위기 때문일 겁니다. 중고등학생들이 이 시를 읽고 당황하는 이유도 그거일 거예요. 맨 날 '가시리' 같은 연애시만 읽다가 이게 딱 나오니까 수능 시험에 나오면 못쓰겠다고 하나 봐요.

세상 이 구석 저 구석을 기웃거릴 때[8)]

장석주 : 시가 선생님한테 준 게 많을까요? 빼앗아 간 게 많을까요?

황동규 : 저울에 놓고 달아보면 평형을 이루지 않을까요? 『꽃의 고요』에 나올 거예요. 「비문飛蚊」이라는 시 얘긴데요. 눈앞에 모기가 날아다니는 환각을 비문증이라고 해요. 한때 이것 때문에 괴로움을 당한 적이 있었어요. 눈을 꽉 감았다 뜨기도 하고 눈물을 흘려보기도 하는데 물체가 눈앞에서 날아다니는 현상이 사라지지 않아요. 그런데 세상의 모든 게 다 녹는데, 가을이 되면 황혼도 녹고, 큰 짐승의 내상처럼 모든 게 다 녹는데, 왜 모기는 안 녹느냐, 불평하던 시를 쓰다가 나도 모르게 날면 어때(!) "날건 말건 !" 이라는 시가 씌어졌어요. 그 다음부터는 "날건 말건" 이라고 자꾸 얘기했더니 이제는 의식할 때만 날아요. 보통 때는 안 느껴져요. 시가 나한테 가르쳐준 것이지요.

장석주 : 그것 말고 시가 준 것은 또 무엇이 있을까요?

황동규 : 찾아보면 많을 거예요. 첫째 번 이 시도 그래요. "유원지로 가는 허연 시멘트 길이 / 검은 밀물에 창자처럼 여기저기 끊기고 있었다. 기다릴 게 따로 없으니 / 마음 놓고 무슨 색을 칠해도 좋을 하늘과 바다 / 그리고 살아있는 이 냄새. / 밤새 하나가 가까이서 끼룩댔다. / 쓰라리고 아픈 것은 쓰라리고 아픈 것이다!" 이 시를 보게 되면 외롭고 쓸쓸하잖아요. 밤에 화성시의 궁평항엘 왜 갔겠어요? 그때 내가 상당히 괴로워서 나갔거든요. "쓰라리고 아픈 것은 쓰라리고 아픈 것이다!"(「어느 초밤 화성시 궁평항」) 이게 나중에 들어

8) 황동규, 「풍장 4」의 한 구절

간 거예요. 이걸 딴 걸로 치환할 필요가 없다는 거죠. 산책에서 느끼지 못한 걸 시 쓰다가 배운 거죠.

장석주 : 삶을 견디게 하는 힘 같은 것?

황동규 : 그렇죠. 시가 나한테 가르쳐 준 거죠. 처음엔 돌아올 때까지 이 생각을 완전히 하지 못했어요. 궁평항을 다녀오고 한 사나흘 뒤에 시를 쓰다가 나왔어요. 시와 대화를 하다가 "쓰라리고 아픈 것은 쓰라리고 아픈 것이다!"라는 구절이 튀어나왔어요. 시를 쓰는 게 아니라 시하고 대화해서 같이 만들어 가는 거죠. 그게 내 후기 시의 특징이에요. 앞의 시들은 그렇지 않지만요. 심재휘 시인과 『시안』에서 대담한 적이 있는데, 그가 내가 전반기의 시와 후반기의 시는 완전히 다르다고 말하더군요. 내가 시를 쓰는 태도가 달라졌기 때문일 거예요.

장석주 : '초밤'이라는 건 무슨 뜻인가요?

황동규 : 초저녁이라는 말이 있잖아요. 그러니 초밤이라는 것도 있겠죠.

장석주 : 밤의 첫! 이것도 조어겠지요? 선생님 시에 새롭게 직접 만드신 조어들이 몇 개 있는데, 제일 빛나는 것은 '홀로움'이라는 말인 것 같아요.

황동규 : 버클리에 반 년 있을 때 만든 말이죠.

장석주 : 외로움 하고 좀 다른 거지요?

황동규 : 외로움을 극복한 외로움이죠. 공부한답시고 버클리에 갔는데, 차가 없었어요. 셔틀버스라는 게 오후 5시면 딱 끊어져요. 밖에 나갔다가 숙소를 돌아올 때 4시 40분에 타지 않으면 끝이에요.

집에 걸어올 수가 없어요. 걸어서 숙소로 돌아오자면 거리도 거리지만 흑인들이 사는 거리를 거쳐야 해요. 백인이면 몰라도 황인종이 걷다가는 큰일 나요. 그때는 지금보다 한창 젊을 때 아닙니까? 아파트 23층에서 며칠 동안 혼자 있으면 정말 외롭다고요. 그때는 자주 술도 마실 때니까 서울에 있었다면 그렇게 혼자 외롭게 있을 시간이 없었을 거예요. 그런데 이국의 낯선 거처에서 혼자서 일주일이나 보름을 견뎠어요. 그러면 그 외로움에 이기든 지든 하는 수밖에 없어요. 시를 쓰면서 그 외로움에 미치거나 죽지 않고 이겨냈는데, 그때 쓴 시에서 이 '홀로움'이라는 말을 처음 썼어요.

장석주 : 외로움은 존재를 갉아먹고 소모시키는 감정이겠지요. '홀로움'은 존재의 텅 빈 충만 상태, 외로움의 황홀경 같은 게 아닐까 혼자 짐작해봤는데요. 아, 외로움도 이렇게 즐거운 거구나 하는 공감을 느꼈어요.

황동규 : 외로움에서 흔히 알고 있는 익숙한 부분을 떼어버린 거죠. 우연히 '홀로움'이라는 단어를 찾아냈는데, 그 다음부터는 혼자 있으면서도 이게 '홀로움'이라고 생각하면 훨씬 기분이 나아요. 그 뒤론 견디지 못할 외로움의 상태는 거의 없어요. 이것도 시가 나한테 가르쳐 준 것이고, 시가 준 선물이겠지요.

장석주 : '홀로움'이라는 어휘는 국어사전에 등재되어야 하지 않을까요?

황동규 : 언젠가 그런 얘기를 누가 썼습디다. 국어문법에 맞게 쓰려면 '홀로로움'이 맞아요. 그런데 '홀로로움' 하면 발음도 힘들고 좀 설명적이잖아요. 그래서 '홀로움'이라고 썼지요.

장석주 : '초밤'이나 '홀로움' 같이 선생님이 새롭게 만들어 쓴

어휘가 또 있나요?

황동규 : 사람들이 주의를 안 해서 그렇지, 한 십여 개는 될 거예요. 이런 '무추억' 같은 것도 그렇죠. (한참 시집 교정본을 넘기며)개똥도 약에 쓸려니까 없다고 얼른 안보이네요. '뼝대'라는 것도 내가 써서 널리 알려졌죠.

장석주 : 그 말은 원래 강원도 사람들이 쓰던 말이죠. 밑에서 위를 올려다보는 절벽을 '뼝대'라고 하죠.

황동규 : 에스키모인들은 눈이라는 단어가 한 20여개나 되요. 인간은 자기에게 가까운 것은 세분화해서 받아들이고, 그걸 지시하는 어휘도 자연스럽게 다양해지죠. 강원도 정선 근처 사람들은 하도 절벽을 보니까 구분했어요. 벼랑은 위에서 내려다보는 거고, '뼝대'는 밑에서 위를 올려다보는 거라고.

장석주 : '뼝대'라는 어휘를 선생님 시집에서 처음 알게 됐어요.

황동규 : 국어학자 이익섭 선생이 『표준국어사전』에 이 어휘를 등재했어요. 이 사전의 약점은 소설가들이 쓴 어휘만을 등재했다는 거죠. 외국사전은 다 시인의 시어를 등재하는데요. 우리나라 사전들은 의미를 더 천착을 하니까 시인의 언어는 배제하고 소설가의 것들을 우대했어요. 그런데 '뼝대'라는 말을 넣었어요. 그런데 누구누구 시에서 나온 것이다, 이건 빠뜨렸어요.

장석주 : '생추위', '무추억', '초밤', '홀로움'…… 눈 밝은 국어학자가 시인들이 만들어 쓴 이런 조어들을 모두 찾아 풀이해서 국어사전에 등재한다면, 우리 언어가 더 풍요로워질 텐데요.

부처를 만나면 부처를 죽이고[9)]

장석주 : 선생님의 시중에 "부처를 만나면 부처를 죽이고 / 루카치 만나면 루카칠 / 바슐라르 만나면 바슐라를 / 놀부 만나면 홍부를……"(「풍장 4」)이라는 임제선사의 화법을 빌어 쓴 시가 있는데요. 임제선사는 부처나 조사나 나한을 만나면 그것을 죽이라고 했는데요. 물론 이것은 진짜 죽임이 아니라 선가에서 말하는 언어도단言語道斷이겠지만요. 선생님 앞에 있는 부처, 죽이고 넘어가야 할 시의 선각은 어떤 분인가요. 그동안 선생님의 글들을 꿰어보면 그 부처는 서정주와 김수영일 것이라고 짐작되는데요.

황동규 : 네, 대담에서 많이 얘기했지요. 미당 선생은 내가 너무 잘 알아서 문제일 거예요. 내 미당문학상 수상소감에도 밝혔지만, 그분께 세배를 다니다가 중간에 몇 년 동안은 발길을 끊었어요. 독재 권력자에게 아부를 좀 하고, 문학잡지도 내고 운전수가 딸린 외제차도 타는 혜택을 좀 받았잖아요. 그게 좀 화가 났었어요. 미당 댁에 발길을 끊은 뒤 아버님 제자들은 아버님한테 세배를 오는데, 나도 선배한테 세배를 가야 하지 않을까, 고민을 좀 했어요. 같은 학교에 있는 선배로 피천득 선생이 계시고, 나를 문단에 추천하고 내가 감동받은 시를 쓴 선배시인은 미당 밖에 없었지요. 그래서 다시 미당 선생에게 세배를 다녔어요. 미당은 뭐랄까, 자기보다 큰 힘을 만나면 적당히 구부리고 사는 구부림의 철학, 구부림의 윤리관을 가진 시인이지요. 미당의 후기시에 "세상을 살려면 좀 구부리고 살아라"(「곡」)고 노골적으로 노래한 구절도 있지요. 그런 윤리관의 바탕 위에서 일제 때는 일본 천황을 찬양하는 시를 쓰고, 이승만 정권 때는 이승만을 찬양하고, 전두환 정권 때는 전두환을 찬양했겠지요. 달리 보면

9) 황동규, 「풍장 4」의 한 구절

미당은 사회의 보편적 윤리에 크게 구애받지 않고 말하고 행동하고 살았다는 얘기가 되죠. 미당의 윤리는 사회 보편의 윤리가 아니라 샤머니즘의 윤리지요. 어쩌면 미당이 사회 보편으로 통용되는 윤리에 구속되었다면 황홀한 시가 안 나왔겠지요. 우리는 그런 점에서 윤리를 벗어나 시의 길을 걸어간 미당에게 윤리라는 빚을 지고 있는지도 모르죠.

장석주 : 미당은 몰윤리라는 가시면류관을 쓴 시인이겠군요. 친일 행적과 권력의 양지만을 좇는 행적들은 바로 그 미당의 독특한 굽음의 실천윤리학에서 나왔다는 것이죠?

황동규 : 예술가는 말이죠, 어떤 면에서는 몰윤리, 혹은 초윤리의 존재입니다. 헤겔의 『정신현상학』에 라모의 조카에 대한 내용이 나와요. 라모의 조카는 디드로가 쓴 필사본을 카트리나 대제가 갖고 있었는데, 나중에 괴테가 번역을 했어요. 18세기의 윤리관으로 볼 때 라모의 조카는 아주 망나니에요. 헤겔은 거기서 현대 예술가의 초상을 읽어냈어요. 계몽주의 시대의 윤리로 보면 망나니겠지만, 예술가로서는 발랄하고 거침이 없죠. 헤겔 이후엔 사회의 보편으로 통용되는 윤리의 잣대로 예술가 비판을 할 수가 없게 되었죠. 헤겔 이전 하고 구분해야 해요. 미당의 샤마니즘 윤리관은 그의 삶뿐만 아니라 시에서도 조금은 뻔뻔하면서도 유장하게 드러나요. 까딱 잘못하면 미당을 너무 핍박했다고 하기 쉬운데, 내가 윤리를 깔아뭉개고 시를 빚는 미당의 윤리관에 불만을 가진 것은 사실이고, 그러나 역설적으로 그 불만이야말로 내가 미당의 윤리관에 빚지고 있다는 증거이기도 할 겁니다.

장석주 : 미당에게서 시적 영향을 받기도 했습니까? 헤롤드 블룸이 썼잖아요. 모든 뒤에 오는 자들은 앞에 간 자들의 '영향의 불안'

속에서 자기 세계를 만든다고요.

황동규 : 있겠죠. 나는 영향은 받아야 된다고 생각해요. 선각이 이룬 것들에 대한 배움이 없이 어떻게 사람이 커요? 내 시에 미당 영향도 있을 거고 김수영의 영향도 있을 거라고 생각해요.

장석주 : 미당에서 받은 영향을 꼭 꼬집어서 얘기하면 어떤 게 있을까요?

황동규 : 그건 다른 사람이 얘기 했으면 좋겠어요.(웃음) 내가 찾아내기 쉬울 수도 있고 힘들 수도 있을 거예요. 왜냐면 내가 빨아들인 미당의 시들은 이미 내 시의 피와 살이 되어버렸을 테니까 그것을 일일이 적시한다는 것은 힘들지요.

장석주 : 선생님께서 평론가 이숭원과의 대담에서 "김수영 선생은 한국시에서 세계를 구조적으로 보는 방법을 실천한 최초의 시인"이라고 평가하고 있습니다. 김수영 시인에게서도 배운 바가 있겠지요?

황동규 : 아, 김수영 선생과는 만나서 술도 많이 마시고 그랬지요. 그때는 이데올로기 때문에 하도 당한 뒤라서 문학 얘기를 하게 되면 "그런 힘든 얘기 하지 마"하고 선배들이 말렸어요. 김구용 선생하고도 문학 얘기를 나누었지만, 김수영 선생과 문학 얘기를 가장 많이 했어요. 미당에게서 시가 노래라는 걸 배웠다면 김수영에게서는 시적 자아를 일상으로 끌어내리는 방법, 그리고 세계를 구조화하는 방법 같은 걸 배웠지요. 우리나라 시인들이 프랑스 상징주의 시인인 발레리나, 혹은 라이너 마리아 릴케를 좋아할 때인데, 김수영은 스펜더라든가 오든 같은 시인을 좋아했어요. 엘리엇도 그다지 좋아하지 않았어요. 김수영을 통해서 내가 좋아하던 발레리나 릴케도 상대적이로구나, 하는 점을 깨달았어요.

장석주 : 선생님 앞에 두 시의 부처가 있었기 때문에, 그 두 분의 자장磁場을 몸으로 느끼고 그들과는 다른 내 길을 가야겠구나, 같은 시적 자의식이 생겼을 법한데요.

황동규 : 그럴 수도 있겠죠. 그 두 시인이 없다면 또 다른 자장을 찾아서 내 것으로 했겠지요. 예이츠나 랭보 같은 시인도 내게 상당히 큰 영향을 미쳤을 거예요. 그 사람들한테 끌리면서도 그 세계 속에 녹아 들어가 버리지는 않겠다는 생각이 있었던 거지요. 모든 예술가가 그렇지 않겠어요? 앞선 예술가의 인력引力에 자연스럽게 끌리면서도 그 인력 속에서 자기를 해체 당하지 않으려고 버팅김은 뒤에 서게 된 자가 갖는 예술적 자존심이겠죠.

일찍 세상을 버린 친구여[10)]

장석주 : 선생님은 누구보다도 평론가 김현 선생하고 친하게 지내셨죠?

황동규 : 김현과 나는 대학 동료고, 문학친구였지요. 거기에 술친구고 여행 친구였어요. 네 가지를 겸했죠. 한때는 같은 동네에 살았죠. 김현과는 친구이면서도 내가 그 친구한테 배운 것도 많았어요.

장석주 : 처음에 어떻게 만나셨어요?

황동규 : 내가 대학원에 진학하고 나서 군대에 입대하고 난 뒤, 김현이 서울대 불문과에 다닐 때죠. 김현은 문단의 안테나와 같은 존재예요. 문학은 물론이고 문단의 갖가지 스캔들까지 모르는 게 없어요. 김현은 술 마실 때 그런 얘기들을 들려주는데, 단 내가 발설

---

10) 황동규, 「비가 10」의 한 구절

안하다는 조건을 달았지요. 지금쯤은 그 비밀들을 발설하고 싶은데, 그 조건을 해지해줄 당사자가 죽고 나니까 완전히 비밀이 되어버렸어요. 유감이에요. 혹시 김현이 살아 돌아와 하루쯤 만나더라도 술 마시느라 바빠서 그거 해지시켜달라고 할 시간은 없을 거예요.

장석주 : 선생님이 기억하시는 김현 선생은 어떤 분이세요?

황동규 : 그 재능과 부지런함 때문에 내가 감탄하는 사람 가운데 하나지요. 장 선생도 거기에 포함되는데, 김현은 책을 참 많이 읽는 사람이었어요. 그리고 내용 파악을 제대로 해요. 또 하나는 사람을 잘 사귀었어요. 사람들의 특징이라든가, 작품의 특징이라든가, 금방 금방 알지요. 책을 많이 읽어 박학다식한 사람이니까 그 옆에 있으면 도움이 되는 게 많았어요. 시를 배웠다기 보다는 문학을 보는 거나 삶을 보는 거나 뭐 그런 걸 배웠겠지요.

장석주 : 1980년대 초반, 가끔 문학과지성사 사무실에 들르면 김병익 선생은 바둑 두고 있고, 김현 선생은 문학잡지를 읽고 있는 풍경을 어렵지 않게 볼 수 있었지요.

황동규 : 김현의 장점은 부지런한 점이에요. 문학잡지에서 좋은 작품을 만나면 바로 전화해 가지고 '네 글 좀 보자.' 하고, 사람을 만나 재능이 있는 사람이면 키워 주던가, 밀어 주던가 했죠. 나 같은 사람은 도저히 못하는 거지요. 그런데 아깝게 빨리 죽었어요. 김현이 죽기 직전에 술 마신 사람이 나에요. 죽으러 가는 병인데, 그냥 보낼 수 있어요, 반포의 '대감복집'에서 그가 정종 한 잔을 마시겠다고 우겼고, 나도 말리지 않았어요. 김현도 술꾼인데 정종 한잔 안 한다는 건 참 괴로운 일이었겠지요. 김현은 정종 한 잔을 조금씩 아껴 마시고 난 넉 잔 마셨어요. 김현은 이튿날 병원에 들어간 뒤 반년 좀 넘어 타계했지요. 사람들이 김현과 마지막으로 술 마신 사람이 황동규

라고 수군거렸어요. 맞다고 그랬죠. 그때 마신 정종 한 잔이 그의 생명을 15일 단축시켰을지도 모르겠다고 했지요. 김현은 나보다 술도 잘 했어요. 그의 부인이 늘 취한 모습을 봤는데, 그 날은 취하지 않았으니까 아픈 사람에게 술 먹였다고 항의하지는 않았어요.

장석주 : 김현 선생께서 불러주셔서 저도 반포치킨에서 몇 번 생맥주를 마신 기억이 있습니다. 제가 『시인세계』에 '문인들의 장소'란 글을 쓰면서 「반포치킨의 성자 김현」이라고 썼지요.

황동규 : 아, 반포치킨! 지금도 있어요.

장석주 : 그렇습니까? 반포치킨에서 들은 김현 선생의 해박하고 막힘없는 풍부한 문학담론도 황홀했지만, 마늘 잔뜩 입혀서 기름에 튀겨낸 닭을 안주삼아 생맥주를 마셨는데 그 맛도 기가 막혔지요.

황동규 : 반포치킨의 벽에는 내가 김현에게 헌정한 시를 어떤 독자가 동판 떠 가지고 붙여놓은 게 있어요. 그때 우리는 돈이 좀 있으면 '대감복집' 같은 데로 가고 돈이 없을 때는 반포치킨으로 몰려갔죠. 김현이 죽은 뒤엔 아예 반포 쪽엘 안 갔어요.

"위험하게 살아라!"[11)]

장석주 : 선생님의 부친은 나라 안에서 모를 사람이 없을 정도로 유명한 소설가 황순원 선생인데요, 선생님께서는 의도적으로 아버지에 대한 얘기를 피하시는 것 같아요. 그럴 만한 까닭이 있나요?

황동규 : 이번에 『대산문화』(2008년) 겨울호에 '아버지'라는 제목

11) 황동규, 「젊은 날의 결」의 한 구절. 니체의 말을 시인이 인용해 시에 썼다.

으로 한 40매 썼어요. 불편한 것보다도 내 동창 중 하나가 자기 아버지를 너무 들먹여놔서 그게 썩 좋아보이지는 않았어요. 그래서 되도록 삼갔던 것이죠. 문학에서 아버지와 아들 둘 다 개성 있는 작가가 된 경우가 별로 없어요. 바하의 아들은 네 명이 전부다 그 당시 최고의 음악가였고, 아버지가 유명한 화가면 아들도 대를 이은 좋은 화가들이 되는 경우가 많아요. 우리나라에도 아버지와 아들이, 혹은 아버지와 딸이, 엄마와 딸이 음악가와 미술가로 함께 성공한 경우들이 적지 않지요. 문학은 드물어요. 왜냐? 문학은 체험을 써야 하는데, 아버지와 아들이 한 집에서 산 체험을 공유하게 되잖아요. 그러니까 아무래도 뒤에 쓰게 될 아들이 자신만의 세계를 이루기가 쉽지 않지요.

장석주 : 특히 소설이 그렇겠네요.

황동규 : 시도 마찬가지에요. 예외가 있다면 『몬테크리스토 백작』을 쓴 아버지 뒤마와 『춘희』를 쓴 아들 뒤마는 둘 다 소설가로 명성을 얻은 경우인데요. 이때도 아들 뒤마는 서자庶子였어요. 아들과 아버지가 한 집안에서 체험을 공유한 경우는 아니었지요.

장석주 : 선생님께서 아버지에게 진 문학의 빚은 전혀 없을까요?

황동규 : 내가 문학으로 살아남는다면 아버지에게 배운 것 때문이 아니라 배우지 않은 것 때문일 거예요. 사실 아버지보다 조부의 영향을 많이 받았어요. 조부님이 아주 대단한 분이었지요. 평양 숭덕학교 고등과 사감 겸 한문 선생이었는데, 3·1운동 주모자 중의 하나였어요. 평양지역 주모자 가운데 한 사람으로 검거되어 1년 반을 감옥살이하고 나오신 분이예요. 조부는 이것 때문에 우리나라 망했다고 집에서 제사를 못 지내게 했어요. 그 조부께서 '나는 아버지한테 배운 거라 아들로서 나까지 지낸다. 그런데 내 아들은 지내지마라.' 고 하시며 아버지 삼형제를 바깥에 세워놓고 제사를 혼자 지내셨어

요. '담배도 서양 사람들은 아버지 아들 같이 핀다. 이런 거 구별하는 것 때문에 우리가 앞서지 못한 거다.'하고는 아들 삼형제 하고 맞담배를 폈지요. 조부는 장로셨는데요, 하도 조부가 세게 나오니까 다른 장로들도 꼼짝 못했지요. 그 할아버님 때문에 어머님이 달마다 독립유공자 연금을 받으셨어요. 아버지는 일본에서 대학을 나오셨으니까 누구보다도 일본어를 잘했을텐데 일본어로 된 글을 한 조각도 안 썼어요. 할아버지의 영향이 컸을 거예요. 나는 태어나서부터 제사가 없었어요. 아니 없는 게 아니라 할아버지 혼자 지내고, 아버지 삼형제는 밖에서 담배 피고 있는 모습만 보았던 거지요.

장석주 : 대단하시네요.

황동규 : 아버지한테 뭘 안 배웠는가가 아들을 문학가로 만드는데 기본이죠. 체험을 독점한 사람을 당할 수는 없지 않겠어요? 미당의 아들 서승해가 소설가로 대성하지 못한 것도 아버지의 그늘을 벗어나지 못했기 때문이지요.

장석주 : 신구문화사판 『한국현대문학전집』에서 서승해 선생의 소설을 읽은 적이 있어요. 좋은 소설이었다는 기억이 납니다. 서승해 선생은 지금 미국에서 변호사를 하죠?

황동규 : 미당 선생이 전두환 도움을 받은 뒤 미국 시골의 도서관 관장을 하던 아들의 직업을 버리게 하고 법 공부를 시켰어요. 그래서 국제변호사가 됐죠. 미당 선생은 소설가나 시골 도서관의 관장보다는 국제변호사를 더 높이 봤겠지요. 둘째 아들도 유럽의 외국인 학교에 보냈어요. 그런 것들이 내가 미당에 대해 마뜩찮게 생각하는 근거예요.

장석주 : 『대산문화』에 쓰신 글을 보니까, "추상명사를 피하라,

불가능할 때까지 추고하라, 지식 자랑을 하지 마라" 등등을 아버님께 배웠다고 했던데요. 아버지로부터 오는 문학적 압력들은 어떻게 견디고 극복하셨는지요?

황동규 : 그건 마음속으로 싸우는 수밖에 없지요. 그렇다고 일반 사람들한테 싸운다고 할 수도 없죠.(웃음) 내가 아버님에게서 받은 것만큼은 벗어나려고 애쓴 흔적이 없지 않을 겁니다.

장석주 : 문학적 싸움인 거지요.

황동규 : 그렇죠. 평론가 김병익은 그거 읽자마자 내게 이메일을 보냈어요. 이 글처럼 집약해가지고 아주 중요한 문제를 다루는 거는 처음이다, 조부님 하고 부친 사이에서 네가 잘 뚫고나왔구나, 그러더군요.

물에 비친 자신의 모습을 보는가

장석주 : 「동서양 틈새에서 글쓰기」란 글에 보면 "나는 서양과 동양이 싸운 장소이다. …… 좀 더 정확히 말하면 두 종교가 부딪치고 버린 장소인 것이다."(『시가 태어나는 자리』, 문학동네)라는 문장이 나오는데, 정확하게 무슨 뜻인가요?

황동규 : 내가 기독교 집안에서 태어나서 기독교 영향을 받았잖아요. 고등학교 2학년 때는 휴거를 믿는 교회를 다녔어요. 대학 들어와서는 니체에 미쳤다가 그 다음에 심취한 것이 불교였어요. 그러니까 '나'라는 존재 자체가 동서양이 만나는 장소지요. 어떻게 보면 나는 동서양이 찢어놓은 장소예요. 그러니까 한 존재로서 이백과 두보를 좋아하고 동시에 랭보나 예이츠나 엘리엇을 좋아하니까 동서양이 한 자리에서 만나고 싸운 그런 장소가 아니겠어요?

장석주 : 그런 것이 바탕이 되어서 『꽃의 고요』에서 예수와 붓다의 대화시가 나온 걸까요? 이를테면 "'그대의 산상수훈山上垂訓과 청정 법신이 무엇이 다른가?' / 나무들이 수척해져가는 비로전 앞에서 불타가 묻자 / 예수가 미소를 띠며 답했다. / '나의 답은 이렇네. / 마음이 가난한 자와 청정 법신이 무엇이 다르지 않은가?' / 비로나자불이 빙긋 웃고 있는 절집 옆 약수대에 / 노랑나비 하나가 몇 번 앉으려다 앉으려다 말고 날아갔다."(「꽃의 고요」)와 같은 시는 한 공간에 붓다와 예수를 불러내서 대화를 나누게 하거든요.

황동규 : 그렇겠죠. 그 생각은 깊이 안 해봤는데, 장 선생의 말이 맞을 거예요. 내 안에서 서로 간에 스미고 밀어내는 동양과 서양이 그대로 그런 시적 프레임으로 나왔을 거예요.

장석주 : 아마 개항 이후 쏟아져 들어온 서양의 근대 이념과 문물을 몸으로 겪은 많은 한국인들이 그런 것을 보편 체험으로 공유하고 있겠지요?

황동규 : 나처럼 거의 광신에 가까운 기독교에 빠져들지 않은 사람도 있을 거고, 기독교의 물이 거의 안 들은 사람도 있을 거예요. 특히 내가 만난 경상도 사람들은 기독교가 거의 없어요. 안동 지방 같은 데 기독교가 자리 잡은 건 한참 뒤의 일이니까. 그쪽에서 나고 자란 사람은 동서가 한 몸에서 찢긴 형태로 존재하지 않을 수도 있겠지요.

장석주 : 기독교는 본래 한반도 서북 지방을 지리적 전파 경로로 삼았지요. 저 정주나 평양이 가장 먼저 기독교를 받아들였지요.

황동규 : 기독교가 중국을 경유해서 평안도나 함경도 쪽으로 들어왔으니까 그쪽 사람들이 먼저 기독교와 접할 수 있었겠지요. 그

지역은 한반도의 중심에서 먼 변방이지요. 그 사람들은 벼슬을 할 수가 없었어요. 지방의 권력자들이 토지나 재산을 뺏어가도 어디 하소연할 데도 없었어요. 일가친척 중에 벼슬아치가 없으면 늘 탄압을 받았지요.

장석주 : 변방에는 중앙 권력의 체계나 힘이 덜 미치니까 관리나 지방 권력을 가진 사람들의 횡포가 더 심했겠지요. 그런 탓에 그쪽 지방의 사람들이 더욱 기독교가 자리잡을 수 있는 가난한 마음의 토양을 갖고 있었다고 볼 수 있겠네요.

황동규 : 우리 편하고 상대편하고 싸울 때조차 이쪽도 저쪽도 될 수 있는 사람들이 있어요. 저 서북 지방의 사람들의 마음자리가 그렇지요. 평안도나 함경도의 사람들에게 삶은 그저 인고忍苦해야 할 그 무엇이었겠죠. 누구의 보호도 받을 수 없는 사람들이어서 그런지 권력에 반항하는 기질도 강하지요. 어쨌든 기독교는 한반도의 서북 지방을 근거로 삶을 꾸려온 제 선조들의 유산으로 제 세대까지 내림을 한 것이었지요.

두 번 죽으면 어떠리[12)]

장석주 : 시는 대개 언제 쓰세요? 시를 쓰는 시간대가 정해져 있나요?

황동규 : 딱히 시간대를 정해놓고 쓰지는 않아요. 산문은 컴퓨터 앞에 앉으면 쓰는데, 시는 컴퓨터 앞에서도 쓰고 방에서도 쓰고 밤에 자다 깨서도 써요. 백담사가 있는 만해마을에 갔는데 어떤 시인

12) 황동규, 「풍장 23」의 한 구절

이 보름을 머무는 동안에 30여 편의 시를 쓴다고 들었어요. 고민을 한꺼번에 해서 쓴다니까 부러운 생각도 들었지만 나는 그렇게 못해요. 나는 하나하나 사물과 부딪치면서 그 섬광을 붙잡아 쓰게 되니까 한꺼번에 시를 쓰지는 못해요. 장 선생은 어때요?

장석주 : 저는 시가 올 때까지 기다립니다. 착상들이 막 떠오를 때 메모를 해 놓고 한참 뒤에 그걸 들여다보고 시를 완성합니다. 시를 많이 고치는 편이에요. 스무 번도 넘게 고칠 때도 있어요.

황동규 : (웃음) 나보다 더하구만. 나도 아마 평균 7~8번은 고치는 편이에요.

장석주 : 들여다보고 고치고, 들여다보고 고치고, 그래도 마음에 안 드니까요. 그렇게 고치다보면 어떤 때도 전혀 엉뚱한 시가 되어 버리죠. 결국 어떤 건 버리기도 하고요.

황동규 : 나는 그렇게 많이 고친 적은 거의 없어요. 어떤 건 한 번에 완성되기도 해요. 아마 「즐거운 편지」도 한 번에 됐을 거예요. 그때는 감각이 살아있을 때니까. 연애 감정하고 사회적인 분위기가 딱 맞아서 결합하니까 한 번에 딱 떨어졌어요. 그게 꼭 좋다고 말할 수는 없겠지만 많이 고쳤느냐 적게 고쳤느냐가 좋은 시의 기준도 아니고요.

누가 이제 우리의 얼굴에서 삶의 틀을 볼 수 있으리오[13]

장석주 : 젊은 시인들의 시집도 눈여겨 꼼꼼하게 읽으시죠?

---

13) 황동규, 「비가 10」의 한 구절

황동규 : 집에 오는 건 두 세편은 읽어요. 시집이 너무 많이 쌓이다보니까 대개는 처분하게 돼요. 그걸 다 어디다 쌓아 둬요. 아, 장 선생 시집은 집에 다 있을 거예요. 당장 무슨 시집을 봐야 할 때 조금 힘들어요. 시집이 학교, 집, 거실에 흩어져 있으니까. 그럴 때는 그냥 도서관에 가거나 없으면 다시 사기도 하고요.

장석주 : 저는 시골에 사니까 공간이 넉넉한 편이죠. 안성에 있는 집이 두 채로 분리되어 있어요. 한 채가 25평쯤 되는데 하나는 살림집이고 다른 하나는 서고로 쓰지요. 책이 2만여 권이 넘으니까 찾아야 할 책을 못 찾기도 해요. 원고를 써야 할 때 그 책이 서가 어딘가에 뻔히 있는 줄 알지만 책을 다시 사기도 해요.

황동규 : 자주 보는 책이 아니면 못 찾겠구먼.

장석주 : 주로 온라인 서점에서 주문하는데 해마다 지출하는 책값도 만만치 않아요.

황동규 : 장 선생이 나보다 책을 더 많이 읽겠지요. 아무래도 나이가 젊으니까. 나도 열심히 찾아 읽으려고 하지요. 이번에 천 쪽이 되는 책을 읽기 시작하면서 두 달을 생각했어요. 그런데 한 달 정도면 끝날 것 같아요. 옛날 같으면 보름이면 읽었겠지요. 책을 오래 붙들고 있는데, 읽는 속도가 많이 줄었어요. 왜냐? 사전을 자꾸 찾아야 하잖아요. 그만큼 기억력이 쇠퇴했어요.

장석주 : 기억력은 줄어든 대신에 느낌과 생각과 상상력은 더 풍성진다 쓰셨는데요. 기억력의 쇠퇴가 어느 정도인가요?

황동규 : 전반적으로 기억력이 예전만 못하지요. 노화에 따른 불가피한 현상이겠지요. 나날이 줄어드는 기억력 때문에 아주 작은 것

이라도 잊히기 전에 써놓느라 잠에서 깨어 몇 줄 끼적이고 잠들 때도 있지요. 나이들면서 시력도 떨어져요, 1년 전부터는 책 읽는 안경을 쓰게 됐어요. 운전하는 안경, 밖에 나갈 때 쓰는 안경, 책 읽는 안경이 따로 있어요. 이렇게 얘기할 때는 안경이 필요없어요.

노래 끊기면 잦아들뿐

장석주 : 요즘도 음악을 많이 들으시죠? 산문집 『삶의 향기 몇 점』에 음악듣기에 관련된 글들이 몇 편 있던데요.

황동규 : 하루에 한 번은 듣죠. 우리나라 음악은 평민이 듣는 거칠고 힘든 음악하고, 귀족들이 듣는 섬세하고 세련된 음악하고, 종교의 엄숙하고 장중한 음악이 하나로 합치지 못했어요. 서양음악은 17세기 말에 종교음악하고 귀족음악하고 평민음악하고 하나로 합쳤어요. 서양음악은 스케일도 크고 때때로 자기보다 더 큰 존재하고 만나게 해요. 그래서 서양 고전음악을 좋아하고 주로 들어요. 판소리처럼 귀족 음악하고 평민 음악이 합친 게 괜찮아요. 꽹과리 소리를 들으면 머리가 아파요. 사물놀이는 판을 사서 듣다가 도저히 10분이나 15분 이상을 견딜 수가 없었어요. 어딘가에 그런 얘길 썼더니, 조창환 시인이 그런 거 쓰면 욕먹어요, 그러더군요. 그러면 조 선생은 사물놀이 좋아하지, 하고 물으니까, 자기도 20분 이상은 못 듣는다고 하더군요. 공연장에서 10분이나 20분쯤 앉아 있다가 나온대요. 외국 사람은 신기하니까 한번쯤 듣는 것이겠지요. 「종묘제례악」은 너무 장중해서 오래 듣고 있으면 조금 졸립지 않아요? 시조창도 아주 작은 걸 갖고 10분 이상을 끌잖아요. 그것도 귀족음악인데, 아, 그것도 못 듣겠어요. 판소리나 가야금 산조 같은 건 들을 만 해요.

장석주 : 제가 요즘 국방방송에서 「행복한 문학」이라는 프로그램을 진행하거든요. 밤 10시에서 12시까지 나가는 생방송인데요. 저도 방송을 하면서 처음으로 국악을 집중적으로 듣게 되었어요. 자주 들으니까 차츰 귀가 열리는 느낌을 받아요.

황동규 : 아이고, 국악을 졸립다고 했으니 내가 아주 원수겠구만.(웃음)

장석주 : 왜 그 얘기를 했는가면요, 제 프로그램에 「음악이 흐르는 책」이라는 코너가 있어요. 재즈평론가 황덕호씨 하고 책을 한 권 골라 거기 연관된 음악을 듣고 얘기를 나누거든요. 오늘 밤에는 크리스토퍼 라쉬의 『나르시시즘과 문화』라는 책 얘기를 했는데요. 1960년대 미국 상황이 지금 우리나라와 똑같다는 거지요. 미국이 노동의 가치를 잃어버리고 사람들이 흉악스러워지고, 소비문화로 몰리고, 정치는 텔레비전의 쇼처럼 이미지 정치로 가고, 우리하고 상황이 비슷한 거죠. 사람들이 종교에서 멀어져서 세속화하는 것도 그렇구요. 이런 얘기를 하면서 그 시대 재즈를 듣습니다. 선생님의 산문집 『삶의 향기 몇 점』을 읽으며 이 책도 그 코너에서 한번 소개해야겠다는 생각을 했어요.

황동규 : 난 하여튼 판소리랑 가야금 산조를 좋아해요. 우리나라 음악은 전통적으로 연주가의 음악이지, 작곡가의 음악은 아니거든요. 연주자를 잘 만나야 해요. 어떨 때는 '땅'하고 때릴 때 마음을 확 휘어잡는 경우도 있는데, 그게 없는 연주는 재미가 없지요. 우리나라 음악 레파토리가 많지 않잖아요.

이 환한 살아있음!

장석주 : 새 시집 『겨울밤 0시 5분』은 언제쯤 볼 수 있나요?

황동규 : 정끝별 씨가 해설 원고를 언제 끝내느냐에 따라 달렸죠. 내 교정은 끝났으니까요. 정끝별 씨에게 언제까지 쓰겠다는 생각도 말고, 길이도 생각하지 말고 쓰라고 했어요. 쓰다가 더 천착할 게 있으면 처음 계획보다 늦어질 수도 있겠지요. 다만 봄은 넘기지 말라고 했어요. 안 돼서 늦으면 할 수 없고요. 빨리 낼 이유가 하나도 없어요.

장석주 : 올해 시집 나오는 거 말고 다른 계획은 없으세요?

황동규 : 난, 요새 계획이 없이 살아요. 몇 년 전부터 되도록이면 계획 없이 살자, 시가 되면 시집 내고, 산문이 되면 산문집 내자, 이렇게 살아요.

장석주 : 인생에서 가장 힘들었던 때는 언제였나요?

황동규 : 친구한데 배반당했을 때, 젊은 시절 여자한테 채였을 때지요. 지금은 모르지만 그 당시엔 상당히 고통스럽고 술도 많이 먹었지요.

장석주 : 선생님의 시들은 빠짐없이 마침표가 찍혀 있더군요. 왜 그렇습니까?

황동규 : 내가 영문학을 했잖아요. 불분명한 것보다는 분명한 것을 좋아하는 습관 때문일 거예요.

장석주 : 선생님, 오늘 대담은 여기서 마치겠습니다. 진솔한 대담을 통해 선생님의 시가 숨기고 있는 비밀의 한 자락을 살짝 엿본 느낌입니다. 주말 오후에 귀한 시간을 내주시고, 긴 시간 동안 우문에 현명한 답변을 해주셔서 감사합니다.

예술과 외설의 경계에서

마광수 소설읽기

태초에 성性이 있었다. 성은 본디 자유로운 것으로 인류의 번식을 위해 주어진 선물이다. 남녀 교합은 천지 음양의 조화에 따르는 것이다. 농사란 하늘과 땅의 교합 없이는 이루어지지 않는다. 그래서 어느 지역이나 오래된 풍습으로 밭에 씨앗을 뿌리고 볏모가 이삭을 팰 무렵 농부가 제 아내와 밭두렁이나 논두렁에서 교합을 나누기도 한다. 이것은 곡식의 정령들로 하여금 작물의 성장을 촉진하게 만드는 주술 의식이다. 송조린은 오늘날에도 남아 있는 '기념일의 성적 교합'에 관련된 중국의 풍속을 묘사한다. "청해青海 낙도류만樂都柳灣에는 유월육련화절六月六蓮花節이 있다. 그날이 시작되면 광장에는 몇 무더기의 모닥불을 피워놓고 남녀가 서로 노래 부르고 춤추고 술 마시는데, 한밤중이 지난 이후에 노인과 아이들은 뿔뿔이 흩어지고 젊은 사람들은 '안달(남녀 친구)' 관계를 세우고 이후 야외의 동굴, 장방(소작지 내의 건물), 바윗돌 아래서 야합하는데, 다음날 동이 트면 각자 자신의 집으로 돌아간다." 기념일에 남녀가 교합을 하는 것은 고대 그리스에서 아프리카에 이르기까지 전 세계에서 볼 수 있는 풍속이다. 이것은 한 해의 농사가 풍성하기를 비는 성스러운 제사다. 인류의 생식 현상과 땅에 씨를 뿌리고 경작해서 곡물을 수확하는 생산 현상을 하나로 겹쳐본 것이다. 현대 문명은 이런 의식을 미신으로 여긴다. 그래서 남녀 교합, 그중에서도 남성의 정액이 땅을 비옥하게 만들어 풍성한 곡물을 수확하게 될 것이란 믿음은 고대인들의 미신에 지나지 않는다는 인식이 보편화되어 있다.

오늘의 성은 더 이상 출산과 생식이 목적인 성이 아니다. 쾌락과 놀이로서의 성이 훨씬 더 자연스럽다. 특정 기념일에만이 아니라 무분별한 정념에 휩싸여 사람들은 무시로 성교를 한다. 성에 대한 정보는 넘치고, 성은 손쉽게 쾌락을 얻는 수단이다. 수태가 배제된 성에서 다양한 변이로 달려가는 성까지 성의 스펙트럼은 한없이 넓어진다. 성의 스펙트럼이 넓어지며 무절제와 혼란으로 성이 범람하는 시대에도 성은 윤리의 금기에 묶여 있다. 한편에서는 방종으로 흐를 만큼 한없이 풀고 한편에서는 윤리의 이름으로 제약하는 것이다. 마광수의 소설들은 변이變異 양태의 성, 낯 뜨거운 성을 주목한다. 아무 가리개가 없는 벌거벗은 성을 정면으로 다룬다. 작가의 성적 백일몽에서 자위, 패티시즘, 사디즘, 매저키즘의 상상들은 활짝 피어난다. "아아아…… 이것이 바로 나의 귀여운 악마였군…… 내 몸뚱아리에 붙어 있으면서도 마치 내 의식과는 동떨어져 있는 것 같은 별개의 살아있는 짐승…… 개미지옥과도 같이 쪼글쪼글한 주름이 진 항문 위로 가지런히 나있는 털을 따라서 가는 핏줄이 선연하게 부어 오른 갈색의 두 입술이 가늘게, 그러나 힘차게 팽창하여 수축하고 있다. 그 부어오른 입술 사이로 주홍빛 속살이 가늘게 떨며 촉촉한 습기를 내뿜는다. 새까만 공간 속에서 떨리고 있는 빨간 불빛. 갑자기 나는 그것을 미치도록 핥고 싶어진다. 핥고 싶다, 핥고 싶다, 핥고 싶다." (「어느 여대생의 자위행위」) 자위는 타자의 도움 없이 누리는 성의 쾌락이다. 그것은 자기애와 자기위로의 한 형식이다.

마광수의 관능적 상상력은 독자의 호기심에 영합하지 않는다. 오히려 한없이 저속하고 극단적인 취향으로 고상한 취향을 조롱하고 비위를 거스르며 불쾌감을 유발한다. 우리가 애써 보지 않으려고 눈길을 돌리고 있는 그것을 바라보도록 강제하고, 그 추한 진실과 마주할 것을 요구한다. “나의 젖가슴이랑 배꼽이랑 사타구니를 채찍으로 마구 마구 때려주곤 하던 그가 생각났다. 그리고 그가 나의 귓구멍이랑 얼굴이랑 모가지를 마구 마구 핥아주곤 하던 생각도 났다. 우리의 섹스 놀이 중에서도 가장 압권은 그가 내 코엔 코뚜레를, 발목엔 족쇄를 채우고서 내 똥구멍에다가는 빨간 홍당무를 박아넣고, 보지 구멍에다가는 싱싱한 오이 박아놓고, 흥분될대로 흥분된 내 뜨거운 혓바닥으로 그의 자지와 불알, 항문 등 몸 곳곳을 혀끝을 뱅뱅 돌려가며 소프트하게 핥게 하기.”(「마광수馬狂獸 교수와의 사랑」) 마광수는 외설을 애써 피해 가지 않는다. 외설에 대한 검열을 신경질적으로 강화함으로써 시대의 외설성을 감추려는 검열 시대의 전범이자 마녀고 희생양 되기를 스스로 자청한다. 그 결과 오늘의 미디어들은 마광수를 피에 굶주린 뱀파이어로, 희생자를 찾아 떠도는 괴물로 조작해낸다. “밤에만 마조히즘을 즐길 수 있다는 게 아쉬운 생각이 들어서, 난 낮에도 하루종일 사도마조히즘을 연상하며 ‘관능적 상상력의 나르시시즘을 즐길 수 있는 방법은 과연 없을까 하고 생각하게 되었는데, 마침 좋은 책 하나를 발견했다. 마馬 아무개가 쓴 책이었는데 말 마馬 자가 꼭 마귀 마魔 자처럼 눈에 들어와 책을 읽기도 전에 벌써부터 내 가슴속에 괴상한 설레임을 선사해주는 것이었다. 그 책에는 뾰족하고 긴 손톱이 주는 사도마조히즘의 이미지에 대한 글이 많이 실려 있었다. 나는 처음엔 ‘이 사람 정말 지독한 손톱광狂이로구나’ 하고 웃으며 읽어 넘겼는데, 다시금 자세히 읽어보니 은근히 일리가 있었다. 그래서 나는 거기서 힌트를 얻어 나도 한번 손톱을 길러보기로 했다. 처음엔 손을 쓰기가 좀 답답했지만 차츰 익숙해지다보니 정말 묘한 쾌감이 왔다.”(「인생은 즐거워」) 마광수의 문학은 역설과 아이러니에서 그 빛을 발하지만 그 표현은 ‘내숭’ 떠는 법이 없이 직설로 뻗어간다. 왜냐하면 ‘내숭’이야말로 위선의 다른 이름이니까. “그는 처음에는 옷 위의 내 가슴을 만지고, 그 다음에는 옷 속으로 손을 집어넣어 내 몸을 만졌다. 그 뒤에는 내 상의를 위로 올려 브래지어 끈을 풀고 나서 내 유방과 유두에 키스를 했다. 그러고는 치마와 바지 속으로 손을 넣고서 내 엉덩이를 만지다가 결국은 질 속에 손을 집어넣는다. 나도 처음에는 괜스레 수줍어하는 체하며 그의 행동에 따랐지만, 결국엔 나도 내 본능에 충실해져버려 그의 성감대를 서서히 자극하기 시작했다.”(「한국에서 그저 내숭을 떨어야」) 이렇듯 마광수의 소설이 다루는 성은 노동과 생식을 부정하고 오로지 쾌락만을 위한 성, 즉 유흥과 놀이로서의 성이다.

마광수가 꿈꾸는 것은 성에 대한 모든 억압과 금기가 사라진 성의 유토피아다. 그 유토피아는 감각적 쾌락과 평화가 넘치는 세계다. 반공 이데올로기와 좌파 이념이 대립하고, 진보와 수구가 충돌하는 한국 사회에서 탐미주의자 마광수는 중심에서 밀려나 주변이 될 수밖에 없다. 『발랄한 라라』는 마광수의 소설집이다. 주로 성적 판타지를 다룬 서른 편의 단편들이 실려 있다. “나는 탐미주의자이고, 또한 성에 있어서는 미식가이다. 나는 성적 잡식가들을 혐오한다. 그들은 질보다 양을 더 따지는 사람들이기 때문이다.”(「나는 탐미주의자」) 모호한 은유의 치장 속에, 그럴 듯한 묘사 속에 그 본질을 가려버린 성은 마광수가 다루는 영역이 아니다. 성기를 애매하게 모자이크로 가리는 게 아니라 정면으로 노출하며 다룬다. 성을 정면으로 보고 그 본질을 뚫고 들어가려면 결국은 외설이라는 경유지를 거칠 수밖에 없다. 우리는 마광수의 불가피함을 이해해야 한다. 예술과 포르노그라피는 상호침투하는데, 그 상호침투의 영향력은 상당히 넓다. 예술과 포르노그라피 사이의 차이는 거의 없다. 제프리 하트맨은 이렇게 말했다. “위대한 예술은 늘 그 옆에 신성모독과 포르노그라피라는 어둠침침한 여동생을 데리고 있다.” 마광수보다 앞서 그 길을 걸어간 사람으로 마르끼 드 사드가 있고, 헨리 밀러가 있고, 윌리엄 버로우스가 있다. "외설이 절대적인 무기가 될 수 있다는 사실을, 뼈에 가장 가까운 곳에 위치한 살처럼, 외설이 우리가 자신에 대해서 말할 수 있는 순수한 진실의 작은 부분이라는 사실을, 밀러만큼 잘 드러낸 사람은 없다. 아무도 밀러만큼 외설을 높은 수준의 우아함과 자유로움과 빛나는 과격성을 통해 드러내지 못했다." 마광수가 보여주는 성적 판타지는 격렬하고, 다채롭고, 노골적이고, 자유롭다. 헨리 밀러와 윌리엄 버로우스가 외설 작가라면 마광수도 외설 작가다. 밀러와 버로우스가 외설의 예술의 경계 사이를 빠져나갔다면 마광수도 그 경계 사이를 빠져나갈 것이다.

「심각해씨의 비극」에 나오는 '심각해씨'는 정확하게 현실 속의 작가 자신에 대한 역상[逆像]이다. "Y대학교 성과학대학[性科學大學] 용설학[用舌學]과 교수로 재직 중이던 그는, 20세기 말의 M교수사건 이후로 성문제로 인한 '강의 중 구속'이라는 두 번째 법집행의 대상자가 된 것이다. 그가 구속된 이유는 표면적으로는 『이성으로서의 사랑』이라는 책이 불온사상으로 가득 차 있다는 것이었지만, 사실은 그가 그동안 글이나 강의를 통해 일관되게 주장해온 생각들에 대한 기성[旣成] 학계나 권력층, 그리고 일부 독자들의 축적된 분노 때문이었다. 물론 더 많은 수의 독자들이나 그에게 배우는 대학생들은 그의 새로운 학설에 긍정적 호응을 보여주었지만, 기득권 세력은 그를 계속 '위험인물'로 지목하고 있었던 것이다." 심각해는 "섹스란 남녀가 서로의 '정신적 사랑'에 따른 '동의'에 의해서 성립되는 결혼제도를 통해서만 이루어져야 한다고 주장하여 지나간 중세시대의 유물인 결혼제도를 다시금 법으로 채택할 것을 역설"하고, "섹스란 2세의 생산을 위해서, 따라서 거기에는 일정한 규약과 절제가 있어야 한다"는 주장을 펼친다. 정확하게 마광수의 지론을 뒤집은 꼴이다. 심각해는

"자연스런 쾌락추구에는 결혼 전후라는 인위적 구별이 있을 수 없으며, 본능적 욕구를 건강하게 표현하고 누리는 것이 오히려 이를 억누르는 것보다 나은 것이고 정직한 것이라는 우리 사회의 공통된 가치관과 절대적 도덕률을 피고인은 공공연하게 부정하고 있는 것"이란 이유로 기소된다.

물론 현실은 그 반대다. 심각해가 당하는 핍박이 황당무계하고 우스꽝스러운 것이라면 그 반대의 논리로 마광수를 핍박하는 현실도 황당무계한 것은 마찬가지다. 심각해가 처벌받는 까닭은 주류 권력과 체제가 따르는 도덕과 관습을 거슬렀기 때문이다. "사회의 안위를 해치는 불온한 사고방식의 유포"하고, 그로 인해 체제를 위협하기 때문이다. 마광수가 현실에서 얻은 추악한 명성은 도덕의 금제禁制를 넘어서서 자유로운 욕망에 따라 성을 누리자는 주장 때문이다. 「심각해씨의 비극」에서 심각해는 그 반대로 도덕의 금제 안에서 사랑을 나누자는 '외설적' 주장을 폈다고 처벌당한다. 모든 사람이 제 욕망의 자유에 따라 분방한 성을 누리는 세계에서, 그것이 지배 질서의 근간을 이룬 세상에서 '정신적 사랑'을 나누자는 주장은 공고한 체제 질서에 균열을 가져올 수 있는 '위험하고 음란한 생각'이다. 금기된 상상이기 때문에 음란한 것이 아니라 지배 질서에 거스르는 소수자의 상상이기 때문에 음란하다고 규정되는 것이다. 마광수가 음란한 것은 사디즘과 매저키즘, 패티시즘과 같은 금기된 성적 상상을 펼쳤기 때문이 아니라 그것이 다수자의 도덕관념에 반하고 감염력이 있기 때문이다. 다수자의 도덕관념이라는 울타리 안에 있는 국가 체제를 전복할 수도 있는 마광수의 소설들은 규제할 수밖에 없는 위험한 것이다. 노동과 저축, 이성理性과 금욕주의는 쾌락을 억압하고 불필요하게 그것을 죄악시하며, 현재적 삶의 행복을 한없이 지체시키는 결과를 낳는다. 마광수는 현재의 쾌락을 추구하고 그것에 만족하라, 다가올 것에 대한 걱정을 증오하라고 말한다. 이 소설은 현실에 대한 신랄한 패러디다.

마광수가 추구하는 것은 억압없는 성적 판타지가 불러오는 황홀경이다. 성적 판타지는 일탈된 성의 세계, 즉 변태적인 성에 대한 탐미적 집착에서 비롯한다. 왜 변태적인 성의 황홀경에 그토록 탐닉하는가? 그 황홀경 속에서만 타나토스의 어둠에서 도망갈 수 있기 때문이다. 마광수는 덧없는 환영을 쫓는 나르시스트다. "나르시시즘이야말로 가장 소중한 변태성욕"(「나르시시즘의 시대」)이다. 그 성의 황홀경을 불러오는 변태적 성의 환영은 구체적으로 다음과 같다. "백색 공단을 연상시키는 하얗고 매끄러운 피부와 반짝이는 검붉은 미니드레스가 감추고 있는 터질 듯한 가슴과 한 손에도 들어올 듯한 허리, 온 눈꺼풀을 뒤덮은 스모키 컬러의 아이섀도우와 수술용 메스로 베어버린 생채기에서 흐를 듯한 붉은 핏빛의 입술…… 백발을 연상시킬 정도의 플래티넘 금발머리의 군데군데는 빨강, 초록 스프레이를 뿌려 그 자체가 무지개가 아닐까 싶을 정도였다. 하지만 무엇보다 마교수를 흥분하게 한 것은 족히 25센티는 되어 보이는 그녀의 스틸레토 힐과 다이아몬드를 흩뿌려놓은 듯한 30센티 길이의 긴 손톱이었다. 어느새 마교수는 그 손에 자신의 페니스가 애무당할 수 있다면 악마에게 영혼을 넘길 수도 있겠다는 생각이 드는 것이었다."(「자궁 속으로 사라지다」) '마광수'라는 실명을 내세운 이 소설에서 욕망을 자극하는 여주인공의 모습을 묘사한 대목이다. 여기서 두드러지는 것은 비현실성이다. 실제로 보통사람이 이런 외관을 꾸미기는 쉽지 않은 일이다. 판타지의 본질이 현실에서 없는 것, 불가능한 것의 실현이 아닌가! 만약에 현실에서 가능한 것이라면 그것은 판타지가 될 수 없다. 우리 안의 에로스는 이런 성적 판타지라는 젖을 먹고 몸피를 키운다. 특히 마광수가 보여주는 긴 손톱에 대한 집착은 집요하고 유별나다. 그것은 일반적인 도덕의 잣대로 재자면 반–노동과 퇴폐적 게으름의 상징이다. 긴 손톱이 유용한 것은 변태적 성의 세계에서다.

포르노 문학은 항상 명령문으로 시작한다. 옷을 벗고 알몸으로 서라, 다리를 들어 더 자세히 보게 하라, 샅을 벌리고 그것을 보여라, 엎드려라, 엉덩이를 내밀어라…… 등으로 화자話者에게서 발화된 명령문들은 청자聽者의 입술, 손, 허벅지, 엉덩이, 항문, 성기, 가슴, 샅 따위의 신체를 포획하고 굴복시킨다. '매저키즘'이라는 변태성욕이라는 용어의 발생학적 근거가 된 레오폴트 폰 자허–마조흐의 『모피를 입은 비너스』에서 여주인공은 이렇게 말한다. "정말 그렇게 할 수 있을지 모르겠군요. 하지만 당신을 위해서 한번 시도해 보겠어요." 혹은 "조심해요. 앞으로 내가 그것을 즐기게 될지도 모르니까." 매저키즘은 계약에 의해서만 성립한다. 모피를 입은 여자가 채찍을 들고 엎드린 남자를 후려친다. 남자는 채찍질 아래서 쾌락의 절정으로 치닫는다. 반면에 사디즘은 지배–복종의 관계에서 이루어진다. 채찍질 당하는 자가 아니라 채찍질 하는 자가 쾌락을 얻는다. 들뢰즈가 『매저키즘』이란 책에서 명쾌하게 설명한 바 있다. "어느 날 새디스트와 매저키스트가 만났는데 매저키스트가 새디스를 보고 말했다 : '나를 때려줘.' 그러자 새디스트가 대답했다 : '싫어.'" 왜 그랬을까? 진짜 새디스트는 자발적으로 맞고 싶은 상대를 때려서는 어떤 쾌감도 얻어낼 수 없다. 들뢰즈의 말을 그대로 옮기자면 "진짜 새디스트는 결코 매저키즘적인 피해자를 원하지 않기 때문이다."

도덕을 만드는 국가와 교회, 결혼제도 따위는 일반적으로 남성의 발명품들이다. 남성은 다수자의 권력 표상이다. 포르노 문학의 발칙한 명령문들은 세상을 지배하는 권력과 권위가 만든 도덕이라는 옷을 발가벗긴다. 명령문들은 기성 체제와 질서들의 억압으로 생긴 위선과 허위의식, 그리고 이중성의 언어에 대한 모반이다. '사디즘'이라는 변태성욕을 가리키는 용어의 발생학적 근거가 된 마르끼 드 사드의 『소돔성에서의 120일』에는 온통 그런 명령문들로 넘쳐난다. 난봉꾼들과 포악한 여자들은 명령하고 소녀들은 거기에 굴종한다. 포르노 문학에서 명령문은 에로스 신의 강림을 부르는 의식이다. 에로스는 철저하게 무의식 안에 있는 감각의 극대화에서 얻는 쾌락원리에 따른다. 에로스는 삶에의 본능이지만, 그것은 타나토스와 분리되지 않는다. 타나토스는 에로스의 이면이다. 살려는 본능은 저 혼자 움직이는 것이 아니라 파괴와 죽음의 본능과 함께 움직인다. 포르노 문학은 명령문에서 시작하는데, 그 명령문은 명령의 권위로 명령을 따르는 청자의 내면에서 수치심, 양심의 가책, 처벌에 대한 두려움 따위를 지운다. 명령문에 내장된 위반의 도덕들은 오로지 화자의 것일 뿐 청자의 것이 아니기 때문이다. 청자는 불온하지 않다. 불온한 것은 오로지 화자들이다. 명령문들은 억압적인 권력 표상을 찢고 그것들이 세상에 퍼뜨린 도덕들을 가로질러 간다. 금기에 대한 위반과 반도덕적 행태들은 지금 이 삶이 아닌 다른 삶을 꿈꾸는 자의 욕망에서 비롯한다. 그 욕망은 금지된 것을 욕망하기 때문에 불온하다. 포르노 문학은 그 본질에서 불온하다. 무수한 금기와 금지들에 의해 지탱하는 기성 체제의 기반을 좀먹고 약화시키기 때문이다. 자, 『발랄한 라라』가 여기에 있다. 성적 금기들을 헤집고 뒤집으며 자꾸만 당신을 도발하는 책이다. 당신에게 아무도 말해 주지 않는 진실들, 똥과 오줌 속에서 태어난 당신 실존을 발가벗겨 낱낱이 보여주는 책이다.

마광수는 숭고하다

마광수 소설 『귀족』 읽기

관능이 의무가 되는 장소이다.
침대는 모든 쾌락의 안식처로 삼으라.
그곳에서 수치심은 추방되어야 한다.
— 오비디우스

스타일에 관하여. 『귀족』은 전형적으로 마광수 스타일을 보여주는 소설이다. 작가 이름을 지우고 읽어도 이것은 마광수 소설이라는 걸 금세 알아차릴 수 있다. 『권태』·『즐거운 사라』·『자궁 속으로』·『광마일기』로 이어지는 작품들에는 집요하게 추구하는 마광수만의 스타일이 있다. 스타일은 작품의 형식과 가까운 그 무엇이지만 형식 그 자체는 아니다. 스타일은 느끼고 표현하고 말해진 것 그 자체가 외연을 확장하면서 굳어진 것이다. 내용과 형식은 분리될 수 없다. 형식이란 외화外化된 내용이니까. 뒤집으면 내용이란 형식의 내화內化다. 마광수의 스타일은 솔직한 본성과 야한 정신의 결합에서 나온다. 직정적인 문체, 양식의 단순화, 실제와 키치적인 판타지의 혼합, 페티시즘과 같은 도발적인 주제들이 한데 버무려지며 마광수의 독자적인 스타일이 탄생한다. 노골적으로 통속적이고 노골적으로 쇄말적인 데서 거침없이 드러나는 마광수의 스타일은 금기들로 저를 억압하는 사회에 저항하려는 작가의 뜻을 반영하며, 동시에 더 깊은 곳, 무의식의 층위에서 움직이는 가장 비밀스러운 원리와 불가피한 피의 기질을 정식화한다.

수전 손택은 "예술작품 안의 결정 원칙이요, 예술가가 자필로 서명한 의지"가 바로 스타일이라고 말한다. 스타일은 단순히 내용을 감싸고 있는 외적 요소, 혹은 내용에 대척하는 골상학骨相學만을 의미하지 않는다. 스타일은 모리스 블랑쇼가 말하는 문체에 관한 정의와 가깝다. "문체에 관해 말하자면 그것은, 피의 신비로움에, 본능에 연결되어 있는 난해한 부분, 깊이 있는 격렬함, 이미지들의 치밀함, 우리들의 육체와 욕망과 우리 자신에 갇혀 있는 비밀의 시간이 편애하는 것들이 눈을 감고 말을 하는 고독의 언어이다. 작가는 자신의 언어를 선택하지 않는 것처럼 자신의 문체를 선택하지 않는다. 그것은 불가피한 기질, 그의 안에 들어 있는 분노, 자기 자신과의 은밀한 가까움에서 유래하는 속도 같은 것이며 그는 그것들에 대해서 거의 아무것도 알고 있지 않다."[1] 개성적인 예술가에게 스타일은 내용을 추방하고 남은 표현 양식이 아니라 내용—형식이 겹쳐지는 영혼이며, 피의 불가피한 기질로 내용이 팽창하며 자연스럽게 형식으로 진화한 예술 그 자체다. 『귀족』은 줄거리만 보자면 전혀 새롭지 않다. 이 소설의 표면 줄거리는 비천한 출신 남자가 귀족이 되기 위해, 혹은 귀족의 노리개가 되기 위해 어떻게 제 성을 이용하는가에 초점이 맞춰져 있다. 손톱 페티쉬와 마조히즘에 대한 집요한 집착이 바로 그것이다. 이 소설은 마광수 스타일의 변주變奏라는 점에서만 새롭다.

섹스에 관하여. 마광수는 노골적인 성담론자로 이름이 널리 알려졌다. 마광수의 성담론의 요체는 성교가 아니라 성교의 곁가지들, 혹은 그 곁가지들이 불러일으키는 성적 판타지다. 이른바 발기된 음경과 젖은 질의 결합, 정액의 분출로 이어지는 성이 아니라 음란한 것의 부류에 드는 도착적 성이다. 생식을 추구하는 성이 아니라 오로

1) 모리스 블랑쇼, 『미래의 책』(최윤정 옮김), 세계사, 1993

지 유희만을 추구하는 성이다. 그것은 성을 축복하고 "생육하고 번성하라"고 한 신의 명령에 대한 위반이다. 작중인물의 생각을 들여다보자. "나는 절대로 자식은 안 낳을 것이다. 물론 결혼도 하지 않을 것이다. 귀족이 못 되는 사람이 결혼하고 아이 낳고 하는 것은 정말 크나큰 죄악이다. '사회악'이다." 태초 이래로 생식은 사람에게 부과된 숭고한 의무다. 생식의 의무를 정면에서 부정하고 쾌락만을 탐닉하는 것은 독신瀆神 행위다.

마광수의 소설들이 일관되게 추구하는 성은 바라보고, 만지고, 핥고, 빨고, 맞고, 때리는 것, 혹은 구강성교, 항문성교, 페티시 따위다. 생식 목적에 부속된 것, 도덕의 억압 아래에 있는 것, 온갖 금기로 묶여 있는 것에서 해방된 성이다. 더 구체적으로 말하자면 마광수가 추구하는 것은 삽입성교가 아니라 침대를 쾌락의 안식처로 삼는 관능의 판타지다. 그 성적 판타지의 핵심은 방탕한 성, 일체의 금기와 억압에서 자유로운 성, 평화로운 성, 즐거운 성, 황홀경을 추구하는 성이다. 반면에 직접 성교는 그 본질에서 상대를 먹어치우는 난폭한 행위다. 성에 대해 전혀 모르는 어린애가 제 부모들이 성교하는 모습을 우연히 목격했을 때 놀라고 무서워서 울음을 터뜨린다. 마치 성난 두 사람이 싸우는 모습으로 보이니까. 남자와 여자가 마주보며 성교하는 체위에서 수컷은 암컷의 몸 위에 올라타서 찍어 누르는 형국이다. 암컷은 찍어 누르는 수컷 아래에서 버둥거린다. 욕망으로 몸이 한껏 달아오른 수컷은 입과 혀로 암컷의 몸을 침탈하고 게걸스럽게 먹어치우고 마지막으로 페니스라는 뾰족한 칼로 암컷의 가장 연약한 부분을 찌른다. 그런데 항상 패배하는 것은 수컷이고, 살아남는 것은 암컷이다. 왜 그럴까? 여성의 성기는 외눈박이 괴물, 제 속에 들어오는 것은 자르고 집어삼키는 무서운 입, 먹잇감을 포획하는 그물이기 때문이다. 암컷의 음부는 커다랗게 발기된 수컷의 페니스를 먹어치운다. 성교가 끝난 뒤 수컷은 제 영혼이 다 빠져나간 것처럼 죽음과 같은 깊은 허탈에 빠진다. 수컷에게 성교는 암컷을 붙잡아 제 몸의 강제에 굴복시키는 것이지만 결과적으로는 제 영혼의 사출射出이다. 수컷의 발기했던 성기는 패배로 늘어지고, 그것은 다만 나른한 권태와 무력감을 현시할 뿐이다. 성교는 수컷이 벌이는 암컷을 향한 공격이고 전투지만 언제나 승리와 그 전리품을 챙기는 것은 암컷이다. 성교의 결과는 수태이고, 수태는 수컷에 대한 암컷의 승리며, 부푼 암컷의 배는 그 승리의 징표다.

『귀족』은 어떤 소설인가. 지방에서 올라와 서울에서 대학을 다니는 가난한 한 남자의 이야기다. "대학 생활 한 학기를 마치고 나서 나는 하늘에 대고 맹세를 했다. 평생 '여자'를 사랑하지 않기로 말이다. 여자는 돈만 쫓아다니는 여자는 돈만 쫓아다니는, 싸가지 없는 도둑고양이 같은 동물이다. 걔네들은 남자의 '마음'을 절대로 사랑하지 않는다. 걔네들은 남자의 '능력'만을 사랑한다. 능력은 두말할 것 없이 곧 '돈'이다." 남자에겐 돈도 없고 여자도 없다. 남자에게 돈이 있었다면 여자도 있었을 것이다. 남자는 사랑이 아니라 돈만 쫓는 여자들을 절대로 사랑하지 않기로 결심한다. 그러나 결국 그도 사랑에 빠진다. 사랑에 빠지면, 우리를 사랑에 빠뜨린 그 얼굴은 벌써 저만치 도망간다. 그 얼굴은 소유당하지 않으려고 도망간다. 사랑받는 얼굴은 숭고하지도 아름답지도 않다. 그것은 모호함으로 저를 숨기고, 약동함으로써 지워지는 얼굴이며, 좀처럼 파악할 수 없는 기호의 덩어리로 멀리 도망간다. 사랑에 빠진 순간부터 그 얼굴은 오래 뒤에 다가올 이별을 선취하고 덧없음으로 사라지기 시작한다. 그 얼굴은 아름답다기보다는 추악하다. 그 얼굴이 아름답다고 느끼는 것은 착시 현상이 빚어내는 신기루인 것이다. "사랑받는 얼굴은 유동적이고, 파악하기 어렵고, 언제라도 사라지려고 하는 것, 즉 미적 현실이 아니라 잠재적 소멸임에도 불구하고 사람들은 단지 어림잡아, 혹은 전통적인 사고방식에 의해서 아름답다고 말하고 있을 뿐이다."[2)]

『귀족』은 시골 청년의 사랑찾기에 관한 소설인가? 아니다. 그의 특이한 성벽[性癖]을 보라. 그는 손톱을 길게 기른 채 삶의 향락에 빠지는 '귀족'을 꿈꾼다. 염색한 긴 머리, 여러 개의 피어싱, 길고 화려한 네일아트. 나태하고 방탕기 있는 청년, 나르시시즘적 페티시에 빠진 청년은 마광수 소설을 위한 기초적인 장치다. "이런 '극도의 사치'와 '극도의 빈곤'이 이루어내는 사디스틱한 '비교'가 늘 내 성감대를 건드렸다. 그런 판타지를 맛본 뒤에 반드시 내 긴 손가락들을 바라보게 된다. 내가 마치 중국이나 로마의 귀족 부인들처럼 일을 전혀 안 해도 된다는 표시로 손톱을 한참 길게 기르고 있다고 가정해보게 되는 것이다." 이 청년은 제 성적 판타지를 붙잡기 위해 돈이 필요하다. 그래서 그 돈을 벌기 위해 접대부로 나서고 남창 노릇을 자청한다. 여러 여자를 거친 뒤에 마침내 헤라라는 돈 많은 유한부인을 만나 그의 팻이 된다는 얘기다. 마광수의 다른 소설과 마찬가지로 줄거리는 단순하고 허술하다. 마광수는 스토리텔러 작가가 아니라 스타일리스트 유형의 작가다.

헤라는 돈과 한가로움, 관능적 경탄을 자아낼 만한 완벽한 성적 매혹을 다 갖춘 삼십대 중반의 여성이다. 게다가 길고 정성스럽게 기른 손톱의 소유자다. "아직까지 나만큼 손톱을 기른 여자를 못 봤으니까. 모조 손톱이 아니라 진짜 손톱으로 말야. 자연산[自然産] 손톱을 아주 길게 기르려면 돈이 많이 들지. 손을 함부로 놀리다간 손톱이 부러질 위험성이 커. 그래서 손 하나 까딱 않고 남들을 부려먹으며 시중을 받아야 하니까 돈이 많이 들 수밖에 없는 거지." '나'의 눈에 비친 헤라는 소름끼칠 만큼 섹시하며 동시에 완벽한 귀족이다. '나'

---

2) 알렝 핑켈크로트, 『사랑의 지혜』(권유현 옮김), 동문선, 1998

와 헤라가 첫 만나는 대목을 살펴보자. "우선 내 눈에 먼저 들어온 것은, 속이 다 들여다보일 만큼 훤히 비치는 시폰 옷감으로 된 짧디짧은 빨간색 미니원피스였다. 빨간색은 웬만한 여자라면 소화해내기 어려운 색이다. 자칫하면 천해 보일 우려가 있기 때문이다. 그런데 헤라가 입고 있는(아니, 살짝 걸치고 있는) 빨간 옷은 그녀와 기막히게 잘 어울렸다. 팬티와 브래지어를 안 입고 있어서 커다란 젖퉁이와 보라색 거웃이 다 들여다보였다. 등이 완전히 맨살로 드러나 있었다. 소름이 끼치도록 섹시한 모습이었다."

'나'는 헤라를 넋이 나간 채 바라본다. 시선을 끄는 대상은 내 안에 결핍된 것, 내가 욕망하는 바로 그것이다. 그러므로 바라본다는 것은 욕망한다는 것이다. 남성이 여성의 음부를 훔쳐보는 것은 그것이 남성 안에 결핍된 것, 욕망하는 바로 그 대상이기 때문이다. 헤라에게 시선을 빼앗겨버린 '나'의 몸에 일어나는 신체적·생리적 반응은 "자동적으로 발기하고 있는 페니스"다. 수직으로 솟아오른 음경은 삽입성교를 위한 전제 조건이다. 그렇지만 '나'는 이상하게도 성교로부터 달아나고 싶은 심리를 드러낸다. "나는 정말 섹스하기가 죽기보다 싫었다. 나는 그저 그녀를 '바라보기만' 하고 싶었다. 어쩐지 그녀가 '야한 성녀聖女'처럼 느껴졌기 때문이었다. 그냥 페니스가 발기된 상태로 끝나야만 나는 진짜 연애감정에 잠길 수 있을 것이었다." 왜 성교를 기피하는가? 어이없게도 '나'는 헤라에게 진짜 연애감정을 느낀 것이다. 성교는 연애의 절정이 아니라 종말이다. "오랜 연애 끝에 드디어 삽입 성교를 하게 되면 연애는 대개 끝장을 고한다. 속궁합이 안 맞아서도 아니요 권태감이 느껴져서도 아니다. 연애는 그저 '바라보는 것'이어야 하기 때문이다." 삽입 성교는 쾌락의 확장이 아니라 쾌락의 축소며 끝이다. "삽입 성교는 상대방과 이미 한 몸을 이루어(다시 말해서 이미 '소유'해버려), '군침 흘리며 바라보는 상태'를 유지시키지 못하기 때문에 위험한 것이다." 헤라에게 진짜 사랑을 느낀 '나'는 그 사랑을 한없이 길게 연장하기 위해 삽입 성교에서 도망가는 것이다. 마광수는 성 그 자체가 아니라 성적 판타지에 집착한다. 그래서 주인공들은 뜻밖에도 삽입성교를 조급하게 욕망하지 않고 관음적 바라보기나 야릇한 애무를 더 좋아한다. 삽입성교의 오르가즘은 한 순간의 절정에서 곤두박질치듯 끝난다. 그러나 한 순간의 절정에서 타오르는 오르가즘의 황홀경을 늦춤으로써 성적 판타지를 한없이 지속할 수 있다.

바라봄은 몸과 몸의 부딪침, 성교에서 일어나는 쾌락의 지체遲滯를 만든다. 쾌락의 지체는 욕망을 키우고 욕망으로 한껏 달아오른 몸이 원하는 판타지를 극대화한다. 마광수의 작중인물들이 원하는 것은 거친 직접적인 성교가 아니라 성적 판타지가 불러오는 황홀경이다. 그런 황홀경을 꿈꾼 것은 마광수가 처음이 아니다. 이미 2천 년 전에 로마 시인 오비디우스는 이렇게 썼다. "베누스의 쾌락을 서두르지 마라. 쾌락을 지연시켜 조금씩 오게 하고, 늑장을 부려 자꾸만 미루게 하라. 여자가 애무받기 좋아하는 부위를 알면 그곳을 애무하라. 당신은 여자의 반짝이는 눈에서 마치 물 위에 비쳐 흔들리는 태양처럼 떨리는 빛을 보게 되리라. 탄식 소리, 다정한 속삭임, 나직한 신음 소리, 자극적인 말들이 뒤따를 것이다."[3)]

마광수는 왜 『귀족』을 썼는가. 『귀족』은 손톱 페티시와 마조히즘이 불러일으키는 성적 판타지를 그린다. 작중인물이 꿈꾸는 성적 판타지로 가득 찬 '진짜 사랑'은 현실에서 이루어질 수없는 불가능한 꿈이다. 이 판타지는 구질구질한 현실에 대한 보상이며 대리만족이다. 메마른 현실의 조건들 — 주린 위, 잠이 모자라 퀭한 눈, 노동

3) 오비디우스, 『사랑의 기술 II』(여기서는 파스칼 키냐르, 『섹스와 공포』, 송의경 옮김, 문학과지성사, 2007.에서 재인용)

으로 처진 어깨, 채워짐이 항상 뒤로 늦춰지는 욕망들, 돌이킬 수 없는 노화老化 그리고 죽음! 『귀족』의 주인공의 마조히즘은 무의식의 층위에서 이 메마른 현실에서 탈주하기다. 현실 이전으로 회귀하기, 태어남 이전으로 탈주하기다. 부드러운 양수로 채워진 자궁으로 돌아가는 것, 다시말해 자궁 회귀 욕망의 변주다. 성교로는 분만할 때 빠져나온 그 구멍 속으로 결코 돌아갈 수 없다. 사람이 감당하는 모든 불행은 그 회귀 불가능성에서 비롯한다. 엄마의 자궁으로 돌아가지 못하는 자들은 영원히 불행의 덫에서 벗어나지 못한다. 그것은 죽음으로써만, 혹은 성적 판타지로써만 가능한 일이다. 길고 날카롭게 기른 손톱의 용도는 주인공이 혜라에게 보낸 시에 나타난다. "나는 네 손톱으로 내 모가지를 찔러 / 아름답게 죽을 수 있게 되기를 바랐지." 여자의 길고 날카로운 손톱으로 제 모가지를 찔러 죽고 싶다니! 이것은 탐미주의의 위악이요, 생명의 본성에 대한 엇박자다. 죽고 싶다는 욕망은 곧 죽음에 대한 극단적인 두려움과 맞닿아 있다. 그리고 "에로스가 죽음에 이르는 삶의 희열"(조르쥬 바타이유)이라면 극한의 성적인 판타지와 에로스는 죽음에서 탈주하려는 욕망의 변주다.

마광수의 남자 주인공은 최소한도 남성성(발기·지배·권력)을 여성억압의 무기로 쓰지 않는다. 여성을 억압하기는커녕 여성에게 복종하고 싶다고 말한다. "나는 몸을 팔아 돈을 벌어가면서, 어느새 나도 모르게 마조히스틱한 쾌감을 느끼고 있는 나 자신을 발견했다. 한용운이 「복종」이라는 시에서 썼듯이(고등학교 때 배운 시 가운데 내 기억에 유일하게 남아 있는 시다), 한 여자를 진심으로 흠모하고 사모하고 숭배하며 그녀에게 '자발적인 복종'을 하고 싶었다. 한용운같이 용감한 독립운동가가 복종하고 싶을 정도로 훌륭한 여성이라면, 그 여자에겐 엄청난 카리스마와 우아함이 한데 섞여 있을 것이 틀림없다." 수컷다움, 권위, 자만심으로 여성 위에 군림하는 게 아니라 여성의 카리스마와 우아함에 자발적으로 복종하고 싶어 하는 남성이라니! 마광수는 성 평등주의자를 횡단해서 성 평화주의자로 달려간다!

『귀족』은 음란한 청년과 타락한 여자들의 모험을 다룬 이야기다. 마광수의 모든 소설이 그렇듯이 이 소설은 포르노그래피라는 외피를 쓰고 있다. 포르노그래피는 곤두선 음경, 음경으로 채워지기를 기다리는 비어있는 질, 질척이는 분비물들로 이루어진다. 음경과 질은 결합했다가 분리되고 다시 결합하기를 반복한다. 포르노그래피는 그것의 한없이 지루한 반복이다. 포르노그래피에는 아무런 감동도 흥분도 없고, 오로지 지루함과 역겨움만 넘쳐난다. 그러나 마광수는 포르노그래피를 쓰는 자가 아니라 포르노그래피를 전략적으로 이용하는 작가다. 이 소설의 주제는 끝부분에 가서야 비로소 드러난다. 이 소설은 사랑하는 사람의 충직한 개—되기에 대한 판타지를 다룬다. 개—되기는 개 같이 되는 것이 아니라 바로 개 그 자체로 변신하는 것이다. 도덕적 성분과 형질의 밀도가 개로 바뀌어 개처럼 짖는 게 아니라 개가 되어 짖고, 개처럼 복종하는 게 아니라 개가 되어 복종하는 것이다. "……나는 진짜 마조히스트가 되었다. 나를 가장 흥분시키는 상상은 내가 한 마리 개가 되는 것이다. 그러나 나의 겉모습은 어디가지나 인간이다. 말쑥한 정장을 한 나의 '그녀'가 나를 이끌고 산책을 한다. 나는 발가벗은 채 금으로 도금한 개 목걸이를 하고 호화스런 귀부인 차림의 그녀에게 끌려간다. 그녀는 기품 있고 아름다운 귀족 신사와 함께 산책하고 있다." 이 자학, 이 처절한 복종! 보라, 사람은 사라지고 개 한 마리가 나타난다. "나는 기쁜 마음으로 기어가다가 가끔 머리를 올려 허공에다 대고 섹시하게 짖어보기도 한다. 컹, 컹, 커엉." 개—되기는 남근주의라는 이름의 온갖 폭력과 파시즘에 대한 신랄한 야유다.

마광수는 숭고하다. 나르키소스의 전설에는 세 가지 판본이 있다.

그 중의 하나가 오비디우스가 쓴 것이다. 나르키소스는 강의 신 케피소스가 냇물의 요정 레이리오피를 강제로 범해서 태어난 아들이다. 열여섯 살이 되자 나르키소스의 아름다움은 눈이 부실 지경이어서 누구라도 반하지 않는 자가 없었다. 숲속의 요정 에코도 그 중의 하나다. 그러나 나르키소스는 사랑 따위에는 관심이 없고 사슴들을 쫓는 것을 더 좋아했다. 어느 날 에코는 나르키소스에 달려들어 껴안자 나르키소스는 숲 속으로 달아났다. 에코는 사랑을 잃은 절망과 수치심으로 여위어가고 마침내 뼈만 남는데, 그 뼈는 바위가 되었다. 남은 것이라곤 나르키소스의 모든 말들을 따라 하는 에코의 목소리뿐이었다. 에코는 하늘의 신들에게 복수를 요청한다. 어느 무더운 날 나르키소스는 사냥을 떠났다. 목이 말라 샘물 위로 몸을 굽혀 물을 마시려다가 우연히 거기 비친 제 얼굴을 보았다. 나르키소스는 제 아름다운 얼굴에 매혹되어 거기서 떠날 줄을 몰랐다. 오비디우스는 직접 나서서 딱한 나르키소스에게 이렇게 충고한다. "순진한 젊은이여, 어찌하여 덧없는 환영을 품에 안고자 부질없이 고집을 피우느냐? 네가 찾는 그것은 존재하지 않는 것이다. 네가 돌아서는 즉시 네 사랑의 대상은 사라질 것이다. 네가 바라보는 그림자는 네 모습의 반영에 불과하다."[4] 결국 나르키소스는 강물 위에 비친 제 얼굴에 홀려 점점 깊은 강물 속으로 들어가 익사를 하고 만다. 마광수는 물에 비친 자기 반영 위로 몸을 굽히는 사람이다. 나르키소스는 자신이 무엇에 매혹되었는지를 알지 못했다. 마광수 역시 마찬가지다. 마광수를 매혹에 빠뜨리고 한없이 소진시키는 것은 다름아닌 모호한 자기애[自己愛]다. 자기애라는 덧없는 환영을 쫓는 마광수는 순진함 때문에 파멸하는 나르키소스다.

마광수는 순진하며 동시에 뻔뻔하다. 어른이 되어서도 신생아처럼 쾌락이라는 젖을 계속 빨고 있기 때문이다. 도무지 도덕적인 성

4) 오비디우스. (여기서는 파스칼 키냐르, 앞의 책에서 재인용한다.)

숙이 보이지 않는다. 그러나 마광수는 세간의 편견과 오해를 사듯 '야한 남자'도 아니요, 성적인 금기들을 자주 위반하지만 성도착자이거나 괴물은 더더욱 아니다. 마광수는 야한 것을 탐닉하고 찬미하는 자이며, 일체의 금기가 없는 성의 자유를 부르짖고, 야한 성담론을 펼치는 자일 따름이다. 마광수의 상상력이 처음부터 이른 세계는 일찍이 마르끼 드 사드가 개척했던 일탈된 성으로 충만한 상상의 낙원, 아나이스 닌이나 헨리 밀러가 꿈꾼 억압없는 성의 유토피아, 성적 판타지의 황홀경으로 가득 찬 「감각의 제국」[5], 바로 하드코어 원더랜드다.

"다수성이 지배의 상태를 전제하는 것이 아니라 지배의 상태가 다수성"(들뢰즈)이라면, 다수성은 표준의 척도이며 표준을 휘두르는 권력이다. 마광수가 다수성의 권력이 아닌 것은 분명하다. 마광수는 카프리 섬에 은둔한 티베리우스이고, 스스로 파멸에 이르는 나르키소스이며, 권력의 가장자리를 한없이 맴돌기만 하는 고통받는 타자다. 더 구체적으로 말하자. 마광수는 한국사회가 만들어낸 외톨이며 왕따다. 일종의 변이變異다. 마광수는 한없이 바깥을 떠도는 우리 문화지형도에서 변방이다. 아무에게도 해를 끼치지 않는데도 마광수의 머리 위로는 비난의 화산재가 쏟아진다. 그러나 마광수는 숭고하다. 원했건 원하지 않았건 그는 여러 번 죄없는 희생양이 되었으니까. 어느 사회나 때때로 희생양이 필요한 법이다.

---

5) 『감각의 제국』은 사랑에 대한 이상집착으로 정부情夫를 교살하고 그의 성기를 잘라버린 어느 기생의 실화를 오오시마 나기사 감독이 영상으로 옮긴 일본 영화다. 1936년에 일어난 '아베 사다阿部定사건'은 애인을 교살하고, 그의 남근을 잘라 품에 넣고 다니다가 체포되면서 일본사회를 발칵 뒤집어놓았다. 아베가 붙잡힐 당시에 신문의 호외가 발행될 정도로 일본 열도는 충격에 빠져있었다. 이 영화 이전에도 몇 번이나 연극이나 영화로 만들어졌는데, 1975년에는 다나카 노보루 감독이 먼저 「실록 아베 사다」로 만들었다. 1977년 8월 15일 오오시마 나기사 감독은 외설물 배포 혐의로 형사기소 당한다. 이것이 저 유명한 '아이노 고리다' 재판의 시작이다. 1979년 10월 19일 판정공판에서 오오시마 나기사는 무죄판결을 받지만, 도쿄지검은 무죄판결에 불복해 상급법원에 공소한다. 결국 이 사건은 십 수년 간을 끈 지리한 재판 끝에 비로소 무죄가 인정되었다.

시의 재능이라는 것

유보리의 시들을 읽고

시는 천부적 재능을 타고나야 쓸 수 있는가? 그렇다면 재능이란 무엇을 말하는 걸까? 예술의 천재들을 떠받드는 관습은 낭만주의에서 생겨난 산물이다. 이성의 힘을 따르고 합리주의를 숭상하고, 삶과 예술에 엄격한 규범들이 적용되던 계몽주의와 고전주의를 찢고 나오는 것이 낭만주의다. 낭만주의는 돌연한 감정의 분출, 천재 숭배, 격정적인 태도 따위를 예찬한다. 낭만주의는 한때의 유행이 아니다. 세계를 바꾸려는 반동의 힘들 속에서, 천재들의 출현에서 우리는 낭만주의가 시대정신 속에서 여러 형태의 이질로 생동하는 것을 느낀다. 알뛰르 랭보의 시들, 모차르트의 음악들은 예술사에 각인된 전형적인 십대 천대들의 재능을 보여준다.

천재들은 당대를 앞질러가는 자들이다. 놀라운 예지력, 전무후무한 새로움을 불러오는 방법의 혁신, 천진무구한 상상력으로 교양적 속물들의 망상과 비진리, 관습의 지루함을 단번에 깨버린다. 나는 "교양적 속물"이란 개념을 니체에게 빌려와 쓴다. 니체는 이 교양적 속물에 대해 "생존의 덫, 창작의 고갈, 진리의 미궁, 어린아이를 짓누르는 피로, 새싹을 말려버리는 안개, 새로운 갈망에 길을 떠나려는 정신 앞에 펼쳐진 사막"(「반시대적 고찰」)이라고 정의한다. 천재들은 고갈되지 않는 창작의 열정을 가진 자들이다. 그들은 끊임없이 내부의 사막화와 싸우면서도 도무지 피로를 모른다. 늘 존재의 내부가 새로운 예술의 갈망으로 차 있고, 작품들을 쏟아낸다. 철학자 니체가 말하는 천재의 개념은 냉정하다. 천재란 누구인가라는 물음에 이렇게 쓴다. "지나치게 높은 목표와 그에 도달하는 모든 수단을 탐내는 자."(「차라투스트라는 이렇게 말했다」). 준재들은 그 목표를 하나의 의도로써 정하고, 천재들은 그 목표를 본능으로 감지한다는 것이다. 준재들은 그 목표에 도달하기 위한 수단을 선행자들의 것에서 가져오고, 천재들은 그것을 자기 안에서 끄집어낸다는 점이 다르다. 준재들은 쉽게 고갈되지만 천재들은 고갈을 모른다. 현실에서 모차르트는 드물다. 그러나 살리에르와 같은 교양적 속물들은 어디에서나 볼 수 있을 만큼 흔하다. 죄와 괴로움과 기만에 찬 세계를 만드는 것은 정신을 사막화해버린 이 교양적 속물들이다. 모차르트와 같은 천재들은 죄와 괴로움과 기만을 참지 못한다. 어쨌든 천재들은 이 교양적 속물들을 뚫고 나가는 자들이다.

유보리의 시들을 읽었다. 나는 유보리를 만나 본 적은 없다. 내가 알고 있는 그에 대한 모든 것은 "1991년 대전에서 출생. 2009년 현재 충남여자고등학교 3학년 재학중."이라는 약력 속에 압축되어 있다. 이 십대의 시인은 제 시집 앞에 "어느 날 시가 내게로 왔다. 처음엔 나를 찾아온 그 시詩라는 것이 고약한 불치병인 줄을 몰랐다. 오랫동안 앓다가 일단 한번 부딪혀 보기로 했다."라고 썼다. 벌써 시를 제 삶의 불치병으로 받아들이는 십대 소녀라니! 호기심이 생길 수밖에 없지 않은가! 나는 유보리의 시들을 거듭 되풀이해서 읽었다. 이 십대 시인에게 정말 도움이 되는 몇 마디를 해주고 싶었기 때문이다. 과연 유보리는 각종 문학경연대회에서 장원을 휩쓴 재원이라고 한다. 과연 이 시들이 아직 십대 소녀가 쓴 시가 맞긴 맞는 걸까 라는 의문이 떠오를 만큼 사유의 폭이 넓고 사물에 대한 응시가 그윽하고 깊다. 한 묶음으로 된 이 시들을 단번에 통독하면서 몇 가지

느낀 점들을 적어보자. 「내가 엄마의 잎이었을 때」, 「아버지를 읽는 밤」, 「나무」, 「고요가 소리치는 밤」 등의 시만 보아도 언어를 다루는 솜씨가 보통을 훨씬 넘어선다는 것을 알 수 있다.

어찌하랴 사람들은 생존을 위해
아무 것도 짓지 않고는
단 하루도 살 수 없는 것을
온통 사는 것이 짓는 일이므로
살다보면, 자꾸 짓다보면
자신도 모르게
조금씩 조금씩 죄를 짓게 되는 것을

— 「죄를 짓다」

먼 우주에서 물방울 하나
톡, 떨어져 내렸다
마음 속 깊은 우물 한가운데 풍덩,
작은 물무늬 일으키며 힘차게 소용돌이쳤다
또 하나의 작은 우주가 탄생하는 순간
지상의 침묵은 깨어지고 새떼들
하늘 높이 날아올랐다
소복소복 눈이 내려 쌓이고
어둠이 깊어 개도 짖지 않는 이슥한 밤
어미는 홀로 깨어
고사리 같은 열 손가락을 털실과 버무려
새로 태어날 아기의 옷을 짜듯
시를 짓는다

— 「습작기」

이를테면 「죄를 짓다」나 「습작기」와 같은 시편을 읽을 때 우선 시인의 침착함, 안정적인 시선이 인상적이다. 그것들을 정확한 구문으로 펼쳐낼 수 있는 문장력도 쉽게 지나칠 수 없는 부분이다. 우리 삶 자체가 무엇인가를 끊임없이 짓는 일이며, 그 짓는 일의 큰 부분이 죄라는 것을 꿰뚫어보는 것은 쉬운 일이 아니다. 사물과 세계를 바라보는 시선에 흔들림이 없고, 그것들을 두루 깊이 관조하는 힘이 느껴지는 것이다. 두터운 체험을 갖고 오랜 성찰 끝에 얻어낼 수 있는 혜안을 유보리는 이미 갖고 있다. 선행자가 어렵게 얻은 진리를 뒤 따라가는 자가 쉽게 습득하는 일은 자주 천재들이 출현하는 예술세계에서는 드물지 않다. 시가 태어나는 순간을 먼 우주에서 온 물방울 하나가 제 마음에 떨어져 파문과 함께 또 다른 작은 우주가 탄생하는 순간으로 묘사한 「습작기」에도 같은 말을 덧붙일 수 있다. 얼음이 어는 빙점이 있는 것과 마찬가지로 어떤 체험이 한편의 시로 맺혀 태어나는 순간이 있다. 유보리는 그 순간의 마음을, "마음 속 깊은 우물 한가운데 풍덩, / 작은 물무늬 일으키며 힘차게 소용돌이 쳤다"라고 포착한다. 유보리는 주어진 어떤 소재라도 능히 시로 빚어낼 수 있는 재능을 가졌다고 말할 수 있다. 유보리의 시들은 생활세계에서 구한 친근하고 구체적인 소재들, 그리고 평이한 언어 속에서 심오한 통찰을 머금고 태어난다. 다만 유보리의 시에서 부족한 점은 십대의 생기발랄함, 미숙함, 실패, 시적 유희가 드물다는 점이다. 그렇기 때문에 도발하는 힘, 시의 모범작법을 깨는 파격의 기운이 미약한 것은 아쉽다. 좋은 시란 역동적 사유, 자유롭게 생동하는 상상력을 가진 시인의 전유물이다. 유보리는 제 안의 무의식과 더 많이 소통해야 한다. 그리하여 제 안에 일렁이는 무의식의 힘으로 저를 제약하는 규범과 틀들을 깨고 나가야만 제비처럼 자유롭게 날 수 있을 것이다.

우리 문학사에서도 십대의 천재들을 찾아볼 수가 있다. 김소월, 이형기와 천상병 등은 이미 십대에 그들의 시적 재능을 세상에 내보였다. 천재들은 대중의 눈을 속이는 늙은 마법사가 아니다. 그들은 존재의 뿌리에서부터 새로운 것에 대한 본능적인 갈구와 타오르는 열정을 가진 자들이다. 그들은 관습의 힘을 빌려 쓰지 않고, 제 피를 찍어 쓴다. 시대를 따라가는 것이 아니라 시대를 앞질러 간다. 천재들은 대개는 창조의 활화산을 보여준다. 이 천재들은 어디서 오는가? 먼저 그들은 타고난다. 그리고 그들은 환경 속에서 만들어진다. 천재는 타고난 재능과 그 재능을 발아시키고 성장을 촉진시키는 환경이 합쳐져야 비로소 세상에 나오는 것이다.

유보리는 많은 시적 가능성을 갖고 있는 시인이다. 하지만 그 가능성은 아직 발화되지 않은 시들일 뿐이다. 선행 시인들의 시작 습관의 답습과 반복은 제 안의 천재를 죽이는 짓이다. 작은 성공들에 도취되어 제 재능을 과신해서는 안 된다. 시는 천재들조차 쉽게 가닿을 수 없는 깊고 넓은 세계다. 시는 절대絶對한 전일全一의 세계다. 그것은 언어를 수단으로 삼지만 언어는 이미 낡고 닳아서 그 절대의 전일함을 다 담아낼 수가 없다. 언어로 쓰되 그 언어는 늘 부족할 수밖에 없는 도구라는 이 숙명의 한계 속에서 새로운 시들은 태어난다. 일찍이 대시인 서정주는 "불완전한 언어가 우주를 대변하는 것, 언어의 제약이 정신의 비약을 주는 점이 시의 묘처妙處"라고 꿰뚫어 본 바가 있다. 놀랍지 않은가, 언어의 불완전성이 시에 날개를 달아준다는 것, 언어의 제약이 정신의 비약을 위한 자극이 된다는 것! 여기에 시의 비밀이 있다. 유보리는 이런 시의 비밀을 하나씩 깨우치며 나가야 한다.

앞서간 시인들은 유력한 선행자들이다. 이 유력한 선행자들은 "늘 우리를 송두리째 삼켜버리는 거대한 율법"(서정주)이다. 뒤에 오는 자들은 자신을 둘러싸는 이 거대한 율법과 싸워야 한다. 무엇보다도 조숙早熟을 경계하라! 조숙은 선행자들이 만든 거대한 율법에 무임승차하는 것이다. 조급한 마음으로 빨리 써먹을 수 있는 시의 기예를 익히기 위한 선행자들의 시집 읽기는 당장에 그만 두라! 결국은 자신을 그 흔하고 흔한 시인들 중의 하나로 전락시키는 일이다. 좋은 시인이란 암중모색과 시행착오 속에서 무수한 실패를 겪고 난 뒤 기어코 일어나는 시인이다. 무엇보다도 자기 자아와 싸우고, 자기를 넘어서야 한다. 그러므로 다가오는 실패와 시행착오를 두려워해서는 안 된다. 새로운 시는 과거의 선행자들이 남긴 시에서 나오지 않는다. 그것들의 망각 속에 진정한 시가 있다. 참으로 좋은 시를 쓰려는 자들은 시가 아니라 흙·물·불·공기를 탐구해야 하고, 생물학과 양자역학, 수학과 인문학을 두루 섭렵해야 한다. 선행자들의 시를 읽고 시를 쓰는 것은 열성인자들을 유전시키는 근친교배에 지나지 않는다. 시와 시의 근친교배는 결국은 시의 가능성을 고갈시키고, 시의 죽음에 이르게 되는 길이다. 더 큰 도약은 더 오래된 웅크림 속에 있다. 다시 말하면 도약의 힘은 곧 웅크림의 힘에서 나오는 것이다. 더 크게 도약하려면 도망쳐라, 침잠과 웅크림 속으로, 고독과 은둔 속으로!

제5부

한국인의 애송 동시읽기

한국인의 애송 동시 읽기

'현대시 100년… 시인 100명이 추천한 애송시 100편'에 이어 연재된 '한국인의 애송 동시'는 2009년 5월12일 이원수의 「고향의 봄」으로 시작된 조선일보의 애송 동시 연재는, 윤석중·권태응·어효선·최계락 등 국민적 사랑을 받아온 시인들의 작품, 눈을 사로잡는 일러스트, 친절하고도 핵심을 찌르는 해설을 곁들이며 동시 연재의 새로운 바람을 일으켰다. 2009년 7월 8일 박화목의 「과수원길」을 끝으로 50회의 막을 내렸다.

'애송동시' 연재는 1월1일부터 시작된 '애송시 100편'과 함께 우리 시에 대한 국민적 관심을 새롭게 진작시키는 전기가 됐다. '애송동시'의 시평을 쓴 장석주 시인과 문학평론가 신수정씨가 동시 연재를 결산하는 대담을 가졌다.

장석주 : 동시를 읽고 감상하는 즐거운 시간이었다. 시평을 연재해야 한다는 부담도 적지 않았지만, 동시가 주는 평화와 위안을 행복하게 즐겼다. 이 느낌을 연재 내내 독자와 공유하려고 노력했다.

신수정 : 시평을 쓸 때, 동시가 단지 아이들을 위한 시가 아님을 보여주는 데 초점을 맞췄다. 하지만 동시 해설을 시작할 때는 동시의 독자를 어른으로 설정한 해설이 모험에 가깝다는 걱정도 있었다. 그런데 의외로 성인 독자들의 반응이 뜨거웠다. 한 초등학교 교사로부터 "교과서에 실린 동시들을 이렇게도 평할 수 있다는 데 신선한

충격을 받았다"는 응원 전화도 받았다.

장석주 : 동시는 어린이들이 쓴 아동시와 달리 삶의 여러 양상들을 문학적으로 형상화하려는 예술적 노력을 담게 된다. 가령, 「고향의 봄」과 「초록바다」는 어린 시절에 대한 인간의 근원적 향수라는 인간의 보편적 감성을 잘 드러냈다. 그런 정서를 소박하고 진솔한 언어에 담아내는 것이 동시의 매력일 것이다.

신수정 : 연재를 통해 동시가 우리 문학의 훌륭한 자산임을 다시 한 번 확인했다. 그러나 일반 시에 비해 동시는 원본이 잘 보존돼 있지 않은 작품이 아주 많았다. 문학적 성과에 대한 비평과 연구가 일반 시에 비해 상대적으로 적었던 점도 연재 내내 아쉬웠다. 학계와 평단의 연구자들이 지금부터라도 적극적으로 동시를 조명해야 한다.

장석주 : 동시 문단에서는 최남선의 「해에게서 소년에게」가 1908년 『소년』지에 실렸기 때문에 올해를 동시 100주년으로 보고 있다. 이를 계기로 동시 조명작업이 이미 진행되고 있다. 아동문학 계간지 『오늘의 동시문학』이 애송 동시를 선정해 소개하는 특집을 냈고, 동시 100주년의 의미를 조명하는 세미나도 열렸다.

신수정 : 소파 방정환의 업적도 적극적으로 재평가해야 한다. 그가 창간한 『어린이』를 통해 동시 문학사의 명작들이 너무도 많이 세상에 나왔다. 최근 들어 김용택·도종환·안도현 등의 시인들이 동시집을 냈거나 준비하며 동시 활성화에 적극적으로 나서고 있는 점도 고무적이다.

장석주 : 좋은 동시는 어린이들에게 시 읽는 재미를 일깨워줄 수 있다는 점에서 장차 미래의 시 독자를 키워내는 효과도 있을 것이다. 신문도 전에 없이 큰 지면을 할애해 동시를 소개했고, 부모와 자

녀가 그 시들을 함께 읽었다. 이번 연재는 우리 시와 동시의 미래를 밝히는 데 큰 힘이 되어 주었다.

신수정 : 평론가로서 한 마디 덧붙이자면, 동시 연재는 비평의 대중화에도 크게 기여한 측면이 있다. 많은 독자들이 '애송시 100편' 연재는 물론 '애송동시' 연재를 통해 문학 비평의 세계를 함께 맛봤다. 2008년 상반기는 문학 작품과 비평이 대중적인 주목을 받으며 행복하게 공존한 시간이었다.

— 조선일보, 2008년 7월 9일자

고향, 마음의 원적지原籍地

이원수, 「고향의 봄」

나의 살던 고향은 꽃 피는 산골
복숭아꽃 살구꽃 아기 진달래
울긋불긋 꽃대궐 차리인 동네
그 속에서 놀던 때가 그립습니다.

꽃동네 새 동네 나의 옛 고향
파란 들 남쪽에서 바람이 불면
냇가에 수양버들 춤추는 동네
그 속에서 놀던 때가 그립습니다.

1926년

「고향의 봄」은 1926년에 방정환이 펴낸 잡지 『어린이』의 현상공모에 당선한 동시다. 세상에 나온지 칠십 년을 훌쩍 넘겼다. 환갑을 넘긴 「고향의 봄」은 우리에게 '아리랑'이나 '애국가' 못지않게 각별한 뜻이 담긴 시이다. 노래로 더 친숙한 이 작품은 한국인이 집단무의식에 새긴 원체험이다. 「고향의 봄」을 부를 때 감성의 저 깊은 곳에 숨은 마음의 금琴은 서러움에 떨며 운다. 언젠가 돌아가 몸을 눕혀야 할 '고향의 봄'은 이미 돌아갈 수 없는 '실낙원의 봄'이 되어버린 까닭이다.

이원수(1911~1981)는 경상남도 양산에서 태어나 마산공립보통학교를 나온다. 1930년에 마산상업고등학교를 마치고 함안금융조합에 다녔는데, 1935년에 독서회 사건에 연루되어 1년여 간 옥살이를 하고, 이태 뒤에 함안금융조합에 복직해서 해방될 때까지 근무했다. 해방 뒤에 고향을 떠나 서울로 올라와 경기공업고등학교에서 학생들을 가르치며 많은 동시와 동화를 썼다.

「고향의 봄」은 떠나온 고향에 대한 그리움을 담은 시다. 그리움은 대상의 부재가 발효시킨 정서이다. 떠나온 고향은 두 겹에서 결핍을 드러낸다. "복숭아꽃 살구꽃 아기 진달래"가 피는 정든 땅을 떠나며 고향과 이별할 때, "그 속에서 놀던" 순진무구한 어린시절의 기쁨도 함께 잃는다. 고향을 잃으면 보람은 줄고 생의 기획들은 덧없어진다. 그리움은 향수를 낳고, 향수가 깊어지면 병이 된다. 향수병은 고향 상실이 빚은 병이다. 대상의 없음을 끌어안고 피어나는 다정한 질병. 그래서 고향을 잃으면 번민은 늘고 행복은 아스라한 꿈으로 멀어진다.

태를 묻은 고토故土이고, 혈연과 친지들이 공동체를 이뤄 안착한 자리가 고향이다. 타향이 무서운 법과 정확한 계측과 차가운 논리가 지배하는 곳이라면, 고향은 결속과 믿음과 나눔으로 충만한 장소이다. 타향에서는 경쟁·차용·착취·절도·사기 따위가 일상다반사로 일어나지만 고향에서는 드문 일이다. 모든 기억은 망각을 위해서 존재하지만 고향에 대한 기억은 세월이 흘러도 밀랍에 찍힌 도장같이 선명하다. 그 선명함 속에서 작은 보람과 기쁨은 말할 것도 없거니와 가난마저도 풍요롭게 윤색된다. 불행한 기억은 희미해지고 행복한 기억은 새록새록 갱신되는 게 고향에 대한 기억이다.

개항 이후 한국인 대부분은 고향 상실자로 살았다. 일제 강점기에는 북간도, 만주, 하바로스크, 블라디보스톡, 더 멀리는 하와이, 브라질까지 흘러갔다. 유랑의 길은 멀고 고달팠다. 세 해 전 쿠바의 아바나에서 한 세기 전에 고향을 떠나 그곳으로 흘러온 늙은 한반도인을 만나 가슴이 뜨거워진 적이 있다. 떠난 자에게 고향은 늘 멀다. 멀리 있어서 마음에 푸른 멍울이 맺힌다. 떠나온 길이 멀면 돌아갈 길도 멀다. 시간이 흐를수록 고향으로 가는 길은 멀고 험해진다. 더 이상 "파란 들 남쪽에서 바람"은 불어오지 않고, "냇가에 수양버들 춤추는 동네"는 지도에서 찾을 수 없다. 고향은 마음의 홀로그램에만 남는다. 고향에 대한 기억은 용량이 큰 '백업메모리'다. 그 기억은 아무리 인출해서 써도 마르지 않는다. 고향에 돌아갈 수 없다면 타향에서 거둔 성공과 번성은 우아한 퇴행에 지나지 않는다. 고향에서 멀리 나간 사람일수록 '고향의 봄'은 그 간절함으로 사무치고, 그 노래는 부를 때 목청의 울혈은 쉬이 풀리지 않는다.

감자, 땅 속에 숨어사는 은자隱者

권태응, 「감자꽃」

자주꽃 핀 건
자주 감자
파보나 마나
자주 감자.

하얀 꽃 핀 건
하얀 감자
파보나 마나
하얀 감자.

1948년

권태응(1918~1951)은 충청북도 충주에서 태어난 시인이다. 1937년 경기고등보통학교를 졸업한 뒤 일본 와세다 대학 정치경제과에 입학한다. 대학 다니던 중에 일본의 치안유지법 위반 혐의로 1년간 옥살이를 하고 출옥 뒤 폐결핵으로 학교를 그만둔다. 고향에서 요양하며 시골 체험이 알알이 들어있는 동시와 동요를 많이 내놓았다. "혼자서 떠 헤매는 / 고추잠자리. / 어디서 서리 찬 밤 / 잠을 잤느냐? // 빨갛게 익어 버린 / 구기자 열매 / 한 개만 따먹고서 / 동무 찾아라"(「고추잠자리」)와 같은 시는 시골살이가 없었다면 쉬이 나올 수 없다. 서리 찬 밤을 지낸 뒤 허공에 나는 고추잠자리를 보고 간밤을 어디에서 났을까, 를 궁금해 하는 것은 약한 것, 여린 것을 향한 다사로운 마음이다. "막대기 들고는 / 무엇하나? / 벼 멍석에 덤벼드는 / 닭을 쫓고 // 막대기 들고는 / 무엇하나? / 양지쪽에 묶어 세워둔 / 참깰 털고 // 막대기 들고는 / 무엇하나? / 뒤곁에 오볼 달린 / 대추 따고"(「막대기 들고는」). 아이의 손길까지 귀히 빌려 쓸 수밖에 없이 수확기 농촌의 바쁜 일상을 엿볼 수가 있다. 아이는 양광에 마르는 벼의 알곡을 쪼려는 닭을 쫓거나 참깨를 털어야 한다. 권태응은 이른 나이인 서른세 살에 세상을 떴다. 1968년 충주 탄금대에 「감자꽃」을 새긴 노래비碑가 세워졌다.

「감자꽃」은 단순하지만 읽으면 읽을수록 진국이 우러나오는 수작이다. "자주꽃 핀 건 자주 감자", "하얀 꽃 핀 건 하얀 감자"다. 단순하고 명쾌하다. 보이는 것은 보이지 않는 것의 드러냄이라는 진리와 더불어 종種의 명령에 순응하는 개체의 숭고함을 개시한다. 자주꽃 핀 데 하얀 감자가 달리지 않고, 하얀 꽃 핀 데 자주색 감자가 달리지 않는다. 무릇 생명가진 것들은 그 종의 진실을 거스르지 않는다. 우리는 날마다 이 기적과 신비를 체험하며 우주 안에서 울려퍼지는 거대한 생명의 코러스에 참여하는 것이다.

본디 감자는 페루—볼리비아에 걸쳐 있는 안데스 산맥이 그 원산지다. 16세기에 유럽으로 건너온 뒤 18세기 말에 유럽 전역으로 퍼졌다. "이빨과 발톱이 피로 붉게 물든 자연" 속에서 사람과 감자는 전략적 호혜 관계로 평화로웠다. 감자는 사람에게 식량을 보태주는 대신에 사람에게서 더 많은 지배 영역을 얻어낸다. 땅의 불순물을 묵묵히 견디는 이 성자는 "파보나 마나" 자주꽃 핀 건 자주 감자다. 땅 속에 숨어 사는 한해살이 풀 은자隱者는 "파보나 마나" 하얀 꽃 핀 건 하얀 감자다. 이 당연한 사실 앞에서 시인은 놀라고 경탄한다. 작은 씨눈에서 시작한 감자알은 흙의 자양분을 끌어다가 내향성 체질로 둥글게 완숙한다. 이 성숙의 결과가 원만圓滿이다. 땅의 소출인 이 풍부한 부富를 산처럼 쌓고 인류가 이를 공평하게 나눈다면 10억 명의 사람들이 굶어 잠 못 드는 일은 없을 터다. 여름 장마가 올 무렵 감자꽃이 핀다. 나는 태정이네 감자밭 둔덕에 나가 오래 앉아 있다 들어오곤 한다. 탐욕이라는 짐승들이 감자를 독점하려고 한다. 감자밭 둔덕에 쪼그리고 앉아 저 혼자만 잘 살겠다는 이 짐승과 인류가 꿋꿋하게 싸워야 한다는 생각을 해보는 것이다.

창랑의 물에 띄운 배

박홍근, 「나뭇잎 배」

낮에 놀다 두고 온 나뭇잎 배는
엄마 곁에 누워도 생각이 나요.
푸른 달과 흰 구름 둥실 떠가는
연못에서 사알 살 떠다니겠지.

연못에다 띄워 논 나뭇잎 배는
엄마 곁에 누워도 생각이 나요.
살랑살랑 바람에 소곤거리는
갈잎 새를 혼자서 떠다니겠지.

1955년

한때 해군군악대에서 근무하던 박홍근(1919~2006)은 순연한 마음으로 「나뭇잎 배」를 썼다. 「나뭇잎 배」는 아직은 권태나 수면장애를 모르는 아이의 마음에 깃든 고요와 평화를 노래한다. 하늘과 땅, 해와 달, 잠과 깸은 어느 한쪽에 치우침 없이 대칭과 균형을 이룬다. 그 대칭과 균형 위에서 고요와 평화는 모란꽃처럼 피어난다. 청산은 녹음이 짙고, 그 녹음이 얼비친 연못의 물은 맑다. 놀이에 푹 빠진 아이에게 "푸른 달과 흰 구름 둥실 떠가는" 연못은 그 자체로 우주이다. 아이의 영혼은 놀이를 통해서 우주와 접촉한다. 우주는 에너지로 가득 차 있고 그 안의 것들은 저마다의 운동역학에 따라 움직인다. 푸른 달과 흰 구름이 움직이고, 바람은 살랑인다. 잔잔하던 물은 바람의 살랑임에 호응하여 작은 물이랑으로 밀려간다. 아이가 띄운 나뭇잎 배도 물이랑이 움직이는 방향으로 떠간다.

굴원屈原은 간신들의 모함으로 초楚나라 회왕의 총애를 잃고 내쳐진다. 떠도느라 몸은 비쩍 마르고 입성은 남루했다. 한 어부가 굴원을 알아보고 떠도는 까닭을 물었다. "온 세상이 더러운데 나 혼자 깨끗했고, 세상 모든 사람이 술에 취했는데, 나 혼자 정신이 맑아서 쫓겨나게 되었소." 굴원의 대답을 들은 어부가 빙긋이 웃었다. 어부는 노를 저으며 혼잣말로 중얼거렸다. "창랑의 물이 맑으면 내 갓끈을 씻을 것이요, 창랑의 물이 더러우면 내 발을 씻으리라. 滄浪之水淸兮, 可以濯吾纓, 滄浪之水濁兮, 可以濯吾足" 굴원은 분함을 끝내 견디지 못해 멱라수에 몸을 던져 세상을 버린다. 아직은 세상의 청탁淸濁이나 굴원을 모르는 아이는 연못가에서 나뭇잎 배를 띄우고 놀이 삼매경에 빠져든다.

박홍근(1919~2006)은 함경북도 성진시城津市에서 태어났는데, 지금은 김책시로 지명이 바뀐 곳이다. 간도의 대성중학교를 나와 일본 고등음악학교를 거쳐 니혼대학 예술과를 중퇴했다. 박홍근은 성진시의 광명여고에서 학생들을 가르치다가 1946년 동시 「고무총」을 『새길신문』에 발표하면서 문단에 나온다. 6·25 전쟁 때 고향을 떠나 월남하여 후반의 인생은 남쪽에서 꾸렸다.

밤은 벼락같이 오고, 밤하늘엔 "검은 담비 모피"(알렉산더 포프)가 깔린다. 그 위로 진주알갱이 같은 어린 별들이 쏟아지고, 주인을 잃은 나뭇잎 배는 연못 위에 떠 있다. 이 시에는 낮과 밤이 교차한다. 낮이 노동과 놀이의 시간이라면, 밤은 휴식과 잠과 꿈의 시간이다. 해가 져서 아이는 집으로 돌아온다. 저녁밥도 먹고 잠자리에 들어 엄마 곁에 누웠다. 그러나 나뭇잎 배가 아이의 눈앞에 삼삼하다. 아직 놀이의 달콤한 여운에서 깨어나지 못한 것이다. 놀이의 시간은 신성한 배움의 시간이다. 아이는 놀이를 통해 살아가는데 필요한 최소한도의 도덕과 의무를 배우고, 지각知覺을 키운다.

엄마 품은 따뜻한 우주이다. 아이는 손발이 크고 지각이 커지면 엄마 품을 떠나 또 다른 우주로 떠난다. 나뭇잎 배는 꿈길에서 은하수를 따라 저 우주로 올라간다. 나뭇잎 배의 길과 아이가 나가야 할 길은 하나이다. 나뭇잎 배가 평화로운 항해를 이어가듯 아이의 운명이라는 배도 저 우주 연못 위에서 순조로운 여행을 계속하리라. 「나뭇잎 배」는 삶의 태초요 중심점인 엄마에게로, 그 엄마와 함께 했던 향기로운 저 어린시절로 달려가고 싶게 한다.

엄마라는 이름의 숙련된 노동자

정두리, 「엄마가 아플 때」

조용하다.
빈 집 같다.

강아지 밥도 챙겨 먹이고
바람이 떨군
빨래도 개켜 놓아 두고

내가 할 일이 뭐가 또 있나.

엄마가 아플 때
나는 철든 아이가 된다.

철든 만큼 기운 없는
아이가 된다.

1988년

하루도 쉬는 날이 없다. 나라가 법으로 정한 노동시간을 훌쩍 넘겨 잔업근무를 한다. 새벽부터 밤까지 쉬지 않고 일하는 이 노동자의 이름은 '엄마'다. 아비와 자식들은 엄마를 초과근무로 내몰며 근로기준법을 예사로 위반하는 악덕 고용주다. 엄마는 식구들이 다 먹는 고기를 혼자 마다하고, 한그릇씩 공평하게 돌아간 자장면도 속이 거북하다며 먹성이 왕성한 동생에게 반 넘게 덜어주셨다. 미식이나 별미는 물리고 부엌에서 혼자 찬밥과 김치만 먹는 엄마는 식성이 까다롭고 유별난 분인 줄만 알았다.

정두리(1947~)는 경상남도 마산에서 난 시인이자 동화작가다. 시인은 「엄마가 아플 때」에서 엄마 없는 생활에 얹힌 그림자를 포착한다. 엄마가 아프면 아이는 추위를 타듯 활기를 잃는다. 엄마 없는 생활의 낯섦이 만든 걱정과 두려움이 아이를 사로잡는다. 신은 모든 곳에 가 있을 수 없기 때문에 엄마를 이 세상에 보냈다고 한다. 어디 그뿐이랴. 엄마는 숙련된 노동자요, 지칠 줄 모르는 교육자요, 탁월한 육아 전문가요, 든든한 자산가다. 그런 엄마가 병이 났다. 병은 엄마가 내는 무급휴가다. 엄마가 휴가를 내자 집 안팎에 일감이 쌓이고, 가정의 대소사가 차질을 빚는다. 집은 괴괴하고 세상은 어두워진다. 아이는 강아지 밥을 챙겨 먹이고, 바람에 날려 떨어진 빨래도 주워 개킨다. 아이는 부쩍 철이 든다. 그러나 아이는 "철든 만큼 기운 없"다.

엄마는 가정의 살아있는 심장이다. 죽을 때까지 그 박동을 멈추지 않는 심장처럼 엄마는 쉼 없는 일 하고, 아플 때조차 고단한 몸을 뉘어 쉰 적이 없으니 오해를 살만도 하다. 나 역시 엄마는 아픈 줄도 모르고 아파서도 안 되는 철인鐵人인 줄만 알았다. 떼를 쓰면 없던 옷과 신발과 용돈과 학비가 나왔으니 마음만 먹으면 없는 것을 만드는 만능萬能 재주를 타고나신 분인 줄만 알았다. 엄마의 지갑은 화수분인 줄 알았는데, 어른이 된 뒤에야 그게 엄마의 살이며 피라는 걸 알았다. 선사시대先史時代 이후로 엄마들은 행복추구권을 포기했다. 자식과 지아비의 행복을 일구려고 제 것을 접은 것이다. 어떤 새는 제 몸을 쪼아 피를 흘려 주린 새끼의 배를 채우게 한다고 한다. 그게 모성母性의 본질이다. 부재를 통해 엄마의 존엄과 수고를 깨닫고 성장하는 소년의 모습을 그린 「엄마가 아플 때」를 읽은 뒤 문득, 엄마, 미안해요, 라고 말하고 싶어진다.

이 땅의 아기들을 키운 자장가

한인현, 「섬집 아기」

엄마가 섬그늘에 굴 따러 가면
아기가 혼자 남아 집을 보다가
바다가 불러주는 자장 노래에
팔 베고 스르르 잠이 듭니다.

아기는 잠을 곤히 자고 있지만
갈매기 울음소리 맘이 설레어
다 못 찬 굴바구니 머리에 이고
엄마는 모랫길을 달려옵니다.

1950년

「섬집 아기」는 1950년 4월 『소학생』지에 처음 실렸다. 7·5조의 음수율을 고지식하게 지킨 정형시다. 배경은 파도소리 들리는 섬마을이다. 엄마는 굴 따러 가고 아기는 혼자 칭얼대다가 스르륵 잠든다. 아기를 재운 것은 파도소리다. 파도소리가 천상의 화음을 가진 것은 하나님이 작곡한 자장가이기 때문이다. 아기건 어른이건 세계에 대한 근본적인 신뢰가 없다면 깊은 잠은 없다. 잠은 수난과 위험들 속에서도 안전할 것이란 믿음의 수락이다. 모든 아기의 잠은 곧

이 세계의 안전과 평화의 지표다. 아기는 자고 있는데, 엄마는 그걸 모르고 아기 걱정에 마음이 급해진다. 그래서 “다 못 찬 굴바구니 머리에 이고” 모랫길을 달려 집으로 간다.

「섬집 아기」는 반세기 넘게 이 땅의 아기들이 듣고 자란 ‘국민 자장가’다. 얼마나 많은 엄마와 아빠들이 아기를 재우려고 이 노래를 불렀을까. 이 시가 제시하는 바닷가 서경敍景은 세계 한켠에 깃든 깊은 평화와 안전을 배경으로 삼는다. 그것은 자연과 사람 사이의 조화에서 나온다. 몸을 푼지 얼마 되지 않은 산모가 일을 하지 않으면 안될 만큼 생활은 궁핍하다. 아빠는 어디에 갔을까. 아빠의 행방에 대한 어떤 단서도 찾을 수가 없다. 돈 벌러 외지에 나갔는지도 모른다. 그러나 낮은 파도소리가 아기의 곤한 잠을 부르는 곳에서는, 그토록 은일함 속에 녹은 평화가 곧 일상인 곳에서는 “다 못 찬 굴바구니”나 불행의 단초가 될 수 있는 가장의 부재 따위가 감히 엄마와 아기의 행복을 어쩌지는 못한다. 파도소리나 갈매기 울음소리는 슬픔과 고통은 눅이고 행복지수는 키우는 자연의 소리들이다. 이때 섬마을은 하나의 이상향이다.

한인현(1921~1969)은 함경남도 원산에서 태어나 함흥사범학교를 나오고 서울 은석초등학교에서 제자들을 가르치며 동시를 썼다. “민, 민들레는 / 꽃 중에서도 장사 꽃. / 큰 바위에 눌려서도 / 봄바람만 불어오면 / 그 밑에서 피고 피는/ 꽃 중에도 장사 꽃.”(「민들레 2」의 일부) 해방된 이듬해에 펴낸 동시집 『민들레꽃』에 나오는 시다. 큰 바위는 큰 나라, 힘센 존재들을 가리킨다. 민들레는 큰 바위에 눌려 사는 작은 나라, 여린 생명들이다. 누르고 밟아도 민들레는 뿌리를 내려 꽃을 피운다. 민들레의 힘은 어린아이들의 힘이고, 아울러 해방 뒤 탄생한 신생의 나라 대한민국의 힘이겠다. 작은 것, 여린 것을 보듬고 안전하게 키우는 게 어른에게 부과된 숭고한 책임이다.

지금도 어디에선가 눌리고 밟히면서도 피어나는 민들레꽃이 있고, 엄마가 부르는 「섬집 아기」를 들으며 잠든 아기가 있으리라.

아들은 아버지에게 타자화된 자기

권영상, 「담요 한 장 속에」

담요 한 장 속에
아버지와 함께 나란히 누웠다.
한참 만에 아버지가
꿈쩍이며 뒤척이신다.
혼자 잠드는 게 미안해
나도 꼼지락 돌아눕는다.
밤이 깊어 가는데
아버지는 가만히 일어나
내 발을 덮어주시고
다시 조용히 누우신다.
그냥 누워 있는 게 뭣해
나는 다리를 오므렸다.
아버지 — 하고 부르고 싶었다.
그 순간
자냐? 하는 아버지의 쉰 듯한 목소리
— 네.
나는 속으로만 대답했다.

1991년

아버지에게 아들은 "타자화된 자기"라고 철학자는 말한다. 아버지와 아들은 하나이면서 둘이고, 둘이면서 하나라는 뜻이겠다. 아버지가 묵은 가지라면 아들은 묵은 가지에서 뻗은 새 가지다. 아들은 침몰하는 배에 탄 아버지를 구하는 구조선이라고 생물학자는 말한다. 아들은 아버지의 유전자를 제 생명으로 받아 이음으로써 아버지를 구한다. 그 아버지와 아들이 한 담요 속에 누웠다. 한 담요를 덮고 나란히 누웠지만 쉽게 잠이 오지 않는다. 아버지가 몸을 뒤척이고, 아들은 돌아누워 다리를 오므렸다. 아버지는 가만히 일어나 담요 바깥으로 빠져나온 아들의 발을 덮는다. "자냐? 하는 아버지의 쉰 듯한 목소리"에는 아들에 대한 아버지의 곡진한 사랑이 듬뿍 묻어 있다. 아들은 소리내 대답하지 못하고 잠든 척 한다.

권영상(1953~)은 강원도 강릉에서 태어났다. 나와 동년배니, 아버지 나이도 비슷하지 않을까. 내 아버지는 1929년생이다. 국영방송의 전국노래자랑 프로그램에서 사회를 하는 송해 선생과 갑장이다. 6·25때 스물한 살이었다. 전쟁 통에 양친을 다 잃었다. 그 뒤론 신산스런 삶이었다. 부모 잃고 험한 세파에 시달리며 산다는 것이 얼마나 큰 외로움인지를 나는 알지 못했다. 나는 그 아버지의 장남으로 태어났다. 일하는 날보다 노는 날이 더 많았던 아버지를 존경하지 않았다. 쓸데없이 많은 책을 읽어 이상과 도덕성만 턱없이 고양된 탓에 범부였던 아버지를 좋아할 수가 없었다. 정약용 같은 이도 아버지 노릇은 쉽지 않았다. 끼니꺼리가 떨어져 옆집 호박으로 죽을 끓인 여종을 닦달하는 아내를 말리며, "아서라, 그 아이 죄없다. 꾸짖지 마라."했다. 식솔을 가난에 방치하고 책이나 읽고 벗들과 어울린 것을 크게 부끄러워하며, "나도 출세하는 날이 있겠지. 하다못해 안 되면 금광이라고 캐러 가리라."했다.

모든 아버지는 생명이라는 큰 선물을 주었으면서 아들 앞에서 채무자와 같이 전전긍긍한다. 아들 앞에서 아버지는 약자다. 세월이 흘러 아버지에 자리에 서 보니 나도 다를 바 없다. 천하의 정약용도 “내가 남의 아비가 되어서 너희들에게 이처럼 누를 끼치는 것이 부끄럽고, 그래서 내 저술로서 너희들에게 속죄하고자 하는 것이다.” 라고 쓰지 않았던가. 잘못은 아들이 했는데, 그 속죄는 아버지의 몫이다. 아버지는 아들을 가슴에 품고 거두는 존재이기 때문이다. 또 다른 아버지는 이렇게 쓴다. “아버지의 눈에는 눈물이 보이지 않으나, / 아버지가 마시는 술에는 눈물이 절반”(김현승)임을 세상의 모든 아들들은 알아야 한다. 아버지는 약자가 아니다. 아버지는 세상에서 이룬 것과 상관없이 모든 아들에게 영웅이다.

해바리기 씨를 심자

정지용, 「해바라기 씨」

해바라기 씨를 심자.
담모퉁이 참새 눈 숨기고
해바라기 씨를 심자.

누나가 손으로 다지고 나면
바둑이가 앞발로 다지고
괭이가 꼬리로 다진다.

우리가 눈감고 한밤 자고 나면
이슬이 내려와 같이 자고 가고,

우리가 이웃에 간 동안에
햇빛이 입 맞추고 가고.

해바라기는 첫 시악시인데
사흘이 지나도 부끄러워
고개를 아니 든다.

가만히 엿보러 왔다가
소리를 꽥! 지르고 간 놈이 —
오오 사철나무 잎에 숨은
청개구리 고놈이다.

1939년

정지용(1902~1950)은 불과 11세에 이웃마을에 사는 은진송씨恩津宋氏의 딸을 맞아 결혼했다. 요즘 사람들이야 기절초풍할 일이지만, 조혼이 드물지 않던 당대에는 그리 놀랄 일도 아니다. 장남이 태어난 것은 시인의 나이 26세 때다. 3년 뒤에 차남을 얻고, 이 뒤로도 아들 둘과 딸 하나를 더 두었다. "일찍이 나의 딸 하나와 아들 하나를" 잃었다, 라는 언급을 보면 홍역 따위로 죽은 자식이 더 있으리라 추정된다. 시인은 아이를 잃은 슬픔을 녹여 「유리창」이라는 명편을 빚기도 했다.

이 동시는 『아이생활』146호(1939. 5.)에 발표한 동시다. 씨를 뿌리고 거두는 일은 농업 노동의 근간이다. 해바라기 씨를 심는 일은 아이들에게 놀이로써 그 노동을 겪게 한다는 뜻이 있다. 참새, 바둑이, 괭이, 청개구리 들은 아이들에게 빼놓을 수 없는 놀이의 동반자요 삶의 조력자다. 씨를 묻고 다지는 데 바둑이와 괭이도 일손을 보탠다. 아이들은 함께 일하는 즐거움과 더불어 세상의 일들이 협동으로 이루어진다는 사실을 깨닫는다. 청개구리가 싹이 났나를 엿보러 온다. 씨 묻은 데를 엿보는 청개구리를 아이들이 엿보고, 또 그 아이들을 아빠가 엿본다. 청개구리가 놀라서 소리를 꽥 지르고, 아이들도 까르르 웃음을 터뜨렸겠다. "사철나무 잎에 숨은 청개구리 고놈"에서 아이들을 바라보는 아빠의 사랑이 확연하게 드러난다.

1939년이면 장남 구관이 11세, 차남 구익이 8세, 3남 구인이 6세, 장녀 구원이 5세 때다. 시인은 올망졸망한 이 아이들에게 읽어 주려고 여러 편의 동시를 지었다. "별똥 떨어진 곳, / 마음해 두었다 / 다음날 가보려, / 벼르다 벼르다 / 인젠 다 자랐소."(「별똥」)와 같은 동시는 함축적으로 인생의 한 진실을 아릿하게 드러낸다. 바다를 가리켜 "푸른 도마뱀떼 같이 / 재재발렀다."(「바다 2」)고 썼듯이 정지용은 시를 이미지 예술로 끌고 갔다. 금강산과 한라산 같은 명산을 시로 옮긴 시집 『백록담』은 수려한 이미지들로 산수화첩 같다는 평가를 받는다. 이 동시도 아버지와 아이가 담 아래 텃밭에 해바라기 씨를 심고 싹을 기다리는 정경이 한 폭의 그림을 보는 듯 드러낸다.

비에게는 특별한 무엇이 있다

임석재, 「비 오는 날」

조록조록 조록조록 비가 내리네.
나가 놀까 말까 하늘만 보네.

쪼록쪼록 쪼록쪼록 비가 막 오네.
창수네 집 갈래도 갈 수가 없네.

주룩주룩 주룩주룩 비가 더 오네.
찾아오는 친구가 하나도 없네.

쭈룩쭈룩 쭈룩쭈룩 비가 오는 데
누나 옆에 앉아서 공부나 하자.

1980년

비에게는 특별한 뭔가가 있다. 진 켈리가 나오는 영화 「싱잉 인 더 레인singin' in the Rain」을 떠올려 보라. '사랑은 비를 타고' 오는데, 사랑에 빠진 남자는 빗속에서 노래하고 춤을 춘다. 비가 오면 봄의 초본식물들은 키가 쑥쑥 자라고, 버섯은 포자를 퍼뜨리고, 달팽이들은 사랑을 나눈다. 태양의 업적들이 과대평가된 반면에 비에 대한 평판은 좋은 편이 아니다. 비가 천덕꾸러기 취급을 당하는 것은 비가 종종 소풍과 행사와 잔치를 망치기 때문이다. 그러나 비는 종종 사랑의 낭만적 매개자다. 비가 없다면 프랑스와 중국과 영국과 인도와 터키와 베트남에서 그 많은 낭만적 시와 소설과 영화들은 아예 세상에 나올 생각조차 못했을 것이다.

비라고 해서 다 같은 비가 아니다. 생긴 모양이 다르고, 내리는 모습이 다르고, 내릴 때 소리가 다르다. 비는 강약에 따라 조록조록도 내리고 쪼록쪼록도 내린다. 또 주룩주룩도 내리고 쭈룩쭈룩도 내린다. 시인은 몇 개의 간단한 부사어로 비 내리는 광경을 차별화하는 마술 같은 솜씨를 보여준다. 비가 오자 소년의 집은 빗속에 포위된다. 비는 오고 감을 막고, 소년을 권태에 가둔다. 이 뜻밖의 나른한 권태에 어쩔 줄 몰라 뒹굴뒹굴 하던 소년은 마침내 누나 옆에서 얌전히 책을 펴놓고 공부를 한다. 조록조록과 쪼록쪼록 사이에서, 주룩주룩과 쭈룩쭈룩 사이에서 몸을 쓰는 일에 제약을 받고 외적 활동이 제한된다면 거꾸로 소년의 내면 삶은 풍부해질 터다.

이 동시를 지은 임석재(1903~1998)는 문단보다는 학계와 민속학 쪽에서 더 이름이 난 분이다. 경성제대 철학과에서 심리학을 공부하고 서울대학 사범대에서 교수를 지냈다. 한편으로 동요와 동시, 동화들을 남겼는데, 「비 오는 날」은 그 중의 한편이다. 비가 불러온 이 뜻밖의 휴지기休止期, 발랄한 몸짓을 멈추게 한 정일靜逸의 한때가 소년에게 해 나는 날이 있으면 비 오는 날도 있고, 세상 일이 제 뜻대로만 될 수 없다는 깨달음을 주었으리라. 더불어 소년을 생각이 깊은 사람으로 자라게 하는 데 보약 같은 보탬이 되었으리라.

고달플 때 바라보는 저쪽

이문구, 「산 너머 저쪽」

산 너머 저쪽엔
별똥이 많겠지
밤마다 서너 개씩
떨어졌으니.

산 너머 저쪽엔
바다가 있겠지
여름내 은하수가
흘러갔으니.

1988년

이문구(1941~2003)는 본디 소설가다. 호는 명천鳴川이다. 오래 묵은 농경유림農耕儒林의 삶과 해체 위기에 놓인 농촌 현실을 걸쭉한 충청도 토박이말로 풀어낸 『관촌수필』과 『우리 동네』 연작소설을 읽으며 감동에 젖었던 시절이 떠오른다. "한국놈덜은 지겟다리 자손두 동네 이장만 되면 금방내 관청 편이 된다는 거"와 같은 충청도 사투리에 담긴 풍자는 통렬하다. 위암으로 투병하다가 62세로 세상을 뜨며, "한 세상 고맙게 잘 살다 여한 없이 가니 내 죽거든 화장해 뿌려 아무 흔적 남기지 말라"는 유언을 남겼다. 쓰다 남은 몸에서 나온 골분骨粉은 고향인 보령의 산하에 뿌려지고, 고인의 뜻대로 무덤도 없고 문학비도 세우지 않았다.

아이는 “산 너머 저쪽”으로 떨어지는 별똥을 봤다. 별똥은 “산 너머 저쪽”으로만 떨어졌으니, 거기에 별똥이 많이 있겠거니, 상상하는 건 당연하다. 아이는 “산 너머 저쪽”으로 여름내 흘러가는 은하수를 보았으니, 거기에 바다가 하나 생겼거니, 상상하는 건 당연하겠다. ‘저쪽’을 바라보는 아이의 눈길에는 얼마간 그리움이 섞여 있다.

세상은 ‘이쪽’과 ‘저쪽’으로 나뉜다. ‘이쪽’은 가난, 질병, 지진, 유혈분쟁 따위로 얼룩져 있다. 한숨과 눈물과 비통한 울부짖음이 그칠 날이 없다. ‘저쪽’은 인종이나 민족 간의 분쟁과 폭동, 왕따나 디아스포라가 없다. 한 경전을 인용하면, 사슴이 늑대와 함께 풀을 뜯고, 사자가 어린아이와 함께 노니는 곳이다. 배고픔도 없고, 광우병이나 죽음도 없고, 지진이나 교통사고 따위도 일어나지 않는 곳이다. ‘이쪽’에서의 삶이 고달플 때 우리는 ‘저쪽’을 바라보고 꿈꾸며 그 고달픔을 견뎌냈다.

평생 소설가로 산 이문구는 『개구쟁이 산복이』라는 단 한 권의 동시집을 펴냈다. 「산 너머 저쪽」은 그 중의 한 편이다. 사람은 삶을 견디고 살아내기 위해 없는 ‘저쪽’을 발명하고 현실의 어딘가에 그 자리를 만든다. ‘이쪽’이 있는 현실이라면 ‘저쪽’은 있어야 할 현실이다. 있음과 있어야 함 사이의 간격이 커질수록 삶은 거칠고 고달파진다. 삶이 누추하고 비참할수록 살아보지 못한 ‘저쪽’은 언젠가 가야 할 자리, 즉 극락정토, 무릉도원, 엘도라도일 것이다.

소록도 가는 길

한하운, 「개구리」

가갸 거겨
고교 구규
그기 가.

라랴 러려
로료 루류
르리 라.

1949년

한하운(1919~1975)은 함경남도 함주 태생으로 본명은 태영泰永이다. 한때 경기도청의 공무원이었는데, 한센병을 얻어 고향으로 돌아가 요양하다가 1948년에 남쪽으로 내려왔다. 1949년에 첫 시집 『한하운시초』(1949. 정음사)를 냈다. "(중략) 천안 삼거리를 지나도 / 쑤세미 같은 해는 서산에 남는데. / 가도가도 붉은 황톳길 / 숨막히는 더위 속으로 쩔름거리며 / 가는 길…… / (중략) / 버드나무 밑에서 지까다비를 벗으면 / 발가락이 또 한 개 없다. / 앞으로 남은 두 개의 발가락이 잘릴 때까지 / 가도가도 천리 먼 전라도길."(「전라도길」) '문둥병'이라는 천형의 병고를 지고 걷는 인생길은 퍅퍅해서 가도가도 끝이 보이지 않는 숨 막힌 길이었겠다.

여름밤의 개구리 울음소리는 천둥치는 듯하다. 그 굉음轟音이 시방세계를 떠밀고 어디론가 데려간다. 산 것들은 왜 태어나는가. 산 것들은 왜 저리도 울어대는가. 저 무논에서 울려 퍼지는 제창齊唱을 그레고리오 성가라면 하면 안 되나. 호모 사피엔스는 저 양서류의 떼울음소리를 어린 것이 한글 자음과 모음을 외는 소리로 들었다. 묵독默讀이 아니다. 어린 것들은 낭낭한 목청으로 음독音讀한다. 호모 사피엔스여, 너의 유아독존과 이성理性을 자랑하지 마라. 봄밤은 온통 법당이고, 저 미물의 소리가 바로 게송偈頌이다. 소록도는 먼데, 개구리 울음소리는 세상에 그득하다. 지구가 자전自轉하는 이 밤에도 저 어린 것들의 학습진도는 거침이 없구나. 가갸 거겨에서 시작해서 벌써 라랴 러려까지 나갔구나.

개구리 울음소리를 듣는 자는 필경 집밖에 있는 자다. 집 나와 길 가는 자는 승려나 걸인이나 '문둥이'거나 출가자出家者다. 밤하늘을 지붕 삼고 산발한 채 노래하며 길을 걷는 것은 한산寒山만이 아니다. 시인 한하운도 개구리 우는 봄밤을 하염없이 걸어 남행한다. 천안 논산 익산 정읍 지나 구례쯤 왔을까. 걸어온 길 아득한데, 저 달빛 아래 뻗은 황톳길은 더 아득하다. 버드나무 밑에서 숨을 고르며 신발을 벗는데, 발가락이 또 한 개 사라졌다. 이렇듯 산다는 것은 제가 가진 것들을 하나씩 잃는다는 것이다. 더 잃을 게 없을 때 우리는 이 육체라는 무거운 짐마저 벗어두고 세상을 뜬다. 그게 해탈解脫이고, 우화등선羽化登仙이다.

문구멍, 세계를 보는 창

신현득, 「문구멍」

빠끔 빠끔
문구멍이
높아간다.

아가 키가
큰다.

1959년

「문구멍」은 1959년 조선일보 신춘문예에 당선작 없는 가작으로 입선한 동시다. 빠끔 빠끔 문구멍이 나 있다. 누가 문구멍을 뚫었나 했더니 저 호기심이 왕성한 아가가 그 주인공이다. 바로 문명을 밀어올린 힘의 바탕이 되는 저 호기심을 누가 말릴 수 있을 것인가. 저 어린 호기심이 자라서 우주시대를 연 소련의 인공위성 스푸트니크호를 만들고, 처음으로 화성 옆을 스치며 화성 영상을 보내온 미국의 행성 탐사선 매리너호를 만들었다.

하룻밤만 자고 일어나도 아가는 키가 자란다. 나날이 키가 자라는 아가는 운동역학에 무지한 달팽이가 기어가는 것, 활강법을 배운 적 없는 새가 창공을 나는 것, 산파술[産婆術]을 배운 바 없는 개가 새끼를 낳고 탯줄을 깔끔하게 정리하는 것과 마찬가지로 지구 위에서 일어나는 놀라운 기적 중의 하나다. 엄마와 아빠는 날마다 이 기적을 목격하며 기뻐한다. 날마다 세계는 움직이고 아가는 키가 큰다. 이는 세계의 역동에 조응하는 작은 존재의 역동이다.

문구멍은 수직으로 눈금을 올리고 있다. 아가의 키가 자랐다는 표시다. 문구멍은 문밖 세상을 향한 궁금증이 낳은 궁여지책窮餘之策일 터다. 아직 말문도 트지 못한 고놈 기특하다. 어떻게 문구멍을 뚫어 밖을 볼 생각을 했을까. 문구멍을 뚫었다고 아가를 야단치는 어른은 생각이 덜 여문 사람이다. 문구멍은 아가의 모험과 지혜의 산물이요, 아가가 이 세상과 소통한 흔적이다. 문구멍을 뚫고 먼저 나아간 것은 눈이고 마음이다. 몸은 그 뒤일 것이다.

신현득(1933~2008)은 경상북도 의성 출신의 아동문학가다. 어효선 선생의 뒤를 이어 새싹회의 회장에 선임돼 이 단체를 이끌기도 했다. 쉰 해 가까이 빼어난 동시들을 써냈는데, 어린 것, 약한 것을 향한 시인의 연민과 사랑이 그 원동력이었을 터다. "시골 담밑에 / 호박 포기 // '잘 크네' / '잘 크네' / 칭찬하면 잘 큰다 // '쪼깬 놈이 벌써 덤블 번는대이' / 시골말로 칭찬하면 / 더 잘 큰다"(「칭찬」)에도 그 사랑은 잘 나타난다. 볼품없는 호박 포기도 잘 크네, 잘 크네, 칭찬을 들어야 잘 자란다. 무릇 어린 것들에게는 사랑과 관심과 칭찬이 성장을 위한 보약이고 자양분이다.

상심한 영혼의 노래

한정동, 「따오기」

보일듯이 보일듯이 보이지 않는
따옥따옥 따옥소리 처량한 소리
떠나가면 가는 곳이 어디 메이뇨
내 어머니 가신 나라 해돋는 나라

잡힐듯이 잡힐듯이 잡히지 않는
따옥따옥 따옥소리 처량한 소리
떠나가면 가는 곳이 어디 메이뇨
내 아버지 가신 나라 달돋는 나라

1925년

「따오기」는 1925년 동아일보 신춘문예에 당선한 작품이다. 그 당시는 제목이 '당옥이'였고, 4연으로 된 시였다. 윤극영의 곡으로 더 유명한 이 동요는 일제 강점기 때는 조선인의 애환을 노래했다고 금지 당했다. 이 동요의 화자話者는 부모를 일찍 여의었나 보다. 대구對句를 맞추려고 그렇게 썼겠지만, 어머니는 "해돋는 나라"로, 아버지는 "달돋는 나라"로 가셨다. 이 부분에서 부모를 여읜 슬픔과 나라를 잃은 슬픔이 하나로 겹친다. 따오기 같이 사라진 것이 그리움을 부르고 애틋함을 키운다.

'따오기'는 동요로 유명하지만 실제로 이 새를 아는 사람은 드물다. 머리와 몸통은 희고 부리는 검으며, 얼굴과 다리는 붉고 '과아과아'하고 운다. 습지에서 개구리나 민물고기를 주로 잡아먹으며 산다. 동북아시아에서는 흔한 새였지만 포식자에 대한 방어능력이 떨어져 개체 수가 급격하게 줄어 국제보호종으로 지정되었다. 우리나라에서 마지막으로 관찰된 것은 1979년 문산 부근 비무장지대에서다. 그 뒤로 관찰된 바가 없어서 우리나라에서는 멸종되었다고 추정한다.

상심한 영혼이 보고 듣는 풍물은 다 상심한 듯한 게 인지상정이다. 이 동요에서 따오기 소리가 처량한 까닭은 그 소리가 상심한 청자의 내면을 경유해 나오기 때문이다. 슬픔은 반향을 불러오고 그 반향은 슬픔을 넘어서는 동력이 되기도 한다. 슬픔에는 덜 여문 감정의 찌꺼기를 걸러내는 정화효과가 분명하다. 우리 민족이 유독 슬픈 노래를 좋아하는 건 그 때문이다. 이 구슬픈 노래를 부름으로써 시름은 덜고 맺힌 건 풀어냈던 것이다.

한정동(1894~1976)은 평안남도 강서 출신으로 신춘문예를 통해 나온 최초의 아동문학가다. 1918년 평양고등보통학교를 졸업하고 평양시청의 서기를 거쳐 진남중학교 교사로 재직했다. 진남포에 영정초등학교를 세워 교장을 지냈지만, 한국동란 때 월남해서는 국제신문의 기자로 일했다. 경기도 시흥의 물왕저수지 주변에 시인의 묘비가 서 있고, 그 옆에 「따오기」가 새겨진 노래비도 서 있다.

오요요 오요요, 생명을 부르는 소리

김구연, 「강아지풀」

오요요
오요요
불러볼까요.

보송보송
털 세우고
몸을 흔드는.

강아지풀
강아지풀
불러 볼까요.

1988년

"오요요 / 오요요"는 에미가 제 새끼를 부를 때, 혹은 집에서 기르는 동물을 부를 때 내는 소리다. 바이올린의 높은 선율보다는 낮은 음역대音域帶에서 나오는 바순 소리에 더 가깝다. 뜻 없는 의성어지만 그 울림이 맑고 상냥하다. 'ㅍ'소리가 내는 날카로운 파열음과 비교하면 맑음과 상냥함이 한결 뚜렷하게 드러난다. 공[球]처럼 입술을 작고 동그랗게 모아 발음하기 때문인가. 세 번씩이나 겹친 두음頭音으로 오는 'ㅇ'소리는 사방으로 퍼지지 않고 동그랗게 모인다. 이때 둥근 입 모양은 젖 빠는 아가의 입과 닮아 있다. 'ㅇ'소리는 귀엽고 상냥하고 발랄하다.

어떤 말들은 뜻을 품지 않고도 그 소리값[音價]만으로도 소통의 소임을 다한다. 이 시에 나오는 "오요요 / 오요요"하는 말이 그렇다. 음절 앞머리에서 낭낭한 소리를 이끌던 'ㅇ'소리는 다음 행의 "보송보송"에서는 음절의 끝에 숨어 겸손하게 앞소리를 떠받든다. 그 떠받드는 'ㅇ'소리는 강아지풀의 보드라움을 감각적 명증함으로 드러낸다. 'ㅇ'소리는 둥근 소리다. 내치고 따돌리고 깨트리는 소리가 아니라 품고 보듬어 안는 소리다. 이 소리에 외로운 자들이 먼저 무의식적으로 반응하리라. 왜냐하면 이 소리는 사랑과 안식을 약속하는 달콤한 영창詠唱으로 들리니까. 'ㅇ'이라는 음성기호는 둥근 것, 보드랍고 연한 것들, 예를들면 엄마 젖, 아가의 오동통한 엉덩이, 젖살이 몽실몽실한 강아지, 탱탱한 탄력을 가진 꽈리들의 소리이다.

이 수작을 쓴 김구연(1942~)은 1971년에 『월간문학』으로 등단한 아동문학가다. 시인은 남이 못 듣는 소리도 듣는 예민한 청각을 가졌다. 들에 매인 염소는 누나의 국어책을 먹고 날마다 국어책을 외운다. "염소가 누나의 국어책을 / 몽땅 먹어버렸다. // 그러고는 매일 / 매애애 매애애..... // 국어책 외운다."(「국어공부」) 다시 입술을 모으고 "오요요 / 오요요"하고 불러보자. 강아지풀은 그게 저를 부르는 소린 줄 용케도 알아들었다. 제가 풀이란 걸 잊은 강아지풀이 보드라운 털을 세우고 몸을 흔들며 온다. "오요요 / 오요요" 소리가 강아지풀을 강아지로 순식간에 바꾸는 놀라운 마술을 부리지 않는가. 우리 안에 잠든 열망과 무한한 그리움을 흔들어 깨우지 않는가.

손, 문명의 건설자

신형건, 「손을 기다리는 건」

손을 기다리는 건
어제 새로 깎은 연필,
내 방문의 손잡이,
손을 기다리는 건
엘리베이터의 9층 버튼,
칠판 아래 분필가루투성이 지우개,
때가 꼬질꼬질한 손수건,
애타게 손을 기다리는 건
책상 틈바구니에 들어간
30센티미터 뿔자,
방구석에 굴러다니는
퍼즐 조각 하나,
정말 애타게 손을 기다리는 건
손, 꼬옥 잡아 줄
또 하나의
손.

2008년

방정환·윤석중·이원수·강소천·마해송 등의 아동문학 1세대가 불모지를 개척했다면, 어효선·김요섭·최계락·신현득·김종상·유경환에서 문삼석·박경용·김구연·하청호·노원호 등으로 두텁게 이어지는 2세대는 씨를 뿌렸다. 그 덕분에 아동문학의 인적 자원은 풍부해졌다. 거기에 김소월·백석·정지용·윤동주·박목월·오규원·최승호·김용택 같은 당대의 쟁쟁한 시인들도 아동문학의 판을 키우는데 일조한다. 이미 초등학교 국어책에 다섯 편의 동시가 실린 신형건(1965~)은 아동문학의 차세대 주자로 주목받는 시인이다.

아동문학에서도 시와 생활이 우열 관계에 있지 않고 동위同位에서 있다는 깨달음이 확고해졌다. 동시의 상상력은 미려한 몽상과 모호한 환상의 탐닉에서 생활 체험의 구체성으로 옮겨왔다. 신형건의 동시는 구체적인 것에서 시적 징후를 찾는다. "엄마, 깨진 무릎에 생긴 / 피딱지 좀 보세요. / 까맣고 단단한 것이 꼭 / 잘 여문 꽃씨 같아요. / 한번 만져 보세요. / 그 속에서 뭐가 꿈틀거리는지 / 자꾸 근질근질해요. / 새 움이 트려나 봐요."(「봄날」) 깨진 무릎에서 잘 여문 꽃씨를 연상하는 것은 상상이 구체적 실감의 안쪽에 있음을 보여준다. 이렇듯 동시에서 판타지는 줄고 아동 생활의 구체적 실감은 커졌다.

「손을 기다리는 건」에서도 손과 접속하는 것은 연필, 방문 손잡이, 엘리베이터의 9층 버튼, 지우개, 손수건, 뿔자, 퍼즐 조각 같은 구체적 사물들이다. 손은 잡고 모으고 자르고 끊고 찢고 깨고 묶고 꿰매고 뒤집고 쓰다듬고 쥐고 빼고 넣고 닦고 씻고……한다. 손은 마술적 만능 공작 도구이자 놀라운 의사소통의 보조수단이다. 시인은 노동의 매개이자 생활의 역군인 손의 쓰임을 주목하고 그 생태학을 포착한다. 폄근과 굽힘근이 있어 손은 펴고 쥠이 자유롭다. 그래서 연필을 깎고, 방문의 손잡이를 돌릴 수 있다. 아울러 손은 촉각의 주요 기관이다. 뜨겁고 차갑고, 연하고 거친 것을 분별하는 일은 촉각소체가 발달한 손의 일이다. 손을 뻗어 "책상 틈바구니에 들어간

/ 30센티미터 뺄자"를 꺼낼 수 있는 것도 손의 감각신경과 운동신경의 발달 때문이다. 손은 생활에서 가장 널리 쓰이는 도구다. 손을 다쳤을 뿐인데, 몸 전체의 기능이 저하되면서 멍청해진다! 손의 가장 중요한 쓰임은 누군가의 다른 "손, 꼬옥 잡아" 주는 일이다. 손과 손이 이어지면 다툼과 갈등은 줄고 사랑과 우정은 커진다. 손과 손을 맞잡으면 전쟁은 사라지고 평화가 꽃핀다.

자장가, 엄마의 진언眞言

목일신, 「누가 누가 잠자나」

넓고 넓은 밤하늘엔
누가 누가 잠자나
하늘나라 아기별이
깜빡깜빡 잠자지.

깊고 깊은 숲 속에선
누가 누가 잠자나
산새 들새 모여앉아
꼬빡꼬빡 잠자지.

포근포근 엄마 품엔
누가 누가 잠자나
우리아기 예쁜 아기
새근새근 잠자지.

1933년

목일신(1914~1986)은 전라남도 고흥에서 태어나 일본 칸사이 대학을 졸업한 사람이다. 전주 신흥중학교(5년제) 1학년 때 쓴 「누가 누가 잠자나」는 자장가로 널리 알려졌다. 이미 고흥보통학교 5학년 때 "따르릉 따르릉 비켜나세요"라고 시작하는 「자전거」를 발표해

문재를 보인 그는 15세 때 동아일보 신춘문예에, 16세 때에 조선일보 신춘문예에 동요가 당선된 이력을 가진 이다.

자장가는 혁명가, 노동요, 새마을 노래 따위와 같이 뜻과 쓰임이 분명하다. 자장가는 어린 것의 잠을 부르는데, 혁명가는 혁명의 불을 지핀 뜻을 기리는데, 노동요는 일의 고단함과 시름을 덜어내는데, 새마을 노래는 농어촌의 혁신을 부추기는데 쓸모가 있다. 「누가 누가 잠자나」는 단순하고 천진한 발상이 돋보인다. 하늘에는 아기별, 땅에는 산새 들새, 엄마 품엔 아기가 있다. 죄없이 천진한 존재들이다. 사나운 다툼과 의견대립이 있는 곳에서는 평화로운 잠은 불가능하다. 그래서 모든 자장가는 평화로운 정경을 노래한다. "넓고 넓은 밤하늘"이니, "깊고 깊은 숲 속", 그리고 "엄마 품"은 시인의 상상력이 가 닿은 평화로운 곳이다.

품에 안은 청자聽者를 어르고 달래는 자장가는 뒤집으면 발화자發話者의 시름을 덜고 불안을 재우는 노래다. 걱정과 불안을 품은 이는 아가가 아니라 엄마 자신이다. 재즈곡인 '썸머 타임Summer Time'도 널리 알려진 자장가다. "여름은 살만 하단다. / 물고기는 뛰어오르고 / 목화는 잘 자라니까 / 아빠 돈벌이는 괜찮고 / 엄마도 솜씨가 좋으니까. / 귀여운 아가야 울지 마라." 목화도 풍년이고, 아빠 벌이도 괜찮으니 올해는 사는 데 지장이 없단다. 한 세기 전쯤 미국 남부에서 한 흑인 엄마는 아기를 품에 안고 그런 노래를 하며 제 안의 불안과 걱정을 재웠을 터다.

자장가를 부르는 엄마의 다독이는 손길은 부드럽다. 아가야, 세상은 별 일 없단다, 그러니 잘 자거라. 세상의 자장가들은 아기가 제 뜻을 펼쳐 살게 될 미래의 세상이 평화롭기를, 그래서 아기의 삶이 순탄하기를 염원하는 엄마의 주문呪文이고 진언이다. 그런 엄마의 뜻을 담아 자장가는 곡진하다. 엄마의 주문이 부른 평안 속에서 밤하늘에는 “하늘나라 아기별”이 잠들고, 숲속에는 “산새 들새”들이 잠들고, 엄마 품에는 “예쁜 아기”가 새근새근 잠든다.

밤이슬과 풀잎과 풀벌레들

이준관, 「밤이슬」

풀잎 위에
작은 달이 하나 떴습니다.

앵두알처럼 작고 귀여운
달이 하나
떴습니다.

풀벌레들이
어두워할까 봐

풀잎 위에
빨간 달이 하나
몰래 몰래 떴습니다.

1998년

시인은 딱히 이름붙일 수 없는 하나의 공간을 그린다. 이 공간은 풀과 풀벌레와 이슬이 함께 있는 장소, 현존을 떠받치는 기반이다. 심연이 아니라 세계의 표면, 즉 밤이슬과 풀잎과 풀벌레들로 이루어진 세계다. 밤은 죽음의 공포를 불러일으키고 해명되지 않은 여러 위험을 내포한다. 그 세계 속에서 풀벌레들은 떨며 운다. 풀잎 위에 앉은 이슬은 달빛을 받고 반짝 하고 빛을 낸다. 아무리 작다 할지라도 빛의 존재는 어둠이 불러들인 불안과 공포의 그림자를 지운다. 밤이슬이 앵두알로, 다시 빨간 달로 변하는 것, 이것은 세계가 저마다 따로 있는 것이 아니라 인연으로 꿰어져 있음을 말한다. 여기, 이 있음의 현존을 뚫고 지나가는 것은 의식이다. 있는 것은 풀잎 위에 맺힌 작은 물방울 하나, 그 아래서 우는 풀벌레다.

저마다 떨어져 존재함의 순간들이 어떤 인연에 의해서 떨어질 수 없는 하나로, 어렵게 말하자면 상호연관相互聯關, 상호연기相互緣起의 세계로 거듭난다. 시인은 그 계기를 풀잎 위에 앉은 작고 귀여운 밤이슬 한 방울에서 기어코 찾아낸다. 그냥 밤이슬이 아니라 "풀벌레들이 / 어두워할까 봐" 풀잎 위에 떠오른 "빨간 달"이다. 달빛을 꿰차고 빛나는 밤이슬의 발광發光은 어둠 속의 누군가에게는 필요한 빛이 되고 이정표가 된다. 사람은 누군가의 필요와 부름에 응답함으로써 익명의 어떤 것에서 의미의 존재로 태어난다. 거꾸로 누군가의 관심, 누군가의 사랑, 누군가의 수고에서 그저 그런 평이한 삶은 의미와 가능성으로 충만한 삶으로 거듭난다.

이준관(1949~)은 전라북도 정읍 출신의 시인이다. 고등학교에서 교편을 잡고 있는 현직교사다. 1971년 서울신문 신춘문예에 동시가 당선하고, 1974년에 박목월이 주관하는 시 전문지 『심상』에 시가 당선하여 문단에 나온 뒤 시와 동시를 함께 써왔다. 서정의 진수를 담은 시를 써온 빼어난 시인이자, 아울러 초등학교 국정교과서에 네 편의 동시가 실린 대표적인 동시인이다. 그의 시를 읽을 때 시와 동시의 경계에 대해 생각한다. "부엌의 불빛은 / 어머니의 무릎처럼 따뜻하다 / 저녁은 팥죽 한 그릇처럼 / 조용히 끓고 / 접시에 놓인 불빛을 / 고양이는 다정히 핥는다 / 수돗물을 틀면 / 쏴아 불빛이 쏟아진다 / 부엌의 불빛 아래 엎드려 / 아이는 오늘의 숙제를 끝내고 /

때로는 어머니의 눈물, / 그 눈물이 등유가 되어 / 부엌의 불빛을 꺼지지 않게 한다 / 불빛을 삼킨 개가 / 하늘을 향해 짖어대면 / 하늘엔 / 올해의 가장 아름다운 첫 별이 / 태어난다"(「부엌의 불빛」)라는 시를 읽을 때 시와 동시의 경계를 짓는 것은 뜻없어 보인다. 시와 동시는 무경계다. 무엇이라고 부르든지 간에 좋은 시는 어른에게나 어린이에게나 그저 좋은 시일뿐이다.

먼지, 이 극한소의 분할

이상교, 「먼지야, 자니?」

책장 앞턱에
보얀 먼지.

"먼지야, 자니?"

손가락으로
등을 콕 찔러도 잔다.
찌른 자국이 났는데도
잘도 잔다.

2006년

먼지는 그 부피나 의미의 크기에서 가장 작은 단위의 존재를 표상한다. 한 시학자에 따르면 먼지는 찢어짐과 모순에서 태어나고 그 존재태存在態는 극한소의 분할이다. 먼지의 정체성을 더 이상 쪼갤 수 없는 물질의 최소단위 속에서 발견할 수 있다는 것은 이론의 여지가 없는 듯하다. 이를테면 김수영이 "바람아 먼지야 풀아 나는 얼마큼 적으냐"(「어느 날 고궁을 나오면서」)할 때 먼지는 더 작게 쪼갤 수 없는 가장 작은 자아, 작아서 볼품도 없고 의미화할 수도 없는 한심한 것의 상징이다. 먼지는 고갈, 오류, 소멸의 연상에서 그 존재태를 드러내지만 그것이 먼지의 불명예는 아니다. 먼지에게 책임을 물을 수 없는 것은 그것이 도덕성의 결과가 아니라 먼지의 타고 난 바 불가피한 숙명인 까닭이다.

첫 연은 물질의 건조함과 폭발의 산물인 먼지의 생태를 있는 그대로 드러낸다. 공기의 이동이 없는 곳에서 먼지는 언제나 표면에 내려앉은 "뽀얀 먼지"다. 먼지는 마치 편집광偏執狂처럼 표면에 들러붙는다. 먼지를 의인화해서 등을 주었기 때문에 "먼지야, 자니?"라는 물음이 자연스럽게 성립한다. 셋째 연에서 마술이 일어난다. 먼지는 등을 가졌고, 낮잠을 자는 존재다. 먼지는 손가락으로 등을 찔리고도 태평스럽게 잠을 잔다. 이때 먼지는 극한소의 분할에서 태어난 소인이 아니라 작은 집적거림 따위에는 상관하지 않는 대인의 풍모를 보여준다. 이 동시의 묘미는 작은 것과 큰 것을 분별하지 않고 하나로 본다는 점에 있다. 먼지의 의인화는 이 무분별의 상상력에서 태어난다. 이 무분별의 상상력이야말로 가장 어린애다운 상상력이 아닐까!

이상교(1949~)는 서울에서 태어났다. 1973년에 소년 잡지에서 동시 추천을 마친 뒤, 이듬해 조선일보 신춘문예에 동시로 입선하며 아동문학가로 활동해왔다. 「먼지야, 자니?」에서처럼 시인은 학교, 집, 친구, 꽃, 나무, 새, 고양이, 비, 구름, 바람, 하늘…… 따위의 일상에서 흔히 만나는 것에서 소재를 구한다. 그래서 친근하다. 이상교는 한국 동화문학상, 해강 아동 문학상, 세종 아동문학상 등을 두루 받은 중견 아동문학가로 현재 한국동시문학회의 회장이다.

미술시간, 몰입과 창조의 순간

김종상, 「미술시간」

그림붓이 스쳐간 자리마다
숲이 일어서고 새들이 날고
곡식이 자라는 들판이 되고
내 손에 그려지는
그림의 세계.
우리가 살고 있는 이 세상도
아무도 모르는 어느 큰 분이
그렇게 그려서 만든 것이 아닐까?
색종이를 오려서 붙여가면
집이 세워지고 새 길이 나고
젖소들이 풀을 뜯는 풀밭도 되고
색종이로 꾸며 세운
조그만 세계.
우리가 살고 있는 이 세상도
아무도 모르는 어느 큰 분이
그렇게 만들어서 세운 것이 아닐까?

이 동시를 쓴 김종상(1942~)은 경상북도 안동에서 나고, 안동사범학교를 나와 50여 년간을 교육현장에서 아이들을 가르친 분이다. 상주 외남초등학교에 첫 부임하여 사택에서 지내며 혼자 문학에 뜻을 두어 습작하였다. “앞산과 뒷산이 / 마주 앉았다. // 하늘이 한 뼘 // 해가 한 발자국에 / 건너간다 // 햇볕이 그리워 / 나무는 / 목만 길고 // 바위는 하릴없이 / 서로 / 등을 대고 / 누웠는데 // 산마루를 / 기어 넘는 / 꼬불길 가에 / 송이버섯 같은 / 초가집 하나 / 해지자 / 한 바람 실같이 / 저녁연기 오른다.” 그 무렵에 쓴 「산길」은 첩첩산, 하늘을 건너가는 해, 수직으로 선 나무, 수평으로 기는 산길, 외딴 집 등으로 산골 풍경을 그린 듯 보여준다. 이 동시가 1959년 《새벗》 현상공모에 당선하고, 이듬해 서울신문 신춘문예에 「산 위에서 보면」이 당선하며 문단에 나왔다.

「미술시간」이 제시하는 풍경은 사물들이 머물러 정지한 정태적 풍경이 아니라 일어서고 날고 자라며 움직이는 풍경이다. 숲·새들·곡식·들판은 동사들의 도움으로 살아 움직인다. 이 움직임들은 재주 많은 손에서 나온다. 어린이는 천진한 눈으로 붓이 스쳐간 자리마다 나타나는 바람에 흔들리는 숲·창공을 활강하는 새들·곡식이 자라는 들판을 놀람과 즐거움으로 지켜본다. 그림의 효과는 놀람과 즐거움이고, 그 심미적 경험의 결과는 내면을 채우는 행복감이다.

대상을 있는 그대로 그린다 하더라도 그림은 현실과는 다른 세계다. 밀레의 ‘만종’이 감동스러운 것은 대상의 세계를 똑같이 재현하기 때문이 아니라 고요와 숭고함의 찰나를 떠올리게 하는 까닭이다. 그림은 있는 그대로의 대상이 아니라 대상에서 발현된 기억과 인상과 느낌을 표현한다. 색종이를 오려 붙이자 홀연히 집·길·들판이 나타난다. “그림의 세계”는 현실의 반영이고, “작은 세계”는 절대자가 창조한 우주의 축약이자 그 반향反響이다. 어린이는 그 사실을 본능으로 깨달은 것일까? 그림을 그리고 색종이를 오려 붙이며 몰입과 창조의 기쁨을 겪은 어린 마음이 “우리가 살고 있는 이 세상도 / 아무도 모르는 어느 큰 분이 / 그렇게 만들어서 세운 것이 아닐까?”

라는 물음으로 달려간다. 창조라는 맥락 안에서 어린아이와 우주를 만든 절대자는 하나로 겹쳐진다.

귀뚜라미 우는 밤

방정환, 「귀뚜라미 소리」

귀뚜라미 귀뚜르르 가느단 소리,

달님도 추워서 파랗습니다.

울 밑에 과꽃이 네 밤만 자면,

눈 오는 겨울이 찾아온다고,

귀뚜라미 귀뚜르르 가느단 소리,

달밤에 오동잎이 떨어집니다.

1924년

방정환(1899~1931)은 가난한 동학교도의 집안에서 태어났다. 소파 방정환은 우리 아동문학의 선구자다. 어디 그뿐인가. 동몽, 소년, 아이 들로 회명하던 조선 아이들을 존중하는 뜻으로 '어린이'란 없던 말을 처음 만들어 쓰고, '어린이날'을 만드신 분이다. 그는 잔물, 금파리, 북극성, 몽중인 등 아주 많은 필명을 썼다. 지금까지 확인된 것만 39개나 되는데, 아마도 그보다 더 많으리라 추정한다. 『개벽』, 『신여성』, 『어린이』 등의 잡지를 내며 글쓸 사람이 턱없이 부족하자 잡지에 실을 글들을 혼자 다 썼는데, 글마다 다른 이름을 쓰는 바람에 필명이 많아졌다. 일본 도요대학에서 아동문학과 아동심리를 공부한 게 어린이의 인권과 아동문학에 대한 관심으로 이어졌다. 1919년 3.1운동 때 오일철 등과 독립신문을 등사로 찍어 배포하다가 붙잡히기도 했다. 이해에 천도교 교주인 손병희의 딸과 결혼하고 천도교 기관의 일에 깊이 관여했다. 1923년에 아동잡지 『어린이』를 창간하고, 윤극영, 마해송 등과 '색동회'를 만들어 어린이의 인권과 이익을 키우는 일에 뛰어들었다. 1931년 피로가 누적되며 신장염이 재발해 서른 두살의 나이로 요절한다. 죽는 순간에도 "저승사람이 나를 데리러 왔어. 나는 이제 가네. 어린이들을 부탁하네"라는 유언을 남길 정도로 방정환은 어린이와 뗄레야 뗄 수 없는 평생을 살다갔다.

「귀뚜라미 소리」는 쓸쓸한 정서로 물든 동시다. 이 동시의 배경은 조락과 결빙이 시작되는 초겨울이다. 눈이 내리고 천지가 얼어붙는 겨울은 생명을 가진 것들에게 어려운 시절이 될 것이다. 봄까지 버티고 견뎌야만 겨우 살아남는다. 그 시련 속에서도 산 것들은 소리를 내는데, 그 소리는 가느단 소리다. 이것이 가느단 것은 생명이 쇠잔해졌기 때문이다. 섬돌 밑이나 구석에서 우는 귀뚜라미 소리는 어쩐지 일제의 지배 아래에 있는 조선 사람의 고단한 처지와 겹쳐진다.

"울 밑에 과꽃이 네 밤만 자면 / 눈오는 겨울이 찾아온다고" 귀뚜라미는 운다. 주체의 의지와 상관없이 수납해야 하는 이 고난 앞에서 약한 것들은 그저 가느단 소리로 우는 것 말고는 달리 할 일이 없다. 달은 얼어붙은 듯 파랗고, 오동잎은 뚝, 뚝 진다. 귀뚜라미 소리는 처량하다. 실은 귀뚜라미 소리가 처량한 게 아니고 그 소리를 듣는 청자의 심사가 처량한 것이다. 모든 죽어가는 것을 향한 시인의 연민과 지극함은 "울 밑 과꽃"이나 가느단 소리로 우는 "귀뚜라미"에까지 미친다. 과꽃이나 귀뚜라미는 널리 퍼져 있는 작은 것, 흔한 것의 표상이다. 그런 까닭에 늦가을 밤에 찾아와 귀뚜르르 귀뚜르르 우는 동물 분류에서 메뚜기목 귀뚜라미과에 속하는 이 처사의 가늘고 쓸쓸한 소리는 주권을 빼앗기고 피동적으로 삶의 최소주의로 내몰려 가난과 시름 속에 사는 망국민의 처지를 떠올리게 하는 것이다.

가슴에 뜨는 별

공재동, 「별」

즐거운 날 밤에는
한 개도 없더니
한 개도 없더니

마음 슬픈 밤에는
하늘 가득
별이다.

수만 개일까.
수십만 갤까.

울고 싶은 밤에는
가슴에도
별이다.

온 세상이
별이다.

1985년

별을 노래한 시들은 지천이다. 그만큼 별은 시인들의 시심을 자극하는 소재다. 별을 노래하는 마음이 모든 죽어가는 것들을 사랑하는 마음과 하나라고 쓴 것은 윤동주다. 시인들에게 별은 몸을 고되게 부려야 하는 지상의 삶과 멀리 떨어진, 혹은 그 너머에 있는 초월적 실재에 대한 표상이다. 하늘은 벼락과 비를 관장하는 주신이 사는 곳이다. 그래서 하늘과 별은 외경심의 대상이다. 우주의 둥근 천장, 그 궁륭의 별들이 땅의 운명을 계시한다는 믿음은 오래 되었다. 『고려사』의 천문지에도 "하늘이 징후를 나타내어 길흉을 보인다"는 구절이 보인다. 천문학과 주술적 미신이 버무려진 별점치기는 별의 운행 자리, 빛, 모양 등이 자연현상이나 나라의 운세, 그리고 운명의 조짐이라는 믿음에서 번성한다.

별들은 몇 천 광년이나 그보다 더 멀리 떨어져 있다. 지구에서 가장 먼 은하 성단의 별에서 오는 빛 중에는 아직 지구에 닿지 않은 것도 있다. 그 별들로 가득 찬 밤하늘 아래 서면 우리는 알 수 없는 신비 속에 사는 존재임을 깨닫게 된다. 공재동(1949~)의 동시에서 별은 사람에게 보다 다정한 별이다. 그 별들은 사람의 감정 기복에 따라 반응한다. 기쁜 날에는 없더니, 슬픈 밤에는 하늘에 별이 가득 찬다. 그럴 리가 없지만, 별은 그걸 보는 사람의 마음에 따라 있기도 하고 없기도 하다. 누구나 울고 싶을 때 마음 밖에 있는 외부적 요소의 위로와 도움이 필요한 법이다. 슬픈 사람에게 별은 친구이자 애인이다. 슬플 때는 "가슴에도 별"이 뜨고, "온 세상이 다 별이다." 별들은 밤의 눈[眼], 혹은 밤의 눈가에 맺힌 눈물이다. 아하, 기쁠 때 별이 보이지 않았던 것은 그 많은 별들이 누군가의 슬픈 가슴으로 몰려갔기 때문이다.

시인은 또 다른 별에 관한 시를 썼다. "별이 지고나면 / 해가 돋아나듯이 // 네 없는 마음 / 쓸쓸하지 않도록 // 별 하나 / 꼭꼭 묻어둔다 // 모두가 잠든 / 이 어둔 밤에."('별 하나') 별이 슬픈 마음에 위로가 되는 까닭에 시인은 누군가가 "쓸쓸하지 않도록" 별을 어두운 밤에 "꼭꼭 묻어둔다."고 썼다. 공재동은 경상남도 함안에서 태어나고, 1977년 문단에 나왔다. 부산광역시 교육청 장학사로 일하기도 한 교육자이자 아동문학가다. 계간 『한국동시문학』에서 기획특집으로 마련한 '광복 60년 한국동시 발전에 기여한 동시인 20인' 설문조사에서 선정되기도 했다. 30여년 동안 쉼없이 동시를 쓰며 부산교육대학 출신들로 이루어진 아동문학 동인 '맥파'를 결성하여 이끌어온 사람이다.

초록은 신생하는 생명의 표상

박경종, 「초록바다」

초록빛 바닷물에 두 손을 담그면
초록빛 바닷물에 두 손을 담그면
파란 하늘빛 물이 들지요.
어여쁜 초록빛 손이 되지요.

초록빛 여울물에 두 발을 담그면
물결이 살랑 어루만져요.
우리 순이 손처럼 간지럼 줘요.

1962년

「초록바다」는 인생의 반 너머를 실향민으로 살았던 박경종(1916~2006)이 고향인 함경남도 홍원 앞바다를 떠올리며 쓴 동시다. 이 시의 근저에는 떠나와 잃어버린 고향에의 애틋함과 서러움이 녹아 있다. 무엇보다도 「초록바다」는 초록빛 향연을 펼쳐 보이는 동시다. 넓은 초지와 엽록소를 가진 식물의 어린잎들과 플랑크톤과 녹조를 품은 바닷물은 다 초록빛이다. 이 초록은 무상無償으로 주어진 것, 그리고 질質이며 양量인 것이다. 아울러 이 초록은 풋것, 즉 아직 무르익지 않은 신생하는 생명의 표상이다. 시의 화자는 손과 발을 담그고 초록빛 감각의 향연에 참여한다. 시의 화자는 눈으로 촉각으로 만나는 세계와 하나가 되어 언어화할 수 없는 공감각의 황홀함으로 끌려간다. 이 동시를 소리내어 읽거나 노래로 부르는 이는 제 몸과 마음이 온통 초록빛에 물드는 경험을 할 것이다.

감각이 있기 때문에 우리는 사람이다. 유령이나 천사는 몸이 없고, 따라서 감각도 없다. 우리는 감각을 통해 걸러진 세계에 대한 낱낱의 정보를 뇌에 저장한다. 이렇듯 사람과 세계는 오감을 매개로 접촉하고 소통한다. 사람에게 몸과 몸의 접촉과 소통을 촉진시키는 화학물질이 없었다면 어떤 진화도 이루지 못할 것이다. 바닷물에 담근 손은 초록빛 물이 들고, 살랑이는 물은 발의 촉각수용기를 자극한다. 손이 초록빛에 물든 것을 보고, 여울물이 신체의 한 부분을 애무하듯 간질이는 걸 느끼며 아이는 탄성을 내지른다. 시의 문면 아래로 숨은 이 탄성은 감각 지각에 새롭게 포착된 초록빛 세계에 대한 놀람과 감동을 압축한다.

박경종은 1933년 조선중앙일보의 신춘문예에 동요 「왜가리」가 당선하고, 중학교를 마친 뒤에는 홍원군청에서 일하면서 아동잡지 『아이생활』 등에 동시를 발표했다. 해방 뒤에는 초등학교와 중학교에서 아이들을 가르치다가 1951년에 고향을 등지고 남쪽으로 내려왔다. 부산 피난시절에 강소천, 이원수, 김영일, 최태호, 윤용하, 임인수 등의 예술인들과 폭넓게 사귀었다. 남쪽에서는 주로 상업을 하며 생계를 이으면서도 동요와 동화 쓰는 일을 멈추지 않았다. 박경종은 한 번 떠나온 홍원 앞바다로 다시는 돌아가지 못하고, 끝내 남쪽에서 숨을 거두었다.

이 황홀한 감각의 향연

박경용, 「귤 한 개」

귤
한 개가
방을 가득 채운다.

짜릿하고 향긋한
냄새로
물들이고

양지쪽의 화안한
빛으로
물들이고

사르르 군침 도는
맛으로
물들이고

귤
한 개가
방보다 크다.

1984년

시는 심오한 시적 전언 없이 감각의 향연만으로 충분할 때가 있다. 「귤 한개」는 오감을 활짝 열고 읽어야 할 동시다. 특히 후각·시각·미각을 풍요롭게 자극하는 감각적 암시로 넘친다. 무르익은 귤은 방을 "짜릿하고 향긋한 / 냄새로 / 물들"여 채운다. 냄새는 기억 중추와 깊이 연결되어 있기 때문에 냄새와 함께 주어진 정보는 쉽게 각인되고 오래 간다. 냄새들은 무의식의 저 밑바닥에 가라앉은 기억들을 깨우고, 마치 추억들에 끈이 달린 것처럼 잡아채어 솟구치게 한다. 냄새는 아주 강력한 생각의 단초이고, 추억과 몽상의 폭발을 일으키는 매질媒質이다.

햇빛을 받은 귤은 "양지쪽의 화안한 / 빛으로" 물들어 황금색으로 타오른다. 시각은 따지고 보면 원거리 사물에까지 미치는 촉각이다. 황금빛에 물든 이 남국의 향을 가진 과일은 미량의 염분을 머금은 바람과 겪어보지 못한 토양과 아열대 기후의 모호한 쾌락들로 우리를 이끈다. 귤 한 개에서 촉발한 상상력은 후각의 유혹에서 시각의 애무를 거친 뒤 미각으로 직격直擊한다. 황금색으로 타오르던 귤은 입안으로 들어와 이빨 아래에서 으깨지며 "사르르 군침 도는 / 맛으로" 점화한다. 시고 달콤한 즙들은 혀의 미뢰들을 충분히 적신다. 넘쳐흐르는 즙으로 범벅이 된 입술, 혀, 입천장 들은 귤의 풍미로 가득 차고, 귤은 깊이를 측량할 수 없는 이상한 허기와 관능을 자극하며 아찔한 감각적 흥분을 일으킨다.

박경용(1940~)은 경상북도 영일迎日에서 태어났다. 1958년 『동아일보』와 『한국일보』에 시 「청자수병」과 「풍경風磬」이 당선되어 문단에 나온 뒤 동시와 시조 창작을 겸업하는 시인이다. 1969년에 첫 동시집 『어른에겐 어려운 시』를 낸 뒤 여러 권의 동시집을 펴냈다. 귤 한 개에서 질펀한 감각의 향연을 이끌어낸 「귤 한 개」도 수작이지만, "길을 가다 / 우연히 만난 / 길동무. // 말 건네려다 / 발길로 돌

한번 / 걷어차고. // — 어디 가니? / — 몰라! / 말은 안 해도 / 속말은 한다. // — 이름이 뭐니? / — 몰라 ! // 또 말을 건네려다 / 돌 한 개 집어선 / 멀리 멀리 던지고. // 갈림길에 이르러 / — 잘 가! / 속말만 나직이 건네고 / 헤어진 길동무."(「길동무」)와 같이 아이들의 속내를 잘 포착한 동시도 마음을 울린다.

심미적 경험의 기쁨

오순택, 「아름다운 것」

세상에서
가장 아름다운 것은
아기다.

아기의 눈.
아기의 코.
아기의 입.
아기의 귀.

그리고
아기의 손가락
아기의 발가락.

아기는
이따가 필 꽃이다.

2005년

정말 아름다운 것 앞에서는 말을 잃는다. 절경絶景이나 아름다운 기물器物, 숨이 턱 막힐 듯 수려한 미인을 본 뒤 그 심미적 경험을 어떻게 말로 형용하고 문자로 쓸 수 있겠는가! 대상이 뿜어내는 눈부신 아우라는 지각은 할 수 있으되 표현은 불가능하다. 시인은 다만 "세상에서 / 가장 아름다운 것은 / 아기다."라고 겨우 쓴다. 토파즈 보석보다 더 찬란한 이 신생의 아름다움 앞에서 시인은 말문이 막힌다.

미적 감각의 근원을 자극하는 이 대상 앞에서 말문의 막힘은, 즉 말과 수사학의 고갈은 겨우 말의 더듬거림으로 이어질 뿐이다. 그 결과가 "아기의 눈. / 아기의 코. / 아기의 입. / 아기의 귀."이다. 갓 태어난 아기는 그 무엇과 견줄 수 없는 극치의 미로 빛나는 영혼의 보석이다. 이미 절대미의 경지에 있기 때문에 그것을 달리 표현하는 것은 불가능하다. 말로 그 아름다움을 노래하는 순간 그것은 저 멀리 달아난다. 말문이 막혀버린 시인을 이해하자. 이 시에서 독창적인 표현이라곤 마지막 연 뿐이다. "아기는 / 이따가 필 꽃이다." 이 구절이 없었다면 시가 채 되지 못했을 것이다. 아기는 지금-여기에 존재하는 현실태이자, "이따가 필 꽃", 즉 앞으로-존재할 가능태이다.

오순택(1942~)은 전라남도 고흥에서 태어나고, 1966년에 시인 전봉건이 주재하던 시 전문지 『현대시학』에서 추천받아 등단한 시인이다. 그가 쓴 최고의 동시는 「뽀끔 열려요」일 것이다. "엄마가 / 아기 똥꼬를 / 들여다봐요. // 꼭 / 나비가 꽃을 / 들여다보고 있는 것 같아요. // 똥꼬가 / 뽀끔 열려요. // 튜브에서 / 치약이 나오듯 / 똥이 나와요."(「뽀끔 열려요」) 나비가 꽃을 들여다보듯 엄마는 아기 똥꼬를 바라본다. 똥고가 열리고 똥이 나오는 그 순간에 엄마는 넋을 잃는다. 봄과 보임 사이에서 아기는 기적의 생명-우주이며, 저 스스로 완전한 기쁨인 까닭이다. 나날이 낡아가는 이 세계는 아기들로 말미암아 신생의 기운을 얻는다. 아기야말로 우리가 만난 유일한 미적 현존이요, 세계의 신성한 무상성無償性이고, 덧없는 삶에 주어지는 축복임을 시인은 깨닫게 한다.

옹달샘, 산이 감춘 손거울

한명순, 「옹달샘」

조그만 손거울
숨겨 두고

하늘이 날마다
들여다본다.

산 속에 숨겨둔
옹달샘 거울

가끔씩 달도
보고 간다.

2005년

한명순(1952~)은 인천에서 태어난 아동문학가다. 1990년 아동문예신인상에, 다시 1995년 눈높이아동문학상에 동시가 각각 당선하며 문단에 나왔다. 이 시인은 어린이의 눈높이에서 동물과 나무와 풀들을 의인화해서 대상 세계에 접근하는 시를 써왔다. 그동안 동시집으로 『하얀 곰 인형』, 『콜록콜록 내 마음은 지금 0℃』, 『좋아 하고 있나봐』 등을 펴냈다.

한명순의 시세계는 대체적으로 자연친화적인 상상력이 돋보인다. 「옹달샘」에서도 그 흔적이 엿보인다. '옹달샘'은 산이 제 속에 감춘 거울이다. 맑고 고요한 이것은 시인의 작명법에 따르자면 "작은 손거울", 즉 크고 깊은 것이 제 속에 감춘 미시-우주다. 옹달샘이나 우물물, 혹은 맑은 물을 거울로 상상하는 것은 그리 새로운 것은 아니다. 최치원은 강물을 거울로 상상해서 "거울 속 인가는 푸른 봉우리와 마주했네. / 외로운 돛단배는 바람 싣고 어디로 가는가"고 노래했다. 윤동주는 「자화상」에서 "논가 외딴 우물"을 거울삼아 제 얼굴을 비춰보고 "어쩐지 그 사나이가 미워져 돌아"간다고 썼다.

옹달샘은 큰물로 나아가는 작은 시작의 자리다. 작은 물은 마침내 큰물을 이루고, 약한 물은 끝내 세상의 군센 것들을 이긴다. 그래서 노자는 물의 덕德을 찬양하며 "가장 높은 도는 물과 같다."고 썼다. 우리는 심산深山의 정일靜逸에 감싸인 '옹달샘'에서 고요의 성찰적 순간과 만난다. 소음과 혼탁에 지친 범속한 이가 '옹달샘' 앞에서 문득 청정해지는 느낌을 갖는 것도 바로 그 때문이다. 세속을 피해 숨은 청정도량과 같이 맑은 물과 더불어 고요를 안고 숨어 있는 '옹달샘'. 이 고요는 비활동성의 결과가 아니라 텅 빈 충일, 혹은 자기심화의 표징이다. '옹달샘'은 수평을 이룬 고요로 만물을 비춘다. 진짜 비춤은 덧없는 외관이나 현상만이 아니라 보이지 않는 진리와 원리를 드러내 보이는 법. '옹달샘'은 외따로 있지만 만물에게 자기 성찰의 방법적 도구로 쓰인다. 그러기에 낮엔 하늘이 들여다보고, 밤엔 달이 들여다보고 간다. 사는 일이 고달프고 마음이 어지러울 때 홀연히 찾아가 안 보이는 제 속내를 비춰도 보고, 더러는 맑은 물로 시끄러운 속을 달랠 수 있는 그런 청정도량을 하나 갖고 싶지 않으신가.

서로를 고마워하고 받아들임

유경환, 「나무와 연못」

봄이 왔다
새들이 가지에 앉아 노래했다

나무가 말했다
고맙다
그러자 연못이 입을 열었다
나도 잘 들었어

물이나 한 모금씩 마시고 가렴
새들이 포롱포롱 물마시고 갔다.

2007년

유경환(1936~2007)은 황해도 장연에서 태어났다. 경복고등학교를 다닐 무렵부터 시를 쓰고, '학원문학상'을 받기도 했다. 1957년 조선일보 신춘문예에 동시가 입선하고, 같은 해 『현대문학』에 시가 추천되며 문단에 나왔다. 연세대학교를 마친 뒤 월간 『사상계』 편집부에 들어가며 언론계와 인연을 맺었다. 그 뒤로 조선일보 문화부장과 논설위원, 문화일보 논설주간 등을 두루 거치며 언론계에서 활동했다. 지난해 2007년 6월 20일 지병으로 세상을 떴다.

「나무와 연못」은 일견 평이해 보이지만, 삶의 진리를 품고 있는 동시다. 나무는 새에게 왜 내 가지에 함부로 앉는가, 라고 따지지 않고, 연못은 새에게 왜 내 물을 함부로 마시는가, 라고 나무라지 않는다. 나무와 연못에게 새는 타자다. 나무와 연못은 새를 받아들였을 뿐만 아니라 "고맙다"거나 "나도 잘 들었어"라고 새의 노래에 화답한다. 나무는 새에게 쉴 자리를 내주고, 연못은 새에게 마실 물을 주고, 새는 사계절 나무와 새에게 노래를 불러 보답을 한다.

산다는 것은 서로를 고마워하고 받아들임, 즉 타자들과 끊임없이 연루됨이다. 우리가 겪는 길흉화복이 대개는 타자에게서 말미암고, 세계 안에서의 운명도 그 타자들과의 연루됨에서 비롯한다. "물이나 한 모금씩 마시고 가렴"이라는 구절은, 타자의 생산과 수고에 기대어 제 생물학적 필요를 충족함을 보여주며, 다음 구절의, 물마시고 나는 새의 "포릉포릉"하는 날개짓은 존재의 기운생동氣運生動함을 암시한다. 시인은 '새'의 운명을 살다 갔다. 이 유작遺作을 새의 처지에서 읽자면, 타자의 배려와 환대에서 실존의 자리를 마련하고 살다가 날아간 '새'가 제 필요를 넘치게 채워준 모든 타자들에 대한 고마움을 담은 작별인사다.

「나무와 연못」은 시인이 살아있을 때 림프샘암 치료를 받으며 병상에서 썼던 연작시 10편중의 한 편이다. 유족의 증언에 따르자면 시력을 잃고 병상에 누워서도 시인은 글쓰기를 그치지 않았다고 한다. '종이 가져와라, 펜 준비해라.'하며 시쓰기에 마지막 열정을 사르다 생을 마쳤다. 바로 얼마 전에 시인의 일주기가 소문도 없이 지나갔다.